中国档案学会
2024年度学术论文集

—— 档案文化篇

中国档案学会档案文化专业委员会◎编

中国文史出版社

图书在版编目（CIP）数据

中国档案学会2024年度学术论文集. 档案文化篇 / 中国档案学会档案文化专业委员会编.

—— 北京：中国文史出版社，2024.8.

—— ISBN 978-7-5205-4760-4

Ⅰ. G270-53

中国国家版本馆 CIP 数据核字第 20241C8C12 号

责任编辑：戴小璇　詹红旗

出版发行：中国文史出版社

社　　址：北京市海淀区西八里庄路 69 号院　邮编：100142

电　　话：010-81136606　81136602　81136603（发行部）

传　　真：010-81136655

印　　装：北京中科印刷有限公司

经　　销：全国新华书店

开　　本：787×1092　1/16

印　　张：132

字　　数：2400 千字

版　　次：2024 年 11 月北京第 1 版

印　　次：2024 年 11 月第 1 次印刷

定　　价：398.00 元（全 6 册）

出版说明

　　档案与文化密不可分，作为记录历史、传承文化重要载体的档案，自带文化属性，在新时代背景下，其文化价值日益凸显。加强档案文化建设，发掘、传承、创新蕴含在档案信息资源、档案工作及档案事业中的中国档案文化，对坚定文化自信，坚持守正创新，在新的起点上推动文化繁荣、建设文化强国、建设中华民族现代文明，具有十分重要的意义。加强档案文化建设，推动优秀档案文化的创造性转化、创新性发展，是兰台人在新时代的新使命。

　　中国档案学会档案文化专业委员会组织开展的档案文化建设征文活动得到了全国档案业界学界的积极响应。经评议遴选，结集汇编为《中国档案学会2024年度学术论文集——档案文化篇》。入选论文主要围绕新时代档案文化建设使命、档案文化建设理论、数智时代的档案文化建设的创新与发展、档案文化创意产品开发政策及路径探索、红色档案资源的开发利用等主题展开研究。相关研究成果可为促进新时期档案文化建设创新、提升档案文化工作水平提供参考和借鉴。

目　录

2

叙事学视域下红色档案文化创意产品开发探究

唐郦薇[1]　王静[1]　锁蕾[1]　沈利成[1]　韦政[2]
1 南京市博物总馆
2 中国人民解放军海军指挥学院

摘要：红色档案文化创意产品结合现代设计语言，运用灵活多样的产品载体讲述红色档案背后的故事，受众通过与产品的信息沟通与交流，获得文化或情感体验，达到引导和教育的最终目的，因此红色档案文创具有叙事的特征与诉求。红色档案文创叙事包含叙事主体、叙事语境、叙事媒介、叙事交流等要素，叙事层次可分为物境层、情境层和意境层。红色档案文创设计中，可通过营造多元化的历史语境、构建多链接的现代表达和设计动态化的叙事交流等强化红色文化传播效能，助力革命精神赓续传承。

关键词：红色档案；档案文化创意产品；叙事学

0 引言

习近平总书记指出，推动档案事业创新发展，特别是要把蕴含党的初心使命的红色档案保管好、利用好。红色档案作为党的百年光辉历程的真实见证，记载党带领中国人民进行革命、建设和改革的伟大历程和感人事迹，是宝贵的精神财富。红色档案文化创意产品基于对档案资源的内容解读和价值挖掘，是红色文化传播的新型载体和档案资源服务公众的创新路径。

1 红色档案文化创意产品的叙事要素

20世纪90年代以后，在后经典叙事学（postclassical narratology）"泛叙事观"（extensive narration）的影响下，叙事学被广泛应用于影视、建筑、产品设计等各领域。叙事学将"叙事"归纳为"故事"和"话语"两个层面[1]，即"讲什么"和"如何讲"。红色档案文创突出"红色"特性，结合现代设计语言，运用灵活多样的产品载体讲述内涵丰富的"红色故事"，实现历史语境与历史形象的还原再现[2]；受众通过与产品的信息沟通与交流，获得文化或情感体验，达到引导和教育的最终目的。因此，红色档案文创具有叙事的特征与诉求。

1.1 叙事主体

叙事主体是叙事作品中"陈述行为的主体"，红色档案文创的叙事主体是包含的器物信息、史实信息、精神信息等多层信息要素。器物信息包括名称、类型、图像、材质、色彩等外观和造型特征；史实信息包括红色档案的使用场景、仪式习俗、制作和使用的人物以及所反映的历史事件、理论成果、制度文化等；精神信息是红色档案所反映的中国共产党领导人民进行革命、建设和改革历程中所形成的伟大精神。

红色档案文创设计的前提是对红色档案所包含的信息要素进行正确的解构，针对不同的叙事主体确定不同的文创载体和设计语言，提升红色文化核心表述的准确性。

1.2 叙事语境

"叙事语境"包括两层含义：一是"故事语境"，即事件发生的场域；二是"话语语境"，即叙述行为发生的场域。红色档案的诞生和使用行为在特定历史场景中产生，构成了红色档案原生的故事语境；设计者运用现代设计语言对红色档案的文化信息进行创造性转化形成消费者的使用场景构成红色档案在当代的话语语境。

红色档案文创"以产品置换时间和空间的方式让受众感受多样化情境的体验。"[3]设计者需要寻找恰当的关键节点让红色档案的故事语境和话语语境在同一空间关系中巧妙融合，通过话语语境引导故事语境的呈现，激发受众情感升华。

1.3 叙事交流

"叙事"的核心三要素为"叙事者""信息"和"接收者"，查特曼提出的"叙事交流图"[4]，即"作者—文本—读者—作者"的循环交流图式，使叙事交流具有双向互动的特点。罗兰·巴特（Roland Barthes）提出"可读文本

（readerly text）"和"可写文本（writerly text）"，认为理想的文本是"可写的文本"，要求读者参与"写作"的过程，将读者定位成"意义生产者"[5]。

红色档案文创的叙事中，设计者在选择设计语言时应留取"空白"，让受众能够自由想象和创作；设计互动环节提升受众参与感，为产品情境氛围的营造和文化情感的传递实现意义增值。另一方面，要充分将受众的认知、习惯、经历、时代背景等作为叙事要素融入产品设计中，帮助受众理解产品内涵。

2 红色档案文化创意产品的叙事层次

热奈特（Gerard Genette）提出"叙事层次"——一个故事包含另一个故事，一部作品的叙事层次交互交叉存在。参照王昌龄《诗格》的三重境界理论，红色档案文创的叙事层次可概括为物境、情境和意境，物境营造感官体验，情境引导理性认知，意境激发情感共鸣，形成由表及里、由浅入深、由实向虚的内在结构逻辑。本文以不同单位围绕纸质档案《新青年》设计的文创为例，概述红色档案文创的叙事层次。

2.1 物境层——营造感官体验

物境层叙事是文创对红色档案的客观特质，如形态、声音、功能、气味、材质、结构、图案、色彩及制造工艺等的呈现和表达，通过直观和具象的

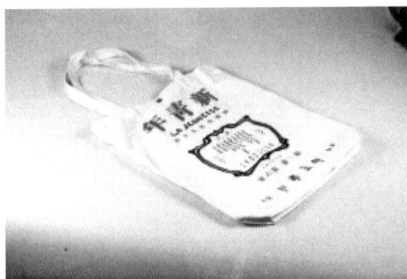

《新青年》帆布袋   《新青年》冰淇淋

物象元素让消费者的视觉、触觉、听觉、嗅觉等获得感性体验，重温相关历史场景。北京鲁迅博物馆基于《新青年》创刊号纸质档案的特质推出《新青

年》笔记本、帆布包、冰箱贴，笔记本的外形尺寸基本还原档案原型，让珍贵的红色档案成为受众"触手可得"的日常文具。北京大学红楼"新青年"冰淇淋提取《新青年》创刊号封面字体和目录边框，包装盒提取杂志的复古色调，底纹印满了杂志上发表的文章名称或名人语录。

2.2 情境层——引导理性认知

情境层叙事是文创对红色档案所包含的文化信息，包括历史事件、人物、理论、政策指导下形成的社会规则或习惯等的叙述和阐释，让档案故事情节依托产品功能和操作过程，让受众实现知识技能和认知水平的提升。北京鲁迅博物馆的《新青年》笔记本将档案资料和文字介绍穿插在内页中，讲述了杂志发展历程。吉林大学从思想、文化、社会等层面剖析《新青年》的档案资源价值，设计《觉醒年代》穿越游戏，让受众以第一人称视角经历《新青年》杂志的创办历程。[6]

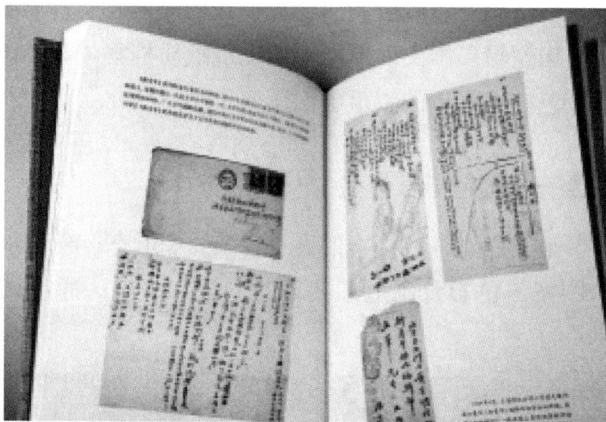

《新青年》笔记本

2.3 意境层——激发情感共鸣

红色档案文创担负传承革命精神、厚植爱党爱国情怀的使命。作为红色档案文创叙事的核心和重点，意境层叙事通过对档案内在红色文化元素提取、解析、重构和转化，实现红色主题意象建构，激发受众情感共鸣。中国国家博物馆《新青年》文具套装以"新青年精神，中国力量"为主题，套装印有"只争朝夕、不负韶华"字样，激励当代青年牢记"五四精神"。舞台剧《新青年》以几个普通青年人的视角带领观众重回《新青年》杂志发行的年代，通过两代青年跨时空的对话引导观众从百年前的思潮中汲取共鸣和能量。

《新青年》文具套装

3 红色档案文化创意产品的叙事设计

红色档案文创可以分为三大类：一是实物类，即具有实体性、可触可感性的产品，如文具、书籍、食品、工艺品、家具、电器、服饰等；二是服务类，即以人力智力为受众提供非物质服务劳动，如研学课程、舞台剧、演艺展示等；三是虚拟类，即通过电子设备、网络平台、数字技术来呈现和传播的产品，如线上游戏、动漫、短视频、小程序等。红色档案文创通过对产品形态、环境布局等的和谐营造，将红色文化精神内涵和历史价值融入当代社会和公众生活。

3.1 营造多元化的历史语境

红色档案文创是公众理解中共党史的窗口，应深入分析红色档案的历史背景和群体记忆，获取其本真性的文化要素，通过建构感官图像、营造沉浸场景、引导受众行为等使受众获得文化感知，唤醒文化想象，还原可解读的历史语境。

3.1.1 建构形象化感官图像

图像叙事不同于文字，具有具象化、形象化、互文性等特点，通过对产品的图案、造型、色彩、肌理质感等设计要素进行系统构思布局，实现空间时间化属性，让具有自然之性的物境表现向饱含思维领悟的意境转化，重现历史场景并赋予其多重内涵，升华红色档案文创故事主题。

一是提取红色档案文化要素转化为象征性的信息符号，引发受众对人、物与事的联想，塑造受众主体意识中的文化形象。例如"田汉半身像"融合人物性格、职业、代表作等元素，以妙趣横生的卡通形式对人物形象进行二次创作。"小平故里"徽章选取邓小平一生重要节点事件、语录及日常使用物件等元素，用简洁的符号展示邓小平卓越的成就、伟大而平凡的性格和求真务实的精神。

田汉半身像　　　　　　　"小平故里"系列徽章

二是运用线条、色彩、肌理等隐性叙事语言，强化对红色档案文化要素的情感表达。例如南昌八一起义纪念馆根据南昌起义总指挥部旧址的影像档案资料，设计"军旗升起"书立，书立采用镂空铁艺，线条简洁洗练，象征峥嵘岁月。

"军旗升起"书立　　　　　　　"冲锋号"书签

　　三是结合受众的使用场景，强化产品符号信息在使用场景中所引发的情感共鸣。例如中共一大会址纪念馆的"冲锋号"书签，金色的书签别在书页上时仿佛战斗的号角给予人们在学习时一种一往无前的力量。

3.1.2 创设多维度空间叙事

　　20世纪，受"空间转向"（spatial turn）思潮的影响，"空间叙事"理论应运而生。多感官感知、跨媒体协作、沉浸式体验等因素让叙事由二维的平面转变为立体的空间，多维度的叙事空间可展现红色档案中更丰富的信息层次，为受众带来沉浸式的叙事情境。

　　一是配合多感官体验。让红色档案文创通过受众的视觉、听觉、嗅觉、味觉和触觉等多感官，让红色文化和革命精神可知可感。例如中共一大会址纪念馆与大白兔奶糖联名出品的奶糖礼盒上，大白兔怀抱红色初心坐在石库门两侧，"甜蜜生活从这里开始"的标语引导受众在品尝奶糖甜味时联想在中国共产党的领导下中国人民的甜蜜生活。在中共一大会址纪念馆咖啡厅销售的每一杯咖啡后都有一个党史故事，售价19.27元的"至暗时刻"咖啡由黑巧克力和黑咖啡调制而成，苦涩的口感寓意1927年"四一二"黑暗时刻中国共产党创建初期的艰难险阻。

　　二是设计生动叙事情节。通过对一份或多份红色档案的内容进行组织和挖掘，设计出包含背景、人物、事件经过的引人入胜的故事情节，让受众的情绪跟随情节的起承转合而跌宕起伏。中共一大会址纪念馆红色文创礼盒中的密函、密码卡，结合隐蔽战线主题元素，设计了神秘游戏情节，让受众在使用产品时感受到隐蔽战线工作的神秘感和紧张氛围。

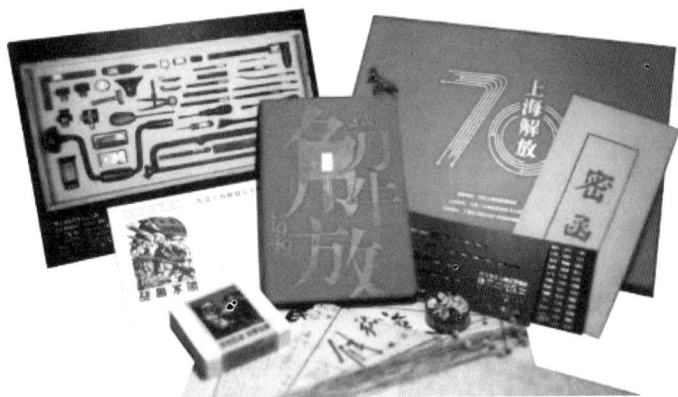

"文物新说·话解放"红色文创礼盒

三是运用多媒体数字技术。在数字化时代，充分运用 AR、VR、MR、人工智能等数字科技，对红色故事进行全景式、立体式、延伸式展示，利用文本、图像、音频等多媒体营造沉浸式体验环境。

3.2 构建多链接的现代表达

红色档案文创打破时空阻隔沟通过去与现在，让红色档案的历史语境和时代语境相糅合。红色档案文创应注重把握红色文创与时代精神的契合点，通过文创叙事让受众的人生经历和红色文化的历史空间产生交集，完成革命精神对现实生活和自我生命的反省与观照。

3.2.1 链接当代话语语境

以红色档案所蕴含的红色文化本质和特色为内核，融入色彩、语言等当代性的设计元素，赋予新的时代内涵和艺术价值，强化红色文化的时代意义，提升受众获得感。例如"潮百年"系列文创将上海复古画报色调与潮流的"多巴胺"色进行拼接，更贴合年轻群体的审美和喜好。上海大剧院系列文创中包括"倍儿精神"搪瓷杯、"打了鸡血"笔记本，选取影视档案中红色歌舞的经典动作形象，配上"正能量""工作使我快乐"等富有时代感的"潮语"，拉近红色文化与公众的心理距离。

"潮百年"系列文创　　　　　　　　　"打了鸡血"笔记本

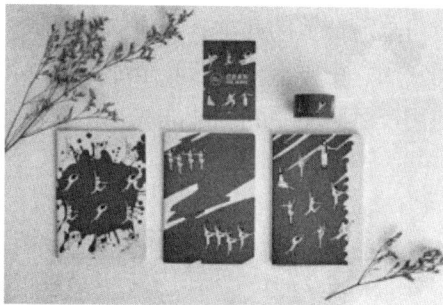

3.2.2 链接受众现实生活

连接红色档案与受众现实生活的内在共性，"物"化于"事"、"事"融于"物"[7]，让红色文化融入人们的日常生活，让红色文化更有温度。例如深圳博物馆从 20 世纪 80 年代前后的日常生活用品中提炼设计元素，使其重新融入当代生活，比如"春天的故事"磁带形充电宝、"时间效率"万年历。湖南省博物馆将毛主席语录"将革命进行到底"与不同年龄段人群的生活相结合，推出"将……进行到底"系列文创，让革命先辈乐观向上、坚持不懈的精神态度巧妙融入现代社会。

"深圳改革开放"系列文创   "将……进行到底"杯垫

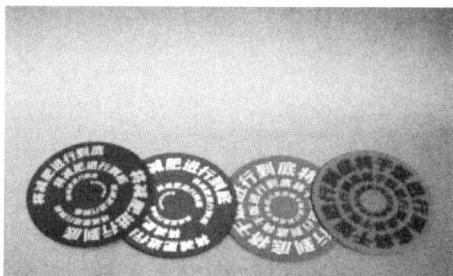

3.3 设计动态化的叙事交流

莫妮卡·弗卢德尼克（Monika Fludenik）认为，"叙事不是文本中固有的信息，而是被读者认识到的或投射到文本中的内容"[8]。叙事交流发生于受众对文创使用过程中，应让产品的使用过程与叙事过程高度一致，让受众参与叙事而成为产品叙事的一个重要环节，让受众成为产品使用情境的主角，依托情感与意志的互渗互融渲染意境氛围增进情感交流。

引导受众化身为红色档案故事中的历史人物，以"第一人称"视角进入文创产品的故事情境，通过叙事性的情节设置贴合用户的思维感知能力，强化受众体验的代入感和真实感。例如《新青年》编辑部旧址展厅里，观众可以体验像新文化运动中的青年学生一样亲手印刷《新青年》的杂志封面，遥想马克思主义在中国早期的传播过程。中共一大纪念馆推出系列娃娃雪糕，将党中央对青年的7个号召刻在雪糕的棍子上，在收集雪糕棍子的同时也把新青年的7种精神铭刻在心。更有档案馆运用3D打印技术，让公众自由组合馆方提供的红色档案元素，发挥创造力和想象力，自己设计制作纪念徽章。

4 结语

红色档案文化创意产品承担着阐释红色文化精神内涵与时代价值、铸牢中华民族共同体意识、推进中华优秀传统文化、革命文化、社会主义先进文化创造性转化和创新性发展的特殊使命，叙事学理论与方法为深入解读和挖掘红色档案资源提供了新视野，也为创新红色档案文创设计提供了新的思路和路径。

注释及参考文献

[1] 申丹 . 西方叙事学 : 经典与后经典 [M]. 北京 : 北京大学出版社 ,2010:14.

[2] 张超 , 尹香华 . 文创设计助力红色文化传承 [N]. 光明日报 ,2021-11-07(11).

[3] 卢健攀 , 张宇红 . 基于用户情境体验的叙事设计方法研究 [J]. 艺术与设计 ,2017(10):117-119.

[4] 申丹 . 西方叙事学 : 经典与后经典 [M]. 北京 : 北京大学出版社 ,2010:70.

[5][法] 罗兰·巴特 .S/Z[M]. 屠友祥 , 译 . 上海 : 上海文学出版社 ,2016:218.

[6] 郝佳怡 , 等 . "觉醒年代" 穿越游戏设计——多重叙事视角下《新青年》红色档案创意开发 [EB/OL].[2023-10-10].http://gjcxcy.bjtu.edu.cn/NewLXItemListForStudentDetail.aspx?ItemNo=1157352&IsLXItem=1.

[7] 邹晓玉 . 基于图像叙事的非遗文创设计研究 [D]. 南京 : 东南大学 ,2021:35.

[8] 张万敏 . 莫妮卡·弗卢德尼克的认知叙事学思想 [J]. 长春师范学院学报 (人文社会科学版),2012(1):119-121.

档案文化创意产品的开发策略与路径探索

潘澍

中共辽宁省委党校文史教研部

摘要：档案文化资源是人类活动的真实记录，具有重要的历史文化价值。档案文化创意旨在传承历史文化，同时满足现代消费者的审美和实用需求。档案文化创意产品类型多样，主要围绕档案馆所藏的历史文献、影像资料、手稿、地图等文化资源进行创意开发。面对档案文化创意产品开发的挑战，档案机构和相关部门需要采取综合措施，如加强人才培养、引入社会资本、强化法律支持、创新开发模式、拓宽营销渠道等，以促进档案文化创意产业的健康发展。

关键词：档案文化；文化创意；开发策略；开发路径

0 引言

档案文化资源[1]是指在社会活动中形成并具有历史文化价值，能够体现一定时期社会、政治、经济、文化等多方面特征的档案信息资源。这类资源通常包括文书、图表、声像记录等形式，它们是人类活动的真实记录，对于促进社会记忆等方面具有重要意义。档案文化创意产品[2]类型多样，主要围绕档案馆所藏的历史文献、影像资料、手稿、地图等文化资源进行创意开发，旨在传承历史文化，同时满足现代消费者的审美和实用需求。

1 档案文化创意产品开发面对的挑战

档案文化创意产品开发面对着不少挑战。首先是关注度不足，社会大众对档案文化的认识和关注度普遍不高，导致档案文化创意产品市场需求相对有限，市场开拓不容易突破局面。资源转化难度大，档案馆藏资源虽然丰富，但将这些静态、历史性的资料转化为具有吸引力的现代文化创意产品，需要高度的创意设计能力和市场洞察力，这一转化过程充满挑战。资金与人才短缺，档案机构往往缺乏足够的资金投入产品开发，同时，既懂档案专业又具备文化创意设计和市场营销能力的复合型人才较为稀缺。版权与法律问题，档案材料的版权归属复杂，涉及隐私保护、知识产权等多个法律层面，如何合法合规地利用档案资源进行创意开发是一大难题。市场定位与营销策略，确定合适的市场定位，制定有效的营销策略，对于习惯了传统运营模式的档案机构而言是一大挑战。技术和创新能力不足，如何利用 AR/VR[3]、大数据[4]、人工智能[5]等现代技术手段提升产品创新性和互动性，是档案文化创意产品开发需要考虑的问题。社会效益与经济效益平衡困难，档案文化创意产品的开发需要在传承文化、提升社会效益的同时，探索可行的盈利模式，实现可持续发展。政策支持与行业标准，缺乏明确的政策引导和支持，以及统一的行业标准和评价体系，使得档案文化创意产业的发展缺少规范和指导。针对这些挑战，档案机构和相关部门需要采取综合措施，如加强人才培养、引入社会资本、强化法律支持、创新开发模式、拓宽营销渠道等，以促进档案文化创意产业的健康发展。

2 档案文化创意产品开发的策略研究

2.1 文化挖掘与故事讲述——深入挖掘档案背后的故事，增强产品的文化内涵和情感连接

挖掘故事化叙事，对档案内容进行深入研究，提炼背后的人文故事、历史背景和文化意义，用引人入胜的方式讲述出来。通过文字、图片、视频等形式，在产品设计中融入故事情节，使消费者在使用产品时能够感受到历史的温度和文化的深度。利用数字技术如 VR/AR、3D 打印[6]等，重现档案记录的历史场景或事件，让消费者仿佛穿越时空，亲身体验那个时代的氛围，加深对档案背后故事的理解和情感共鸣。设计互动性强的文化体验活动或产品，如解谜游戏、角色扮演、在线互动展览等，让用户在参与过程中主动探索和发现档案故事，从而建立更加深刻的个人情感联系。围绕某一主题或故事线索，开发系列化的文化创意产品，如以一个历史人物、一段重要历史时

期或一种文化现象为主题，通过不同形式的产品（如书籍、纪念品、生活用品等）全方位展现其文化内涵，增强系列产品的整体性和连贯性。与历史学者、艺术家、设计师等跨领域专家合作，借助他们的专业知识和创意思维，深入挖掘档案故事，并将其转化为具有艺术性和创新性的文化产品，同时也能吸引更多关注。鼓励用户参与档案故事的挖掘和创作，如通过社交媒体征集用户与档案相关的故事、回忆，或将用户反馈融入产品迭代，这样不仅能丰富产品内容，还能增强用户的归属感和参与感。开发面向不同年龄层的教育产品，如历史教材、亲子活动包等，将档案故事与教育相结合，通过寓教于乐的方式传播文化，培养年青一代的文化认同感。

2.2 技术融合与创新——数字化、虚拟现实、人工智能等现代技术在档案文化产品开发中的应用

推进数字化档案资源，首先对档案资料进行全面数字化，包括高精度扫描、数字化存储和元数据标准化，确保档案资源的长期保存与便捷访问。完善虚拟现实体验，开发 VR 展览和体验项目，让公众能够虚拟参观历史现场、体验重要历史事件，如通过 VR 技术重建古代宫殿、战场、街景，提供沉浸式文化学习体验。设计互动 VR 故事，用户可以"参与"历史事件，增强情感共鸣和学习效果。增强现实（AR）应用，利用 AR 技术在实体档案或文创产品上叠加数字信息，如通过手机扫描档案复制品，显示更多背景故事、动态图像或语音解说，提升用户体验。创建 AR 导览系统，让游客在档案馆或文化遗址通过手机或 AR 眼镜探索隐藏的故事和细节。利用 AI 人工智能辅助进行数据分析，识别、分类和索引大量档案资料，提高档案管理和研究的效率。开发 AI 助手或聊天机器人，提供个性化档案咨询服务，解答用户关于档案内容的问题，增强互动性。利用 AI 生成艺术，如根据历史人物肖像、手稿风格自动生成新的艺术作品，为文创产品提供更多创新可能。运用数字孪生与仿真[7]，构建重要历史建筑或文物的数字孪生体，通过精准模型和仿真技术，让无法实地参观的珍贵遗产以数字形式呈现，便于研究和公众体验。运用大数据与个性化推荐分析用户偏好，为不同用户提供个性化档案内容推荐，包括数字产品、文章、活动等，提升档案文化传播的针对性和效率。构建线上档案文化社群，利用社交媒体平台推广档案故事，举办在线讲座、直播、互动问答等活动，增加用户黏性，扩大档案文化的网络影响力。

2.3 市场定位与品牌建设——分析不同目标群体的需求,制定差异化市场策略,构建特色品牌

2.3.1 目标群体细分

界定核心与潜在用户,首先明确产品旨在吸引哪类人群,比如历史爱好者、学生、学者、文化消费者、旅游者等。通过市场调研和数据分析,识别不同群体的兴趣点、消费习惯和购买力。深入了解各群体的具体需求,比如是否偏爱实体产品(如书籍、艺术品)、数字内容(如在线展览、APP)还是体验式服务(如 VR 历史重现),考虑他们的学习、娱乐、收藏或社交需求。

2.3.2 差异化策略制定

注重产品创新,针对不同群体设计多样化的产品线。例如,为学生群体开发寓教于乐的学习材料;为文化追求者推出高端限量版艺术复制品;为科技爱好者利用 AR/VR 技术打造沉浸式体验产品。根据不同群体的媒体使用习惯定制营销策略,选择合适的宣传渠道,如社交媒体、专业论坛、教育平台等。采用故事化营销,结合群体兴趣点讲述档案背后的故事,增强情感连接。精准设置价格与分销策略,考虑各群体的支付能力和购买便利性,设定合理的价格梯度和多渠道销售策略,包括线上电商平台、线下体验店、合作伙伴分销等。

2.3.3 特色品牌构建

明确品牌的核心价值和独特卖点,比如"科技赋能历史""沉浸式文化体验"等,确保品牌定位与目标群体的价值观和需求相契合。保持视觉与叙事一致性,设计统一且富有辨识度的视觉形象和品牌故事,贯穿所有产品和服务。利用档案馆特有的文化元素,创造有深度和吸引力的品牌故事。关注用户参与与反馈,建立用户社区,鼓励用户参与产品设计和品牌传播,收集反馈持续优化产品。适时举办设计竞赛、公开征集意见、设置用户评价体系等,增强品牌互动性和用户忠诚度。与教育机构、艺术家、科技公司等开展跨界合作,融合多方资源和创意,拓宽品牌影响力。

3 档案文化创意产品开发的路径探索

3.1 项目策划与资源整合

档案文化创意产品开发从项目策划初期的创意构思到资源的整合利用

是一个系统而细致的过程，可分为以下几个阶段：

3.1.1 创意构思与需求分析

首先进行市场调研，了解目标受众的需求、兴趣点及消费趋势，分析竞争对手的产品和市场空白点。科学规范地进行档案资源评估，深入挖掘档案馆藏，评估哪些资源具有文化价值、教育意义和市场潜力，特别关注那些能够引起公众共鸣的历史故事、独特文化元素或未被充分利用的珍贵资料。创意灵感激发很关键，高质高效组织跨学科团队，包括档案专家、设计师、营销人员等，开展头脑风暴，结合档案内容和现代审美趋势，构思创意产品概念。

3.1.2 资源整合与规划

对选定的档案资源进行分类和数字化处理，为后续设计制作提供高质量素材。确保所有使用的档案资源版权清晰，获得必要的授权或遵循合理的使用原则，避免侵权风险。根据产品设计需求，整合内外部技术资源，如数字化技术、VR/AR 开发团队、印刷和制造合作伙伴等。同时，寻求与其他行业（如教育、旅游）的合作机会，实现资源互补。

3.1.3 产品设计与开发

进行原型设计[8]，根据创意构思，设计产品原型，包括外观设计、功能设定、用户体验设计等，利用数字建模或草图方式呈现。通过小规模用户测试，收集目标群体的反馈，对产品设计进行调整优化。注意生产与质量控制，选定合适的生产商，尤其是对于复制品和艺术品，需注重保持档案原件的风貌和质感。

3.1.4 市场推广与营销

深化品牌塑造，结合档案文化特色，构建独特品牌标识和故事，提升产品识别度。打开多渠道营销，利用线上线下多种渠道进行推广，包括社交媒体、官方网站、线下展览、合作伙伴平台等，开展创意营销活动，如文化讲座、体验工作坊等，增加用户参与度。及时反馈循环，产品上市后，持续收集用户反馈，监测市场表现，根据实际情况调整营销策略，不断迭代产品。

整个过程需要灵活应变，同时保持对档案文化价值的尊重和传承，确保文化创意产品的开发既创新又具有深厚的文化底蕴。

3.2 设计与生产流程

档案文化创意产品开发的设计原则、生产工艺及质量控制要点是确保产品既有文化深度又兼具市场吸引力的关键环节。

3.2.1 设计原则

坚守文化尊重与传承，设计应尊重档案原貌，忠实传达档案的文化价值和历史信息，避免曲解或过度商业化，确保文化传承的准确性和严肃性。注重创意融合，结合现代审美和技术创新，将档案元素创造性地融入产品设计中，使之既具有历史韵味又符合现代消费者的审美偏好和使用习惯。贯彻用户导向，深入了解目标用户群体的需求和偏好，设计出既有教育意义又能引发情感共鸣的产品，提高用户体验和参与度。秉持可持续性，减少环境影响，同时考虑产品的长期使用价值和可回收性。体现互动性与教育性，开发能促进用户学习和探索的产品，如通过 AR、VR 技术增加互动体验，或是设计成可组装、解谜等形式，提升教育意义。

3.2.2 生产工艺

以数字化技术应用，利用 3D 打印、激光雕刻、数字印刷等现代技术，精确复制档案中的图案、文字或形状，保证设计的精细度和还原度。与传统工艺融合，在适当的情况下，结合传统手工艺，如木工、陶瓷、织染等，增添产品的手工质感和文化深度，打造独一无二的艺术品。在材料选择与处理方面，依据产品性质选择适宜的材料，确保耐用性和安全性。对材料进行适当的预处理，如防潮、防腐处理，延长使用寿命。兼顾批量生产与定制化，根据市场需求灵活调整生产模式，既要保证大规模生产的效率和成本控制，也要能满足个性化定制需求。

3.2.3 质量控制要点

在批量生产前，制作样品进行严格测试、原型验证，包括外观、功能、耐用性等方面的检验，确保设计意图的实现。实施全过程质量监控，从原材料进厂检验、生产流程控制到成品检测，确保每一步都符合既定的质量标准。遵守相关环保法规和产品安全标准，避免有害物质的使用。产品上市后，持续收集用户反馈，对质量问题快速响应，不断优化产品设计和生产工艺，提升用户满意度。

档案文化创意产品的设计、生产与质量控制是一个综合考量文化价值、创新技术、用户体验和环境保护的系统工程，需要在尊重历史的基础上，不断创新与优化，以达到传承与发展的双重目的。

3.3 营销推广与受众互动

档案文化创意产品的营销需要巧妙结合传统与新兴的营销手段，通过多元化的策略增强受众的参与感和体验感。

3.3.1 故事化营销

深挖档案故事,将档案背后的历史、人物、事件等故事进行深度挖掘和包装,通过视频、图文、播客等形式讲述,让产品承载更多的情感和文化价值。激励用户共创故事,邀请受众分享自己与档案或产品相关的个人故事,通过社交媒体、线上征集活动等形式收集并传播,形成口碑效应。

3.3.2 体验式营销

完善虚拟展览与体验,利用VR/AR技术,打造线上或线下的沉浸式体验空间,让受众身临其境地感受历史时刻,增强体验感。推广互动工作坊与活动,举办档案解读、手工艺品制作、文化讲座等互动活动,让消费者亲手参与、体验档案文化的同时加深理解。

3.3.3 社交媒体与数字营销

与KOL[9]、网红合作,与文化、历史、教育领域的意见领袖合作,通过他们的真实体验和推荐,扩大产品影响力。活跃社交媒体互动,发布有趣、有料的内容,如快闪挑战、文化问答、幕后揭秘等,鼓励用户参与互动。精准广告投放,利用大数据分析,精准定位目标受众,通过社交媒体、搜索引擎等渠道投放定制化广告。

3.3.4 跨界合作

与品牌联名,与时尚、教育、旅游等行业的知名品牌联名推出限定产品或活动,共享双方的用户基础,扩大市场覆盖面。与文化IP[10]合作,与热门文化IP结合,如影视、动漫中的元素,开发衍生产品,吸引年轻受众。

3.3.5 会员制度与忠诚计划

设置会员专属活动,设立会员制度,为会员提供专属的优惠、预览、定制服务等,增强用户的归属感和忠诚度。设计积分奖励机制,消费积分、参与活动积分等可兑换产品或体验,激励用户持续关注和参与。

3.3.6 线上商城与线下体验店

建立官方线上商城,提供便捷的购物体验,结合限时折扣、预售、众筹等营销手段刺激购买。开设特色体验店或快闪店,结合实物展示、互动装置、文化讲座等,打造独特的消费场景,提升品牌体验。

通过这些多元化的营销手段,档案文化创意产品不仅能够有效触达更广泛的受众,还能深化受众的参与度和体验感,最终促进文化的传播与产品的成功推广。

注释及参考文献

[1] 王旭东 . 论档案文化资源的开发利用 [D]. 昆明：云南大学 ,2013:1-259.

[2] 王贞 . 档案文化创意产品的开发 [J]. 中国档案 ,2015(1):70-72.

[3] 孙略 .VR、AR 与电影 [J]. 北京电影学院学报 ,2016(3):13-21.

[4] 李国杰，程学旗 . 大数据研究：未来科技及经济社会发展的重大战略领域——大数据的研究现状与科学思考 [J]. 中国科学院院刊 ,2012(6):647-657.

[5] 吴汉东 . 人工智能时代的制度安排与法律规制 [J]. 法律科学 (西北政法大学学报),2017(5):128-136.

[6] 黄卫东 . 材料 3D 打印技术的研究进展 [J]. 新型工业化 ,2016(3):53-70.

[7] 张霖，陆涵 . 从建模仿真看数字孪生 [J]. 系统仿真学报 ,2021(5):995-1007.

[8] 杨楠，李世国 . 物联网环境下的智能产品原型设计研究 [J]. 包装工程 ,2014(6):55-58,68.

[9] 王宁 . 新浪微博 KOL 广告的发展分析 [D]. 兰州：兰州财经大学 ,2019:1-48.

[10] 向勇，白晓晴 . 新常态下文化产业 IP 开发的受众定位和价值演进 [J]. 北京大学学报 (哲学社会科学版),2017(1):123-132.

奥斯本检核表法视域下档案文创的开发路径思考

付旭　赵思杨

北京联合大学应用文理学院

摘要：档案文化创意产品作为一种融合了档案资源的新型产业形态，在传承档案文化的同时，也面临着市场需求多样化和产品体验感提升的挑战。本文基于奥斯本检核表法的九大问题框架，对档案文创的开发路径展开了思考和探讨，提出了多领域的跨界融合、创造性设想的引入、形状与颜色的变化、适用范围的拓展与使用寿命的延长、体积的减少与细节的省略、材料与制造工艺的替换和升级、现有元素的重新排列、基于反向思维的再设计、产品的混搭与联结共九个策略。通过本文的研究，可以为档案文创的开发提供理论指导和实践参考，促进档案文化产品的持续发展与不断创新。

关键词：奥斯本检核表法；档案文化；档案文创产品；文化再生产

0 引言

近年来随着文化创意产业的兴起，档案文化创意产品作为一种新兴的文化产业形式备受关注，展现出了蓬勃的发展态势，《"十四五"全国档案事业发展规划》中也明确指出要加强对档案文化创意产品的开发与设计，逐步实现档案文化创业产品的产业化。[1] 档案文化创意产品，即利用档案文化资源进行创意性开发的产品（涉及档案印刷品、文具用品、生活用品、手工艺品、玩具、服饰等许多种类），具有巨大的发展潜力和市场需求[2]。档案文创产品的开发不仅能够有效地保护和传承档案文化资源，为档案文化产业的创新发展注入新的活力，还可以通过创造性的方式激发公众对档案文化的兴趣，满足不同群体的审美需求和文化消费需求。[3][4] 然而，目前档案文创的开发路径并不明确，如何有效地利用档案文化资源进行创意性的开发也成了当前亟待解决的问题。

奥斯本检核表法是一种创造技法，由美国学者亚历克斯·奥斯本在《创造性想象》一书中提出，被誉为"创造技法之母"[5]。这种方法通过提问的方式，根据创新或解决问题的需要，列出有关问题，形成检核表，然后逐个对问题进行核对讨论，从而发掘出解决问题的大量设想。[6] 作为生产思路与创意的经典方法，奥斯本检核表法在许多领域都有非常理想的启发效果。在档案文化领域，运用奥斯本检核表法可以系统地分析档案文化资源的特点和文化需求，理解档案文化与创意产业之间的关系，为档案文创的开发提供科学的指导和具体的路径。因此，本文将从奥斯本检核表法的视域出发，逐步发掘档案文化的创新潜力，探究档案文创的开发路径，以期为未来档案文创的开发提供新的思路和方法，推动档案文化产业的持续繁荣和创新发展。

1 档案文创开发的创意挖掘

1.1 能否借用——创造性设想的引入

在档案文创的开发中，创造性设想的引入可以获得全新的灵感，带来全新的设计。

首先是对过去类似经验的总结和借鉴。回顾过去是否有类似的档案文创产品或项目，分析其成功或失败的经验教训。具体可以从获奖作品和历史案例中学习，发掘成功的因素和不足之处，为当前的档案文创开发提供借鉴和启示。其次是模仿其他领域的成功实践。通过市场调查、行业分析等手段，了解其他相关行业或领域的产品动态。同时对其他组织或个人的成功实践展开具体调研，分析产品成功的原因和关键因素，模仿其成功的模式或方法，并根据实际情况进行适当调整和创新，以提升自身文创产品的竞争力和创造力。最后是引入现有发明的灵感和创意。探索是否可以将已有的发明或创新应用于档案文创产品的开发中，如通过技术转移、合作开发等方式，引入现有发明的创造性设想，为档案文创产品的创新注入新的活力和动力。[7]

1.2 能否他用——多领域的跨界融合

在档案文创开发中，多领域的跨界融合可以拓宽其应用领域，吸引更广泛的受众群体。

在艺术领域，可以将档案资源与艺术形式相结合，创作出艺术作品或表演。如可以利用档案中的图片、文字或文件作为创作素材，创作绘画、雕塑、舞蹈等艺术作品，以新颖的方式展现档案文化内涵或历史故事[8]；在科技领域，可以利用科技手段将档案资源进行数字化、虚拟化或增强现实化，创造出全新的、数字化的档案文创产品。如利用虚拟现实技术，打造出身临其境的历史场景或体验；或者利用人工智能技术设计档案虚拟数字人，为档案文化注入新的活力与科技感；在商业领域，可以将档案文化资源应用于商业产品的设计与营销中。如利用档案文化元素设计商品，开展档案主题产品系列；或者利用档案中的故事进行品牌营销，提升品牌故事性和文化内涵。

2 档案文创开发过程中的简单变换

2.1 能否改变——形状与颜色的变化

在档案文创开发中，形状和颜色的变化可以让文创产品焕发新的生机和魅力。

首先是形状的改变，通过重新设计产品的形状，可以赋予产品新的外观和风格。如挖掘档案文献中的图形、图像或符号等作为灵感，进行形状上的抽象或重构，创造出新颖、独特的档案文创艺术品或实用品，吸引更多受众的关注和喜爱。其次是颜色的变化，通过调整产品的颜色搭配或色彩设计，可以为文创产品注入新的活力和魅力。如根据档案文献中的历史色彩或文化元素，设计出更符合时代潮流和目标群体审美的配色方案，提升文创产品的视觉吸引力。最后，还可以利用数字化技术进行形状和颜色的创新。如利用计算机辅助设计软件进行形状建模，或利用数字艺术技术进行色彩处理和视觉效果增强，打造更符合数字化、智能化时代的文创产品，使文创产品更好地融入当代审美和市场需求，提升其市场竞争力和商业价值[9]。

2.2 能否扩大——适用范围的拓展与使用寿命的延长

在档案文创开发中，更广泛的适用范围和更长的使用寿命可以提升产品体验感。

首先在档案文创产品的设计初期，要充分考虑产品的功能性和可持续性。整合不同类型的档案文化资源和服务，同时积极开展市场调研、收集用户反馈，确保文创产品能够适用于更广泛的场景和用户群体。如积极开发数字化的档案文创产品，增加产品的使用价值与使用寿命，以及采用人工智能技术提高文创产品的智能化水平和用户体验，保持文创产品的与时俱进，适应不断变化的需求；其次是耐用性与可维护性。文创产品的开发需要注重耐用性和可维护性，减少故障和损坏，延长产品的使用寿命。如选择耐磨损、抗氧化、高强度的材料，采用先进的制作工艺和加工技术不断优化产品功能，提升文创产品的实用性和性能，延长产品的生命周期并增加用户黏性，保障产品的持久使用和不断发展。

2.3 能否缩小——体积的减少与细节的省略

在档案文创开发中，较小的体积与简洁的设计风格可以提升产品的精致度和表现力。

首先是精简化设计。在产品的设计中采用精简化的设计风格和布局，如通过挖掘和运用符号、图形等元素，更直观地传达档案信息与文化内涵[10]。这样不仅可以有效减少体积以及避免过多细节的堆砌，重点突出档案文化资源的精华部分和文创产品的独特设计，同时也更容易吸引人们的注意力和理解。其次是抽象化处理。将档案文化资源进行抽象化处理，提炼出核心要素和主题，这样可以避免过多的细节和冗余信息，使文创产品更具有视觉冲击力和艺术感。最后是定制化服务。可以根据用户偏好和具体需求挑选档案文化资源，并挖掘相关的档案元素进行文创设计，避免了信息过载和细节过多。同时定制化服务也可以使文创产品更贴近用户的需求，提高用户体验和接受度。

2.4 能否替代——材料与制造工艺的替换和升级

在档案文创开发中，材料和制造工艺的替换和升级可以实现产品的多样化和差异化。

首先是当地特色材料与制造工艺的应用。在档案文创的开发设计中，可以利用当地特色材料进行制作，并结合当地传统制造工艺进行生产加工，使文创产品的地域文化特色更加鲜明，提升产品的文化内涵和独特性；其次是数字化制造工艺的应用。采用数字化制造技术，如 3D 打印、数控加工等来优化产品制造流程和管理，提高生产效率和产品质量。同时数字化制造具有灵活性高、定制性强的特点，也能够更好地适应档案文创产品多样化的需求；然后是环保材料的应用。可持续发展始终是一个热点话题，使用可降解材料、再生材料等环保材料来进行档案文创的开发，不仅符合可持续发展的理念，有效减少了对自然资源的消耗，同时也增强了文创产品的独特性和吸引力；最后是多功能复合材料的应用。多功能复合材料通常具有更轻的重量和更高的强度，在轻量化的设计中独具优势，使用多功能复合材料可以赋予档案文创产品更多的特性和功能，提升产品的实用性和观赏性。

3 对档案文创开发的深度思考

3.1 能否调整——现有元素的重新排列

在档案文创开发中，现有元素的重新排列可以带来全新的视觉体验与功能。

首先是布局的重新设计。重新思考和设计文创产品的布局，对档案元素的构图和排列方式进行调整，使档案文创产品展现全新的形态和功能，获得更具有冲击力的视觉效果和使用体验[11]。其次是材料的重新搭配。在文创产品的制作过程中，选择不同的材料，并尝试将不同材料进行组合或融合，使产品具有更加丰富的质感和独特的外观效果。如将纸张、布料等传统材料和塑料、合金等现代新型材料进行搭配组合，创作出具有现代感和个性化的档案文创产品。最后是色彩的重新组合。在档案文创产品开发中，色彩的重新组合也是艺术与科学的结合。不同色彩的组合和相互衬托能够为档案文创产品营造出不同的氛围，使产品更具有吸引力和感染力。如暖色调能够营造出温馨、欢快的氛围，更适合表达亲近感；冷色调则更适合表达科技感，同时对比色的运用也能够进一步增强文创产品的视觉效果。

3.2 能否颠倒——基于反向思维的再设计

在档案文创开发中，基于反向思维的再设计可以实现更好的市场效果。

首先是颠倒思考。颠倒思考可以帮助我们打破传统的思维定式，从传统的档案文创设计思路中脱离出来，挖掘全新的设计理念和方案。通过颠倒常规的思考，我们可以发现一些以前未曾想到的可能性，例如可以从相反的角度思考文创产品的市场和应用场景等。其次是逆向设计。传统的设计流程是从问题到解决方案，反向思维则可以从解决方案出发，寻找解决问题的方法。因此，在档案文创的开发中可以先尝试多种不同的设计方案，并通过小范围的投放和用户调研，思考受众的期望和需求，逐步完善档案文创产品。最后是反向市场定位。可以将档案文创产品定位于非传统的市场或者目标群体，为文创产品赋予全新的意义，获得更多的市场空间和机会，并吸引更广泛的用户群体。例如可以将文创产品定位于环保倡导者群体，使用可降解材料来开发档案文创产品，以此获得更高的市场认可度和用户满意度。

3.3 能否组合——产品的混搭与联结

在档案文创开发中，同类产品的混搭与联结有利于实现创意的叠加与融合。

首先是风格混搭创新。风格混搭创新是一种创意设计手法，可以将档案文创产品的整体风格和设计元素等进行混搭，创造出独特的审美效果。如可以采用传统的材料和工艺完成档案文创产品的初步制作，并结合现代艺术的图案和色彩对其加以装饰和点缀，打造出具有传统历史韵味和现代艺术感的文创产品。其次是产品组合创新。将同类型的档案文创产品进行搭配组合，实现文创产品之间的互补和协同效应，并增加产品的附加值和市场竞争力，带来更多的营销机会和产品组合销售的可能性。如可以将同类别、同风格的档案文创产品汇总组合成为一个更加完整的文创系列。最后是主题联动创新。以特定的档案主题或故事情节为创作灵感，将不同的文创产品进行联动创新，形成一个完整的故事线索。例如积极推进高校以及档案机构之间开展档案文创的联合创作、主题联动等活动，赋予档案文创产品更丰富的内涵和情感价值。

注释及参考文献

[1] 杨智勇, 谢雨欣, 蒙兆仪 . "十四五"时期我国档案事业发展主要任务解析与未来展望——基于省级"十四五"档案事业发展规划文本分析 [J]. 档案学研究 ,2022(5):20-27.

[2] 王贞 . 档案文化创意产品的开发 [J]. 中国档案 ,2015(1):70-72.

[3] 张华 . 档案文创产品开发的态势分析及策略研究 [J]. 北京档案 ,2024(2):44-46,67.

[4] 问宇鹏, 任越 . 档案文化创意产品设计与开发研究 [J]. 档案天地 ,2022(3):24-29.

[5] 黄振永, 郑婉容, 纪楚鸿, 等 . 奥斯本检核表法在科研选题策略中的应用 [J]. 工业和信息化教育 ,2013(8):78-82.

[6] 郑刚强, 陈婉彦 . 设计学核心 : 以创造性思维启迪设计 [J]. 艺术教育 ,2014(1):164-165.

[7] 田青 . 奥斯本检核表法对创造性思维产出影响的实验研究 [D]. 苏州 : 苏州大学 ,2012.

[8] 卫新宏 . 浅析文化创意产业背景下档案文化产品开发 [J]. 机电兵船档案 ,2024(2):16-18.

[9] 任越 , 路璐 . 数字创意产业融合视域下档案文化产品开发路径研究 [J]. 档案学研究 ,2022(1):97-102.

[10] 武玲娥 . 高校档案文化创意产品开发的路径研究 [J]. 城建档案 ,2021(10):114-116.

[11] 葛悦 , 谢诗艺 . 当前我国档案文化产品的开发逻辑 : 定位与取向 [J]. 档案管理 ,2024(1):73-78.

基于 FOGG 行为模型的
档案文化创意产品开发路径探索

刘之意　张钰

北京联合大学应用文理学院

摘要： 本研究以 FOGG 行为模型为理论依据，探讨了档案文创产品的开发路径。首先阐述了 FOGG 行为模型的理论基础，然后分析了将其应用于档案文创产品开发的理论优势。基于此，提出了档案文创产品开发的 FOGG 行为模型路径，包括以动机为导向的设计策略、以能力为基础的开发策略和以触发为焦点的营销策略。研究结论表明，FOGG 行为模型为档案文创产品开发提供了科学的路径，可提升用户参与度、产品竞争力，并推动档案文化的创新传承。本研究为相关领域提供了理论参考和实践指导，对档案文创产业的发展具有积极意义。

关键词： FOGG 行为模型；档案文创；产品开发；路径探索

0 引言

2021 年《"十四五"全国档案事业发展规划》中明确指出："加强档案文化创意产品开发，探索产业化路径。"[1]档案文化创意产品（以下简称档案文创产品）的开发与推广，对于传承和弘扬优秀传统文化、提升档案部门的社会影响力具有重要意义。然而，目前我国的档案文创产品在开发和市场化过程中仍面临一些挑战，如产品设计缺乏创新、用户参与度不高、市场竞争力不强等问题。因此，探索有效的开发路径，提升档案文创产品的吸引力和实用性，成为当前档案部门和相关研究者关注的焦点。为解决这些挑战，本文将行为科学理论引入档案文创领域，探索档案文创产品开发路径。

FOGG 行为模型认为用户行为由动机、能力和触发三个要素决定，将其应用于档案文创产品开发，有助于深入理解用户的需求和行为规律，从而有针对性地设计产品和制定营销策略，以增加用户对档案文创产品的认同、兴趣和购买意愿，为解决当前产品开发问题提供新思路。本文将从 FOGG 行为模型的理论基础出发，结合档案文创产品开发的现状和需求，分析其应用于档案文创开发的契合性，并在此基础上，提出档案文创产品设计、开发和营销策略。

1 FOGG 行为模型的理论基础

1.1 FOGG 行为模型的核心要素

FOGG 行为模型（Fogg Behavior Model，简称 FBM），是由心理学家 Richard E. Fogg 提出的。该模型主要用于解释和预测人类行为的发生，广泛应用于行为改变和用户行为设计等领域。FOGG 行为模型的核心要素包括动机、能力、触发 [2]，这三个要素相互作用，共同决定了个体是否会采取某种行为。

在 FOGG 行为模型中，动机被描述为推动个体朝着某个目标前进的力量，它回答了"为什么"要采取某种行为的问题；能力和资源被看作是个体能否成功执行某种行为的前提条件，它回答了"如何"完成某种行为的问题；触发被看作是激活个体动机和能力的催化剂，它回答了"何时"采取某种行为的问题。动机是个体行为的内在驱动力，源于个体的需求、欲望、目标和价值观等多个层面。能力是指个体完成某种行为的技能、知识、工具或其他必要的资源。触发是促使个体将动机和能力转化为实际行为的外部刺激或信号。

1.2 FOGG 行为模型的运行机制

FOGG 行为模型的运行机制在于其核心要素之间的动态相互作用，即动机、能力和触发三者在行为发生过程中的协同效应。在 FOGG 行为模型中，这三个核心要素相互关联，只有当这三个要素达到最佳平衡时，行为才最有可能发生。有动机为而没有相应的能力，个体可能无法将动机转化为实际行动。有足够的动机和能力，但没有适当的触发来激活这些要素，行为也可能不会发生。因此，在设计行为干预或产品时，需要综合考虑这三个要素，以增加目标行为发生的可能性。

FOGG 行为模型在预测和引导行为方面具有独特的优势。第一，FOGG 行为模型可以帮助识别影响行为的关键因素，通过分析个体的动机、能力和可能的触发因素，可以确定哪些因素是促进行为发生的关键；第二，FOGG 行为模型提供了一种结构化的方法来设计行为干预措施，通过有针对性地增强动机、提高能力或优化触发，可以增加目标行为发生的可能性；第三，FOGG 行为模型是一个灵活的框架，可以应用于各种不同的行为和情境。

2 FOGG行为模型应用于档案文创产品开发的契合性分析

FOGG 行为模型与档案文创产品开发具有高度的契合性，体现在模型的理论基础和档案文创产品开发的实践需求之间的紧密联系。

2.1 档案文创产品开发现状

档案文创产品开发是指将档案文化元素与创意设计相结合，开发出具有文化价值和商业价值的产品。目前档案文创产品形式日益多样化，不再局限于传统的实物衍生产品，而是逐步融合数字创意产业[3]，如利用虚拟现实技术打造沉浸式档案文化体验，满足了用户对新奇和创新的需求，为档案文创产品开发提供了更多的创新空间。但是，在档案文创不断发展的过程中，也存在以下亟待解决的问题。首先是文创产品同质化严重，一些档案馆的文创产品缺乏创新和特色，导致产品同质化严重，难以吸引用户的注意力。其次是现有档案机构的文创产品设计缺乏专业性，部分档案文创产品存在档案特色与文化内涵不强的问题，难以对某一专题档案进行深层次开发[4]，没有充分考虑用户的需求和喜好，产品的吸引力不足。此外，档案文创产品线上商店运营存在发展动力不足、售后反馈不及时等问题[5]，影响了用户的购买体验。

2.2 运用 FOGG 行为模型的理论优势

档案文创产品的开发需要同时满足用户的兴趣、易用性，并能够通过适当的方式提醒或吸引用户，而 FOGG 行为模型综合考虑了动机、能力和触发三个要素，分别对应了档案文创产品开发的三个需求，为理解和影响用户行为提供了全面的视角。FOGG 行为模型提供了具体、可操作的框架，通过明确用户的动机、优化产品的易用性，以及设计有效的触发机制，档案文创产品开发可以更有针对性地提高用户的参与度和满意度。档案文创产品面向的用户群体多样，包括文化爱好者、学生、游客等，而 FOGG 行为模型适用于各种不同的行为情境和目标用户群体，其灵活性可使档案文创产品的开发根据不同的用户群体和产品类型进行调整和应用。

档案文创产品开发面临一些特定的挑战和需求，而 FOGG 行为模型能够为解决这些问题提供有效的途径。档案文创产品旨在通过创意设计和档案元素的融合，吸引用户参与并增强其文化体验。然而，如何激发用户的兴趣，促使他们主动了解、使用和传播档案文创产品，是开发者面临的一大挑战。FOGG 行为模型中的动机要素强调了用户的内在驱动力，通过深入了解用户的兴趣、需求和价值观[6]，在产品开发过程中针对这些需求进行定制化设计，避免泛泛而谈导致的同质化[7]，设计出更能引起用户共鸣的产品，从而提升用户的参与度。

3 档案文创产品开发的 FOGG 行为模型路径设计

档案文创产品开发的 FOGG 行为模型路径设计是一种系统性的方法论，它将动机、能力、触发三个核心要素有机地融入产品开发的各个阶段，以确保最终的文创产品能够有效地吸引用户、满足其需求，并促使其参与到与产品的互动中。

3.1 基于动机的档案文创产品设计策略

动机是激发用户行为的内在驱动力，对于档案文创产品而言，其设计应充分考虑用户的兴趣、需求和价值观。在产品设计的初始阶段，通过深入的用户调研，包括访谈、问卷调查和数据分析等手段，全面了解目标用户群体的档案文化兴趣点、消费偏好以及他们对文创产品的期待。这样的洞察将有助于确定产品的核心价值和定位。

将用户的动机与档案文化的主题和档案文创的形式相结合，进行创意的发散与聚焦。档案文创产品可引入游戏玩法，借助游戏可交互等特点，引入积分、解谜等机制，强化用户对档案文化的参与感[8]，促进他们对档案内容进行更深入的了解，并吸引更多年轻用户的关注。例如，苏州中国丝绸档案馆的"第七档案室"项目以红色档案文化为主题，通过解谜书《第七档案室》、大型实景解谜活动、情景表演等形式[9]，将档案文化与创意设计相结合，为用户提供了一种全新的文化体验。

在档案文创产品开发中，情感共鸣[10]与故事叙述是激发用户参与和建立品牌忠诚度的关键要素。情感化设计旨在通过产品与用户之间的情感交流，增强用户对档案文化的认同感和归属感。故事性叙述[11]可以通过产品的设计、包装和使用说明等多个方面来呈现，增加用户对产品的认知和理解，同时也能够激发用户的情感共鸣和分享欲望。此外，可以通过创造沉浸式的体验来加强用户与产品之间的情感连接，增加用户的参与感和成就感，同时也能够加深用户对档案文化的理解和认同。

3.2 基于能力的档案文创产品开发策略

能力对应档案文创产品的可及性，开发档案文创产品应降低使用门槛。档案文创产品的开发应将用户体验放在首位，充分考虑用户的需求、期望和行为模式。档案文创产品应具有直观的操作方式和明确的功能，使用户能够轻松理解如何使用。

提供多维度的产品获取方式使用户可以根据自己的偏好和需求，方便地获取和体验档案文创产品。线上电商平台销售在打破时空限制的同时还提供了丰富的产品信息和用户评价，从能力和触发的角度有助于用户做出购买决策。线下实体店不仅可以使用户亲身感受档案文创产品的质感、设计和文化内涵，还可以通过定期举办主题活动增加用户的参与感和互动性。参加各类文化展览[12]，可以让档案文创产品获得更多的曝光机会，吸引潜在用户的关注。

积极探索数字化的档案文化创意产品，利用 MR、AI 等新兴技术增强文化体验，丰富档案文创产品的形式，使档案价值的实现方式多样化，如，用可视化和交互体验形式刺激消费主体联动多重感官感知档案信息[13]。同时，建立完善的用户支持体系，包括详细的产品说明书、在线帮助中心、用户社区等，帮助用户更好地理解和使用产品。

3.3 基于触发的档案文创产品营销策略

触发是促使用户将动机转化为实际行动的关键环节，通过精心设计的触发机制，可以有效吸引用户的注意力，激发其购买欲望，并促使其参与到档案文创产品的互动和传播中。利用各种事件和节日作为营销的契机，吸引用户的关注并激发其购买行为。例如，在历史纪念日或文化遗产日期间，推出与相关主题相关的档案文创产品，并通过社交媒体、邮件营销等渠道进行推广，提醒用户关注并参与活动。利用社交媒体平台的传播优势，通过有趣的内容、互动活动、用户生成内容等，激发用户的分享和传播行为，并将这些内容展示在官方网站或社交媒体上，作为其他用户的参考和灵感来源，实现社交触发。与相关领域的品牌或机构进行跨界合作[14]，共同开发联名产品或举办联合营销活动，通过合作方的用户群体和渠道资源，扩大产品的曝光度和影响力。利用大数据和人工智能技术，对用户的兴趣和购买行为进行分析，并提供个性化的产品推荐和精准的营销策略。例如，通过用户的历史浏览记录或购买记录，向其推送相关的档案文创产品，增加购买的可能性。

4 结论

本研究基于 FOGG 行为模型对档案文创产品开发的路径进行了系统性探索，通过将该模型的动机、能力和触发三大要素与档案文创产品的特点相结合，提出了一套综合的路径设计框架。在研究过程中，首先对 FOGG 行为模型的理论进行阐述，随后，深入分析了档案文创产品开发的特定需求，发现该模型以其综合性视角、可操作性和灵活性，为档案文创产品的开发提供了有力的理论支持。

具体而言，基于动机的档案文创产品设计策略强调了对用户需求的深度洞察和主题创意的深度融合，有助于提升产品的吸引力和用户参与度；基于能力的产品开发策略则侧重于直观易用的交互设计、多维度的产品获取方式以及持续的用户支持与教育，确保产品的易用性和用户满意度；而基于触发的产品营销策略则通过事件驱动营销、社交媒体互动、跨界合作与品牌联合以及个性化推荐和精准营销等手段，有效促进了产品的市场推广和品牌建设。通过这条 FOGG 行为模型路径，档案文创产品开发者可以更全面地理解用户行为，并将其转化为实际的产品设计和营销决策，从而推动档案文创产业的健康发展。

综上所述，本研究为档案文创产品开发提供了一种基于 FOGG 行为模型的路径设计框架，这一框架不仅具有理论依据，而且具有实际的操作性。未来，档案文创产品的开发应继续深化对 FOGG 行为模型的应用，不断探索和创新，以满足用户日益多样化的需求，推动档案文创产业的持续发展。同时，也期待未来的研究进一步探索和完善这一框架，以更好地满足不断变化的市场和用户需求。

注释及参考文献

[1] 翟文雅 . 基于 PEST 分析的档案文化创意产品开发策略探讨 [J]. 兰台世界 ,2022(3):46-49.

[2] 陈昕 , 马骋协 , 胡杰 . 基于"福格行为模型"的数字健康产品交互设计应用研究 [J]. 设计艺术研究 ,2024(2):40-44,49.

[3] 任越 , 路璐 . 数字创意产业融合视域下档案文化产品开发路径研究 [J]. 档案学研究 ,2022(1):97-102.

[4] 张华 . 档案文创产品开发的态势分析及策略研究 [J]. 北京档案 ,2024(2):44-46,67.

[5] 王小云 , 方华 , 汤玲玲 . 美国档案文化创意产品线上运营的经验、不足与启示——以 8 家档案馆线上商店为例 [J]. 档案学研究 ,2021(4):134-141.

[6] 李波涛 , 王琪 , 卢刚亮 , 等 . 基于行为设计学理论的产品设计应用研究 [J]. 包装工程 ,2023(10):54-59.

[7] 王春晖 . 基于价值链理论的档案文创产品开发 : 模型构建与路径探析 [J]. 档案管理 ,2022(5):53-55.

[8] 鲁妍 , 孙大东 .SIPS 模型视域下红色档案文创产品推广探究 [J]. 兰台世界 ,2023(8):92-95.

[9] 陈鑫 , 杨韫 , 谢静 , 等 . 档案文化"破圈"传播实践路径——以中国丝绸档案馆"第七档案室"项目为例 [J]. 档案与建设 ,2022(2):51-54.

[10] 王玉珏 , 洪泽文 , 李子林 , 等 . 档案文化创意产品开发的理论依据 [J]. 档案学研究 ,2018(4):52-58.

[11] [12] 王贞 . 档案文化创意产品的开发 [J]. 中国档案 ,2015(1):70-72.

[13] 周耀林 , 杨文睿 . 新文创语境下我国档案文化创意服务的现状调查与发展思路——基于我国 31 个省级档案馆的调查 [J]. 档案学研究 ,2024(1):85-92.

[14] 王玉珏 . 我国档案文化创意服务发展策略研究 [J]. 档案学研究 ,2018(6):95-100.

档案文化创意产品开发：驱动与创新路径

刘雅菲

烟台市交通运输执法监察支队

摘要：文章围绕档案文化创意产品开发的驱动与创新措施展开探讨。首先分析了创意产品开发过程中的技术驱动、社会需求驱动和政策支持驱动因素。接着讨论了创意设计与技术应用在产品开发中的重要性及实施方法。随后分析了文化资料挖掘与创意应用、跨界合作与跨学科融合、创意产业生态系统的建立等创新措施。通过这些措施的实施，可以推动档案文化创意产品的发展，促进创意产业的繁荣。

关键词：档案管理；文化创意产品；开发；创新

0 引言

随着文化产业的不断兴起和发展，档案文化创意产品作为文化产业的重要组成部分，正在逐渐受到人们的关注和重视。在这个背景下，如何有效地驱动和创新档案文化创意产品的开发成了一个重要课题。文章旨在探讨档案文化创意产品开发的驱动因素及创新措施，为促进创意产业的发展提供参考和借鉴。

1 创意产品开发在档案文化领域的意义

首先，创意产品开发可以推动档案资源的保护和传承。随着社会的发展和科技的进步，许多传统的档案资料面临着丢失、损坏甚至遗忘的风险。而通过创意产品的开发，可以将这些档案资源进行数字化、立体化展示，使得它们更加易于保存和传播。比如利用虚拟现实技术，可以将古老的档案文件重新呈现在人们面前，使人们仿佛置身于历史之中，亲身感受历史的魅力。

此外，创意产品还可以通过丰富多样的形式，吸引更多人参与到档案资源的保护和传承中来，形成全社会共同关注、共同参与的氛围[1]。

其次，创意产品开发可以提升档案文化的传播效果。档案资源作为历史的见证者，蕴含着丰富的历史信息和文化内涵，但是传统的档案展览形式往往难以吸引年轻人和大众的注意。而创意产品的开发可以通过更加生动、形象、有趣的方式，将档案文化呈现给观众，使得他们更容易理解和接受。比如利用动漫、游戏等形式，将历史人物、历史事件进行再现，使得观众在娱乐的同时也能够了解到历史的故事和精神。这种形式的传播不仅可以吸引更多的观众，还可以使得档案文化的影响力得到进一步扩大。

此外，创意产品开发还可以促进档案资源的利用和创新。档案资源往往蕴含着丰富的文化资源和知识财富，但是传统的利用方式往往受到形式和载体的限制。而创意产品的开发则可以通过多种方式将档案资源进行重新加工和利用，创造出更多形式多样、内容丰富的产品。比如利用档案资料进行文创产品的设计制作，可以生产出具有历史文化特色的工艺品、纪念品等，满足人们对历史文化的情感需求。同时，创意产品开发也可以激发出更多的创新思维和创意灵感，推动档案文化与其他领域的交叉融合，形成更加丰富多样的文化产品和服务[2]。

2 驱动档案文化创意产品开发的因素

2.1 技术驱动因素

技术的不断发展为档案文化创意产品的开发提供了强大支持，随着信息技术的飞速发展，数字化技术在档案文化领域的应用日益广泛。通过数字化技术，可以将传统的纸质档案转化为电子文档，实现档案信息的高效存储、检索和传播。这为创意产品的开发提供了丰富的原材料和数据支持，使得创意产品能够更加灵活地利用档案资源，开发出更加多样化、富有创意的产品[3]。虚拟现实和增强现实技术可以模拟出逼真的三维场景，使用户沉浸其中，拓展了档案文化产品的展示形式。通过这些技术，可以将档案文化呈现得更加形象生动，使用户能够身临其境地感受历史事件或文化场景，从而提升用户的参与感和体验感。

人工智能技术在图像识别、语音识别、自然语言处理等方面的应用，为档案文化创意产品的开发提供了更加智能化的支持。通过人工智能技术，可以实现对档案资源的自动化处理和分析，提高档案资源的利用效率和创意产品的开发效率。例如，利用人工智能技术，可以对大量的档案图片进行智能识别和分类，快速挖掘出其中的文化价值，为创意产品的开发提供更多的灵感和可能性。

2.2 社会需求驱动因素

随着人们生活水平的不断提高和文化消费观念的日益成熟，人们对于文化产品的需求越来越旺盛。档案文化作为一种独特的文化形式，具有丰富的历史内涵和文化价值，能够满足人们对于历史文化的认知和情感需求。因此，针对档案文化的创意产品也受到了越来越多的关注和追捧，市场需求不断增长。档案文化承载着丰富的历史信息和文化遗产，对于文化传承和教育具有重要意义。人们希望通过各种形式的创意产品，将这些宝贵的档案资源传承给后代，并且使之得到更加广泛地传播和认知 [4]。尤其是在教育领域，档案文化创意产品可以作为重要的教学工具，帮助学生更加生动地了解和感受历史文化。随着旅游业的不断发展和人们旅游消费观念的日益成熟，文化旅游成为一种热门的旅游方式。而档案文化作为一个重要的文化资源，具有独特的旅游吸引力。因此，为了满足人们对于文化旅游的需求，开发具有创意和特色的档案文化产品成为一种必然选择。

3 档案文化创意产品开发创新路径

3.1 创意产品开发的基础与前提

3.1.1 档案资源整合与开放

建立统一的资源平台，将各种类型的资源进行统一管理和整合。通过资源平台，可以方便开发者获取所需资源，并且实现资源的共享和交流。档案文化创意产品的开发往往涉及多个部门和单位的合作，加强跨部门合作，共享各自的资源和优势，可以实现资源的有效整合和利用。采用开放式的开发模式，鼓励各方参与到创意产品的开发中来，通过开放式的开发模式，可以吸引更多的参与者，丰富产品的内容和功能，提升产品的质量和水平 [5]。

制定开放式的开发政策，鼓励各方参与到创意产品的开发中来。政府可以通过出台相关政策和法规，为开放式的开发模式提供制度保障和政策支持。建立开放式的合作平台，为各方提供参与创意产品开发的机会和渠道。通过合作平台，可以实现资源的共享和交流，促进不同单位、不同领域之间的合作与交流。加强知识产权保护，保护创意产品开发者的合法权益。同时，也要鼓励创意产品开发者分享自己的知识和经验，为开放式的开发模式提供良好的环境和氛围。

3.1.2 创意设计与技术应用

档案文化创意产品的开发过程中，创意设计与技术应用措施起着至关重要的作用。创意设计决定了产品的独特性和吸引力，而技术应用则是实现创意的重要手段。创意设计是产品的灵魂，决定了产品的独特性和吸引力。在档案文化创意产品的开发过程中，创意设计应该能够突出产品所传达的文化内涵和历史价值，使得产品能够吸引目标用户的注意和喜爱。优秀的创意设计能够提升用户体验，引发用户的情感共鸣。

在创意设计阶段，需要对档案资源进行深入研究和挖掘，发现其中的历史故事、文化符号和艺术元素。通过对档案资源的深入了解，可以为创意设计提供丰富的素材和灵感。在设计过程中，应该注重创意融合和创新发展。可以将不同的历史元素、文化符号进行巧妙融合，创造出独特的设计风格和表现形式，从而使得产品更加有吸引力和独特性。在创意设计过程中，应该充分考虑用户的需求和反馈意见。可以通过用户调研、焦点小组讨论等方式，了解用户的喜好和需求，及时调整和完善创意设计方案，提升产品的用户满意度。

根据产品的需求和特点选择适合的技术方案。可以考虑利用虚拟现实、增强现实、人工智能等先进技术手段，实现产品的创意设计和功能要求。在产品开发过程中，需要持续跟踪和了解最新的技术动态，及时更新和应用新的技术手段，保持产品的竞争力和先进性。技术应用与创意设计应该相互融合，形成有机的整体。在产品开发过程中，技术团队和设计团队应该密切合作，共同探讨和实现创意设计的技术实现路径，确保产品在设计和技术上的协调一致。

3.2 以档案文化为基础的创新路径

3.2.1 档案文化资料的挖掘与创意应用

档案文化创意产品的开发过程中，文化资料的挖掘与创意应用措施起着至关重要的作用。文化资料是档案文化的重要组成部分，它蕴含着丰富的历史信息和文化内涵，通过挖掘和创意应用，可以为创意产品的开发提供丰富的素材和灵感。

文化资料的挖掘可以为创意产品提供丰富多样的素材，包括历史文献、文物遗迹、传统习俗等，可以为产品的内容和形式提供丰富的参考和借鉴，丰富产品的文化内涵和表现形式。通过挖掘文化资料，可以激发出更多的创新思维和创意灵感。历史文化中蕴含着丰富的智慧和创造力，通过对文化资料的深入研究和挖掘，可以发现其中的精髓和启示，为创意产品的开发提供新的思路和方向。将历史文化元素融入产品中，可以使得产品更具深度和内涵，增强产品的文化认同感和历史感，吸引更多用户的关注和喜爱。

将文化资料与创意设计相融合，创造出具有独特文化特色的产品形式。通过巧妙的设计手法，将历史文化元素融入产品的外观、功能和体验中，使得产品具有更强的文化氛围和历史韵味。设计具有互动性和情感共鸣的产品形式，吸引用户参与和体验。通过设计富有情感共鸣的故事情节、交互环节，引发用户的情感共鸣和参与欲望，增强产品的用户黏性和市场竞争力。

3.2.2 跨界合作与跨学科融合

在档案文化创意产品的开发过程中，跨界合作与跨学科融合措施发挥着重要作用。这些措施可以促进不同领域之间的合作与交流，充分利用各方的专业知识和资源，提升产品的创新性、多样性和实用性。跨界合作能够整合不同领域的资源优势，包括技术、资金、人才等方面。例如，与技术公司合作可以获得先进的技术支持，与文化机构合作可以获得丰富的文化资源，从而提升产品的创新性和竞争力。

建立跨界联合研发团队，包括来自不同领域的专业人才和机构。通过共同合作，可以充分利用各方的专业知识和资源，推动产品的研发和创新。在跨界合作过程中，需要制定明确的合作协议和分工方案。明确各方的责任和权利，规范合作流程和工作分工，确保合作顺利进行并达到预期目标。加强跨界合作的沟通与协调，建立良好的合作氛围和工作机制。及时交流信息，解决合作中的问题和矛盾，保持合作的顺利进行和稳定发展。

建立跨学科的团队，包括来自不同学科的专业人才和研究机构。通过团队合作，可以充分利用各学科的专业知识和资源，推动产品的开发和创新。加强跨学科的交流与合作，建立跨学科的研究网络和合作平台。通过交流合作，可以促进不同学科之间的思想碰撞和知识交流，推动学科之间的融合与发展。注重培养跨学科思维，提高团队成员的综合素质和创新能力。鼓励团队成员跨学科交叉学习和合作实践，培养跨学科的综合能力和创新意识，为产品的开发提供更加广阔的视野和可能性。

3.3 建立创意产业生态系统

档案文化创意产品的开发过程中，建立创意产业生态系统是至关重要的，这一生态系统包括了各类创意从产生到实现的整个过程，涵盖了创意的孵化、培育、实践、推广以及创意产业的发展。孵化平台和创意基地是创意产业生态系统的重要组成部分，是创意孵化和培育的重要场所。这些平台和基地为创意人才提供了创作、交流、展示和合作的空间，促进了创意的不断涌现和成长。

人才和技术是创意产业发展的核心驱动力，是创意产业生态系统中的重要环节。人才培养和技术创新可以为创意产业提供源源不断的创意力量和技术支持，推动产业的不断创新和升级。鼓励高校、科研机构、企业等各方加强创意人才培养和技术研发。可以建立创意教育培训机制，开设创意类专业和课程，培养具有创意思维和实践能力的人才。同时，还可以加强科技创新和成果转化，推动技术与创意的深度融合。

产业链协同和合作共赢是创意产业生态系统中的重要环节，可以促进产业链上下游各环节的协同合作，实现资源共享和互利共赢。促进创意产业链上下游企业之间的合作与共赢。可以建立产业联盟或合作组织，加强企业之间的交流与合作，共同探讨和解决产业发展中的共性问题。同时，还可以通过引导企业加强合作，形成完整的产业链条，实现资源优势的互补，推动产业的良性发展。

文化传承和品牌塑造是创意产业生态系统中的重要环节，是创意产业长期发展的基础。通过传承和弘扬优秀的文化传统，塑造具有影响力和竞争力的品牌形象，可以提升产业的核心竞争力和市场地位。加强对优秀文化资源的保护、挖掘和传承，推动传统文化与现代创意的融合发展。同时，加强品牌建设和推广，打造具有影响力和竞争力的创意品牌，提升产业的知名度和美誉度。

4 结语

档案文化创意产品的开发是一个涉及多方面因素的复杂过程，需要各方的共同努力和合作。通过文章的分析可以看出，技术驱动、社会需求、政策支持等因素对创意产品的发展起着重要作用。同时，创意设计、技术应用、文化资料挖掘、跨界合作、跨学科融合等创新措施也为产品的创新和发展提供了重要支撑。相信在各方共同努力下，档案文化创意产品将会迎来更加辉煌的发展前景。

注释及参考文献

[1] 肖文建,彭科东. 档案馆跨界合作开发文化创意产品的问题与对策 [J]. 北京档案，2018(10):13-17.

[2] 宋懿. 知识管理视角下档案文化创意产业分析 [J]. 兰台世界 .2017(3):11-15.

[3] 冉朝霞. 档案文化创意产业研究初探 [J]. 档案管理 .2012(3):46-47.

[4] 王贞. 档案文化创意产品的开发 [J]. 中国档案 ,2015(1):70-72.

[5] 杜竹君. 论档案文化产品及其开发策略 [J]. 北京档案 ,2015(9):39-40.

基于消费者感知理论的
档案文化创意产品开发策略研究

王成铖

广东省核工业地质局二九二大队

摘要： 20世纪80年代，西方著名营销管理学家Zaithaml提出了"消费者感知"理论。这一理论认为，无论是档案文化创意产品的开发、组织的管理还是产品营销等市场行为，都应该从顾客（消费者）需求的角度出发去重塑自身的经营理念，这是因为在一个"供过于求"的工业化、后工业化时代，企业的价值越来越被消费者所决定。基于消费者感知理论下档案文化创意产品开发应当遵循消费者满意度原则、线上营销与线下互动相结合原则、产品开发的"整体性治理"原则。消费者感知理论下档案文化创意产品的开发一是应当更加注重基于创意化的整合式开发；二是应当更加注重基于差异化的品牌化开发；三是应当更加注重基于体验的互动式开发。

关键词： 消费者感知理论；档案文化创意产品；档案开发创新

0 引言

进入20世纪90年代之后，"文化创意产业"（Cultural and Creative Industries）作为一种新的学术语言、作为一种新的产业领域被学术界所关注。一般认为，"文化创意产业"指的是特定的文化创新主体，通过综合发挥美学想象力或文化感染力，为文化产业、文化产品注入"创意"的一种新兴产业，背后代表的是知识产权、知识创意价值。广义来看，"档案文化创意产品"指的是依托特定类型、特定形态的档案资源，所开发出来的具有文化创意价值的商品，是档案资源与文化创意的融合性产物。

1 基于消费者感知理论
考察档案文化创意产品开发的主要动因

近些年来，我国档案文化创意产业在"政府 + 市场 + 社会"多元互动格局下得到了显著的发展，但是同时也存在着"创意度不够""不注重倾听消费者需求""与文化消费市场脱节"等问题，在深层次上影响和制约着档案文化创意产业的发展。

1.1 档案文化创意产品的"消费社会"已经来临

进入 20 世纪中叶，西方资本主义国家市场经济的发展进入了一个全新的发展阶段，大量工业产品、文化产品的生产供给严重大于社会消费需求，形成了"经济滞涨"状态，著名的"消费社会"也因此而诞生。与这一趋势变化相同步，西方市场经济中的消费者的消费越来越具有"个性""挑剔"特征，消费者对文化产品、文化商品的消费也变得越来越差异化。因此，谁的文化产品能够让"挑剔"的消费者"感知到"，谁的文化产品就能获得更好的市场地位，这就催生了"消费者感知理论"。作为一种从消费者、顾客端出发重构市场营销的理论或者说概念，"消费者感知"一般也被称为"顾客感知价值"[1]，指的是企业的营销应该从顾客（消费者）需求的角度出发去重塑自身的经营理念，这是因为在一个"供过于求"的工业化、后工业化时代，企业的价值越来越被消费者所决定。

1.2 "消费者感知"是档案文化"活起来"的关键因素

自 2014 年我国《加强和改进新形势下档案工作的意见》以及各地配套实施意见的陆续颁布以来，在顶层设计层面上，将开发档案和档案文化作为发力点，最大限度激活"死档案"，让其变成有价值的信息，并让档案库成为资源丰富的"思想库"，不断挖掘档案的价值。文物的保护利用以及传承和保护文化遗产，是党的二十大报告特别指出的方向。我国是一个档案大国，也是一个档案文化大国，但是在"档案文化创意"方面却起步较晚，还远远没有达到让丰富的档案资源、档案文化"活起来"的程度。以民族档案文化为例，从消费者感知的角度出发去开发民族档案文化创意产品，就是要致力于呈现各个少数民族清晰而完整的历史文化，并强调民族档案与民族文化相融相生的关系，最终实现民族档案文化创意产品的"客户与服务系统之间互动过程中的真实瞬间"[2]。

2 消费者感知理论下档案文化创意产品开发的原则取向

档案文化创意产品的"灵魂"在于"文化创意"，用消费者感知理论指导档案文化创意产品的开发，实际上就是一个用"文化创意"去更好地打动消费者、抓住消费者的过程。

2.1 消费者满意度原则

消费者感知理论认为，对于档案文化创意产品开发的一个基本要求即"差异化竞争"，这是因为在复杂的市场上，即便是对同一个类型的档案文化创意产品而言，不同的消费群体仍然具有十分差异化的消费需求。因此，档案文化创意产品的"市场细分"必须以消费者满意度为原则。另外，从档案文化创意产品供给的整体格局下，在当前"文化创意产品"更多地被消费驱动的前提下，任何一种档案文化创意产品营销的创新都应当致力于从小众化、细分化、差异化的消费者需求入手进行"倒向研发"。

2.2 线上营销与线下互动相结合原则

档案文化创意产品在表现形态上既可以表现为一定的实物性、器物性形态，也可以表现为影视类、动漫类等表现形态，因此在产品的开发和营销方面应当注重线上与线下的整合、互动。当前，有不少档案文化创意产品在开展一些新型的开发策略时，往往不会将这些新型的开发模式与其开发者组织整体的发展战略、结合起来进行统筹规划，只注重短期的、跟风似的营销业绩提升，不注重长期的"品牌竞争""品牌营销"模式的开展，也不注重真正意义上的线上营销与线下互动相结合。因此，基于当前"互联网经济""体验经济"的大趋势，档案文化创意产品要注重线上营销与线下互动的结合，这实际上就是一种围绕着潜在的消费者感知或客户感知、注意力等进行市场设计，从而确保可以精准获客的开发战略。

2.3 产品开发的"整体性治理"原则

档案文化创意产品的"开发"与"营销"作为一种重要的管理手段，在当前只有走向"整体性治理"，形成"整合营销"才能真正将"消费者感知"作为出发点和落脚点。我们知道，整合营销作为一种新型的营销理念，提倡树立"全员营销""全流程营销""全要素营销"等方法，尤其是注重借助于新型传播媒介的作用，致力于整合全渠道资源给消费者提供一种对企业"整体性的品牌印象"[3]。我们认为，在当前这种强调"整合营销"的全新时代，对于档案文化创意产品这种新型消费品、新型文化产品的开发定位来讲，一方面既要借助于"整合营销"的整合思维去向社会大众提供一种"整体化的品牌印象"，另一方面又要重视和回应不同年龄段、不同消费群体、不同知识群体对"档案文化创意产品"的个性化消费需求。

表 1　整体性治理导向的档案文化创意产品开发组织特征

	目的	冲突解决	边界	信用	运作基础	决策轨迹	激励
科层制组织	优先满足中央利益	权威、行政命令	刚性的、静态的连接	低	权威、权力	自上而下、远距离	低，预先确定过程和产出
市场型组织	提供交易场所	市场规范、法律	离散的、一次性连接	低	价格机制	即时,完全自主	高度强调销售或市场
网络型组织	合作者的利益优先	关系型合约、协商、谈判	柔性的、动态连接	中等偏高	信任、认同	共同参与或协商、接近行动地点	较高、业绩导向、利益来自多重交易

3　消费者感知理论下档案文化创意产品开发的策略建议

在当前这个个性化的"后现代"社会，消费者在后现代主义消费文化中消费的不仅仅是商品的使用价值，更多的是商品所代表的文化意义和价值。从这一点上来讲，我们对档案文化创意产品的开发必须更为注重回应人的这种"文化消费需求"特性，更加注重利用好档案文化资源、创意资源、档案开发技术资源等，同时将档案文化创意产品的商业化逻辑、市场化逻辑与这些好的资源深度嫁接起来。

3.1　更加注重基于创意化的整合式开发

档案文化创意产品开发定位中涉及的整合营销首要的即在于整合营销传播，其核心宗旨是将各类信息传播手段进行组合，实现传播影响的连续性和最大化[4]。纵观发展趋势，档案文化创意产品的开发一方面可以尝试引入以微电影、微视频、"直播带货"为主要表现手法的宣传模式，借助于新媒体迅速地在消费者群体中形成基于文化创意品牌认同；另一方面，我们还应该认识到，整合营销传播仅仅是"档案文化创意产品"在注意力经济时代进行的一种营销尝试，针对不同的消费群体，应该采取不同的传播语言、不同的传播方式进行精准滴灌。例如，针对潜在的目标消费者是中低收入年轻人群体，如 80 后、90 后，这个消费群体追求个性，强调自我价值，青春时尚，有激情，有胆识，多数自己创业或是公司高级白领，这就需要整合档案文化创意产品的产品渠道优势和传播渠道优势，向其开展定向营销。

3.2 更加注重基于差异化的品牌化开发

在我国当前文化消费市场上，"档案文化创意产品"本身是一种前瞻性的竞争行业，具有市场细分明显、受众多元化等特点。在当今时代，随着"整合营销"概念的崛起，创新在开发过程中的每一个环节都应以消费者需求为核心，围绕他们的兴趣焦点来展开。因此，我们必须充分利用互联网平台，从消费者的搜索行为和热门关注点入手，加强客户关系管理。在此基础上，深入分析消费者对各类档案文化创意产品的独特喜好，这些喜好涵盖了产品类型、地域特色、民族风情以及历史背景等多个方面。接下来，我们要将这些消费者喜好转化为企业设计、生产和营销的实际操作，实现以需求为导向、开发紧随其后的战略理念。同时，我们还需要对整合营销的组织架构、工作流程和激励机制等进行优化和完善，以适应当前的市场需求。为了实现这一目标，我们需要建立一种全面而深入的互动和沟通机制，使企业全员能够与消费者进行紧密合作。这将有助于构建一个新型的开发模式，也就是做到"先有互动，再有营销"，进而缩短档案文化创意产品的品牌化道路。

3.3 更加注重基于体验的互动式开发

在"消费者感知"理论看来，档案文化创意产品的开发定位较为核心的一环即在于"体验式营销"，即将体验式营销纳入合适的创意产品定位程序中来。何为体验式营销？它实际上指的是"企业在设计产品、制造商品或提供服务时，会全面融合消费者的多重维度，包括感官享受、情感呼应、思维逻辑、行为习惯以及联想能力，并将这些要素作为主导性的指导思想。积极鼓励消费者全程参与并影响到整个"大营销"的各个环节。正是基于这样的理念和做法，企业能够精准捕捉到消费者的真实需求与期望。进而可以根据这些洞察，不断创新和优化营销方式"[5]。针对档案文化创意产品现实中在线上营销与线下营销结合中存在的突出问题，走向线上、线下有机互动的体验式营销是一个重要的策略。例如，档案文化创意产品的开发者可以定期或不定期举办联合体验式营销见面会，消费者通过线上的预约可以充分地在线下通过试用增加档案文化创意产品的品牌好感，同时也提高了消费者参与体验的力度，一定程度上降低了关于对产品认知的信息不对称。

4 结语

联合国教科文组织颁布的《保护和促进文化表现形式多样性公约》中明确指出的"经济与文化发展相辅相成"以及"可持续发展"的核心理念，为我们在非物质文化遗产保护领域的工作提供了深刻的指导和重要的启示。针对我们国家类似于非遗的不少特色档案、优质档案、优势档案等来讲，以市场为导向、以消费者为导向开发"档案文化创意产品"是将档案资源转化为文化竞争力的重要途径。以"消费者感知"为导向，真正打通档案文化创意产品的开发和消费障碍，档案资源的保护和发展才能形成良性循环，促进地方档案事业、文化旅游和社会的可持续发展。本文认为，消费者感知理论下档案文化创意产品开发应当遵循消费者满意度原则、线上营销与线下互动相结合原则、产品开发的"整体性治理"原则，在具体的开发策略上应当更加注重基于创意化的整合式开发，应当更加注重基于差异化的品牌化开发，应当更加注重基于体验的互动式开发。

注释及参考文献

[1] 童星 . 严新明 . 制度、文化与社会时空——中国消费社会问题研究 [J]. 江西社会科学 ,2006(10):7.

[2] [4] [5] 高海霞 . 消费者感知风险及行为模式透视 [M]. 北京 : 科学出版社 ,2009.

[3] 董大海 , 杨毅 . 网络环境下消费者感知价值的理论剖析 [J]. 管理学报 ,2008(11):857.

基于用户需求的创新设计方法
在档案文创产品开发中的实践探索

朱瑞兴

湖州学院党委办公室

摘要：随着文化产业的迅猛发展，档案文创产品日益成为推动文化创新与传承的重要载体。本文在深入分析用户需求的基础上，探索了基于用户需求的创新设计方法在档案文创产品开发中的应用。采用定性与定量相结合的需求调研手段，获取并解读需求数据，确立设计导向。建立了一套从理论到实践的创新设计方法论框架，指导文创产品的设计与开发。

关键词：用户需求；创新设计方法；档案文创；产品开发；需求调研

0 引言

为了不断实现人民对美好生活的向往，满足人们对档案文创产品的多样化需求，如何更好地结合用户需求进行创新设计成了我们需要思考的问题。通过本文的研究，我们希望能够为档案文创产品的开发提供一些有益的启示和方法。

基于用户需求的创新设计方法是指在产品开发过程中，将用户需求作为设计的核心和出发点，通过深入了解用户的需求和习惯，以及产品在使用过程中可能遇到的问题，从而进行创新设计[1]。这种方法能够更好地满足用户的需求，提高产品的使用体验，并增加产品的竞争力。

在档案文创产品开发中，基于用户需求的创新设计方法具有重要意义。首先，档案文创产品的特殊性决定了其在设计过程中必须充分考虑用户的需求[2]。其次，基于用户需求的创新设计方法可以帮助开发团队更好地了解用户群体的特点，创造出更符合市场需求的产品。此外，通过运用创新设计方法，还可以在产品的功能、外观、材料等方面进行改进和优化，使产品更贴近用户的生活和需求 [3]。

1 用户需求分析

1.1 需求调研方法

在档案文创产品开发中，确切地理解和把握用户需求是一个至关重要的环节。本研究采用了一系列科学而系统的需求调研方法，通过深入地分析用户的真实需求，以此指导创新设计的方向。为实现这一目的，按照用户需求调研流程图（图 1）所示，首先确定调研目标，即聚焦于用户对档案文创产品的使用痛点、期望功能以及审美偏好。接着，依据这些目标设计了详尽的调研问卷，关注细节且覆盖广泛，确保调研数据的丰满度与准确性。

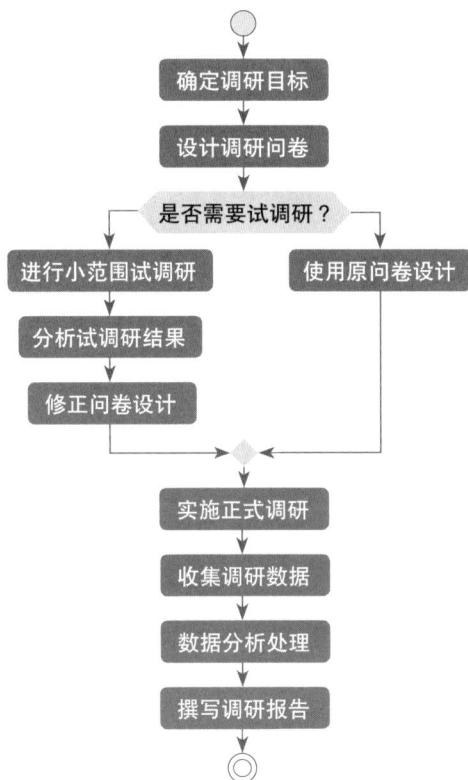

图 1 用户需求调研流程图

　　针对各种不同的调研方法,本研究也制作了需求调研方法对比表(表1),详细列举了包括访谈法、问卷调查、观察法等在内的多种方法的应用场景、数据收集手段、优缺点、调研样本量、调研时长以及成本预算。该表格提供了一目了然的比较视角,让研究团队能够根据项目的实际情况以及资源限制,挑选最合适的调研方式。例如,在初步用户接触环节,更倾向于使用访谈法来深度挖掘用户的内在需求;而在全面调研用户满意度时,则以问卷调查为主,以获取大规模且有统计意义的反馈数据。

表 1　需求调研方法对比表

调研方法名称	应用场景	数据收集手段	优点	缺点	调研样本量	调研时长	成本预算
访谈法	初步探索用户的期望和偏好	录音录像、笔记记录	直接获取用户深层次需求	时间成本高,样本量一般	30	2 周	1000 元
问卷调查	广泛收集用户偏好和满意度	在线与纸质问卷	数据量大,便于量化分析	可能存在样本偏差,表达浅显	500	1 个月	2000 元
观察法	用户使用产品的自然环境	行为记录、摄像跟踪	能够捕捉用户在自然状态下的真实行为	难以观察到用户的内在想法	20	3 天	500 元
用户日志研究	长期跟踪用户使用习惯和行为模式	用户日志系统、应用分析工具	揭示用户行为和习惯的变化	数据庞大,分析复杂	100	6 个月	2000 元
实验法	探究不同设计变量对用户行为的影响	实验室测试、场景模拟	可控性高,结果可靠性强	环境可能不够自然,影响用户行为	50	1 周	2000 元
人群划分与分析	特定用户群体分析	数据挖掘与分类算法	深入理解不同用户群体的需求差异	分类过程复杂,数据需求高	200	15 天	1000 元
反思与自省	档案文创产品设计师的个人经验与直觉	日常记录、设计思维地图	增加设计师对用户需求理解的深度	存在个人主观性,需要辅以其他调研证据	1	持续	2000 元

调研方法名称	应用场景	数据收集手段	优点	缺点	调研样本量	调研时长	成本预算
案例研究	深度剖析单个或少量典型案例	归纳分析、深度访谈	能够深度理解案例背后的用户需求	不易进行广泛推广，结果可能不具备普适性	5	3个月	1000元
专家咨询	利用专家的知识和经验进行产品开发指导	会议讨论、专家建议	提供专业意见，指导方向	可能忽视普通用户的需求	10	1个月	5000元
竞品分析	分析同类产品的市场表现和用户评价	数据采集、市场分析报告	可以基于竞品表现改进自身产品设计	竞品数据可能不全面，分析存在限制	20	2个月	2000元
社交媒体挖掘	分析用户在社交平台的行为和偏好	社交媒体分析工具	可获得用户真实反馈和使用场景	数据噪声大，需精细筛选	1000	1个月	1000元
情景分析法	模拟用户日常使用情境以探索设计适应性	角色扮演、用例剧本	帮助设计师按场景构建需求解决方案	情境模拟可能与实际使用情境存在偏差	40	2周	1000元
动态跟踪研究	追踪用户需求与偏好的变化	动态跟踪系统与反馈机制	及时调整产品方向以满足市场变化	需要对用户进行长期的动态跟踪	150	1年	5000元
用户体验测试	测试产品的用户体验和使用感受	用户测试问卷、实用性测试	直观了解产品的优势和需要改进之处	实测成本较高，需要精心设计测试流程	80	3周	3000元
多维度需求构建法	综合不同层面用户需求构建全面的需求结构	多维度需求分析工具	面对复杂问题时，能提供结构化的解决思路	构建过程复杂，需要跨学科知识	120	2个月	10000元

综上所述，通过精心设计并执行这一需求调研流程，本研究得以准确捕捉目标用户群体的需求，为后续的档案文创产品设计提供了坚实的数据支撑

和明确方向。这些调研活动不仅提升了产品设计的针对性和创意的创新性，而且为后期市场推广和用户接受度提供了预见性分析，显著提高了产品开发成功率。

1.2 需求数据解读

根据用户类别不同，我们采用混合方法收集并分析了用户需求数据，构建了用户需求数据统计表（表 2），涵盖了需求类型、具体需求、频次统计、重要性评分以及用户满意度等关键指标[4]。在校方用户中，需求频次统计显示加强校园文化宣传力度的需求最多，且重要性评分达到 5 分，反映出校方用户希望通过文创产品弘扬校园特色的迫切愿望。学生用户的需求数据表现出对日常实用和校园认同感结合的文创产品有较高要求，频次统计分别为 215 和 189，表明学生群体对日常生活中能够体现学校特色的文创产品有较强烈的需求。

表 2 用户需求数据统计表

用户类别	需求类型	具体需求	频次统计	重要性(1-5)	用户满意度 (%)
校方	文化传播	加强校园文化宣传力度	134	5	82
	品牌提升	提高校园文创品牌知名度	128	4	78
老师	礼品需求	期望具有高辨识度的纪念品	97	4	75
	文化展示	需要能展示学科成就的物品	103	3	81
校友	情感联结	寻找具有母校特色的纪念品	86	5	89
	社群互动	希望通过商品增强与校友的联系	77	4	84
学生	日常实用	需要结合实用性与文化的产品	215	5	79
	校园认同	希望通过产品展示校园认同感	189	4	85
外部游客	纪念性购买	希望购买具有纪念价值的档案文创	144	3	76
	推广了解	通过文创产品了解校园文化	121	2	80

在需求数据解读方面，考虑到用户群体的多样性和需求的多维度特征，借助多元统计分析方法深入探究了需求频次与用户满意度的相关性[5]。分析结果指出，用户对文创产品的文化传播和情感联结需求与满意度成正比，即

用户越重视这些需求，满意度也越高，这一发现为营造有意义的校园文化和增强校友之间的联结提供了有价值的参考。

进一步结合用户对文创产品开发设计的建议词云（图2），可以清晰地识别出用户心中最为关键的需求点[6]。词云中"创新""校园""文化""实用""特色"等关键字突出，揭示出用户期望文创产品既有创新性又不失文化内涵的核心诉求，从而验证了在产品概念策划阶段融入用户建议的重要性，使产品更符合市场期待，提升用户体验[7]。

图 2　用户对文创产品开发设计的建议词云

因此，在档案文创产品的设计开发中，深入理解并科学分析用户需求，不仅有利于提升文创产品的市场竞争力，更是推动校园文化传播和品牌建设的重要途径。通过实际调研和数据统计，凸显出在创新设计方法应用上，必须紧密围绕用户的核心需求展开，以用户为中心的设计思维是实践的关键。

2 创新设计方法论

2.1 创新设计理论基础

在档案文创产品开发中，基于用户需求的创新设计方法起着至关重要的作用。首先，创新设计的理论基础包括用户需求分析、市场定位、竞争分析、创新策略等内容。在档案文创产品开发中，首先需要对用户需求进行深入分析，了解用户的喜好、习惯、需求等方面的信息；其次，通过市场定位和竞争分析，可以更好地把握市场的发展趋势和竞争格局，为产品定位和创新策略的制定提供依据；最后，根据用户需求、市场定位和竞争分析的结果，制定合理的创新策略，确定产品的独特定位和创新亮点，为产品的创新设计奠定基础。

2.2 设计方法应用框架

在档案文创产品的开发中，我们的创新设计方法应用框架流程（图3）起始于对用户需求的细致分析，这个分析过程需要收集有关用户偏好、市场趋势以及潜在用户的深入见解[8]。在此基础上，确定创新设计目标时，我们追求的不仅是外观新颖，更重要的是对文化内涵的深刻理解和独到表达。随后，该框架并行地进入两条路径：一是深入研究设计理论，这包括了文化传播理论、艺术美学理论、用户体验设计等领域；二是探索当前文创领域技术的发展趋势，重点是新材料的应用、智能制造技术、虚拟现实与增强现实技术等的融入。两条路径交汇后，构建起符合当前项目需求的方法应用框架。

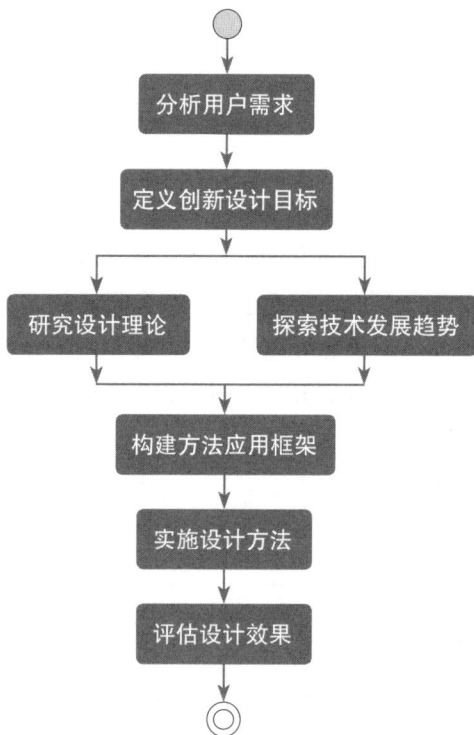

图 3 创新设计方法应用框架流程

整个创新设计方法应用框架流程是循环迭代的，每一个阶段的输出都为下一环节提供了宝贵的输入数据。通过这样的设计实践不断循环，档案文创产品能够持续创新，不断满足和引领市场需求。最终，我们期待通过这种设计框架，能够系统地输出既具有深厚文化内涵又符合现代审美的文创产品。

3 文创产品实践探索

3.1 案例选择与分析

文创产品的设计和开发必须以用户需求为导向，而选择和分析案例是实践探索的重要一环。首先，我们可以通过市场调研和用户调查来获取用户的反馈和意见，据此来选择案例。其次，我们可以通过观察用户的行为和使用习惯来选择适合的案例进行设计和开发。在案例选择的过程中，还需考虑到用户的年龄、性别、地域等因素，以确保所选择的案例能够满足不同用户群体的需求。

一旦确定了适合的案例，接下来需要对其进行深入的分析。我们可以从用户需求、市场竞争、技术实现等方面对案例进行全面的分析，从而找出创新设计的突破点。同时，还需对案例进行实际的测试和验证，以确保其符合用户需求和预期效果，并将其转化为创新的设计理念，从而开发出更加符合市场需求的文创产品。

3.2 实践过程与成果评估

在文创产品案例实践的实施过程中，本研究采用档案文创产品开发流程图（图4）中所示的方法论，首先进行市场调研，并深入分析用户需求，确保文创产品的设计理念与市场需求紧密对接，并对采集的数据和用户反馈进行专业分析。在此基础上，团队综合运用档案文创产品开发原则及创新模式，并根据实际情况选择合适的材质和工艺。设计与制作样品环节聚焦用户体验和文创产品的功能性与艺术性，力求通过样品呈现档案的文化价值和历史韵味。

最终，文创产品在反复迭代优化后正式发布。通过场馆展出、限量发售等多种方式，动态展示文创产品的文化内涵和艺术价值。产品不仅满足了审美消费和实际使用功能，还有效激活了档案资源，增强了公众对档案文化的认知和认同。此外，产品发布不是终点，还需持续跟进市场反馈，对产品进行迭代更新，实现产品的持续生命力，对推动地方文化创新和经济发展具有重要的现实意义。

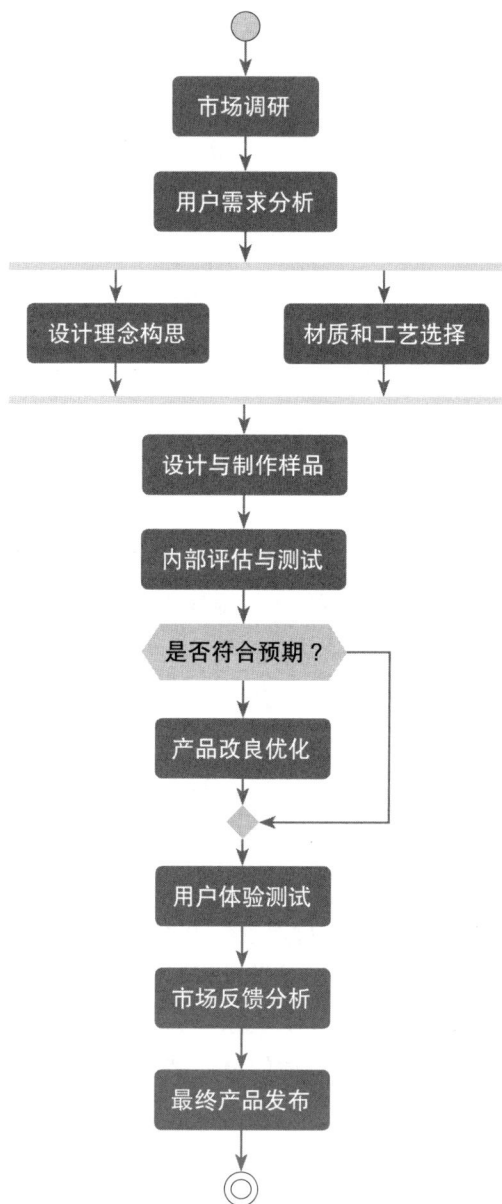

图 4 档案文创产品开发流程图

表 3 档案文创产品开发原则及创新模式对照表

开发原则	用户需求关联性	创新模式	设计要点	原型实施	用户评估指标	成果展示	实践效益评估
文化传达	高	纸质实物类	高度还原档案元素	档案仿真件	用户满意度90%	场馆展出、限量发售	文化认知度提升
教育意义	中	文化服务类	结合历史教育内容	历史档案展览	教育影响力80%	校园巡展、在线课程	知识传播效果显著
艺术审美	高	多媒体类	强调视觉美感	档案动漫	观众回馈率85%	社交媒体分享	艺术价值打造
实用性	中	纸质实物类	结合日常使用功能	档案工艺品	实用性评分4.7/5	在线商城、博物馆店铺	销量增长60%
互动性	中	软件开发类	增加用户参与度	档案相关APP	用户活跃度70%	APP下载量	用户黏性增强
可持续性	低	文化服务类	着眼长期文化教育和传播	档案电子期刊	持续关注度65%	定期更新发布	长期知识影响力
创新性	高	多媒体类	使用新媒体表现形式	档案微电影	创新感知度95%	电影节放映、网络平台	品牌形象年增长率30%
交互性	中	软件开发类	引导用户通过体验学习	VR技术应用开发	互动体验分4.8/5	虚拟现实体验馆	教育参与度提升50%
社会效益	高	文化服务类	促进社会文化交流	档案文化宣传活动	社交影响力75%	合作媒体报道、社区活动	社会影响力扩大
经济效益	低	纸质实物类	寻找适合市场的产品定位	档案编研	经济回报率50%	产品授权合作	市场占有率提升20%

4 结论

在本次的档案文创产品开发实践探索中，我们结合了基于用户需求的创新设计方法取得了一些有益的经验和成果，为产品的成功开发和市场营销提供了有力支持。我们相信，在不断的实践和探索中，我们将能够为用户带来更多更好的文创产品，为档案文化的传承和创新做出更多的贡献。

注释及参考文献

[1] 朱琦 . 基于体验视角下文创产品的设计与开发研究 [J]. 鞋类工艺与设计 , 2023(8):67–69.

[2] 张宁 . 基于"设计元素"分类提取再造的文创产品设计研究 [D]. 贵阳 : 贵州大学 , 2019.

[3] 江玉洁 . 基于博物馆营销的文创产品设计研究 [D]. 武汉 : 武汉理工大学 ,2016.

[4] 童杰 . 多感官体验视角下传统手工艺文创产品设计开发 [D]. 上海 : 华东理工大学 , 2016.

[5] 李霞 , 王玮 . 基于参与式设计理论的文创产品设计研究 [J]. 设计 ,2024(1):1186–1193.

[6] 杨晓丽 . 基于湖南花瑶挑花图案在文创产品中的应用方法探索 [J]. 艺术品鉴 ,2019(2):228–229.

[7] 王芳 . 档案文化创意产品开发模式及实践路径研究 [D]. 湘潭 : 湘潭大学 ,2019.

[8] 李学超 . 基于价值共创理论的高校文创设计创新方法及应用研究 [D]. 南京 : 南京理工大学 ,2021.

[9] 吴静 . 社会参与视角下的档案文化产品开发研究 [D]. 成都 : 四川大学 ,2021.

[10] 陈奕静 , 刘众一 . 基于文化 IP 视角分析高校文创产品的创新开发策略 [J]. 成都工业学院学报 ,2023(3):107–112.

基于清代皇家《春牛图》档案的文创开发实践和思考

卢溪

中国第一历史档案馆

摘要：历史档案兼具档案属性和文物属性，蕴藏珍贵的历史文化价值，基于历史档案的文创开发具有重要意义和光明前景。笔者所在的文创开发团队在2019—2024年间基于馆藏清代皇家《春牛图》档案进行了文创开发的系列实践，并由此对历史档案文创开发的思路和内核等问题进行了相关思考。

关键词：春牛图；历史档案；档案文化；文化创意

0 引言

习近平文化思想对中华优秀传统文化进行了深刻、科学的理论揭示，提出创造性转化和创新性发展的要求。笔者所在单位中国第一历史档案馆（以下简称"本馆"），近年来基于清代皇家《春牛图》档案进行了文创开发的系列实践，起到了弘扬中华优秀传统文化、满足人民群众文化需求的良好实效。

1 文创开发背景

1.1 历史档案文创产品开发现状

档案文化创意产品，作为档案文化产品的一部分，是档案文化属性的表现形式，体现着档案馆的文化服务职能，具有社会、经济、文化等多重效益。近年来国家高度重视档案文创开发，《中华人民共和国档案法》第三十四条规定："国家鼓励档案馆开发利用馆藏档案"，《中华人民共和国档案法实施条例》第三十七条进一步明确："国家档案馆应当根据工作需要和社会需求……促进……档案文化创意产品等的提供和传播"，为档案文创开发提供了法律依据。政策层面上，《"十四五"全国档案事业发展规划》提出"加强档案文化创意产品开发，探索产业化路径"[1]。在此背景下，档案文创产业取得了长足进步。

历史档案是一定历史时期产生的档案，一般都具有年代久远、载体特殊、所记载内容史料价值较高等特点[2]，其在具有档案属性的同时，也具有鲜明的文物属性和珍贵的历史文化价值[3]，基于历史档案的文创开发对于传承发展中华优秀传统文化，继承革命文化，发展社会主义先进文化，增强文化自信，弘扬社会主义核心价值观具有重要意义。目前我国有中央档案馆、中国第一历史档案馆、中国第二历史档案馆专门负责管理不同时期历史档案，各省、市、县国家档案馆中也收藏有部分历史档案。

基于历史档案的文创开发现状，以 2023 年由中国档案学会主办、中国档案学会档案文化专业委员会和北京联合大学事务研究所承办的首届档案文创作品展示评比活动为例，获得一等奖的"'千丝万缕，跃然纸上'——苏州丝绸档案手工立体书""中国第一历史档案馆 IP 文创系列作品"，二等奖的"苏州园林花窗摆件""《京师五城图》文创丝巾"，三等奖的"动起来的雅韵俗情——杨柳青年画立体书""蓝绫宫裱，星罗万象：《赤道南北两总星图》银汉盏灯系列文创"等作品均包含历史档案文化元素[4]。由此管窥，历史档案文创开发已呈现规模化、系列化、差异化的良好发展势头。

1.2 清代皇家《春牛图》档案

《春牛图》，又称《春牛芒神图》，为我国古代传统民俗年画，于二十四节气之首的立春日张挂，用来预示当年天气、降雨量、农作收成等，蕴含着老百姓对于新的一年风调雨顺、喜获丰收的美好愿望。《春牛图》起源于西周时期立春日鞭春牛仪式，至两宋时期已有挂《春牛图》的民俗。清代每年立春日，顺天府都向宫中进献《春牛图》，有满汉文两种版本，图中芒神与春牛的颜色、位置等由钦天监在头一年六月依据次年的五行干支确定。清代皇家《春牛图》档案，目前主要由中国第一历史档案馆收藏，档案名为《句芒神图》，共计 5 幅[5]。以光绪三年汉文《句芒神图》为例，该图为绢本设色，高 106.5cm、宽 52cm，全图分为上半部分的文字说明和下半部分的图画，笔法细腻，用色明艳，富有皇家气息[6]。

此外中国国家博物馆、中国农业博物馆等单位亦收藏有清代皇家《春牛图》档案。清代至民国的天津杨柳青、苏州桃花坞、山西、陕西等年画产地皆有《春牛图》主题年画，有部分《春牛图》年画档案存世。

2 文创开发实践

档案文创产品的开发，是通过对档案中的文化元素进行提取和转化，形成受群众欢迎的文化产品或服务，使有距离感的档案文化内容文化审美和实用并存，从而获得社会关注与认可的过程。[7]

清代皇家《春牛图》档案文创开发实践，可分为两个时期：2019—2023年间为虚拟产品和线上投放模式，2024年为虚拟＋实物产品和线上＋线下投放模式。

2.1 2019—2023 年的档案文创开发实践

2019—2023年间（其中2020年因疫情原因未开发）的清代皇家《春牛图》档案文创开发成果为虚拟产品：《春牛图》年画电子图和基于此衍生的电脑屏保图、手机屏保图，每年的图片内容、风格进行了差异化探索，但载体形式较为单一。

图 1 2019 年《春牛图》文创年画电子图

图 2 2021 年《春牛图》文创屏保图

图 3 2022 年《春牛图》文创屏保图

图 4 2023 年《春牛五福图》文创屏保图

2.1.1 前期准备阶段

清代皇家《春牛图》档案文创开发的初衷是拓展本馆微信公众号"皇史宬"的宣传形式，因此文创开发团队以本馆公众号运营团队为主体，同时吸纳了本馆有艺术专长的职工参与创作，如 2019 年绘图者为胡锦春（档案临摹复制专家，2022 年入选全国档案工匠型人才），其绘图风格接近清代原档；2021 年、2022 年绘图者为 90 后青年职工丁威、龙婧，绘图风格偏向卡通动漫；2023 年绘图者为袁晓璐（中央美术学院视觉传达专业毕业），绘画风格带有民俗底蕴。不同的创作者为后续文创开发带来了不同的探索实践，但也造成风格持续性上的不统一。

文创开发团队通过对馆藏清代皇家《春牛图》档案资源的梳理，提取了文创开发的有关素材。尤其是《春牛图》绘制有一套基于阴阳、五行、纳音等传统文化概念的固定规则，芒神、春牛的相对位置、服饰服色每年均不同，在馆藏档案资料无法完整复原规则时，通过更大范围内查阅《元典章》《玉匣记》等古籍史料，最终明确了其具体规则，后续一直沿用。

该项文创开发经报领导批准后，确定了以公益性质向社会群众免费提供的原则，开发成本由本馆财政资金承担。

2.1.2 调研与策划阶段

2019 年文创开发团队进行了针对性调研，包括对《春牛图》民俗的社会认同调研、清代皇家《春牛图》档案文创开发市场前景调研等，因当时行业内外缺少近似成功案例，故谨慎选择了成本、风险较低的虚拟产品（年画电子图）和线上投放方式作为文创呈现形式。2021 年起，在吸纳读者反馈意见后，在年画电子图基础上增加了电脑、手机屏保图形式，在成本不显著增加的前提下丰富了文创产品类型。

在策划阶段，文创开发团队深入挖掘馆藏清代皇家《春牛图》档案蕴含的档案文化过程中，意识到其中除包含正面的农耕文化、节令文化、祈福文化外，也包括部分封建迷信内容，如基于五行生克预测一年气候变化这种为现代科学所证伪的知识，于是在后续文创开发实践和宣传中去芜存菁，摈弃了封建迷信元素，保留中华优秀传统文化内核。

2.1.3 设计与制作阶段

这一阶段，文创开发团队在前期工作基础上，拟定了当年《春牛图》的绘制方案，包括整体构图，芒神和春牛的颜色、方位，产品的规格、样式等。在绘画风格上充分尊重绘图者个人特点，其中 2019 年为绘制者手绘黑白线图，电脑扫描后用软件填色生成彩图；2021 年为手绘板绘图；2022 年为手绘黑白线图和彩图；2023 年听取绘制者意见，设计方案中融入天津杨柳青《春牛图》年画风格和福娃元素，绘成《春牛五福图》。

2019—2023 年文创开发产品均为虚拟产品，不涉及生产制作。每年文创产品正式投放前均在本馆征求专家意见，进行修改完善，开展活动预演。

2.1.4 投放与评估阶段

文创开发团队在 2019—2023 年每年立春的时间节点，以本馆公众号为平台投放文创产品及宣传推文，吸引公众号读者及社会群众免费参与活动来获取文创产品，收获广泛好评，历经数年积淀具有了一定品牌效应。

在后续评估中，文创开发团队也收到大量反馈，其中主要建议是希望进一步丰富文创产品的载体和形式、增加投放渠道。

2.2 2024 年的档案文创开发最新实践

在进一步调研并吸纳此前文创产品评估意见的基础上，2024 年的清代皇家《春牛图》档案文创开发由虚拟产品转为虚拟＋实物产品、线下投放模式转为线上＋线下投放模式，更好拓展了文创服务的人群和范围。

2.2.1 前期准备阶段

本次文创开发团队依然以本馆公众号运营团队为主体，考虑到文创开发产品新载体的设计要求，再度由胡锦春担任绘图师，同时继续沿用此前确定的传统《春牛图》绘制规则。

本次文创开发首次出现实物产品，生产成本有所上升，但经文创开发团队报请本馆同意仍决定维持项目的公益性质，本着"花小钱办大事"的原则，由本馆财政拨付经费约 5000 元保障项目开发。

2.2.2 调研与策划阶段

文创开发团队通过对前几年本馆文创、展览成果进行评估，以及对文创行业的最新动态进行调研，认识到文创印章、明信片正成为文博、档案等行业主流文创形式之一，且社会认同度较高，而套色印章、明信片亦适合作为《春牛图》文创产品的新载体，故决定在以往虚拟产品基础上增加套色印章＋空白明信片的实物产品。

文创开发团队对印章厂家进行了调研，确认了《春牛图》文创套色印章和明信片设计和制作上的可行性，并评估了生产成本。

2.2.3 设计与制作阶段

在《春牛图》底稿绘制过程中，文创开发团队与绘制者保持了有效沟通，明确了绘图风格要兼顾虚拟产品和实物产品的需要。在设计中，又将本馆2023 年注册的 IP 形象"宬宬"作为芒神形象融入，进一步增强了文创产品的本馆属性。本次绘图方式为手绘黑白线图，电脑扫描后用软件填色生成成品彩图，其中印章设计图相比手绘图在细节上有所简化以便于后续生产和应用，印章设计图交由套色印章生产厂家进行生产前的定稿调色。

图 5 2024 年《春牛图》文创手绘黑白线图

图 6 2024 年《春牛图》文创印章、明信片设计彩图

套色印章先行试制了 1 套，经验收确认图案和颜色符合要求后，又增购了 2 套，共计 3 套。并采购了印章专用空白明信片若干，在空白明信片上套印五色印章后即可得到文创实物成品。

2.2.4 投放与评估阶段

2024 年 1 月 29 日，即立春前一周，文创开发团队通过本馆公众号发布活动预告。在本馆面向职工和来馆参观的全国档案先进工作者进行了线下投放预演，根据活动预演情况，为更好宣传文创产品及历史档案文化，又增购了宣传海报门型展架，在线下投放现场布置了微型展厅。

2 月 2 日至 4 日，为期 3 天的线下投放活动共吸引千余名社会群众来到现场打卡体验，群众普遍表示本项文创开发的产品寓意美好、现场体验良好，档案行业从业人员也普遍表达了赞扬。经过评估，本项文创开发起到了良好宣传教育成效，充分体现了档案工作存史资政育人的价值。

3 文创开发相关思考

3.1 未来基于清代皇家《春牛图》档案的文创开发思路

因《春牛图》基于绘制规则每年在形式、配色上均有差异，具备良好的可持续开发基础，未来基于清代皇家《春牛图》档案的文创开发可以在现有基础上，维持设计风格的大体统一和不断优化，逐年进行开发，形成系列化、品牌化。在文创开发过程中，可考虑增加投入，在策划、设计、生产、投放等环节引入更多社会力量，进一步丰富文创产品的载体形式。

3.2 历史档案文创开发的前提是发掘档案文化内涵

档案是文化的"元资源"，档案文化资源是中华优秀文化的重要载体，历史档案更是具有较高的史料价值和文化价值。历史档案文创开发的实质是发掘、整合、加工历史档案资源中蕴含的中华优秀传统文化内涵，形成兼具文化内核和实用价值，并且能得到社会广泛接受和认同的产品。在发掘中华优秀传统文化的同时应特别注意规避、摈弃落后、不合时宜的元素，避免导向错误引发舆情问题。

3.3 历史档案文创开发的核心在于创意

文创开发团队的创意能够决定文创产品的成败，优秀的历史档案文创产品应同时兼顾审美、功能和内涵三个层面，可以更好满足公众文化需求、适应市场竞争环境。如何形成好的创意？一方面需要文创开发团队对历史档案资源及其文化内涵有深入研究，能够准确捕捉适合呈现的档案文化元素；另一方面也需要开发团队敏感掌握文创市场动态，了解社会文化需求，选择合适的文创产品载体和投放渠道。

注释及参考文献

[1] 中共中央办公厅，国务院办公厅."十四五"全国档案事业发展规划 [EB/OL].[2023–01–10].https://www.saac.gov.cn/daj/toutiao/202106/ecca2de5bce44a0eb55c890762868683.shtml.

[2] 丁永奎，冯子直，和宝荣，等.中国大百科全书档案学分册 [M].北京：中国大百科全书出版社,1993:214–215.

[3] 吕坚.从明清历史档案看档案资料的文物属性 [J].中国文物科学研究,2006(2):40–43.

[4] 中国档案学会.首届档案文创作品展示活动在昆明成功举办 [EB/OL].[2023–08–25].https://mp.weixin.qq.com/s?__biz=Mzg4MjgwMjkxMA==&mid=2247486473&idx=3&sn=103692cf4dc101367f9284fe99e173b9&chksm=ce25384129c2b773802c8bdb21eb2e5446fc7

408aa03bce247a74999050ca9d92f9ae350d2dc&sessionid=1716336532&scene=126&subsce
ne=0&clicktime=1716340924&enterid=1716340924&ascene=3&fasttmpl_type=0&fasttmpl_
fullversion=7214796-zh_CN-zip&fasttmpl_flag=0&realreporttime=1716340924637&devicetype
=android-31&version=2800313f&nettype=ctnet&abtest_cookie=AAACAA%3D%3D&lang=zh_
CN&session_us=gh_87752686b293&countrycode=CN&exportkey=n_ChQIAhIQEn2bl8wYujuP
K1iGZa7QHhLxAQIE97dBBAEAAAAAMNhOaSRhNIAAAAOpnltbLcz9gKNyK89dVj00RniD
YUiaVy9CI%2BZPKNziKWIdQF33N2P%2B5naBQXCNSMUlcPlGChfGPIQ6nhtnY6VYIaCx6ab
4xjcLs9Izc%2BBGboQNBDmqv9rgmRiFrftBlIQWQMKa0LOYDUuMHgE2Rz%2FsN5RMVYd6
Xa%2BA50MVb1Dc0PxKGLAXR4y6NSgE7I89LYW5p8flAlPxi9%2Bj%2BJy9ZYMq6WLbBfms
gl7XcaMVv6HWQlSYHjp4JbOdPjk9x8TMuAs9gkWwLMnnvJyUNj5hnJNg7DrSns1BO20u9o%3
D&pass_ticket=9Kk5v73afolIxMs6ZCWjL5P1%2BM%2BIjGk51tYMyo5bUGSMT0lEv%2BigSV
gxiY46%2FBhn&wx_header=3.

[5] 王道瑞 . 古代皇宫的迎春活动及春牛芒神 [J]. 紫禁城 ,1991(6):18-20.

[6] 中国第一历史档案馆 . 明清宫藏档案图鉴 [M]. 北京 : 人民出版社 ,2016:286-287.

[7] 聂云霞 , 左琦 . 新《档案法》背景下档案文创产品开发 : 问题与策略 [J]. 山西档案 ,2022(1):5-12.

数字交互语境下的城建档案探秘类
文创设计路径探析
——以"探秘虹桥路"互动解谜游戏设计为例

冯时

上海市城市建设档案馆

摘要： 当前探秘类档案文创设计领域，交互性、智能化开发不够与对城建档案差异性优势认知不足，致使鲜见数字交互性较强的城建档案探秘文创。故本文以"探秘虹桥路"游戏设计为例，从三方面切入，探讨数字交互语境下，如何进行城建档案探秘类文创设计：设计思路上，具身认知中构建档案人精神的情感互动体验，并基于城市更新行动打造规划线路的互动参与感；设计方法上，通过设计要素整合和交互对话并行呈现文化遗产信息，并使形式语言与建筑文化相呼应；设计媒介上，基于 VR 全景展示立体编研成果，调动多感官以营造空间沉浸感。

关键词： 城建档案；文创设计；交互游戏；数字媒介；实景探秘

0 引言

交互设计基于数字媒介，是"定义、设计人造系统的行为的设计领域，它定义了两个或多个互动的个体之间交流的内容和结构，使之互相配合，共同达成某种目的"[1]。这种设计模式关注用户与产品间的交流，横跨认知心理学、人机交互、平面设计、人类学、工业设计等多学科。因而，基于数字交互理念的探秘类城建档案文创产品和服务设计，某种程度上是对探秘游戏参与者行为的设计，需要基于城建档案资源和城市实景，发挥数字技术的互动性，借助多学科视角，探寻受众与环境、文本间的交互行为，重视用户的情感体验。

国内外已有一些学者意识到探秘类档案文创设计具有较高的文化、历史和经济价值，有利于充分挖掘档案资源，创新档案服务方式，塑造档案文化 IP，传播档案文化和精神等。如法国国家档案馆设计寻宝配对档案游戏；里根总统图书馆和博物馆为学生设计教育任务型解谜游戏《寻找邦妮和克莱德》（The Search for Bonnie and Clyde）；我国苏州中国丝绸档案馆与博物馆解谜大师共同开发的《第七档案室》解谜游戏等[2]。它们寓教于乐，通过关于档案的探秘游戏，开展沉浸式教育，不仅发挥了档案机构的教育功能，也满足了公众对档案馆多元化、个性化的消费需求，拉近了档案馆与公众的距离。

但目前探秘类档案文创设计普遍存在两个问题：一是交互性有待进一步提高，对档案的智能化、个性化开发还不够；二是开发主体仍以综合档案为主，对专业档案，如城建档案，缺乏足够关注，也正因此，游戏场景多囿于展馆内部，很少将街区实景作为探秘场所，也就忽略了城建档案游戏化开发在展现城市更新成果、激活历史文化遗产等方面的独特优势。

针对这两个问题，上海城建档案馆基于数字交互理念，依托馆藏特色，将虹桥路历史文化风貌区作为探索主场，于 2023 年 6 月独立开发了"城市的记忆·探秘虹桥路"城市实景互动解谜游戏（以下简称"探秘虹桥路"），高度重视跨媒介平台下，受众、空间与文本间的交互行为，不失为探秘类城建档案文创开发的良好开端。

因此，本文在数字交互语境下，以"探秘虹桥路"互动解谜游戏为个案，以城建档案文化传播为导向，探索城建档案探秘类文创设计新路径，以期为未来此类文创开发提供参考。

1 具身认知与城市更新：设计理念的交互性

1.1 具身认知中档案人精神的情感互动体验构建

"探秘虹桥路"互动解谜游戏在故事宇宙的搭建中，通过背景、角色和情节设计，强化具身认知，从而给予受众作为"档案人"的高度代入感，及"为国守档、为党管史、为民服务"奉献精神的情感认同。

一方面，角色设定强调"档案人"的身份认同，认知动力机制设计注重"守护档案"的情感互动体验。首先，鉴于受众无法亲历历史事件，实景解谜设置了"守护城建档案的时空旅行者"这一角色，但角色身份并非一开始就如此设定，受众起初只接受了"调查员"这一类似侦探的身份，任务是寻找自己身上的秘密，随着解谜进程中线索不断累积，他们才会逐渐意识到自己的真实身份是"档案守护者"。这一过程建构了虚拟具身远程在场，他们从上海城建档案馆出发，去探寻自我，最终又返回馆里，完成将"图纸"交馆保存的任务，不仅揭开了历史的面纱，还解开了城市之谜。其次，建立大脑—身体—实景解谜环境三者耦合的认知动力机制，强调认知过程非线性、混沌、涌现的动力机制[3]。由此，"探秘虹桥路"的剧情和谜题间存在"3+2+1"种关联，保证谜题和剧情紧凑穿插，结合剧情线性叙事和谜题节点式叙事，让受众在环环相扣的线索中，以"猎奇"和"悬念"为双重驱动，循序渐进地认识到城建档案的价值，进而产生"守护档案"的使命感和文化认同感。

另一方面，故事脚本用双重时空凸显今昔对比下的城市更新成果，及城建档案事业在其中的重要性。其一，"探秘虹桥路"互动解谜通过设定双重时空的故事背景，展现了城市更新前后宏大的物理、社会、文化和历史情境对比，受众在与多维时空的互动中见证城市变迁历程，认知城建档案对城市规划、建设与管理的基础支撑作用，体现复合叙事性。其二，物理实体空间和文化心理空间紧密联结，此探秘文创以街区物理空间的历史文化风貌变迁为表征，其背后蕴含的是社会风尚、审美趣味及文化思潮等文化心理空间的转化。

1.2 基于城市更新行动的规划线路互动参与感打造

线路规划上，基于数字人文技术和"15分钟社区生活圈"理念，探秘点位的选取注重街区更新中的互动参与感。具体而言，以"独具红色文化、海派文化或江南文化特色"为基准、"相邻点位非机动车5—15分钟可达"为限定、"建筑空间在情景演绎上更具互动参与感"为要求，借助生成式人工智能进行全网数据挖掘与文本分析，最终筛选出虹桥路历史文化风貌区中较有代表性的多处历史文化遗产点位，展现街区变迁史和城市更新成果。

值得一提的是，线路设计上，区别于其他档案类、文博类探秘文创，基于城建档案的城市实景互动解谜不再局限于场馆内，而是将整个历史文化风貌区，乃至整座城市变身解谜舞台，用街上的建筑、景观和装置作为破解谜题的关键，让扑朔迷离的剧情上演在寻常街道，大力挖掘城市真实街道背后的故事，并用主题化和解谜的方式介入城市居民的日常生活，这会让市民群众玩家更有参与感、亲近感。同时，"实景解谜＋打卡护照＋线上解谜"三位一体的互动框架更添趣味性，在点位的今昔对比中，受众通过角色与实景的互动，仿佛亲历城市更新与改造。

2 遗产开发与文化传播：设计手法的交互性

2.1 要素整合和交互对话并行下的文化遗产信息呈现

首先，设计要素提取上，整合特色档案资源、编研成果资源和建筑空间资源，实现文化遗产的多元信息融合与呈现。

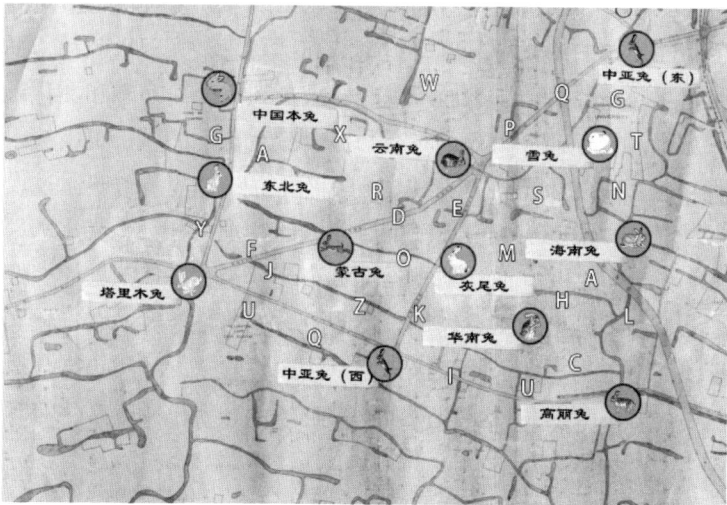

跟我来一场纸猎赛马 (p119) 吧！"虹桥路"上一些地方被撒上白兔形纸片，请在正门视线范围内，从西边的起点出发，沿着"兔迹"赛马，奔向终点时，你就知道该写什么了。

图 1　谜面整合馆藏图纸、编研成果和实景空间资源等呈现多元文化遗产信息
图片来源于活动"打卡护照"

以上海动物园相关的谜题为例，谜面的底图为上海城建档案馆馆藏档案"关于虹桥路的扩建"（档号 U1-14-4893），反映了 1938—1939 年虹桥路沿线部分区域桥涵修缮施工情况，这张图纸意味着虹桥路在近代上海西区道路网络中的价值不断提升。回溯其更久远的历史，虹桥路曾是一条非正式的"赛马道"。而正如谜面上展示的白兔版"纸猎赛马"，历史上，上海动物园起初是高尔夫球场，曾常作为虹桥路上纸猎赛马的必经地。玩家需要通过检索道具书，亦即当时上海城建档案馆新发布的编研成果《城市的记忆：城建档案中的虹桥路（1901—1949）》（以下简称"道具书"），方能获取谜题的知识背景，了解到纸猎赛马运动在沪西地区的开展，为虹桥路的辟筑埋下了伏

笔，而随着这项运动的持续开展，也影响着虹桥路沿线风貌的形成，逐渐演变成底图中图纸那般风貌，后又历经多次扩张与改造，才演化成玩家在实景探秘时所见的景象。因而，谜面的一幅图示，蕴含丰富的文化遗产信息，不仅整合了馆藏特色档案、编研成果和实景空间资源，也串联了虹桥路从野蛮生长，到辟筑延伸，再到修缮拓宽，直至成为历史文化风貌区的发展轨迹。（如图1）

其次，线上验真、提示与讲解采用交互式对话机制。玩家与虚拟角色通过人机交互进行隔空对话。一旦在对话中验真，将自动弹出下一站地点，并得到一条终极谜题线索；每个关卡有一次线上提示机会，按谜题指示即可获取；另外，关于文化遗产信息的解读以第二人称视角进行，这些为受众提供更温情的陪伴，也在涉及大段城建档案和城市历史人文知识科普时，不显生硬和无趣。

2.2 形式语言与建筑文化相呼应的城建档案文化传播

一是建筑美学的多维转化。平面化的档案图纸、谜面图示与立体化的建筑空间巧妙结合，多角度、全方位展示建筑艺术特征。例如，"打卡护照"（即任务书）中，将所有点位的建筑立面、构件及花饰信息提取简化为几何图示谜面，受众需要反复比对建筑外立面及立体装置、几何视觉图形，及道具书中的图文信息，特别是档案图纸信息，方能寻得规律，补全几何谜面中的缺失要素。（如图2、图3）这种对形态的反复感知，将有助于多维度、全方位加深受众对建筑风格和特色的理解。

图2　实景构件审美特征的抓取
图片由王业欣处理

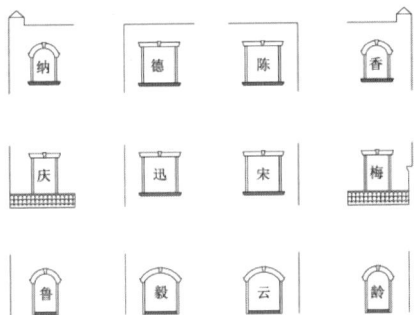

图3　几何图示谜面的形态提炼
图片由王业欣处理

二是形式语言背后的文化隐喻巧妙传播城市文化。依托文本，将建筑遗址外立面设计特征和特定历史节点的建筑文化特色相融合，时空联动，有助于追溯城市记忆。以罗别根花园的谜题设计为例，由于该别墅立面形式有较强的对称性，左右两侧仿佛互为半身，而罗别根花园与沙逊别墅也是这种亲密关系，它们都建于 1932 至 1934 年间，业主都是 20 世纪二三十年代上海滩著名房地产商、英籍犹太人维克多·沙逊，因而常被称为"姐妹花园别墅"。（如图 4）故在设计谜题时，关键词设为"姐妹"，玩家在观察别墅实景时，需要找到立面对称轴上的大窗是最大黑色色块，结合图示上对单词的翻折处理，只看图示对应区域的对称轴左侧，破译出关键词"sister"。（如图 5、图 6）这道题的设计就考量了建筑、平面形式语言与建筑内涵的互文性，此处，二者通过隐喻，实现了建筑"能指"（signifier）和"所指"（signified）的结合。

图 4 罗别根花园实景
图片源自作者自摄

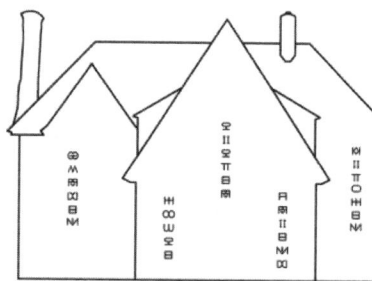

图 5 罗别根花园谜题
图片来源于活动"打卡护照"

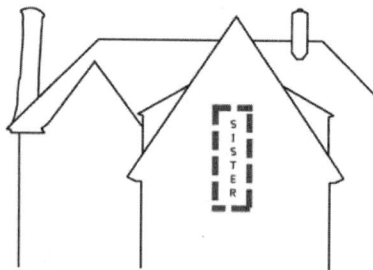

图 6 罗别根花园谜题解析，图片由王业欣处理

3 全景探索与通感体验：设计媒介的交互性

3.1 基于 VR 全景的立体编研成果展示

其一，搭建遗产信息互动体验界面平台，为受众提供更具个性化、自由度更高的编研成果探索方式。

城建档案作为一手史料，是较原始的记录，知识片段存在弱文本性，传统编研方式侧重于对其文本系统性、关联性的挖掘与组织，多为静态内容，且单向输出为主，叙事形式较线性化、平面化，用户交互性不足。

而城建档案记录的却是立体的城市与建筑，若能开发立体编研成果展示渠道，将有利于充分挖掘城建档案价值，也可让受众化被动输入为主动学习，体会城建档案的魅力。

如"探秘虹桥路"互动解谜以《城市的记忆·城建档案中的虹桥路（1901—1949）》这一编研成果为核心资源，基于 VR 技术，利用全景图像，搭建互动体验界面平台，在谜题讲解中动态呈现文化遗产的外观细节和编研信息，让受众在 VR 场景中实现个性化的自由探索，如观赏建筑装饰、参加虚拟导览、与实景解谜联动等，从而实现遗产的沉浸式体验和编研成果的立体阅读。

3.2 多感官融合下的空间沉浸感营造

其二，通过视觉、听觉及触觉等多感官的调动，使受众沉浸式体验实景空间和虚拟空间。

身体与外部环境交互所获得的真实知觉反馈，将大大增强受众的"超真实临场感"（Tele-existence），探秘文创设计需要通过多感官的融合，尤其是视听空间与视触空间的增强，来强化知觉在场[4]。

"探秘虹桥路"互动解谜在视听空间方面，借助线上多媒体交互，将关于城市人文历史的有声阅读和剧情介绍融入零散的事件线索和时空转场中，以便受众在凝视实景或探索虚拟空间时，耳畔回响着文化遗产的历史信息，提升在场沉浸感，进而增进受众对城建档案事业的情感共鸣。

另一方面，在视触空间营造上，充分利用建筑空间资源，例如在原美华新村的谜题设计时，玩家需要触摸建筑装饰，比对图示视觉信息，才能快速重构谜面中被打散的装饰元素。（如图 2、图 3）这种视觉和触觉的通感有助于受众深刻感受该建筑的西班牙式审美特征。

4 小结

综上所述，本文在数字交互语境下，以"探秘虹桥路"互动解谜游戏设计为例，从其设计理念、设计手法、传播媒介等三个方面探究其开发路径。

该个案对城建档案探秘类文创设计具有一定启迪意义。一是可借此拓宽城建档案文化消费产业链，实景解谜活动与解谜实体书协同发力，有效实现档案馆经济效益增收。二是有利于城建档案文化 IP 塑造，推动档案文化和城市文化传播迁移，亦即显性文化图式上导入多层次感知体系，隐性文化科普上通过探秘行为加深知识巩固，抽象档案人精神上促进意象与情感的内化。

注释及参考文献

[1] 李洁. 传统文化元素中的视觉传达与表现研究 [M]. 长春: 吉林出版集团股份有限公司,2022:125.

[2] 刘芮, 张丽华. 互动数字叙事视角下档案游戏化开发路径探析——以《第七档案室》为例 [J]. 档案学研究,2023(6):102-109.

[3] 李其维. "认知革命"与"第二代认知科学"刍议 [J]. 心理学报,2008(12):1306-1327.

[4] 叶浩生. 具身认知: 认知心理学的新取向 [J]. 心理科学进展,2010(5):705-710.

[5] 李恒威, 肖家燕. 认知的具身观 [J]. 自然辩证法通讯,2006(1):29-34,110.

[6] 麻彦坤. 理论心理学发展与进路 [M]. 北京: 商务印书馆,2020.

[7] 徐鸣, 马晓昱. 红旅纪念馆探秘文创设计的在场构建——以《五十号档案》互动解谜书为例 [J]. 装饰,2023(9):139-141.

京剧档案文创产品开发策略研究

颜慧瑾

北京联合大学应用文理学院

摘要：随着社会的快速发展和人们精神文化需求的日益增长，基于京剧档案进行文创产品开发逐渐兴起。笔者通过对京剧档案文创产品开发现状的分析，发现京剧档案文创产品开发中存在具体针对性政策缺失、产品设计缺乏独特性、没有充分考虑用户多样化需求、推广方式单一等问题，基于此笔者提出促进京剧档案文创产品开发的策略：完善具体针对性的政策、深入挖掘档案内涵、满足用户多样化需求、采用结合线上线下的推广销售策略，希望为我国京剧档案文创产品开发提供一些借鉴，为我国的文化发展注入一丝活力。

关键词：京剧档案；文创产品；开发策略

0 引言

随着我国档案逐渐开放以及档案的数字化进程逐步推进，档案文创产品逐渐走进人们的视野。我国鼓励支持档案文化创意服务的开展，新修订的档案法明确规定，国家鼓励档案馆开发利用馆藏档案；《"十四五"全国档案事业发展规划》明确提出，要"加强档案文化创意产品开发，探索产业化路径"。[1]笔者通过对国内外相关统计数据和案例的分析，发现档案文创产品开发在全球范围内呈现出蓬勃发展的态势，文创产品在市场上很受欢迎，这也为文创产业的蓬勃发展注入了强劲的动力，成为其发展的有力助推器。国内外的许多档案馆、博物馆和高校档案学专业也在积极探索档案文创产品开发。

京剧，作为中国传统文化的重要载体，其影响力遍及全国，享有"国剧"之美誉。它融合了丰富的艺术元素，这些元素不仅是京剧的核心特色，更被视为中国传统文化的典型象征。2019年，在北京政协第十三届二次会议上，北京市政协委员、北京京剧院演员杜镇杰提出了"设立京剧传统剧目档案管理制度"的议案，以期更好地传承和开发京剧文化[2]。随着文创产业的兴起，基于京剧档案进行文创产品开发逐渐兴起，目前我国京剧档案文创事业也取得了一定程度上的进展，出现了一些有新意的京剧档案文创产品。

1 京剧档案文创产品开发的价值

1.1 文化价值

基于京剧档案进行文创产品开发是对社会历史痕迹的挖掘，有利于增强公众的文化认同感，通过将京剧元素与现代设计理念相结合，可以创造出具有独特魅力和时代感的文创产品，实现传统文化的创新与发展，有利于京剧艺术文化的传承与创新，激发京剧文化的生命力，增强京剧的影响力，扩大京剧的吸引力，让京剧真正"活"起来，推动我国京剧文化走向更高的层次。京剧作为中国传统文化的瑰宝，其档案文创产品的开发有助于传承和弘扬京剧文化，让更多人了解和喜爱这一艺术形式。通过与国际知名品牌或设计师的合作，也可以将京剧元素融入国际时尚潮流中，让更多人了解和欣赏中国传统文化的独特魅力，推进文化自信自强。

1.2 经济价值

京剧档案文创产品的推出能够拓展文化消费市场。京剧档案文创产品将文化资源转化为经济资源，为文创产业的发展提供了坚实的支撑，更为其注入了新的推动力；京剧档案文创产品的开发还能够带动相关产业链的发展，从而创造更多的就业机会和经济效益。随着我国文创产业的兴起和国内外游客对我国文化兴趣的增加，京剧档案文创产品市场具有广阔的发展前景，市场规模庞大，涵盖了多个领域，如手工艺品、服装、饰品等，市场需求量大，消费群体广泛，具有巨大的经济效益。

1.3 社会价值

传统的京剧档案往往局限于学术研究或特定领域，较难满足民众对京剧档案的需求，京剧档案文创产品的开发有效拓宽了京剧档案的传播渠道，并显著扩大了受众范围，更好地满足了用户的精神文化需求，从而提高了京剧档案的利用率。京剧档案文创产品具有教育和普及作用，能够通过生动有趣的方式向公众普及京剧知识，这些文创产品可以作为教育工具和教材，帮助公众更好地了解和认识京剧文化，提高公众的文化素养和审美水平。

2 京剧档案文创产品开发现状及问题分析

京剧档案文创产品的类型多种多样，这些产品不仅涵盖了传统的京剧元素，还与现代生活紧密结合，衍生出了许多富有创意的产品。以下是一些主要的类型。

表 1　京剧档案文创产品主要类型

	无形的京剧档案文创产品		有形的京剧档案文创产品	
类型	京剧档案文创服务	京剧档案文创虚拟产物	京剧档案文创商品	
具体形式	京剧文创体验活动、演出、讲座等	京剧档案动画片、小游戏、小程序等	京剧档案衍生品	京剧音像（包括京剧唱片、DVD 等）

目前，我国京剧档案文创产品开发取得了一定程度上的进展，出现了一些有新意的京剧档案文创产品。在第十二届中国艺术节演艺及文创产品博览会上，国家京剧院精心研发了一款京剧脸谱面膜。这款面膜不仅巧妙地还原了生旦净丑四个京剧行当的脸谱造型，还经过适应性改造，以确保广大消费者能够轻松使用，从而让他们瞬间"拥有京剧妆容"。面膜的外包装巧妙融入了京剧的服饰花纹元素，古典而端庄的底色上点缀着繁复绚丽的中国戏曲传统图案，每一处细节都透露出京剧深厚的文化内涵。但是，目前京剧档案文创产品开发存在一些问题，主要有以下几点。

第一，在档案文创产品开发领域，政策大多侧重于档案文创产品开发的宏观指导和方向性引导，缺乏针对京剧档案文创产品开发的具体政策、具体操作规范、指南和法规等；

第二，当前京剧档案文创产品并没有深入挖掘档案的深厚意蕴，对档案内涵的挖掘浅尝辄止，在文化元素的提取上整体较为单一，文化内核缺失，设计停留在低阶水平，京剧档案文创产品还是多以将档案中所包含的文化元素如人物图案与某种物品简单结合或是简单地复制粘贴，没有充分考虑用户的需求，收藏价值低，无法引起消费者的共鸣；

第三，产品设计没有充分考虑到目标消费群体的需求和爱好，产品的设计定位与用户的需求不匹配，不少京剧档案保存机构在进行文创产品开发时更多的采取的是传统、保守的方式，如展览、演出等，很难满足用户的个性化需求；

第四，京剧档案文创产品推广方式单一，推广深度欠佳，目前国内发展较好的线上销售平台如淘宝、京东等并没有京剧档案文创产品销售主体入驻，专门售卖京剧档案文创产品的线上平台、线上商店屈指可数，主要以线下售卖为主。

3 京剧档案文创产品开发策略

京剧档案文创产品的开发与相关开发政策、产品设计、产品目标定位、推广方式等多方面的因素密切相关。面对京剧档案文创产品开发这一新兴发展趋势，档案部门对京剧档案文创产品的开发如何抓住机遇，如何整合、盘活京剧档案文化，规模化、规范化京剧档案文创产品的开发，笔者认为应主要有以下几条策略。

3.1 完善具体针对性的政策

相关部门应该发布完善与京剧档案文创产品开发直接相关的政策文件、具体操作规范、指南等，建立健全京剧档案文创产品开发的相关法律法规，制定归档制度明确京剧档案归档范围，依据归档范围去收集京剧档案，在此基础上去进行创作开发利用，明确档案的所有权、使用权、收益权等，为京剧档案文创产品的健康稳定开发打下坚实基础；加大财政扶持力度，设定一定的条件，对符合条件的京剧档案文创企业和项目给予税收优惠政策、贷款支持等扶持政策。

3.2 深入挖掘档案内涵

京剧档案文创产品开发的发展需要档案从业人员摆脱传统的档案工作理念，积极开拓创新，摆脱传统观念的桎梏，开发设计京剧档案文创产品，最大价值地实现档案的作用。在具体的实施方面，要求从业人员对选定的档案进行深入研究，了解档案的历史背景、来源、内容、特点以及与其他档案的关联，尝试从多个角度审视档案，发现其中可能隐藏的深层含义，将挖掘到的档案内涵与档案文创作品载体关联起来，结合用户不同需求创造出独特且具有吸引力的产品，可以通过与设计师合作、借助现代技术手段等方式，实现京剧元素的多样化表达和运用，设计出更加独特的产品，打造一个京剧档案文创产品的独特品牌 IP，借鉴其他文创产品的成熟经验，如北海公园以怀旧为主题挖掘档案开发的"让我们荡起双桨"八音盒[3]，这一文创产品巧妙结合了公园的历史文化和音乐元素，让人们在聆听音乐的同时，也能感受到公园的历史氛围和文化底蕴。

3.3 满足用户多样化需求

产品最终面向的是用户，用户的需求是利益点，在设计京剧档案文创产品时要以用户为中心，以用户为导向，提升用户对产品的认可度和购买意愿，对目标用户进行深入分析。产品不仅仅要给用户带来物质上的体验，还应该注重其精神层面的满足，这也是用户关注的地方。京剧档案文创产品的用户群体广泛多样，要全方位充分考虑服务对象的多样化需求，针对于不同需求的用户设计不同的产品，如对京剧系学生和教育工作者、历史和文化研究者提供京剧档案编研成果，对普通消费者可以提供京剧档案文创演出、讲座、体验活动等，给用户提供兼具实用性和创意性的文创产品。

3.4 采用结合线上线下的推广销售策略

随着现代信息技术的飞快发展，线上商店已成为推动档案文创产品销售的重要渠道，我国可以在借鉴美、英、法等国家档案馆通过官方线上商店销售档案文创产品的成功经验时，结合中国的国情和文化特色来设计和开发京剧档案文创产品的官方线上商店。我国在电商平台建设上具有强大的优势，京剧院等京剧档案保管机构可以与已比较成熟的天猫、淘宝、京东等电商平台进行合作，在这些平台上开设官方旗舰店。与此同时，京剧院等京剧档案保管机构在开设电商平台官方旗舰店时，应着重做好前期的平台店铺设计和市场调研，以及后期的售后服务等工作[4]。提升用户体验感及满意度，实现线上商店的高效运营。在线下活动中，为了推广京剧档案文创产品，可以在重大的历史事件纪念日开展主题展览，并开发相关的周边文创产品[5]，与其他机构合作，如书店、旅游景点等。

4 结语

京剧是我国的国粹,是重要的非物质文化遗产。京剧档案文创产品的开发可以促进我国文创产业发展,更好地传承京剧文化。为了更好地实现京剧档案文创产品的开发,要完善具体针对性的政策、深入挖掘档案内涵、在进行产品设计时要满足用户多样化需求、采用结合线上线下的推广销售策略,助力京剧档案文创产品开发的持续发展。

注释及参考文献

[1] 李明嫣.档案文创产品线上商店发展探析 [J]. 秘书 ,2019(1):50-55.

[2] 罗宝勇,吴一诺.社交媒体视域下档案文创产品开发策略研究 [J]. 档案与建设 ,2019(11):15-19.

[3] 杜笛.档案文化创意产品开发的现状与策略研究 [J]. 兰台世界 ,2019(12):43-46.

[4] 张雪琛.档案文创产品开发策略研究 [J]. 北京档案 ,2021(4):31-34.

[5] 任越,路璐.数字创意产业融合视域下档案文化产品开发路径研究 [J]. 档案学研究 ,2022(1):97-102.

[6] 翟文雅.基于 PEST 分析的档案文化创意产品开发策略探讨 [J]. 兰台世界 ,2022(3):46-49.

[7] 张华.档案文创产品开发的态势分析及策略研究 [J]. 北京档案 ,2024(2):44-46,67.

[8] 张硕.电影档案文创产品开发研究 [J]. 档案记忆 ,2024(4):56-58.

《中华人民共和国档案法实施条例》背景下
档案文化创意产品开发的策略研究
——以专题档案的影视开发为例

广州市档案发展中心（广州市音像资料馆）

摘要：《中华人民共和国档案法实施条例》的施行，是推进档案文化创意产品多元化开发的法律支撑。专题档案的影视开发是以鲜活生动的方式，为人民群众提供多样化、多层次精神需求的档案文化创意产品。本文尝试探索专题档案影视化开发路径，以期更好地利用专题档案价值，实现档案文化产品开发的创新性发展。

关键词：实施条例；档案文化创意产品；专题档案；影视；开发

0 引言

《中华人民共和国档案法实施条例》[1]（以下简称《实施条例》）已于2024年3月1日起施行，首次明确提出"促进档案文献出版物、档案文化创意产品等的提供和传播"，对推进开发档案文化创意产品及传播、增强档案社会影响力提出具体要求，《"十四五"全国档案事业发展规划》[2]提到"通过展览陈列、新媒体传播、编研出版、影视制作、公益讲座等方式，不断推出具有广泛影响力的档案文化精品"。同样为档案开发方式和形式指明了具体方向。由此可见，政策对加强馆藏资源开发力度，开发档案文化创意产品，充分显示了重视和支持。因此，本文基于《实施条例》实施背景下，以专题档案资源影视开发为媒介，从其不足之处及开发策略出发，尝试以影视成果呈现档案文化创意产品，以此拓宽档案文化宣传和传播的边界，促进档案馆发挥自身的文化职能，为文化强国建设作出应有贡献。

1 内涵和意义

档案文化创意产品是指经过档案资源挖掘、提取，以创新性的方式转化为能够传播档案文化，并能满足受众日益增长的精神文化需求的产品。档案文化产品的开发取向，就是从档案现象里发掘档案文化内在的精神价值[3]，专题档案将一个时期的重大历史记录保管在案，构建成为立足人民、服务群众、凝聚社会认同的共同记忆[4]，其蕴含了民族精神、历史文化和重大记忆，还具有主题突出、特色显著、内容完整、脉络清晰的特点。随着专题档案的精神文化价值凸显，档案学界开始积极探索如何从专题档案中提炼、整合，开发出满足人民群众的精神需求、历史认同和文化自信的档案文化创意产品。

新技术驱动下的视觉媒体传播时代，视听主导的影视成果成为人们接受信息的重要途径之一，传统的档案资源开发形式已无法满足当代社会对于多样性、互动性和可视化的需求。因此，专题档案的影视开发，是顺应新的时代的要求，本文所指的专题档案影视化开发，是指由档案部门主导，以专题档案资源及相关档案元素为素材，保留档案原始记录性，利用艺术化的拍摄脚本、视听表达、影像技术手段如多媒体、视觉化和交互设计等，通过多元叙事结构将档案元素以电影、纪录片、短视频等形式进行成果呈现和传播，这样既能够最真实地展现叙事内容，又能以鲜活生动的画面及丰富有趣的声音，使受众更加愿意接触和主动了解档案文化，进而增强受众在情感上与时代共鸣。在内容和渠道皆为王的融媒体时代，受众筛选信息的速度和时效要求更高，档案部门如何科学有效深挖专题档案，创造出满足受众需求的档案文化创意产品，使其充分发挥档案文化的软实力，增强核心竞争力，值得深思。

2 专题档案影视开发中存在的问题

2.1 资源整合难度大，协同开发力度不足

目前档案文化产品主要以生活用品居多，对专题档案深层次的挖掘较少，而专题档案具有形成分散性的特点[5]，客观碎片化加剧了资源整合开发难度。当前，专题档案资源开发处于零散自发状态，多元主体普遍停留在单独开发阶段，缺乏协同开发的顶层设计、共同认可的协调机制以及科学健全的

评估机制，各自创造的价值之和远小于协同开发价值，根本无法实现共赢。

2.2 开发成果趋于同质化，技术运用较为滞后

《实施条例》虽为档案资源开发提供了法律支撑，但档案馆在档案文化产品及专题档案资源开发理念上仍显保守，档案文化资源开发深度不足、特色不显、形式不新，开发成果同质化，难以激起受众的关注，无法有效传播文化价值，不利于受众感知档案文化的魅力所在。另外，开发成果与前沿技术的结合程度较低，应用新数字技术如虚拟现实（VR）、增强现实（AR）、全息影像技术、人工智能等方面的案例极少，创新感和新鲜感不足。

2.3 叙事思维欠缺，传播渗透力尚需提升

目前，影视开发成果的叙事轨迹和表达相对单一，大多围绕红色档案、抗疫档案、脱贫攻坚等展开，结合地区特色的专题档案资源未能得到充分挖掘和系统开发，导致档案文化创意产品未能凸显地域性，内容缺乏创意和记忆点，难以吸引和留住受众。同时，开发成果在实践中传播的穿透度不够，渗透效果欠佳，传播路径过窄，无法准确对标受众的需求，尚未实现档案文化意识深入更广泛的受众群体的目标，不利于强化档案馆文化社会化传播功能。

3 实现路径

专题档案影视开发价值在于借助专题档案的原始记录，通过题材的独特真实、影视的生动表达和文化的价值传播，帮助受众建立对档案文化的认同，了解中华文化的深厚底蕴，认同和理解自己的文化身份。《实施条例》的出台，为档案开发利用形式和方式、档案文化传播的职责提供了强有力的法治保障。在此背景下，可以通过建立多元主体的协同参与机制、优化开发方式，构建多元传播矩阵等途径来实现专题档案资源的影视化开发。

3.1 打破主体壁垒，推进多元主体协同参与

专题档案的影视化开发是一个动态且关联性极强的复杂的过程，仅仰赖档案馆自身的开发难以达到理想效果。《实施条例》第七至九条均提到档案事业发展需要各方共同发力推进，因此，多元主体协同参与是关键所在，其

中包括地方政府、档案部门、公共文化机构、影视传播企业和社会公众等主体力量的参与，共同创造协同效益。

在专题档案影视开发中，我们需要全面认识各主体的功能，并明确其角色、职责和定位，以最大化发挥各方的优势和作用。一是地方政府应承担制度保障和发展愿景提出的掌舵者角色，建立健全保障机制，协调各主体在人财物上的资源，培养多元主体协同合作意识，充分调动主体协同参与的积极性，破除主体间的壁垒。这样能够实现资源优势互补，合力推进专题档案资源影视开发的整合开发和利用共享工作。二是档案部门应承担业务保障和制定实施方案的主导者角色，制定开发协作机制，明确共同开发的主题、范围和标准，确定参与主体的责任和任务，打通各方主体协作路径。他们还需全面整合同一专题的档案资源，构建相应的专题档案资源体系，制定相应的影视开发方案，推进资源影视开发的深化和实施。三是公共文化机构，例如图书馆、博物馆、文化馆，应承担资源补充和支撑的核心辅助者角色。他们需要与档案部门建立长期交流合作关系，通过信息共享、资源整合和互通有无等方式，形成跨部门、跨领域的合作机制，以优化资源配置和开发效率。四是影视传播企业和社会公众是专题档案资源影视开发的必要辅助者，也起到至关重要的作用。他们可以通过激励机制和合作模式等方式，为专题档案资源影视开发提供活动策划、技术应用和宣传推广等方面的支持，借助影视优势完成对专题档案资源的专业化和创新性转化。如《档案里的赣州——红色记忆》系列微纪录片便是赣州市委宣传部、赣州市委党史研究室、赣州市红色资源保护发展中心、赣州市档案馆、赣州市融媒体中心联合摄制 [6]，利用影视化的独特优势来讲述赣州的红色人物故事、重大历史事件、珍贵文物传奇等专题，多方主体协同开发，创造出符合受众精神需求的档案文化创意产品。

3.2 创新多维度开发方式，促进有机融合

专题档案主旨目的性相对突出，一般通过特定事由主题表现出来 [7]，《实施条例》第四十二条提出，"加强档案资源深度挖掘和开发利用"。这表明，要深入挖掘蕴含在专题档案中的重大历史记录和人文价值，结合新时代新发展要求，以影视开发方式，从内容、叙事、技术等多个维度出发，充分激活馆藏档案文化资源，创新创造出能与受众产生共鸣的档案文化创意产品。第一，以内容为核心，依托网络平台征集选题。借助政府、档案部门、公共文化机构等门户网站和移动端媒体互动平台，如订阅号和小程序等，设置与社会公众进行交流的互动平台，通过选题征集和问卷调查等方式，开展社会化

的需求调研，针对性地选择专题进行影视开发，实现双向交流，满足社会公众不同的精神需求。主题内容力求开拓更多文化要素，挖掘中华文化精神内核的丰富多元性，并通过影像表达激发受众的情感认同，构建更深层次的文化自信。第二，以叙事为重点，依托结构表达升华主题。通过互文和块状叙事结构，将原本零散的碎片文本、档案信息和文化符号整合到一个叙事模块中，利用多线并行和多集组合等方式，将专题档案中的元素、人物或事件进行串联，打造成独特的文化 IP，提升开发的艺术性和商业性，吸引更多受众的关注和喜爱，从而实现经济效益和文化价值的双重提升。第三，以技术为保障，依托数字技术支撑开发。利用数字技术对受损的档案资源进行修复和恢复，使其在影视开发成果中呈现出更加清晰和真实的效果，还可以利用大数据、云计算、人工智能等技术深度挖掘专题档案中的文化资源的数据关联，助力讲好中国故事、提升文化自信。此外，数字技术还提供了多样化的展示方式和互动体验，通过虚拟现实（VR）、增强现实（AR）和交互式界面等技术，可以实现受众与影视开发成果之间的沉浸式的互动。受众可以通过虚拟现实设备进入档案所记录的历史场景，体验当时的历史事件全过程，进而获得更深刻的情感体验和更清醒的客观见解；增强现实技术可以将虚拟元素与现实场景相结合，为受众呈现更加丰富和立体的影像效果。这些数字技术的应用不仅增强了观众的参与感和体验感，也提供了更多展示专题档案资源的创新方式。

3.3 构建融媒体传播体系，提升传播实力

《实施条例》第七条提出，"传播档案文化，增强全社会档案意识"。这明确了档案文化传播的价值所在，挖掘专题档案的文化内核，转化为优质的档案文化创意产品后，对其进行全方位传播，渗透到更广泛的人民群众中去。一方面，构建融媒体传播体系要有效整合各种传播媒介和渠道，传统媒体如电视台、电影院、出版社等具有权威性、公信力和影响力，受众对其信任度较高，通过协同融合，将专题档案影视成果推广给更广泛的群体。同时，新兴媒体如互联网、社交媒体、移动应用等借助自身强大的大数据算法，且拥有庞大的用户基数，是大众获取信息的主要途径，通过开发主体建立的官方网站、移动应用程序以及社交媒体账号，可以实现与受众的直接互动和信息传递，从而扩大传播的覆盖范围和影响力。另一方面，构建融媒体传播体系要注重传播策略的制定和执行。在档案文化创意产品推广过程中，需要根据目标受众的特点和需求，制定相应的传播策略。例如，针对不同受众群体的特

点和媒体使用偏好，可以选择合适的传播渠道和媒介，以及采用不同的传播形式和内容呈现方式。此外，还可以结合市场营销和品牌推广的理念，通过精准的定位和差异化的宣传手法，提升影视成果的知名度和美誉度。因此，在政府部门的指导下，档案馆要善于借助融媒体资源，全方位、立体化和多形式推广高质量的档案文化影视成果，润物无声地将文化精髓浸润至每个受众，在广泛参与中丰富文化体验、坚定文化自信。

4 结语

《实施条例》的发布和施行，增强了档案文化工作的可操作性，进一步助力档案文化多元开发的实现。专题档案资源影视开发注重创新与传承的结合，结合当代的审美和叙事手法，使得作为档案文化创意产品的影视成果能够与受众产生共鸣，引发思考与探索，这样才能全面发挥档案文化的软实力，真正展现出中华文化的独特魅力和时代精神，才能更好地传递中华文化的精神内核，促进文化交流与对话，让世界更加全面地认识和了解中华文化的博大精深。

注释及参考文献

[1] 国务院 .《中华人民共和国档案法实施条例》[EB/OL].[2024-05-05].https://www.gov.cn/zhengce/zhengceku/202401/content_6928164.htm.

[2] 国家档案局 . 中办国办印发《"十四五"全国档案事业发展规划》[EB/OL].[2024-05-05].https://www.saac.gov.cn/daj/toutiao/202106/ecca2de5bce44a0eb55c890762868683.shtml.

[3] 葛悦 , 谢诗艺 . 当前我国档案文化产品的开发逻辑 : 定位与取向 [J]. 档案管理 ,2024(1):73-78.

[4] 周慧娟 . 专题档案构建重大社会记忆实践探讨 [J]. 档案天地 ,2023(8):44-49.

[5][7] 王上铭 , 蔡亚萍 , 吴建华 . 专题档案概念辨析与界定 [J]. 档案学通讯 ,2015(5):36-41.

[6] 赣南日报 .《档案里的赣州——红色记忆》系列微纪录片开机启拍 [EB/OL].[2024-05-26].https://www.ganzhou.gov.cn/gzszf/c100022/202303/82a2e0ed006b42b7b0a71dbe8d302650.shtml.

元宇宙视域下高校实物档案可视化新探

孙婷婷　赵爽

东南大学档案馆

摘要：近年来，应用现代技术进行高校实物档案可视化成为高校档案部门资源建设和文化宣传的新方向。文章通过研究高校实物档案可视化过程中出现的认知不足、体验单调和创新乏力等瓶颈问题，探索元宇宙视域下高校实物档案可视化新思维、新空间、新模式和新发现，即高校档案部门要进行档案认知建构、档案数字空间构建、多模态档案融合开发和档案文化产品创作，并且提出高校档案部门要抓住机遇，迎接面临的技术、安全以及法律等层面的新挑战，在未来不断完善高校实物档案可视化的发展机制。

关键词：元宇宙；高校实物档案；可视化；挑战

0 引言

近年来，实物档案作为高校历史和文化的物质体现，在高校历史文化展览、校史馆建设等实践工作中的作用越来越突出。但实物档案载体形式多样，既具有原始记录性、信息的明确性等一般档案的共性特征，又具有信息非文本性、形制多样性的个性特征，因此难以统一进行可视化管理与开发利用。

2021年，元宇宙作为一个经典概念被人们重新挖掘出来，成了当前的热门话题之一。元宇宙（Metaverse）是脱胎于现实，又和现实世界平行、相互映射影响的虚拟世界，是一个集合了人工智能、虚拟现实和区块链等技术的持久化和去中心化的在线三维虚拟环境。有关高校也开始探索运用信息技术，以生动的、交互的数字展示形式，对实物档案进行数字创意设计与呈现，如重庆大学的"立德树人"展厅以及东南大学的"时空隧道"展厅等。在新的技术环境和社会环境下，高校实物档案可视化迎来了新的发展契机，高校档案部门可以通过元宇宙的技术嵌入、思维引鉴、融合开发与应用创新等，不断探索高校实物档案可视化的新思维、新空间、新模式和新发现。

1 高校实物档案可视化瓶颈

1.1 认知不足

高校实物档案不同于一般档案，其来源广泛，大多分散在各院系、部门以及个人手中，因人员归档意识淡薄且没有严格的归档制度，使得收集难度较大，多数高校实物档案数量较少，多是奖状、证书或纪念物等。高校档案部门在实际的工作中，对实物档案管理的重视度不够、资金投入缺乏，无法深入认识实物在丰富档案馆馆藏、拓展档案工作领域、宣传校史文化、进行爱国主义教育等方面的作用，多数档案工作者对实物档案可视化的新技术新方法缺乏认知，将实物档案可视化与数字化混为一谈，采取扫描或拍摄等二维、三维数字化手段，建立实物档案数据库或进行网上展陈，对实物档案可视化的认知仍停留在浅层的技术论层面。

1.2 体验单调

高校实物档案可视化目前仍局限于档案库房内部的可视化管理，即通过物联网技术实现保管环境自动感知、智能调节功能，实物或实物档案摘要信息智能存储功能以及实物或实物档案定位与跟踪功能等。[1] 或将实物档案数字化后纳入档案系统管理，通过图表等进行一定的数据可视化分析以及利用虚拟现实技术进行实物档案三维数字展陈。目前的信息技术方式无法把实物档案所包含的全部信息提取出，而虚拟现实、增强现实等技术手段，所提供的只有部分视觉信息，忽视了与实物档案相关的历史背景信息的结合，技术与内容"貌合神离"，造成了内容空洞与信息匮乏，呈现出资源碎片化、关联薄弱化、内容同质化、开发浅层化的特点，破坏了展陈主题表达的流畅性和观众的体验感，[2] 用户无法深入体会到实物档案蕴含的历史文化价值，限制了实物档案教育功能的发挥。

1.3 创新乏力

高校实物档案可视化缺乏用户参与即缺乏可持续的内在创新驱动力。在高校实物档案可视化建设中，用户应处于价值创新的主要地位，用户作为外部资源和知识的重要来源，能够提供关于自身需求及技术知识等方面的信息，与高校档案部门形成知识互补，有利于知识融合从而实现知识创造。但目前高校实物档案可视化是一项集中的、封闭的、中心化的工作，由高校档案部门主导，其建设与发展受制于高校档案部门的认知、管理以及能力等因素，用户被动接收实物档案信息，缺乏自主沉浸和知识共创。这种不稳定的发展模式以及信息的单向传递使得实物档案可视化工作中无法发挥出用户的主观能动性，从而阻碍了价值创新。

2 元宇宙视域下高校实物档案可视化新探

2.1 新思维——档案认知建构

瑞士心理学家让·皮亚杰（Jean Piaget）认为个体原有的认知结构与新的信息之间以同化或顺应的方式相互作用，作用的结果使个体原有的认知结构得以扩充或重组，建构成新的认识结构。当高校实物档案可视化遇到"元宇宙"，必然会带来认知结构的变化。

第一，管理认知的建构。元宇宙被视为未来互联网的下一次革命即Web3.0革命，在不断迭代升级的网络场域下，档案工作的主客体随之发生变化。档案管理将融于每一网络空间建设主体，建设模式走向互创互建的各式的档案空间，以连接参与为内核实现档案空间的互创互享。[3] 因此，依托数量众多的"档案空间"，实物档案可视化逐渐向"去中心化"转变。"去中心化"是指互联网发展过程中形成的社会关系和内容产生形态，即所有用户均是内容的参与者和创造者。高校档案部门不再是唯一进行实物档案可视化的部门，在档案空间各部门可按照统一标准创建、维护实物档案相关数据信息，利用内嵌式的技术模块，如"激光雷达"等，通过个人移动设备建立实物三维立体可视化模型，档案部门依据其丰富的馆藏、持续的投入、更强的专业性等在档案空间的"群落"中凸显引领地位，通过实物档案实体和可视化模型的收集、数据集成与整合、知识融合和重组等，实现高校实物档案信息资源的在线收集、可视管理和开发共享。

第二，服务认知的建构。元宇宙视域下，高校实物档案可视化技术和方式多样，以提供沉浸式、智能化、人性化、便捷化的服务为根本目标。一方面，高校档案部门将实物档案以更加生动美观的方式呈现在虚拟的时空，用户能利用扩展现实交互设备获得不一样的感官体验。通过对实物档案资源以及其他档案资源进行自主式、联动式、增值式的收集、存储、管理及利用，构建智能化的实物档案知识关联可视化平台，同时借助元宇宙相关技术对用户需求、行为等进行精准化收集、分析，为用户提供不同场景下的实物档案可视化服务。另一方面，用户可以依据自身素养与认知开展实物档案知识挖掘，从利用者逐渐转变为参与者，不仅可以自主识别、编辑场景，还可以寻找共同的利用群体，实现个体与群体的有机互动。[4]

2.2 新空间——档案数字空间构建

元宇宙既可以显示物理世界为数字框架，也可以塑造全新的概念型数字世界，它的终极形态是虚实相生的数字社会。在元宇宙视域下，档案数字空间能够提供更多新的可能性和想象空间，具有可拓展性与可交互性，能够保证实物档案可视化的呈现形式不受技术所限，以沉浸式的体验带领用户身临其境，强化用户的获得感和满足感。结合实物档案自身特点，基于实物档案可视化管理与服务的数字空间构建具体可分为以下两种：

第一，数字孪生空间构建。数字孪生是指针对物理世界中的实体，通过采集其实时数据并综合其历史数据，利用数字化的方法抽象出来的能够对该实体进行全生命周期映射、模拟和仿真的虚拟世界中的数字模型。通过对实体校园、实体档案馆等的全要素数据建模，融合人工智能、大数据、区块链等新技术，通过可视化渲染技术，实现"全景校园或场馆构建——细节层次渲染——实时流媒体"的多层次渲染，建立档案数字孪生空间，获取分散在不同单位或地点的实物档案数字资源，对其进行知识抽取、关联构建、空间映射和场景孪生，还原实物档案时间、空间、事件等信息，实现异源数据的多模态融合、标识管理、可视化呈现以及交互性操作等。

第二，数字原生空间构建。数字原生是指从虚拟的数字世界中产生，并在数字世界中存在并产生价值，通俗来讲，数字孪生是"搬运"，而数字原生是"创造"。高校实物档案来源广泛、形式多样，其蕴含的时间、空间、人物、事件等隐性知识超出了现实实体档案馆或校园边界，以实物档案资源为基础，利用人工智能、虚拟现实等技术，生成与高校实物档案相关的虚拟角色、不同的物理元素及不同的故事线，再现一些历史场景或虚拟场景，使实物档案资源具象化在数字原生空间，通过一系列"虚拟场景＋虚拟角色＋数字档案＋时间线"的动态组合形成数字原生空间的叙事模式。

2.3 新模式——多模态档案融合开发

元宇宙视域下，高校档案部门作为数据融合中心与分析中心，通过对数字档案资源进行知识融合重组和价值重塑，不仅让数字档案资源以更高维逼真的模式再现，延伸了用户的感官体验，同时强化了不同知识单元之间的关联，提升了不同数字档案资源关联的"可视性"，带给用户沉浸式的知识体验。一方面，高校实物档案在载体媒介、呈现形态、表达方式、维度空间等方面具有多模态特性。实物档案资源本身的多模态性使得其可视化的处理方式具有较大差异，需要对不同模态的实物档案"量身定制"可视化呈现方式，利用三维建模、沉浸交互、人工智能等技术对多模态实物档案资源进行实体映射、知识抽取、数据融合等，以生动的、交互的数字展示形式，对实物档案进行数字创意设计与呈现以及多维知识发现与聚合，实现档案实体与场景的互联互通和集成管理。

另一方面，实物档案作为高校档案的有机组成部分，与其他档案有着不可割裂的关联性，实物档案可视化离不开其他不同模态档案资源的辅助与支撑，基于某一实物档案本体，其相关信息往往涵盖了视频、音频、文本、图像甚至实物等不同模态的数据，为了使其描述和表达更为清晰，深入揭示其蕴含的"人、地、时、事、物"等内容及其关系，需要将物理世界中多源异构和多模态的档案大数据进行融合，组织成复杂庞大的数据语义网络，完成信息互补和语义增强，构建不同模态档案资源间的语义连接和逻辑关联，借助知识图谱等手段进行可视化表示和分析，实现人们对实物档案的多角度、多层次认知。通过对多模态档案资源的深度融合，挖掘多模态档案数据与知识的内在联系，构建出完善的实物档案知识融合开发体系，实现拓宽深度、加深外延的多维多元个性化实物档案知识服务和共享。[5]

2.4 新发现——档案文化产品创作

在元宇宙视域下，档案文化产品创作是实物档案可视化开发利用的重要途径。实物档案拥有独一无二的物体形态特征，更容易对其进行艺术化加工创作，高校档案部门可在对馆藏实物档案的文化价值进行深度挖掘的基础上，基于实物档案实体进行文化故事背景描述和数字模型构建，使档案文化产品艺术化、趣味化，实现对实物档案实体客观、完整的数字化和艺术化体现。[6]其过程不仅仅是对实物档案的复刻，更是一种运用虚拟现实等技术进行的二次创作与升华，展现出结构化、立体化、场景化的虚拟空间，[7]通过"元宇宙"交互技术，用户以数字身份进入虚拟空间，突破时空限制，在多个文创场景中自由穿梭，与其他用户分享交流，获得从意识沉浸到知觉沉浸的深度文创体验。[8]

同时，"去中心化"是元宇宙生态的核心，元宇宙视域下的实物档案文化产品创作可以用户为起点,实现去中心化、个性化的文化创作。用户可以将自己创作的内容或产品数字化,把内容置换为数字资产,依托于基于区块链技术的 NFT(非同质化代币)形成可供交易收藏的独一无二的数字藏品。同时通过对实物档案进行延伸和拓展,将数字技术与文化创意相结合,塑造实物档案 IP 形象,采用多维度的讲述方式,用一组有关联的不同档案文化 IP,共同构成高校档案文化"宇宙",构筑系列化、品牌化、商业化的文创体系,保证了创作者可以将内容变现,形成共创、共存、共治、共享的全新局面,实现档案价值的多维度释放和档案文化的去中心化传播。

3 未来挑战与展望

元宇宙作为未来互联网的新形态,为高校档案部门提供了实物档案可视化管理与服务的新机遇,同时也带来了技术、安全及法律层面的挑战。在技术层面,高校需利用元宇宙技术融合发展,探索档案大数据在构建元宇宙中的基础作用,并寻求实物档案可视化管理与服务升级的新路径,实现不同技术之间的无缝对接和高效协同。在安全层面,随着元宇宙生态的扩展,加强实物档案数据的安全监管至关重要,包括明确责任主体、规范数据用途及保护机制,以及加强技术保障防止数据泄露和滥用。在法律层面,高校需关注数字身份和版权保护问题,通过技术手段如 NFT 和数字标签来确保数字藏品的稀有性和知识产权,同时推动相关法律法规的完善,以更好地保护数字身份和数字形象的产权属性。

展望未来,元宇宙将为高校档案部门带来革命性的变化,我们要通过技术创新、安全保障和法律完善,才能推动实物档案可视化管理与服务的飞速发展,不断完善高校实物档案可视化的发展机制,开辟档案事业新篇章!

本文系江苏省档案科技项目"'元宇宙+高校档案'创新发展与应用研究"(2023-22)的阶段性研究成果。

注释及参考文献

[1] 章敏秀 . 数字档案馆实物档案可视化探析 [J]. 浙江档案 ,2013(6):57.

[2] 支凤稳,孙若阳,云仲伦 . 元宇宙:档案展览模式与路径的新探索 [J]. 档案与建设,

2022(9):32-36.

[3] 周文泓 , 文利君 , 周一诺 , 等 . 档案馆融入元宇宙的进路展望 [J]. 浙江档案 ,
2023(3):32-33,36.

[4] 周昊 , 曾小初 . 元宇宙赋能档案馆服务创新研究 [J]. 兰台内外 ,2022(21):9-11.

[5] 皇甫娟 . 面向知识服务的智慧图书馆多模态数据资源知识融合模式 [J]. 图书情报
导刊 ,2023(4):22-27.

[6] 向禹 , 王紫丞 . 数字藏品视角的数字档案文化产品开发路径思考 [J]. 档案学刊 ,
2022(1):76-81.

[7] 彭宝攀 . 基于 "元宇宙" 情境的艺术档案文创策略创新研究 [J]. 档案管理 ,
2023(3):106-108.

[8] 孙若阳 , 支凤稳 , 彭兆祺 . 元宇宙技术赋能数字档案文创发展研究 [J]. 浙江档案 ,
2022(8):38-41.

高校档案数字化建设的文化传承价值研究
——基于文件连续体理论视角

刘春意

安阳师范学院

摘要：高校数字化档案能有效保护和传承学校历史文化遗产，提升档案资源利用效率，并通过教育活动增强文化教育功能。本文基于文件连续体理论，探讨高校档案数字化建设在文化传承中的价值。高校档案数字化建设面临资源整合、信息安全、人才培养等挑战，针对上述问题本文从构建集成化的数字化平台、加强信息安全管理、实施文化传承策略以及培养专业人才与技术创新等方面提出系列解决策略，以期为高校档案数字化建设提供理论支持和实践指导，助力社会主义核心价值观教育和国家文化数字化战略的实施。

关键词：高校档案；数字化建设；文化传承；文件连续体理论

0 引言

《中华人民共和国档案法》明确指出档案馆应"开发利用馆藏档案"，"传承发展中华优秀传统文化，继承革命文化，发展社会主义先进文化，增强文化自信，弘扬社会主义核心价值观"；中国共产党第二十次全国代表大会会议精神亦强调"实施国家文化数字化战略，健全现代公共文化服务体系，创新实施文化惠民工程"。上述精神为档案事业在社会主义文化发展、国家文化数字化战略、档案文化建设发展等工作中提供了规范性明确依据，是档案事业发展的新标准与新要求 [1]。档案文化资源建设是推进社会主义文化发展、服务国家文化数字化战略的重要途径，高校档案通过不同形式真实记录学校开展的各项工作情况，是反映学校历史沿革、学术成就、社会服务和文化活动的重要载体。随着信息时代发展，高校档案资源数字化建设已成为保护和传承高校文化遗产的重要途径，但因起步较晚、经验不足等诸多问题，目前数字化建设水平仍亟待提升[2]。

文件连续体理论（Records Continuum Theory）强调档案与组织、档案与社会环境之间的互动关系，关注档案从创建、使用到最终处置的整个生命周期，彻底推翻了档案领域传统对文件流转是从文件到档案的单一线性模式的认识，并对文件运动过程、规律及特点进行了全方位的揭示[3][4][5][6]。在文件连续体理论中国化的研究中，诸多成果与电子文件管理研究分不开，这为高校档案数字化建设提供了一个全面的视角[7]。目前，针对高校档案数字化建设的研究主要集中在新技术的应用实践探索、面临的挑战与策略探索、特定案例研究等方面[8][9][10]，鲜有考虑相关理论依据；同时，对其价值认识也局限于促进资源共享、提高工作效率、保护实体档案等方面[11][12]，忽略了高校档案在文化传承中的地位与作用[13][14]。

本研究将基于文件连续体理论，梳理高校档案数字化建设在文化传承中的价值并提供新的视角；其次，探索合理的档案资源数字化建设策略，充分开发利用馆藏资源，搭建可供师生及社会公众感知、体验校园文化服务于传承中华优秀传统文化的平台，为文化传承提供策略建议；最后，助力高校践行传播社会主义核心价值观的使命，为高校制定相关政策提供参考。

1 文献综述

1.1 文件连续体理论的内涵

文件连续体理论起源于 20 世纪 80 年代，由澳大利亚学者弗兰克·阿普沃德（Frank Upward）对其概念意义与理论内核进行详细阐述，是在信息技术快速发展和电子文件管理需求日益增长背景下提出的，其目标旨在解决传统档案管理理论在处理电子文件和信息时代挑战时的局限性[15]。这一目标为档案数字化在文化传承和社会主义核心价值观教育中的重要性提供了新的视角。

文件连续体理论包含保管轴、证据轴、事务处理轴和来源轴四个坐标轴，以及身份、业务、结构和功能四个维度[16]。这些坐标轴与维度共同描述了文件从创建到最终处置的全过程，强调此过程是一个连续的、动态的系统，与《档案法》关于档案馆开发利用馆藏档案的精神要求相契合。该理论核心概念为文件、记录和档案，强调文件在不同阶段的连续性和动态性[17][18]，与高校档案数字化建设的保护和传承高校文化遗产、促进文化传承和社会主义核心价值观教育联系紧密。该理论提倡档案管理者应从传统的保管者角色转变为信息管理者，能够理解和应对信息技术带来的挑战，指导档案管理者如何更好地管理电子文件，如何处理文件的长期保存问题，以及如何确保文件在不同阶段的可访问性和安全性。[19]

本研究基于文件连续体理论，将为高校档案数字化建设提供实践指导，深化相关群体对高校数字档案文化传承价值的认识，为国家文化数字化战略的实施提供实践基础。

1.2 从文件连续体理论看高校档案数字化建设的文化传承价值

高校档案数字化建设是为适应信息技术快速发展的时代需要，对传统档案管理方式的革新，也是对档案文化价值的重新认识和挖掘。文件连续体理论模型为高校档案数字化建设提供了全面的理论框架，有利于体现档案在文化传承中的多维价值[20]。

1.2.1 从"四个坐标轴"看高校档案数字化建设的文化传承价值

在文件连续体理论模型的四个坐标轴中，保管轴关注档案的长期保护与管理，即关注档案在发挥文化传承及其他社会功能过程中的物质基础作用；证据轴关注档案的证据性质，强调档案（文件）的真实可靠性；事务处理轴关注档案在支持组织的各项具体活动中所扮演的角色与发挥的价值；来源轴关注诸如档案的创建者、形成过程与历史环境等背景信息。[21][22]

因此，在文件连续体理论模型的四个坐标轴视角下，加强高校档案数字化建设的文化传承价值体现在：首先，通过电子化手段延长档案寿命，实现电子档案的长期可访问性及完整性，保证记录学校发展历史的珍贵资料跨越时空，是理解和传承学校文化的重要手段；其次，保证电子档案完整性与不可篡改性，对确保文化记忆的准确性和权威性均有着至关重要的作用；再次，高校档案资源来源于学校管理又服务于学校管理，做好档案数字化建设有利于促进知识传播与创新，推动知识更新与教学变革，为文化传承注入新活力[23]；最后，加强数字化建设便于追溯学校文化来源，帮助师生更加系统、深刻地理解学校的发展历程与文化特色，发挥档案连接历史与现实的桥梁作用[24]。

1.2.2 从"四个维度"看高校档案数字化建设的文化传承价值

在文件连续体理论模型中，四个维度相互关联、相互促进，共同构成了档案资源全面理解和有效管理的基础。身份维度强调档案在彰显组织形象与构建文化认同中的作用，业务维度关注档案在组织开展各项管理活动中所发挥的支持功能，结构维度涉及对档案资源的组织与管理，功能维度则关注档案资源在促进知识共享方面所发挥的作用。[25]

因而，在文件连续体理论模型的"四个维度"视角下，加强高校档案数字化建设的文化传承价值主要体现在：首先，数字化档案资源理便于向外界展示学校发展历程、教育理念、文化特色和历史底蕴，对传承和弘扬学校倡导的核心价值观有重要影响[26]；其次，对数字档案资源的有效管理，为学校科学化、规范化管理提供及时的信息支持，为文化传承提供实践平台[27]；再次，采用先进信息技术实现结构化管理的档案资源，可为学校做好文化传承提供丰富素材、打下坚实基础；最后，数字档案资源的开放性与互动性功能更利于知识共享，为文化传承提供新途径。

高校是传承文化、输出文化、创造文化的重要场所，教育过程即文化传递的过程，高校发挥文化育人、文化传承功能即是践行立德树人目标。[28]因此，做好文化传承是高校的重要使命之一，档案应在高校完成使命的历程中发挥至关重要的作用。在信息社会大数据背景下，高校应采用高新技术尽快把传统纸质档案转换为数据信息并实时更新，以实现安全保护、科学管理、高效利用。[29]文件连续体理论为高校档案数字化建设提供了一个多维度的理论框架，有利于高校档案数字化建设更好服务于档案资源管理、保存、利用，促进知识的创新与传播，践行高校文化传承功能，为社会主义文化的发展和国家文化数字化战略的实施提供坚实的基础。

2 问题提出

文件连续体理论认为档案文件不只是静态的物理实体，而是通过各种形式和媒介在不断变化的社会环境中，与个体、组织和社会相互作用的动态实体。在此视角下，高校档案数字化建设要实现其文化传承功能，还存在以下问题。

2.1 数字化资源建设与整合共享问题

资源建设是做好高校档案数字化建设的基础，数字化资源整合与共享是实现文化传承的关键，做好档案资源建设及数字化资源整合，是文件连续体理论强调档案记录在不同时空背景下的连续性要求。但目前高校档案资源管理分散且缺乏统一标准与平台，导致资源利用效率不高，限制了文化传承的广度与深度。[30]

2.2 档案数字化的安全性与保密性问题

证据性和权威性是文件连续体理论强调的档案记录的重要属性，做好档案安全与保密管理是维护档案真实性和完整性的基础，是实现档案文化传承功能准确性和权威性的关键。档案数字化建设过程中，潜在的网络威胁使档案信息可能面临网络攻击、数据泄露、数据篡改等风险。[31]

2.3 档案数字化与文化传承的关系问题

文件连续体理论强调档案在不同社会结构中的作用，因而高校档案数字化建设不仅要关注技术，更要关注档案文化价值与教育意义的体现，档案数字化应成为文化传播与利用的促进手段。但当前高校档案数字化建设还停留在档案安全、数据保管等技术层面，未能达到促进档案文化传播和利用的高度。[32]

2.4 档案数字化的专业人才培养、技术创新与应用问题

文件连续体理论强调档案记录管理的专业性、创新性，人才的专业化培养是高校档案管理适应数字化时代要求的基础，技术创新是推动档案数字化发展的重要动力。目前高校档案管理队伍专业性欠缺，工作人员年龄结构偏大，应用新技术能力欠缺，创新动力不足，限制了档案数字化的推进速度与质量，一定程度上制约了档案文化传承价值的实现。[33][34]

3 解决策略

针对目前高校档案数字化工作中面临的资源整合、信息安全、人才缺乏等多重问题挑战，文件连续体理论强调的档案在组织与社会环境中的动态性、互动性，为我们提供了一个全面理解档案生命周期的框架，引导我们探索解决问题的路径[35]。

3.1 档案资源的数字化整合与共享策略

档案资源的充分整合与有效共享有助于全面发挥档案文化传承价值。首先，构建集成化的、支持档案全生命周期管理的档案资源数字化平台，以处理从档案创建到最终处置的各个阶段数据；其次，确保平台应建立版权管理机制，实现档案利用的开放性与合法性相统一；再次，应严格遵循国家管理标准，加强高校间的资源共享与交流；最后，建立数字化流程严谨、规范及可控性的制度，以提高数字化效率与质量，实现档案数字化的准确性与完整性。[36][37]

3.2 档案数字化的信息安全管理策略

信息安全是档案实现文化传承价值的基础。首先，采用有效措施防止未经授权的访问和数据泄露，如数据加密、访问控制、入侵检测系统以及定期的安全审计等[38]；其次，明确档案数字化过程中的责任、权限和操作流程，确保档案管理的规范性和一致性[39]；最后，制定事故防范、事故应急及事故后整改的长效措施，定期对数字化管理系统进行安全评估与风险排查，及时发现、解决潜在安全威胁。

3.3 档案数字化的文化传承实施策略

高校档案是记录和传承学校历史文化的重要载体，加强档案资源数字化建设是实现档案文化传承使命的重要途径。首先，数字化过程中应维护档案的证据性和权威性；其次，应增强档案的文化教育功能，通过在线展览、虚拟博物馆、互动式教育平台等形式，使档案资源转化为学生与公众能直观地感受到的生动教育内容[40]；同时，可充分利用资源素材，开展历史研究、文化节庆、校史演讲等多元化教育活动，激发学生对学校文化的认同感与归属感，实现档案连接过去与现在、传承文化与创新教育的桥梁作用。

3.4 档案数字化人才与技术创新

专业的人才与先进的技术是高校档案数字化建设得以适应信息时代快速发展步伐的关键因素，是实现档案文化传承价值的保障。首先，应加强档案管理人员匠人精神的培养；其次，定期为档案管理人员提供业务培训机会，尤其注重掌握数据库管理、网络技术、图像处理等现代信息技术[41]；再次，针对档案管理部门在高校的"边缘性"问题，高校应制定有利于提升工作人员工作满意度、职业忠诚度的专项政策，以缓解其职业发展顾虑，激励其深入研究和挖掘档案传承价值；最后，应积极创新技术，如采用人工智能技术进行档案的自动分类和检索、利用大数据分析技术挖掘档案资源的潜在价值、运用云计算技术实现档案资源的高效存储和共享等，提高档案数字化效率与质量，更好地服务于教学、科研和文化传承。

4 结论与展望

高校档案数字化建设是突破时空限制、促进文化资源传播与交流、实现档案文化传承价值的重要途径。文件连续体理论从档案的动态性和互动性角度指导档案管理者更好地管理电子文件，为高校档案数字化提供了全面的视角。

基于文件连续体理论，本研究为高校档案字化建设提供了理论框架，强调档案在组织与社会环境中的作用，尤其围绕数字化档案文化传承价值的实现，提出构建数字化平台、加强信息安全管理、实施文化传承策略等相关问题的具体解决策略，同时强调专业人才培养和技术创新的重要性，为高校档案数字化建设提供了人才与技术支持。

因本研究侧重理论探讨，且未充分考虑不同类型高校在资源、技术、管理等方面的差异性，故未来研究中，将结合实证研究验证策略的可行性，同时关注新兴技术如人工智能、区块链等在档案数字化中的应用，以及这些技术如何进一步促进档案的文化传承价值。

注释及参考文献

[1] 周林兴, 崔云萍. 国家文化数字化战略下档案文化的建设路径探析[J]. 档案学通讯, 2023(2):10-17.

[2][31][39] 张志红. 我国高校档案数字化建设实践调查与推进策略[J]. 档案管理, 2023(5):105-107.

[3] 吕文婷. 文件连续体理论的澳大利亚本土实践溯源[J]. 档案学通讯, 2019(3):12-19.

[4] [15] [17] [20] [35] Upward, F. The records continuum: A model for the design and implementation of record keeping systems[J]. Archives and Manuscripts, 1996(2):132-145.

[5] 吕文婷 . 文件生命周期理论与文件连续体理论 records 相关术语比较研究 [J]. 档案学研究 ,2022(4):32-37.

[6] [7] 吕文婷 . 文件连续体理论中国化认知历程与特征分析 [J]. 档案管理 ,2021(6):15-19.

[8] [33] 韩宁 . 元宇宙视域下高校档案数字化建设研究 [J]. 档案与建设 ,2023(11):52-54.

[9] [11] 吕冬梅 . 地方高校档案数字化建设的问题与对策 [J]. 中国档案 ,2021(6):66-68.

[10] [32] [40] 龙芊良 . 高校声像档案数字化建设的问题与思考——以北京大学为例 [J]. 北京档案 ,2020(12):38-40.

[12] [13] 丁婷 . 数字改革背景下我省高校档案数字化建设提升研究 [J]. 浙江档案 ,2022(12):49-51.

[14] 刘迎春 . 高校档案在文化传承创新中的地位与作用 [J]. 中国档案 ,2017(4):44-45.

[16] [18] [21] [25] Upward, F. Structuring the Records Continuum Part Two: Structuration Theory and Record keeping[J].Archives and Manuscripts,1997(2): 10-35.

[19] 张成成 . "文件连续体理论"的实践应用探讨 [J]. 兰台世界 ,2019(6):37-39.

[22] 谢俊英 . 大数据时代高校档案部门参与学校治理初探 [J]. 浙江档案 ,2023(9):39-42.

[23] 连志英 . 一种新范式 : 文件连续体理论的发展及应用 [J]. 档案学研究 ,2018(1):14-21.

[24] 王玮 . 高校口述档案全程一体化管理研究——以河海大学为例 [J]. 中国档案 ,2020(9):38-39.

[26] [41] 李莉 . 探索数字化背景下高校档案管理信息化建设 [EB/OL].[2024-05-10]. https://reader.gmw.cn/2022-09/06/content_36007448.htm.

[27] 薛四新 , 袁继军 , 胡凤华 . 高校档案现代化管理发展探析 [J]. 中国档案 ,2018(5):61-63.

[28] 周德群 . 大学校史文化育人功能及其实现路径研究 [J]. 黑龙江高教研究 ,2019(6):137-140.

[29] 孙玲 , 张俊芳 , 刘晓鸿等 . 高校馆藏档案数字化建设实践与思考——以中国地质大学 (北京) 为例 [J]. 中国地质教育 ,2017(2):4-6.

[30] [37] 吕文婷 . 文件连续体理论中国化研究 [J]. 档案学通讯 ,2021(6):105-108.

[34] 陆阳 , 苏立 . 论文件连续体理论结构与功能间的张力及其弥合 (一)[J]. 中国档案 ,2023(5):64-65.

[36] [38] 马玉妍 . 高校档案数字化建设的路径选择及核心问题探讨 [J]. 兰台世界 ,2014(17):28-29.

档案学视角下广西边境地区
非遗文化创意产品的开发研究

韦珍妮

广西交通职业技术学院

摘要：随着文化全球化的发展，广西中越边境地区非遗保护工作扎实的推进，交通条件的改善及档案研究的深入，档案信息资源对广西边境地区非遗文化创意产品的开发被赋予了更多的可能，通过情感化设计、文本挖掘及档案记忆赋能差异化设计，期冀从档案学视角丰富广西边境地区非遗文化创意产品开发的可行路径。

关键词：非遗档案；边境地区；文化创意产品

0 引言

近年来，随着国家和人民群众对于非物质文化遗产保护的关注和保护力度日益提升，非物质文化遗产（以下简称"非遗"）与文化创意产业结合成为一个充满生机并具有广阔前景的新兴市场。在对非遗元素的提取与创意开发设计中，通过将符号具象化的形式创新知识与技术的交融，以适应市场机制得以面向大众。一方面非遗作为创意设计的灵感来源，广西边境地区独特的地域成长环境及文化历史，带来了创意设计的独特性与多元化；另一方面创意设计将广西边境地区非遗中的文化内涵转化为可视化的物质形式，在不同时代地域的现代环境中，广西边境地区非遗得以静态意义上的保护并加活态传承与弘扬。基于此，本文从档案学视角切入，通过情感化设计、文本挖掘及档案记忆赋能差异化设计，对能够引发大众情感共鸣，并且具有文化内涵和故事性的非遗文化元素进行分析、提取、整合和衍生，期冀在"系统性"中存续"异质性"，丰富广西边境地区非遗文创产品开发的可行路径。

1 广西边境地区非遗文化创意产品开发现状

1.1 广西边境地区非遗现状及特性

在我国西南中越边境线上，自东向西涉及广西3个地级市有8个县（市、区）与越南社会主义共和国接壤，从防城港市的东兴市、防城区和崇左市的宁明县、凭祥市、龙州县、大新县及百色市的靖西县和那坡县上看，拥有着丰富而独特的非物质文化遗产。根据广西非物质文化遗产保护网官方网站数据统计，截至2024年3月，广西边境地区列入国家级非物质文化遗产名录的项目共有8项，其中传统音乐类项目3项、民俗类项目3项、曲艺类项目1项、传统技艺类项目1项。列入自治区非物质文化遗产保护名录的项目共有25项，其中民俗类项目6项、传统技艺类项目12项、传统音乐类项目3项、传统医药类项目1项、传统体育、游艺与杂技类项目1项、传统戏剧类项目2项。相关分布如表1所示，因市级及以下非遗项目少有文创产品开发，故不在统计范围之内。

表1　为广西中越边境地区非物质文化遗产项目统计表

地区	自治区级（25项）	类别	国家级（8项）	类别
东兴市	京族高跷捞虾习俗	民俗	京族独弦琴艺术	传统音乐
	京族哈节	民俗	京族哈节	民俗
	京族风吹饼制作技艺	传统技艺	/	/
	京族服饰制作技艺	传统技艺	/	/
	京族独弦琴艺术	传统音乐	/	/
	京族民歌	传统音乐	/	/
	京族鱼露	传统技艺	/	/
	京族医药	传统医药	/	/

（续表）

地区	自治区级（25项）	类别	国家级（8项）	类别
防城区	金花茶制作技艺	传统技艺	/	/
	大板瑶服饰	民俗	/	/
	防城彩石雕刻技艺	传统技艺	/	/
	防城峒中壮族砧板陀螺技艺	传统体育、游艺与杂技	/	/
	防城壮族天琴艺术	传统音乐	/	/
	防城采茶戏	传统戏剧	/	/
	瑶族阿宝节	民俗	/	/
宁明县	宁明壮族天琴制作技艺	传统技艺	/	/
	宁明壮族红糖制作技艺	传统技艺	/	/
凭祥市	凭祥五月茶制作技艺	传统技艺	/	/
龙州县	龙州壮族后山茶制作技艺	传统技艺	壮族侬峒节	民俗
	龙州沙糕制作技艺	传统技艺	壮族天琴艺术	传统音乐
	龙州壮族天琴制作技艺	传统技艺	/	/
大新县	下雷壮剧	传统戏剧	壮族霜降节	民俗
	下雷霜降节	民俗	/	/
靖西县	靖西正月民俗巡游	民俗	末伦	曲艺
			壮族织锦技艺	传统技艺
那坡县	那坡彝族服饰制作技艺	传统技艺	那坡壮族民歌	传统音乐

1.1.1 边境性

广西边境地区非物质文化遗产在跨国共享的师承关系和中越边民的相互参与中，表现出独特的边境性。从非遗文化的共时性和历时性上看，如京族的哈节，壮族侬峒节、天琴艺术等，在历史上一脉相承到地域区隔上各表一枝，在双方边民的友好互动中，交互存续，在经济全球化冲击中，共同面临着严峻的保护与传承挑战。

1.1.2 特殊规定性

2011 年施行的《中华人民共和国非物质文化遗产法》被奉行为我国非遗

保护的行动纲领，是为我国非遗保护而建立的分类描述框架，且对于边远地区予以国家扶持。在保护实践中出台纲要规划建设中越边境非物质文化遗产保护惠民富民示范带，具体表现在广西中越边境线上20公里范围内，建设形成一条建有生产性保护基地、传承基地、传承示范户、非遗扶贫就业工坊、展示中心等70个中越边境非遗保护工作平台的非物质文化遗产保护展示长廊。从工作指向中深化了广西中越边境非物质文化遗产保护工作。在地方上崇左市、百色市和防城港市出台如天琴艺术、京族文化等保护条例，在逐项保护中细化广西中越边境非遗保护行为规范，并对其重要价值以立法形式阐释，进而强化其特殊规定。

1.2 广西边境地区非遗文化创意产品开发现状

1.2.1 符号化的简单附着

广西中越边境地区非遗作为中越边境社区、群体、有时乃至是个人的语言和言语，是在符号和伦理的语境中被理解的，属于"共时"和"历时"上特定区域范围内的符号系统。根据联合国教科文组织颁发的《保护非物质文化遗产公约》（以下简称《公约》），可见广西中越边境地区非遗可理解为五个要素的组成。具体表现为由边境社区言语的主体，即传承主体，通过工具、实物和手工艺品等传承载体，以社会实践包含适应社会发展和创造的传承方式，传承由观念表述、表现形式、知识和技能组成的传承内容并在文化空间（传承空间和文化场所）传承。实践里广西中越边境地区非遗文创常见于明信片、书签、冰箱贴及玩偶摆件和香囊挂件等物件为主，抽离了其他要素简单地将非遗表现形式进行附着，缺乏文化内涵的重要阐释以及其他要素的相互关联。在资本运作和市场导向中，往往使产品面临着靠政策为继难以抵挡市场风险，未能完成被希冀存续非遗的现实困境。

1.2.2 同质化的趋利导向

广西中越边境地区非遗文化创意产品的同质化是在追求最大化利润动力的推动下形成的。为节省成本、时间及人力等生产要素上的开支，如"京族娃娃""壮族娃娃"胶带、手机壳等，经过大量的表象复制后，普遍的"同质性"因势而泛滥。飞速发展信息技术推动广西中越边境地区非遗的可视化，并且通过流量控制，创造以展示和曝光的为盈利手段的商业模式。但并没有改善该地区非遗文创的同质化现象，反而在互联网信息时时传递，"流量密码"的刺激作用下，对于变现的迫切追求没有同步于文化产品品质的同步更新，也加剧了同质化现象的发生。

1.2.3 两极化的效能失衡

广西中越边境地区非遗文创是地方文旅产业在追求最大化剩余价值的内在压力迫使下，最大限度让渡出"创意"能力的自由。而"文创"本身是一种通过载体进行文化内涵的表达，其本质是一种文化形态的展现；要兼顾实用性才能在现代社会中获得足够的市场认可和经济回报。广西中越边境地区非遗本身追求的审美与维护的价值系统及物化的外在表达，三者都是与地方文化空间的精神文化需求相适配，是地方审美体系下的一种文化追求，也是地方文化系统下的一种文化自洽。在现有文化创意产品开发中，广西边境地区非遗文化创意产品物质上的经济收益与传承上的文化效益等方面出现一种两极化倾向，文创产品本身文化性与实用性所发挥的效能在实践中处于一种失衡的状态。

2 档案学视角下非遗文化创意产品开发的可能性

2.1 原始记录中的"本真性"

非遗的"本真性"是在"原生态""活态""保护"和"开发"及"利用"等多方诉求中建构出的形式意义上的"本真性"。[1]作为人类社会活动的原始历史记录，档案作为形成者在客观活动中直接使用原始材料的外在转化物。档案内容的真实性从本质上看与非遗保护中保持"本真性"的价值和意义相契合。在《公约》意义上建构和现实中形成的保护语境下，建档作为重要保护措施之一，促使广西边境地区非遗保护及认定实践中形成了丰富的档案，包括文字、录音和录像，甚至是非遗外化的实物载体。在文化创意产业催生了非遗"非物质"的物质化、符号化生产形成的纷繁的文化样式被广泛推崇的现实背景下，建档保护过程中形成的档案为非遗项目的延续提供了真实的参考凭证，同时也为广西边境地区非遗文化创意产品的开发提供了可能。

2.2 信息属性中的"整体性"

档案信息属性主要表现为通过文字、图表、声像的方式将人类从事的社会实践活动直接记录在一定载体上，是原始的固定信息。因其原始记录和相对固定的内在结构，能使广西边境地区非遗的原貌再现，为其保护与开发提供依据和凭证。从非遗保护的具体实践看，联合国教科文组织把"真实且完整地传承下去"这一整体性原则定义为世界文化遗产保护的一项基本原则，可见"真实"和"完整"意味着"整体"。从全局观中可见"整体"包括传承发展的线性过程。广西边境地区非遗文化创意产品的开发注重的是对项目物化具象的提取，而忽略了其他要素，即破坏了"完整性"。档案的信息属性，正好填补整体性缺失的客观实际，在具象化中为广西边境地区非遗文化创意产品的开发所忽视，而又具有重要参考价值。

2.3 可回溯中的"活态流变性"

回溯性是档案信息的固有特性。在广西边境地区非遗建档保护中，非遗项目的"共时性"和"历时性"被记录在时间的跨度和空间的联系上，并以时空上的异构性作为项目回溯的基础提供时空联系的逆向可寻。如王华清认为档案信息的回溯性主要表现在档案载体的物理空间联系、档案内容的历史联系及档案再生信息的逻辑联系三方面表现上。[2]在档案载体的物理空间上，具体包含于非遗项目的文化空间。在档案记载内容的历史联系和再生信息，建构了非遗社区要素之前的逻辑关系和心理关系，档案的再生信息在非遗项目的"活态流变性"中得以记录，为广西中越边境地区非遗文化创意产品提供较为真实的原始凭证。

3. 档案学视角下广西边境地区非遗文化创意产品开发路径

3.1 情感化设计共融共生

档案不仅有"证明""见证"和"提供信息"的能力，还有引发"情感共鸣"的能力，广西边境地区非遗档案亦如此，能够建立起非遗文化空间中过去的人和事物之前的感情和智慧上的联系。Randall C. Jimerson 在对档案与记忆的研究中，阐释了档案蕴含的情感价值。[3]在符号化的简单应用中，可以通过建档保护中形成的档案资源为设计者提供事实和依据，具体翔实的原始记录重现历史文化空间，将设计者沉浸式带入非遗文化空间，档案提供的关联线索会串联个人在实践探索中的相关记忆，联系"过去—现在"的通道，进而触发机制，唤起个人的情感（如图1所示）。为创作者提供情感化设计源素材，以消除广西边境地区非遗文化创意产品符号化简单附着的壁垒，在共融共生的空间下衍生文创产品的深刻内涵。

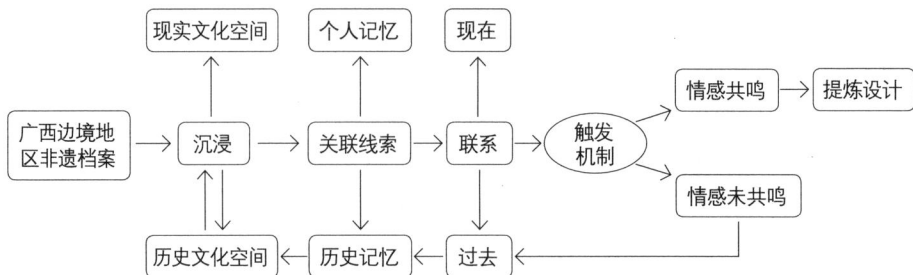

图 1 为广西边境地区非遗档案情感触发线路图

3.2 档案文本挖掘赋能差异化设计

对广西边境地区非遗档案进行文本挖掘，是其文创产品去同质化同时进行差异化设计的有效途径。从非结构化的非遗档案文本信息中抽取潜在的、用户感兴趣的非遗元素和文化内涵；通过文本挖掘将具有故事性的非遗文化元素进行解析、提取、整合及衍生。在创作基础上运用新兴媒体技术赋能，广西边境地区非遗文化创意产品依据其特有的边境及特殊的规定性，有望得以突破实践中现有的瓶颈进行转型升级并有效开发。同时借助抖音、快手、视频号、拼多多、淘宝等电子商务平台，立足于大数据、云计算，将差异化、个性化的产品推向市场，在有效消解同质化壁垒的同时进一步推动广西边境地区非遗文化创意产品产业链的延伸。

3.3 档案记忆深化创作符号应用

广西边境地区非遗档案作为该地方群体（或个体）记忆的承载工具和传播媒介，延展了非遗对外文化空间的交流时空范围，成为一条信息纽带连接着非遗项目的过去、现在和未来的。档案的记忆属性具有传承功能与价值，是延续文明的工具[4]，亦是承载广西边境地区非遗存续的实物载体。深化对档案记忆属性的认知和再生产利用功能，在记忆唤醒、记忆增值和记忆传承中，纳入文创产品设计，灵活运用微信、微博、公众号、快手、抖音等新媒体阵地强化宣传，深入挖掘非遗档案的服务、文化、教育功能，利用中越边境非物质文化遗产保护惠民富民示范带建设平台协同发力形成矩阵效应，逐步打造广西边境地区非遗档案资源建设的生态集群，运用上位类管理促进集群的有序渐进。同时，根据区位优势，开展跨地区跨国界的合作模式，借鉴

"美国记忆"工程、台湾"兰屿媒体与文化数字典藏"计划及日本"亚太非物质文化遗产数据库"的经验[5]，厚实广西中越边境地区非遗档案资源，以制衡产品实用性与文化性的统一。

4 结语

综上，广西边境地区非遗档案作为原始记录，依据特有的信息属性和情感价值在消除同质化、两极化的壁垒，丰富文化多样性中，也可窥见存续与发展非遗项目本身的新动能。但不能片面地将经济效益设定为文化发展的目标，否则可能对广西边境地区非遗保护与传承产生不利影响。要减少文创产品的"同质化"生产，就需要在前端控制中和"文件生命周期"中，持续进行非遗档案保护与开发的方式方法研究。

注释及参考文献

[1] 刘晓春. 谁的原生态？为何本真性——非物质文化遗产语境下的原生态现象分析 [J]. 学术研究 ,2008(2):153-158.

[2] 王华清 . 档案信息回溯性的表现形式 [J]. 山东档案 , 2017(2): 13-15.

[3] Randall C. Jimerson. Archives and memory[J].OCLC Systems & Services,2003(3): 89-95.

[4] 丁华东 . 档案记忆观的兴起及其理论影响 [J]. 档案管理 ,2009(1):16-20.

[5] 徐拥军 , 王薇 . 美国、日本和台湾地区文化遗产档案数据库资源建设的经验借鉴 [J]. 档案学通讯 ,2013(5):58-62.

乡村非物质文化遗产档案保护与开发路径研究

崔进

山东兰陵经济开发区管理委员会

摘要： 乡村非物质文化遗产（以下简称"乡村非遗"）档案是我国乡村档案的重要组成部分，加强乡村非遗档案保护与开发具有十分重要的意义，作者通过分析乡村非遗档案保护与开发的重要性，探究了当前乡村非遗档案保护与开发存在的问题，提出了在新形势下如何更好地传承与开发乡村非遗档案的路径，以期达到更好地保护和传承乡村文化的目的。

关键词： 乡村非遗档案；保护与开发；重要意义；问题；路径

0 引言

乡村非物质文化是我国传统文化的重要组成部分，其内容丰富，特色鲜明，有着特殊的乡村记忆，不仅具有审美和交流价值，而且还具有学术和经济价值。保护和开发乡村非遗不仅是对乡村非遗档案的发掘与整理，而且也是对中国传统优秀文化的继承和发展。

1 乡村非遗档案保护与开发的重要意义

乡村非遗档案是勤劳的中国农民在广袤的农村创造出的宝贵精神财富，是乡村传统优秀文化与群众智慧的结晶。研究如何保护和开发乡村非遗意义重大：既有助于弘扬中国乡村传统文化，促进乡村基层社会治理，又能够实现乡村经济产业转型，为乡村振兴战略实施注入强大精神动力。

1.1 有利于弘扬乡村优秀传统文化

中国乡村文化是在长期的农村社会实践中逐步形成的，其内容虽然极其丰富,但是良莠不齐。既有可以继承的优秀文化,又有必须摒弃的封建糟粕。因此,对中国乡村文化要加以分析,批判地继承。不仅要剔除那些有悖于乡村振兴,毒害人民的迷信文化、腐朽文化,而且还要积极吸取那些"真、善、美",对教育人民有益无害,对推进社会发展起积极作用的优秀传统文化[1]。毛泽东曾说:"对中国的文化遗产,应当充分地利用,批判地利用。"要"取其精华,去其糟粕",批判地继承。乡村非遗是广大农民在几千年的生产和生活实践中积淀而成,蕴含了农民群众的集体智慧,是经得起时间检验,得到群众公认的优秀传统文化。它不仅可以丰富乡村文化的内涵,激发广大群众的文化自信,而且还可以增强乡村居民的爱国主义、集体主义情感,凝聚全社会的正能量。对于这类乡村非遗,我们理应进行传承和弘扬。

1.2 有利于促进乡村经济发展

需求是推动生产发展的内在动力。近年来,随着人们生活水平的提高,人们的生活需求不再是简单地吃饱穿暖,而是有了文化旅游、休闲娱乐等更高层次的精神需求。为满足人们更高层次的精神追求,各地都在深挖本地乡村文化,大力发展乡村文化产业,这不仅能够传承和弘扬乡村优秀传统文化,而且还能够增加当地村民收入,促进地方经济社会发展。例如山东省兰陵县向城镇小郭村积极挖掘和传承泥塑文化,打造"小郭泥塑"品牌。小郭泥塑多取材于戏曲、神话故事、历史人物等,以夸张的手法,寄予了人们对美好生活的向往。200年前,小郭泥塑是小郭村人赖以谋生的手段,而如今却是以艺术品的形式在网络上进行销售,许多商家主动找他们订货。小郭村的泥塑传承模式不仅挖掘和弘扬了乡村优秀传统文化,而且增加了当地群众的收入,是一个开发乡村非遗档案非常成功的案例,值得其他地区复制学习。

1.3 有利于促进基层乡村社会治理

乡村非遗作为一种特殊文化,具有文化的一般属性,不仅具有教化、培育功能,而且还具有提升和规范功能。在大力发展社会主义市场经济的今天,在文化多样性受到冲击的时代,我们更应该积极发挥乡村非遗的教化、培育和规范功能,大力弘扬正义正气,积极抵制邪恶丑陋,促进基层乡村社会和谐稳定。例如兰陵县(原苍山县)人民政府为保护和传承乡村优秀传统文化,积极发挥乡村非遗的教化、规范功能,先后两次公布了兰陵县县级非物质文化遗产名录,共计收录88项,苍山民歌就是其中一项。苍山民歌《歌唱大生产》就是通过花鼓调的唱法,教育人们要按照时令安排耕种,热爱生产，积极交售丰收粮，自觉实行计划生育；《忘恩负义，猫教老虎》也是使用花鼓调的唱法，通过狸猫教授老虎学会了蹿山跳涧的本领，老虎转头来吃狸猫的故事，教育人们要学会感恩，懂得报答，而不应该恩将仇报、忘恩负义。因此，这类乡村非遗的传承与开发，有利于促进基层乡村社会和谐与发展。

1.4 有利于促进乡村档案事业的发展

乡村档案是乡村经济、社会、文化发展的历史见证，是我国档案事业的重要组成部分，是国家档案馆档案的重要来源，在实施乡村振兴的伟大实践中具有非常重要的参考和指导价值。丢掉乡村档案，忘记农村历史就失去了乡村文化的根和魂。乡村档案不仅包括文书档案、声像档案、电子档案、财务档案、实物档案等，还应该包括非遗档案。深刻挖掘和整理乡村非遗，不仅有利于丰富乡村文化的内涵，而且还有利于完善基层乡村文化档案，促进乡村档案事业的发展。另外，由于我国城镇化发展速度的加快，许多农村劳动力逐步离开农村到城市工作，农村人口越来越少，乡村非遗传承人少之又少，农村非遗继承与开发成为一大难题，有些传统的非遗项目面临着失传的风险，因此，加强农村非遗档案的保护和开发，也是促进乡村档案事业发展的重要策略 [2]。

2 乡村非遗档案保护与开发面临的问题

近年来，我国乡村非遗档案保护与开发取得了较大的成绩，各地县级以上人民政府纷纷建立了乡村非遗名录，各类保护与开发规章制度也陆续出台，保护与开发模式逐步多样化。但是在看到成绩的同时，乡村非遗档案的保护与开发也存在着一些问题：

2.1 乡村非遗档案保护与开发意识淡薄，奖补扶持不到位

对乡村非遗的价值和重要性认识不足，是导致当前有些地区对乡村非遗保护和开发不佳的重要原因。由于这些地方政府的部分领导把主要精力放到了经济建设上，非常注重各项经济指标的考核，对发展理解得不全面、不客观、不科学、不长远，没有看到乡村非遗的价值，对乡村非遗保护和开发的

重视程度不够，倡导乏力，缺少乡村非遗保护的整体规划和具体奖补措施，对乡村非遗传承人关心和扶持不到位，使得这些乡村非遗传承人仅靠传统手艺很难维持生计，导致大量非遗传承人外出务工，谋求更好地收入。由于自身的境况，这些乡村非遗传承人为了让自己的子女过上更好的生活，不愿意让他们再学习和传承自己掌握的非遗技术和本领，致使有些传统的优秀非遗面临着失传的危险。

2.2 非遗保护法律制度贯彻落实不理想，经费不充裕

《中华人民共和国非物质文化遗产法》已于 2011 年 2 月开始实施。其中有条款明确规定："县级以上地方人民政府文化主管部门负责本行政区域内非物质文化遗产的保护、保存工作。""县级以上人民政府应当将非物质文化遗产保护、保存工作纳入本级国民经济和社会发展规划，并将保护、保存经费列入本级财政预算，国家扶持民族地区、边远地区、贫困地区的非物质文化遗产保护、保存工作。"但是，有些地区，特别是基层贫困地区，这些制度规定落实得不够理想。例如基层乡镇文化站虽然是直接对接县级文化主管部门的基层站所，代表县级文化主管部门行使基层文化管理职能，但是由于基层编制人员较少，乡镇文化站人员往往还要兼任其他工作，对辖区内的非遗调查、保护和传承工作开展得不够好，加之地方政府财力不宽裕，用于非遗保护和传承的经费不充足，也在一定程度上影响了非遗的保护与开发。

2.3 缺乏乡村非遗档案保护和开发专业人才

我国乡村档案管理人员短缺是普遍现象，基本上各村都没有专职档案管理员，档案管理工作大都是由村委委员兼职完成，他们学历层次普遍偏低，既缺乏档案管理专业知识，又没有接受过档案管理专业技能培训，所以农村档案管理效果普遍不好。乡村非遗档案是一种特殊档案，这种档案的保护和开发需要专业人员来完成，这些人员不仅需要掌握档案专业知识，把非遗档案保护好，而且还要懂得历史、现代化信息技术等方面的知识，把非遗档案开发好、传承好。但是目前大多数乡村没有这类档案管理复合型人才，只有在经济发展较好，并且设置了档案馆的乡镇可能会有这类专业技术人员，他们可以对乡村非遗档案的保护和开发进行一定的指导。但是由于乡镇工作环境、基础设施配套、工资待遇等方面的原因，这类人员往往流动性较强，更换比较频繁，这在一定程度上也对乡村非遗档案的保护和开发造成了一定的影响。

2.4 乡村非遗档案保护和开发模式单一，效果不理想

随着《中华人民共和国非物质文化遗产法》的实施，各地政府越来越重视乡村非遗档案的保护和开发工作，这不仅有利于保护和传承基层乡村优秀传统文化，而且也可以通过开发乡村非遗档案，发展文化产业，增加地方群众的经济收入。但是，目前许多乡村非遗档案的保护与开发都由地方政府主导实施，而利用社会资金进行商业化、产业化开发的项目较少，社会认可度不高，保护与开发模式单一，乡村非遗蕴含的特色文化没有被完全转化为经济优势。例如位于山东省兰陵县苍山街道上园村的五色金鱼池就是由当地政府开发的文旅项目。该项目依托明朝万历皇帝赐给驸马夏泗水的五色金鱼池和夏氏祠堂进行打造。通过修缮祠堂，改造五色金鱼池，绿化提升周围景观，让民间文学故事再现世人。但是由于缺乏社会力量参与，开发模式单一，社会资金支持不到位，加之宣传、交通等原因，五色金鱼池所蕴含的文化价值和经济价值没有被有效地开发和利用，开发总体效果不理想。

3 乡村非遗档案保护与开发路径

乡村非遗档案的保护与开发是当前基层档案人必须面对的一个挑战性命题。做好该项工作，不仅要提高思想认识，完善相关配套制度，还要加强人才引进与培养，探索多元化的开发模式，让乡村非遗档案的保护与开发逐步走上数智化的发展道路。

3.1 强化思想认识，完善相关配套制度

思想决定行动，有什么样的思想就会做出什么样的决定。乡村非遗档案是农村村民世代相传的具有保存价值的各类优秀传统文化的表现形式。对乡村非遗档案的保护和开发也是推动乡村文化振兴的重要手段，它关乎全体村民的切实利益。当前农村村民对乡村非遗的文化价值认同普遍较低，自觉参与保护和开发非遗档案的积极性不高，在一定程度上，影响了乡村非遗档案的传承与开发。因此，实施乡村非遗档案的保护和开发不仅需要领导提高思想认识，加强政府层面的科学规划，完善乡村非遗档案保护与开发相关配套制度，加强资金、人员等方面的支持力度。同时，还需要提高农村村民的文化认同和价值认同，提高当地农村村民的自觉性和参与度，号召全体村民共

同行动，多种形式创新性参与，这才是保护和开发乡村非遗档案的真正内驱动力[3]。

3.2 强化人才引进与培养，为乡村非遗档案保护与开发提供人才支撑

人才是推动经济社会发展的第一资源，在乡村非遗档案的保护与开发过程中，同样离不开人才。首先要通过各种途径，积极引进乡村非遗档案保护与开发的专业人才，特别是要大力引进既懂得档案管理知识，又掌握乡村非遗文化和现代化信息技术的档案管理复合型人才。与他们签订服务协议，约定最低服务年限，以此来稳定乡村非遗档案管理队伍。其次要加强乡村非遗档案传承人的培养，因为他们是乡村非遗档案保护的主体，也是乡村非遗档案开发的关键人物，他们熟悉且精通乡村非遗档案资源，有能力完成乡村非遗档案项目的保护与开发，在该领域具有公认的权威性和影响力。因此，加强乡村非遗档案传承人的培养，提高他们工作的积极性、主动性，发挥他们自身的技能优势，是保护和开发乡村非遗档案的关键[4]。

3.3 积极探索多元化保护与开发模式，打造乡村非遗特色产业品牌

乡村非遗档案蕴含着丰富的优秀传统文化，是乡村农民集体智慧的结晶，具有重要的文化价值、社会价值和经济价值。要多措并举实施乡村非遗档案的保护与开发，转变保护观念，创新开发模式，积极探索一条既能传承优秀传统文化，又能增加群众收入的新路子。一方面要突出政府主导作用，利用财政资金实施非遗项目的保护与开发。这不仅有利于发挥政府在资金、人才、资源等方面的优势，而且也能够保障开发效果。例如兰陵县下庄街道非物质文化遗产塔山传说就是由地方政府依托民间传说实施开发的非遗项目。通过对大蒜塔、荀子广场、塔山公园、塔山商业区等全面地改造提升，塔山公园的接待能力大幅度提升，有力地带动了当地经济的发展。另一方面要突出民间组织、个人等社会力量，发挥社会资金、人脉等资源优势，实施乡村非遗档案资源的保护与开发。例如兰陵县下村乡陶笛非遗传承人王建涛，凭借自己的手艺和资金，成功地建成了兰陵县第一家陶笛厂，既带动了当地村民的就业，增加了地方群众的收入，又唱响了天际陶笛产业品牌。

3.4 加快乡村非遗档案信息化建设，让数字档案传承优秀传统文化

档案信息化是档案事业的重要组成部分，是助力档案管理现代化，提升档案治理能力的必要手段。乡村非遗档案承载了乡村人们的记忆，是不可再

生的稀缺文化资源，是传统文化的"根"，民族文化的"魂"。乡村非遗档案作为乡村文化档案的一部分，也必须实现档案管理的数智化和现代化。县（区）级档案馆的业务人员要加强对乡村非遗档案数字化的技术支持和现场指导，通过现代化的信息技术再现乡村非遗，搭建乡村非遗档案数字化管理平台，凡是有着乡村文化情结，或者对乡村特色文化有着浓厚兴趣的社会各界，都可以利用互联网终端，通过乡村非遗档案数字化管理平台来体验乡村优秀传统文化，寻求追溯自己的文化情结，也可以到乡村实地欣赏、探寻和体验乡村非遗，进一步加深对乡村非遗的认识与理解 [5]。

4 结语

乡村非遗是中国传统文化的瑰宝，乡村非遗档案是乡村优秀传统文化的积淀。加强乡村非遗档案资源保护与开发，有利于传承乡村优秀传统文化，发展乡村经济，促进基层社会治理。当前乡村非遗档案资源的保护与开发还存在思想不够重视、制度不够完善、人员不够专业、资金不够充裕、模式比较单一等问题。为此，必须强化思想认识，完善乡村非遗档案保护与开发各项制度，积极引进和培育档案管理复合型人才，努力探索乡村非遗档案多元化开发模式，做好乡村非遗数字化档案传承与开发文章。

注释及参考文献

[1] 石仲泉. 我党"传统文化观"的基本内涵 [EB/OL].[2024-03-10].https://news.ifeng.com/c/7fcQxmW2QV9.

[2] 陈伟斌, 卢泽鑫. 乡村振兴背景下非物质文化遗产档案保护与开发 [J]. 档案天地, 2022(11):22-25.

[3][5] 邹燕琴. 留住文化的"根"：乡村非物质文化遗产档案开发模式 [J]. 北京档案, 2019(9):25-28.

[4] 赵滟, 王飞. 乡村振兴战略视域下非遗档案开发的目标、原则与路径 [J]. 云南档案, 2023(1):43-45.

非遗档案数字活化利用研究：
基于 SFIC 模型的分析

刘思思

辽宁大学信息资源管理学院

摘要：数字技术为非遗档案的开发利用带来新的契机。文章基于 SFIC 模型建立非遗档案数字活化利用协同治理的模式框架，包括起始条件、催化领导、制度设计与协同过程四个部分。同时，构建基于 SFIC 的非遗档案数字活化利用协同治理综合模型，深入分析协同引擎与协同过程在非遗档案数字活化利用的协同过程，为其构建协同治理体系提供新的思路，以推动非遗档案数字活化利用，实现非遗长期保护与文化传承。

关键词：SFIC 模型；协同治理；非遗档案

0 引言

非物质文化遗产（以下简称"非遗"）是一种以非物质形态存在的，且与人民群众生活关系密切、世代相传的传统文化表现形式，作为中华优秀传统文化的重要组成部分，需要进行保护、传承与发展。非物质文化遗产档案（以下简称非遗档案）作为非遗的重要载体，具体是指："国家机构、社会组织及个人为保护或传承非物质文化遗产而运用文字、录音、数字化多媒体等各种形式对非物质文化遗产进行真实、系统和全面地记录和收集整理而形成的对社会有保存价值的各种载体的历史记录。"[1] 其贯穿于非遗形成、演化的全过程，具有重要的保存与利用价值。《关于进一步加强非物质文化遗产保护工作的意见》明确要求开展全国非物质文化遗产资源调查，完善档案制度，加强档案数字化建设，妥善保存相关实物、资料。[2] 现代信息技术与非遗档案相结合，能够为非遗档案的开发利用带来新的启示与契机，有利于推动非遗档案的创新性开发与活态利用，从而进一步推动实现非遗的长久保护与文化传承。

1 研究意蕴与研究回顾

1.1 非遗档案数字活化利用的提出

"活化"是突破传统意义上的保护与继承，更强调一种"活态"的开发形式，实现对其所蕴含的多重价值的诠释、重构与继承。[3] 将"活化"理念引入非遗档案开发利用工作中，是指实现非遗档案的保护基础上对其蕴含的价值作进一步激活、释放，从而促使非遗档案以一种更为鲜活、动态的形态呈现在社会层面，达到创新开发利用与长期保护的过程。截至 2022 年底，馆藏档案数字化成果 28069.0TB。[4] 档案数字资源与现代信息技术的发展不断推动着非遗档案开发从专题报道等传统利用形式朝向新型的数字利用形式转变，逐步突破传统形式局限，引入数字技术优势，实现二者的互补并存。例如，构建黄河流域岩画数据库，并采用三维电脑技术全面复制现存岩画，可以通过三维动画欣赏岩画 [5]；利用数字技术对西藏地区非遗文化的原生态空间进行全景影像化记录，虚拟处理形成三维数字影像系统，构建网上全息数字博物馆，以立体、活态的形式实现传承与利用 [6]。信息技术赋予非遗档案"活化"利用的优势逐步彰显，使得档案部门能够积极履行"传承历史记忆、服务现实、立足未来"的重要职责，是赋予档案部门维护与弘扬中华优秀传统文化的神圣使命。

1.2 相关研究进展回顾

学界同样关注到了现代信息技术的应用优势以及在非遗档案开发利用中的可用性：如有的学者对"互联网＋"时代下非遗"档案式保护"的内涵进行重释 [7]，并归纳出非遗档案信息化建设的四项原则与两种方法 [8]。技术与非遗档案资源的融合为传承和保护工作提供了一种新的方法体系，但仍存在法规、理念等方面的问题 [9]，需要通过加强与其他公共服务机构的合作来推进非遗档案资源与数字技术协作 [10]，结合协同治理理论与档案管理方法对非遗档案管理提出优化策略 [11]，但较少涉及对非遗档案活化利用的协同治理相关层面进行系统性论述。基于此，本文拟运用 SFIC 模型对非遗档案活化利用的协同治理进行研究，从起始条件、催化领导、制度设计、协同过程进行分析，构建非遗档案数字活化利用协同治理模式，以期为非遗档案活化利用的协同治理研究提供新的思路。

2 基于 SFIC 模型的非遗档案活化利用治理模型框架构建

2.1 SFIC 模型及协同逻辑概述

协同治理表现为跨部门的协同合作，是指：政府与企业、社会组织以及 / 或者公民等利益相关者，为解决共同的社会问题，以比较正式的适当方式进行互动和决策，并分别对结果承担相应责任。[12]Ansell 和 Gash 通过对 137 个不同国家、不同政策领域的案例进行研究，概括其中的常规性因素，构建了协同治理模型——SFIC 模型，使该模型更具有广泛运用价值。

SFIC 模型具有普适应用的潜力。目前该模型在诸多场景中多次引入分析：档案数据长期保存[13]、跨部门的关系重构[14]、档案开放审核[15]等命题，为 SFIC 模型的高度抽象性与普遍适用性提供了事实作证。强调多元主体的协作与非遗档案活化利用之间具有互通性，表明了该模型在非遗档案活化利用治理中同样具有可行性。

SFIC 模型能够有效嵌入非遗档案数字活化利用的协同研究之中。非遗档案活化利用强调将数字技术融入非遗档案开发利用活动的一种创新模式，要求参与主体能够进行有效沟通，构建相互信任的合作关系，在达成共识的基础之上获取治理的最大成效。该模型能够将协同治理理念、方法有效嵌入其中。本文基于 SFIC 协同治理的研究视角，构建非遗档案活化利用协同治理的模式框架，如图 1 所示。

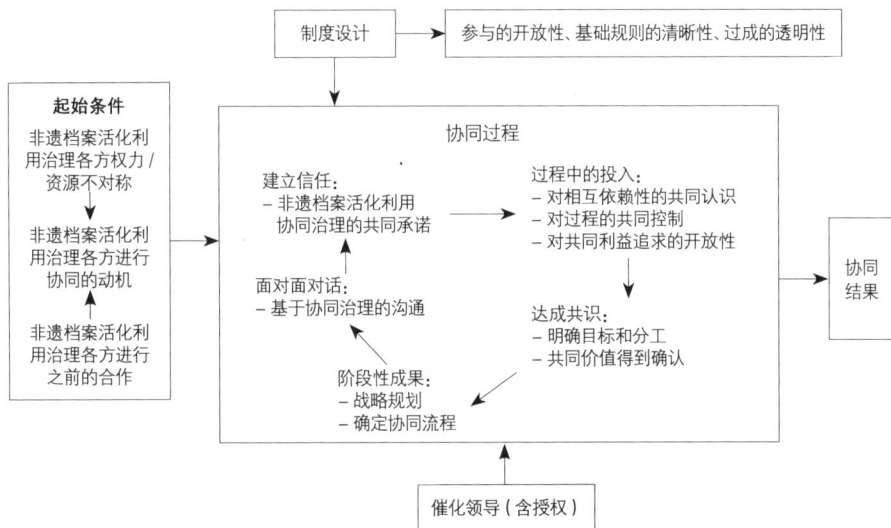

图 1　基于 SFIC 的非遗档案数字活化利用协同治理的模式框架

2.2 模式框架构建

2.2.1 起始条件

非遗档案数字活化利用涉及多方参与，包括政府机构、文化机构、社会团体与用户等。起始条件是实施协同治理前所面临的状况。包括三个变量：治理各方在权力/资源上的不平等性、进行协同的动机、之前的合作。非遗档案数字活化利用具有以实现非遗文化传承与保护为需求的活态开发利用的特点，促使各方协同合作的可能。但由于各方参与在协同过程中资源与权力的不对等，造成了其协同治理各方合作内存激励机制与约束机制。

2.2.2 催化领导

非遗档案数字活化利用发展过程中，具有促进性的领导力能够使多元主体有效地聚集在一起。领导力在构建与维护基本规则、信任关系与沟通联系等方面具有重要作用，结合协同治理中的领导力因素，具体包括：维护协同治理体系、管理协同治理过程、树立协同治理权威、平衡各方主体利益、确保协同效益等。使非遗档案数字活化利用治理体系在有效领导的前提下实现协同效能的最大化呈现。

2.2.3 制度设计

制度设计是指相关协议与规则的设计，在非遗档案数字活化利用发展过程中，必然形成多项行为准则，从领导层面完善行为、沟通、反馈制度，能够有利于实现非遗档案数字活化利用过程中参与各方的规范合作与明确治理路径。《"十四五"文化发展规划》中提出推动区域文化协同发展：构建文化合作机制、提升文化治理能力，建立健全城市文化机构合作机制，完善城市群文化管理体制机制、法律法规制度安排，加强文化改革举措集成创新等内容。[16] 基于国家层面的政策规定下，需要相关主体进一步细化非遗档案数字活化利用的实施细则，使其治理制度体系更加完善。

2.2.4 协同过程

SFIC 模型中协同过程呈现出环形状态。面对面对话是实现协同的基础环节，是多元主体传达意愿的重要媒介，也是打破沟通障碍与刻板印象、实现创新开发利用的前提条件。通过交流所建立的信任机制，是参与各方达成共识、意愿聚集的结果，决定了后期多元主体协同的投入程度与实施行为。在开展数字活化利用活动过程中，相关主体需要以治理目的为核心，明确分工、各司其职，并根据实际发展需求与反馈机制及时调整实施措施，为实现下一次循环打下良好基础，形成一个良性循环的动态治理闭环。

3 非遗档案数字活化利用协同治理综合模型构建

将 SFIC 模型引入非遗档案数字活化利用的协同治理研究之中，有助于集合多方资源并实现效益最大化，以创新数字技术在非遗档案开发利用的形式，进一步实现非遗的活态保存与文化传承。由于协同治理是一个较为复杂的开放系统，且与外部环境的发展密切相关。因此，基于 SFIC 模型，将非遗档案数字活化利用协同治理简化为协同引擎与协同行为两个部分，二者共生共存。协同引擎是指参与者意愿达成共识而触发协同行为，包括：有效参与、思想共识、协同能力、技术协同，通过整合四个层面的效能，助推非遗档案数字活化利用行为。协同行为是基于 SFIC 模型的治理结构与引擎助推力所实现的综合行为，是对相关主体在非遗档案数字活化利用过程中实施协同治理的总称。同时，综合考量外部环境的相关因素影响，适时调节协同治理系统的运行策略，以此确保该系统的平稳运行。构建基于 SFIC 模型的非遗档案数字活化利用协同治理综合模型，如图 2 所示。

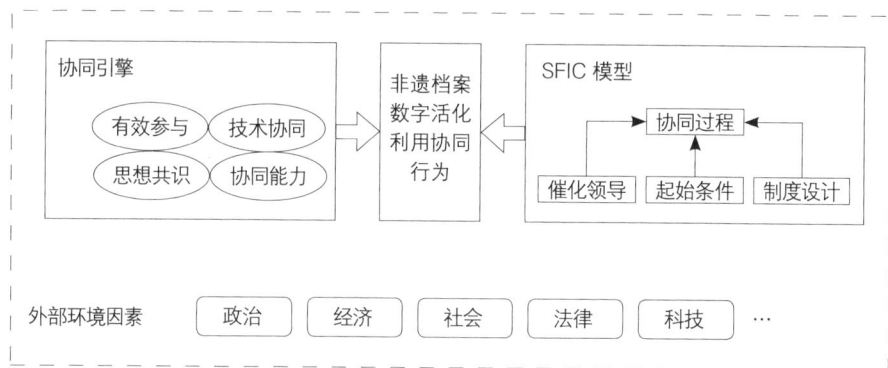

图 2　基于 SFIC 的非遗档案数字活化利用协同治理综合模型

3.1 有效参与

有效参与是集合了交流、信任、权力共享的最终产物。这个过程意味着探讨交流并回应相关问题；构建信任关系并强调治理体系中各方身份平等，弱化主体之间的职能界限；权力共享表明各方需要参与到决策活动之中，而并非履行某一参与方的行为指令。在非遗档案数字活化利用治理过程中，构建完善的用户反馈机制，促使档案用户都能够参与到协同治理之中。对相关治理行为进行一定的反馈，以能够真正参与决策过程中。基于此，推动治理参与者的主动性，并及时调整与完善治理行为，最终满足档案用户多元化、个性化的利用需求。

3.2 思想共识

思想共识是实现协同治理行为的重要保障，强调参与主体在主观层面所达成的共识，主要涵盖相互信任、共同目标、利益平衡三个因素，可以将其视为有效参与的阶段性成果。相互信任是协同治理的核心，通过协同参与者进行面对面对话等充分互动交流，对彼此能够有一个相对客观的认识，清晰各方的行为习惯、合作动机与协同目标，并结合各方自身的资源、权力、需求，实现思想的汇聚并达成共识，以开展多样化的协同模式，实现非遗档案数字活化利用的协同治理目标。

3.3 协同能力

相较于传统的管理模式，基于 SFIC 模型的协同治理更具备扁平化、复杂化的特点，因此为提升治理结构以及运行模式，确保协同能力的发挥，需要优化运行机制，促使多主体的相互合作构成协同治理体系，以实现协同效果的最大化，最终完成共同目标。同时，在协同治理体系中，领导角色从控制者转变为引导者，结合自身资源优势与权力优势，来解决协同治理过程中存在的冲突、信任、资源等问题，并不断优化治理体系的规范与协调。

3.4 技术协同

非遗档案活化利用主要是数字技术的应用与融合，突破了传统利用形式的局限，为更为细致的价值挖掘与创意呈现提供了可能。数字技术的发展其涉及范围逐步涵盖了数字化、数据管理与挖掘、可视化、VR 技术、机器学习技术等，在非遗档案的场景重构、价值挖掘、资源集合等应用场景中呈现出巨大的优势。将文化部门的资源优势与社会组织的技术优势相结合，为非遗档案数字活化利用提供力量支持。

数字技术的应用为非遗档案的开发利用工作提供了新的思路，在实现非遗档案的创新开发和活化利用发挥了重要作用。非遗档案活化利用的真谛不限于创新开发利用形式，更为重要的是实现非遗长久保护与文化传承。为此，结合多方力量与资源，推动多主体参与到非遗档案的开发利用工作之中，以充分发挥各方参与者的作用。本文基于 SFIC 模型的基础上，构建非遗档案数字活化利用协同治理模型，并综合考量社会环境因素的影响，建立非遗档案数字活化利用的协同治理综合模型，以促进各方主体积极互动、有效参与到协同治理过程之中，实现非遗档案的活化利用，更好满足公众需求，实现非遗保护与文化传承。

注释及参考文献

[1] 陈竹君 . 非物质文化遗产档案研究 [D]. 合肥 : 安徽大学 ,2010:16.

[2] 中共中央办公厅 国务院办公厅印发《关于进一步加强非物质文化遗产保护工作的意见》[EB/OL].[2024-05-31].http://www.gov.cn/gongbao/conten/2021/content_5633447.htm.

[3] 林淞 . 植入、融合与统一 : 文化遗产活化中的价值选择 [J]. 华中科技大学学报 (社会科学版),2017(2):135-140.

[4] 2022 年度全国档案主管部门和档案馆基本情况摘要 (二)[EB/OL].[2024-06-01]. https://www.saac.gov.cn/daj/zhdt/202308/0396ea569aa648f1befd5c49bac87e6f.shtml.

[5] 杨敏 , 束锡红 , 王旭 , 等 . 黄河流域岩画文化遗产数据库建设与保护 [J]. 图书馆理论与实践 ,2015(11):112-115.

[6] 常凌翀 . 新媒体语境下西藏非物质文化遗产的数字化保护与传承研究 [J]. 西南民族大学学报 ,2010(11):39-42.

[7] 胡郑丽 . "互联网 +"时代非物质文化遗产"档案式保护"的重构与阐释 [J]. 浙江档案 ,2017(1):22-24.

[8] 戴旸 , 周耀林 . 论非物质文化遗产档案信息化建设的原则与方法 [J]. 图书情报知识 , 2011(5):69-75.

[9] 佘洁华 . 基于数字人文的非遗档案开发现状、问题与策略研究 [J]. 浙江档案 , 2021(11):60-62.

[10] 谭必勇 , 徐拥军 , 张莹 . 档案馆参与非物质文化遗产数字化保护的模式及实现策略研究 [J]. 档案学研究 ,2011(2):69-74.

[11] 伍婉华 , 苏日娜 , 王蕾 . 协同治理理论视角下非遗档案管理研究 [J]. 图书馆建设 , 2022(1):33-43,45.

[12] 田培杰 . 协同治理 : 理论研究框架与分析模型 [D]. 上海 : 上海交通大学 ,2013.

[13] 耿志杰 , 郭心竹 . 基于 SFIC 模型的档案数据长期保存协同治理探索 [J]. 档案与建设 ,2022(3):12-16.

[14] [15] 李海涛，杨晗，宋琳琳.我国档案主管部门与档案社会组织关系重构研究 [J].档案学研究,2023(1):49-56.

[16] 孙秋玲.中共中央办公厅 国务院办公厅印发《"十四五"文化发展规划》[EB/OL].[2024-06-07].http://www.ihchina.cn/zhengce_details/25807.

档案文化联结城市记忆互融思路探析

李幸

益阳市档案馆

摘要：新《档案法》以及《档案法实施条例》的施行，为档案部门提出契合时代主题的发展命题，档案部门如何利用档案文化与城市记忆的关系，让二者在具体实践中融合发展、互为借力，不断推动创造性转化、创新性发展，本文从档案部门的角度探讨一种档案文化与城市记忆互融的发展思路。

关键词：档案文化；城市记忆；互融思路

1 以档案为基底探索档案文化与城市记忆联结点

1.1 具象化的档案作为档案文化来源和城市记忆载体

档案史料作为社会发展的真实凭证，记录着城市变迁、红色血脉和发展样貌，这些具象化的档案蕴含着生动的中国精神和中国故事，从中集结和升华出档案文化资源。可以说这样的档案文化资源又体现在档案事业发展的方方面面，呈现以红色档案、历史文化档案、非物质文化遗产档案等形式，循着中国历史文化发展源流，档案文化资源自成系统，拥有独一无二的发展脉络。如何以档案为基底，更多更好更有效率挖掘档案文化资源，让其为新质生产力发展、档案资政、群众需求服务，便成了档案部门所要思考的深刻命题。

作为城市记忆的具象载体，我们可以在城市中看到遗留的历史建筑、观看到民间戏剧表演、触摸到非遗竹编器物等等，城市记忆的载体也是流动的、丰富的，实实在在地反映着一座城市的时间与空间、硬件与精神。

1.2 抽象化的档案文化与城市记忆

习近平总书记在党的二十大报告中提出："推进文化自信自强，铸就社会主义文化新辉煌。"档案文化作为社会主义文化的重要组成部分,在奋进全面建设社会主义现代化国家新征程中,发挥着重要的支撑作用。新修订《档案法》颁布以及《档案法实施条例》发布以来,档案事业发展进入新发展阶段。无论是外部环境的需求,还是自身发展的需要,都助推着档案部门积极探索档案文化发展的路径,为档案事业高质量发展添砖加瓦。

城市记忆作为公众的独特城市记忆,呈现着城市地域发展的历史源流,城市记忆是历史的也是现实的,从历史上来看一方面源于城市居民的口口相传,另一方面则源于档案史料;从现实上来看它又充分融入现代化城市建设,与新发展阶段、新发展理念、新发展格局息息相关、环环相扣。

1.3 档案史料的独特集聚效应

档案史料在档案文化与城市记忆的互融中扮演着重要的联结作用,从小到一份档案的微观层面切入,大到宏观领域文化自信的精准对接,档案史料也同时成为城市记忆体系构建的必然要求和必然选择,凝聚着城市的历史精神、时代精神,与档案文化互联互通,充分发挥集聚效应在时代的碰撞中协同联动,共同服务于人民日益增长的精神文化需要[1]。

档案文化资源的开发,立足于档案史料整合推陈出新,同时还需要加强与文化部门、兄弟单位的馆际交流,再次则是借助于社会化力量联动民间资源,在与多元化主体进行对接过程,吸纳新的思想丰富档案思维,运用数字化与可及性创新,让编研内容和形式等与城市同呼吸,与公众共成长,在此基础上实现档案文化资源的弹性扩容,在回应时代之变、中国之进、人民之呼中形成丰富的集聚效应造就多赢局面。

2 档案文化与城市记忆辐射互动

益阳市档案文化资源可谓极其丰富,作为三千年未更名的古城"益阳",在益阳兔子山出土的档案简牍中就有例证,这片沃土上有着独一无二的红色档案资源,曾三、唐铎、周立波等红色人物历史故事也对益阳本地"红色基因"传播有着深远作用。时间进入新时代,益阳市涌现的文化地标,如山乡巨变清溪村的红色书屋、益阳市民服务中心等等,都是益阳城市发展的生动注脚。这些档案文化资源在新时代交相辉映,共同为城市发展助力。档案文化资源的征集、挖掘、编研与开发，不仅是档案馆的重要职责，更是益阳市档案文化发展的必然要求。档案文化资源开发不仅要立足于档案馆藏基础，还应利用本地城市记忆挖掘公共资源禀赋，联动多元主体运用现代化技术手段赋能高质量发展。

档案文化资源成果以爱教基地、研学基地、档案书籍等形式，在空间里和时间上与公众形成互动，这些档案文化资源是联结民众服务民生的重要窗口，其亲民性和展示性可以压缩档案在民众心中的陌生感和距离感，让其可知可感。同时辐射成为城市记忆的一部分，以其独特地域性进行公共服务能力供给，达到缩小公共文化服务差距的效果 [2]。

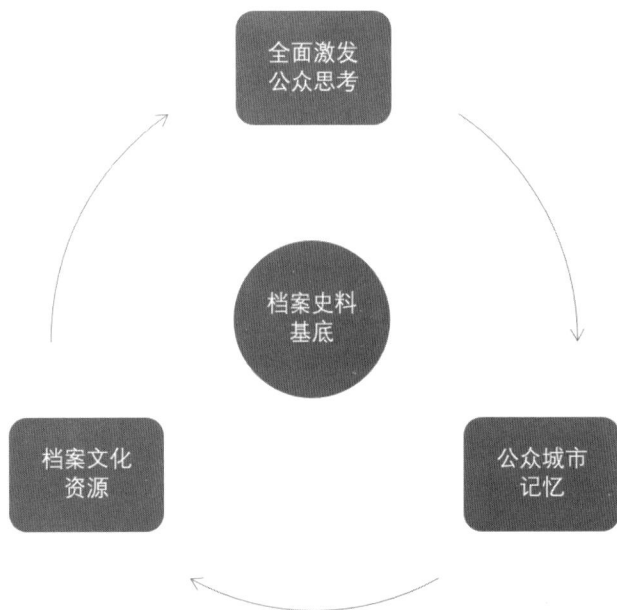

图 1　以档案史料为基底的辐射互动

以档案文化资源成果为点状极核，以点带面、以面融城，联动地域范围内城市记忆硬件体（如档案馆、博物馆、纪念馆等），同时铺展城市文化、城市记忆、档案记忆的受众面，形成点状矩阵，打通档案传统与现代的交融空间，让受众可以在档案文化资源空间内由点及面至城触发城市记忆，受众需求的城市记忆体系在档案文化编展成果中就得以一站式满足，同步完成档案编展高质量开发和受众文化环境高品质构筑。

3 档案文化联结城市记忆互融路径构建

3.1 点的支撑：内容的转化与互嵌促成利用支点

3.1.1 档案文化资源有效转化为城市记忆载体

从档案部门的角度来说，要让档案文化资源最优化配置，第一步是扩充档案文化资源库，让档案文化资源更多被挖掘被编研。城市记忆的载体与档案文化资源通过档案史料联结，应努力促成从档案文化资源的角度总结、提炼、整合城市记忆[3]。

档案馆馆藏作为档案史料资源库，在未进行档案文化资源的提炼之前具有全面性、广泛性，但并不能精准满足受众需求。因此，档案部门应从档案史料的内容转化方面积极思考转化路径与模式，点对点链接受众需求，既丰富档案文化资源，又扩充城市记忆载体。一方面聚焦档案史料资源的内容整合，建立具体的档案文化资源信息库列出开放档案资源条目，以供受众参考，匹配受众需求；另一方面根据受众反馈档案文化开发思维链路导图，联动城市记忆体系各方元素，让公众需求、城市记忆、档案文化充分互动。再结合公众需求点单，让转化的档案文化资源成果和城市记忆载体在内容上形成聚力，从而精准为需求服务。

3.1.2 时间与空间的内容价值互嵌

作为城市记忆载体的建筑，经过了历史的洗礼，形成了独特的空间，人们会对这样的建筑实体有特殊的情感和互动。这样的一座城市建筑，向公众

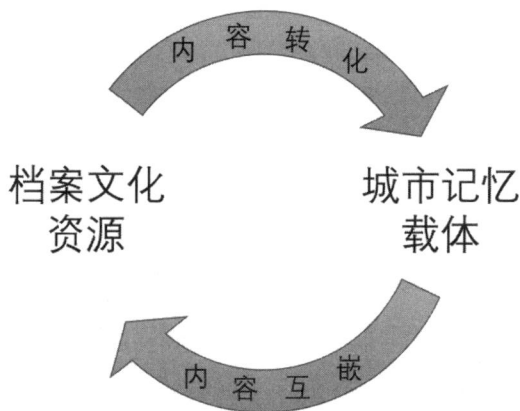

图 2　作为支点的内容转化与互嵌

精准展示文化历史、唤醒公众的城市记忆则需要对档案文化资源的内容进行创造性转化、创新性发展。我们要利用时间与空间的互嵌性，利用城市历史建筑实体与档案历史时间文化资源进行内容价值互嵌，同时运用实体档案资源与城市记忆链路进行内容价值互嵌，如此充分利用抽象的和具象的档案文化和城市记忆，形成文化互嵌内容支撑点让文化资源更多地转化利用[4]。

益阳市档案馆新馆坐落在原益阳市委大院，而原益阳市委档案大楼"圆角楼"与之毗邻，这栋始建于20世纪60年代的二层小楼承载着老市委工作者们的工作记忆和城市记忆。利用好新旧建筑之间的时间和空间对话，则可在不知不觉间完成时间与空间的内容价值互嵌。可以将在新馆一楼展陈的益阳文化记忆展、三楼的益阳红色人物展等原有承载档案文化资源内容，适时嵌入斑驳窗棂、小白石地板的旧馆内，举办一场独具城市记忆元素的档案文化展，让这座楼的前世今生在载体空间内充分延展，时间与档案、建筑与城市则达到了内容互嵌的效果，让前往的公众在这样的城市记忆载体内充分感悟档案文化，促成公众重构的思考点，从而留下更深刻更具地域特征内容的独特城市记忆。

而这样的延展还可以过渡到整个城市其他的历史建筑和档案记忆中，如益阳市重要的档案文献遗产益阳兔子山简牍、纪念外交官何凤山的"和平签证主题馆"、益阳明清古巷等等，这些档案资料、人物故事、历史建筑都具有历史上的联系和连续性，均与城市记忆在内容上有不可或缺的互相作用和影响，可以从档案角度进行联动解读和补充说明，运用数据链接或联合办展的形式，建立人物背后立体的历史维度档案信息资源体系，从而对城市记忆深入挖掘与呈现，充分将公众的感悟和思考转化为现实的展示与传播，内容利用支点就此初步形成。

3.2 线的连接：探索联动方式延伸发展链路

3.2.1 档案文化因子与城市记忆细胞

档案文化因子与城市记忆细胞对应，都是组成档案文化或是城市记忆的最小单位，公众对于档案文化的一次感悟一阕笔迹，或是城市记忆的一句乡音一座建筑，它们散落在各处，聚合的时候便能组合成某个阶段或完整链条的档案文化与城市记忆。档案文化因子与城市记忆细胞具有独特的集聚能力，能引发公众对相关事件、时间点或是人物的思考，而从方式上探索全角度、全过程地利用好这些因子与细胞，触发公众最大的情感共鸣，让其为档案文化和城市记忆的完整、准确、延展发挥最大效用则有赖于档案工作者更具创新性地开展工作。

3.2.2 延伸因子和细胞的抓手和发展链路

档案文化因子与城市记忆细胞的部分或整体系统聚合，是时间与空间的不同排列组合。如山乡巨变第一村的清溪村中有周立波书屋，这座书屋以周立波的作品和周立波故居为设计原型，其中存放了周立波的全系列作品以及照片档案，这就是城市记忆与档案文化交融的一个方式链路。在清溪剧院中演出的剧目以周立波同志的创作故事为原型，形成舞剧、电影等新型编研形式和跨界融合方式，则又是充分利用档案文化资源创作、连接的另外一个方式链路。这样的链路广泛存在于城市的各个方面，要着力让这些链路有效连接，延伸档案文化因子和城市记忆细胞抓手，从而形成更大的档案文化和城市记忆效应，让公众更多地感受档案文化和唤醒城市记忆。

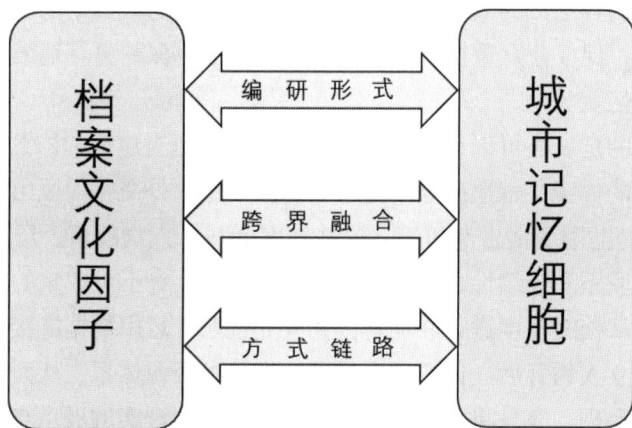

图 3　链接档案文化因子与城市记忆细胞

通过系统提炼方式链路主题主线、挖掘城市记忆内涵、梳理编研重点亮点等，让各方链路在融合中可见可感，让城市记忆、档案文化拥有更多的视角、层次、脉络，系统聚合城市中的有效因子与细胞。

3.3 面的融合：城市记忆档案圈层

3.3.1 公众的重要"在场"

探索档案文化与城市记忆互融路径的最终落脚点和结合点，即是发掘城市记忆档案圈层。红色档案文化资源的开发，集结形成红色旅游地图，与文化旅游、文化振兴进行结合。城市记忆档案地图是不拘泥于城市历史建筑、不拘泥于档案实体的，互融联结发生在公众思考和学习的"在场"瞬间。

从公众本身出发，经由档案文化开发，联结城市记忆，触发和触动公众本身的思考，再以此为循环，在时间和空间里继续发展，这便是联结的意义所在，即以此形成公众→档案文化→城市记忆→公众思考的循环。受众在参观时，被动接受展陈内容和形式。而档案编展开发必须立足于提高受众主动性，使受众愿意与展陈进行互动，方能形成沉浸式、互动式"在场"体验[5]。创新体验使受众被动参观演变为主动参观，重要"在场"体验提升展陈服务性和创新性，使城市记忆档案地图如同一本打开的书，受众翻阅的同时则同时开启自身"在场"记忆，城市记忆涌动其中。

3.3.2 历史维度与现实维度互融

以档案为基础，通过一份份档案让文化的触角逐渐延伸，链接城市记忆，圈层是空间的，也是时间的、历史的，城市的过去与现在，通过档案文化的接触点进行延伸，最后形成螺旋式上升的局面[6]。

党纪学习教育活动、乡村振兴、红色档案资源体系建设等，都在现实维度上对档案文化开发与城市记忆载体建设提出新的要求，在现实维度档案文化开发不仅要紧扣现实政策、制度的风向，还应观照档案部门的先进经验进行策略调整和完善。比如常态化长效化的党史、党纪学习教育活动，在现实维度中实现城市记忆的积累，同时发挥档案文化的现实教育作用。

3.3.3 单点聚合与链路延伸成就城市记忆档案圈层

通过历史和现实维度进行档案文化开发后，利用点状辐射作用联动其他城市记忆点。以档案文化资源为原点，历史与现实作为横纵坐标轴，通过博物馆、纪念馆等硬件载体联动空间，人物、事件等软件载体联动时间，促成单点聚合和方式链路的延伸，以此联动形成城市记忆圈层[7]。在展陈中，根据联动的城市记忆点画出益阳红色地图、益阳历史人物地图、益阳历史地域图等，圈出受众感兴趣的相关联区域以供参考，促使档案文化资源与城市记忆点充分互动。随着新发展理念、新发展阶段、新发展格局的深入推进，档案文化资源对城市记忆圈的作用越趋深入，城市记忆圈也随着时间和空间、硬件与软件、历史与现实的扩展而越趋扩大，深入受众记忆，成为城市记忆体系的重要部分。

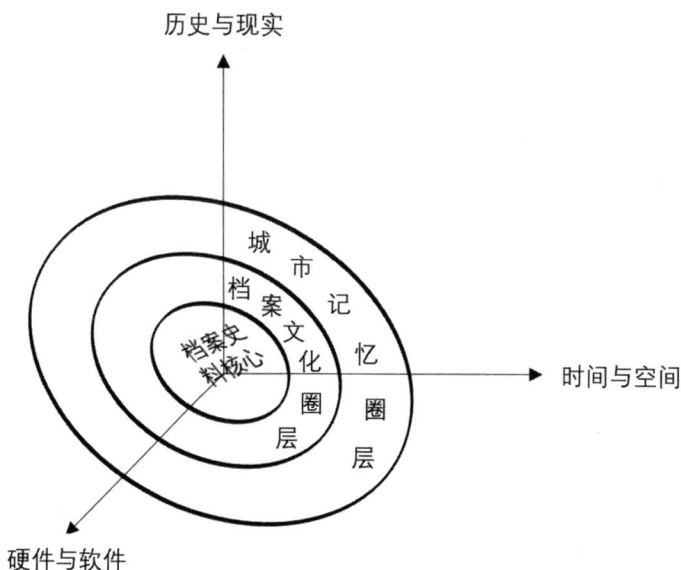

图 4 互融的终点形成城市记忆档案圈层

4 结语

档案文化资源的开发用创新的表达和诚心呈现赋能，紧跟受众需求，搭建桥梁联动城市记忆体系，完成档案文化资源转化、互嵌、链接、联动。档案人以其不止于"尽精微"而是着眼全局的系统思维，提升档案编展开发颗粒度，联动历史与现实、软件与硬件、横向和纵向，让城市记忆体系辐射全局，共同助力城市文化建设的高质量发展。

注释及参考文献

[1] 张斌，李子林.数字人文背景下档案馆发展的新思考 [J].图书情报知识,2019(6):68-76.

[2] 黄霄羽，靳文君.档案馆文化惠民服务的实施策略 [J].档案与建设,2021(11):17-22.

[3] 黄霄羽，管清漾.国外档案馆公共文化服务的类型、特点和成效 [J].档案学研究,2020(2):121-128.

[4] 王向女, 姚婧. 长三角地区红色档案资源整合探析 [J]. 浙江档案 ,2020(2):30-32.

[5] 王玉珏. 我国档案文化创意服务发展策略研究 [J]. 档案学研究 ,2018(6):95-100.

[6] 周晓云, 赵军霞. 档案馆实现培根铸魂爱国教育功能探究 [J]. 档案天地 ,2020(9): 29-32.

[7] 黄霄羽, 靳文君. 档案服务能力结构的基本概念、分析原则与框架建构 [J]. 档案学通讯 ,2023(6):61-69.

[8] 周耀林, 杨文睿. 新文创语境下我国档案文化创意服务的现状调查与发展思路 [J]. 档案学研究 ,2024(1):85-92.

多元论视角下非遗口述档案保护利用探究

王鹏[1]　赵雪敏[2]

1 山东桓台县档案馆

2 山东大学历史学院档案学系

摘要： 非遗口述档案保护利用作为非遗保护的重要内容，对于抢救非物质文化遗产、延续历史文脉和守护民族记忆具有极其重要的意义。为了避免出现非遗传承人"人走技失""人亡档失"的局面，本文结合档案多元论为非遗口述档案的保护和利用路径研究提供理论指导，分析非遗口述档案在采集阶段、建档保存阶段、开发利用阶段的问题困境，从"档案来源多元、档案形式多元、档案价值多元、档案管理模式多元、档案需求多元"几个角度提出非遗口述档案保护和利用路径，旨在发挥非遗口述档案资源在促进传统文化创造性转化和创新性发展中的重要作用。

关键词： 档案多元论；非物质文化遗产；口述档案

0 引言

非物质文化遗产（以下简称"非遗"）作为民族记忆的缩影和人类文化瑰宝，是中华文明传承的重要桥梁，保护好、传承好和利用好非遗是延续历史文脉、增强文化自信、促进文明交流互鉴的重要途径。2021 年中共中央办公厅、国务院办公厅印发了《关于进一步加强非物质文化遗产保护工作的意见》，指出要"开展全国非物质文化遗产资源调查，完善档案制度"[1]。非遗口述档案作为抢救与保护文化传承的关键环节，记录了社会文化的发展历程，蕴藏着多样化的价值意义。因此，对非遗口述档案的保护、开发和利用对于维护文化多样性和推动文化创新具有不可替代的作用。

然而，众多非遗主要依赖于口传心授的方式，历经世代相传进行保存和传播。这种传承方式具有"人在艺在、人亡艺亡、艺在人身、艺随人走"

的特点[2]，会出现传承人流失使得非遗技艺面临失传的问题，因此避免出现"人走技失""人亡档失"的局面成为当前的紧迫任务，需采用现代化、多元化的方式保护非遗口述档案，因此本文结合档案多元论分析非遗口述档案的保护和利用路径。档案多元论以多元视角审视档案现象，重新审视档案的功能和价值，为非遗口述档案的收集、整理、归档、信息化和开发利用提供指导。

1 档案多元论概念及其内涵

多元论（Multiverse）最初在 1895 年由美国哲学家和心理学家威廉·詹姆斯（Wiliam James）提出，用以描述有关多元化的现象和状态，在物理学、心理学和文学等领域得到广泛应用。[3] 2011 年在美国档案教育与研究协会年度会议上，AnneJ.Gilliland 等人发表了题为《多元环境下档案多元化工作进展报告》的论文，正式提出了 "Archival Multiverse" 这一概念术语。随后，吉利兰与澳大利亚档案学者苏·麦克米西（Sue.McKemmish）等人对档案多元论进行了更深入的规范化、体系化阐述，详细探讨了档案多元论的核心观点和具体应用场景。[4]

2014 年，我国学者安小米等人对 "Archival Multiverse" 和 "Archival Pluralism" 进行对比研究，并且共同纳入 "档案多元论" 研究范畴，安小米等提出 "档案多元论" 本质上是一系列 "假说"，目的在于更好地理解 21 世纪档案学界关于 "档案多元" 的各种表现形态和特征。该理论立足于多学科交叉、跨体制和文化边界，在全球视野下审视档案权力、档案话语、档案实践模式，同时也是一种将实证与诠释相结合的综合研究方法，为档案研究提供了一个更完整、更深刻的分析方法。[5] 另外我国其他学者也对 "档案多元论" 进行了概念内涵的探究。在全世界档案工作者们的努力下，档案多元论渐成内容丰富、架构完善的理论框架与研究范式。

对于档案多元论的研究范畴和基本内涵，我国很多学者进行了思考和研究，本文在综合学者观点的基础上，将档案多元论的基本内涵概括为以下几个方面：（1）档案来源（形成）主体多元化；（2）档案载体形式多元；（3）档案本质属性多元；（4）档案价值功能多元；（5）档案管理模式多元。

2 非遗口述档案价值及特征解读

2.1 非遗口述档案的概念和价值

非物质文化遗产以其"群体记忆、口传心授"的特性，常面临"技艺随人走、人亡则技失"的濒危处境。非遗档案的构建在很大程度上依赖于对传承人的深入访谈，通过文字记录、录音、录像等多种方式，收集整理非遗口述档案，有计划地对非遗传承人群体进行采访，汇集的文字、图像、音频、视频等多种形式形成的口头资料，共同构成了非遗口述档案[6]。

非遗口述档案的出发点是"抢救和保护历史记忆"，其本质在于"保存过去的文化"。因此保护和开发利用非遗口述档案具有多样化的功能与价值。第一，可以弥补历史研究断层、丰富档案记录的内容；第二，有助于挽救民族文化遗产、延续非遗的生命和活力；第三，可以构建和传承社会记忆、赓续民族文化基因等，进而通过非遗口述档案对非遗和优秀传统文化实现超越地域、跨越时代的传承和发展。

2.2 非遗口述档案的主要特征

非遗口述档案除了档案本身的原始记录性等特点，还有一些独有特征，主要概括为以下几个方面。

第一，档案内容题材多元，载体形式多样。非遗是不同民族、地区与时代的历史文化与文明成果的结晶，非遗口述档案作为非遗的重要物化载体，不仅展现了人类文化的多元性与创造性，更是连接过去与现在、传统与创新的桥梁。随着信息技术的飞速发展，非遗口述档案的记录方式也实现了革命性的变革，不再局限于传统的手工纸质记录，目前结合了音视频和全息影像等多种信息化、技术化手段，以更加生动、全面的方式记录和传承着非遗的独特魅力。

第二，容易流失且不可追溯。大部分的非遗都是通过口传心授的方式延续传承，没有相关的文字记录，所以很容易在传承的过程中丢失，因此面临着因传承人去世导致非遗文化失传的风险。另外，采访者和受采访的传承人在交流过程中会存在主观意识的表达以及情感偏向的不同，会造成一些非遗口述资源在无意中丢失，给非遗的保护和传承带来了更大的困难和挑战。

第三，具有动态发展性。首先，非遗口述档案的采集需要传承人和采访者进行双向互动、相互交流和沟通 [7]，因此这一过程不可避免地会受到时间、地点等客观条件以及双方主观因素的影响。其次，非遗传承人的口述档案并非一成不变，而是随着他们参与的非遗活动的增加而不断得到丰富和补充。同时，随着非遗传承人的不断更替，这些非遗口述档案也会不断得到新的补充和完善。

第四，是对大众文化的生动记录和反映。非遗源自不同群体民众在漫长生活实践中的自主创造与传承，本质上是一种大众文化，是在人民群众生产和生活实践中产生和发展的，因此凝聚了广大人民群众的智慧，是中华文化传承、发展和创新过程中重要组成部分。

3 非遗口述档案在保护利用中的问题及困境

3.1 采集阶段的问题

3.1.1 非遗口述档案的采集标准不规范

标准化、规范化是口述档案工作的必要条件和基本保证，但是目前非物质文化遗产口述档案的采集通常是根据各地区制定的《非物质文化遗产档案工作规范》进行非遗口述档案的采访流程和规范的设计，这就使得非遗口述档案的采集与归档存在不规范的问题；另外，很多地区还没有出台针对地域特色的非遗口述档案工作规则，没有做到因地制宜、因"档"制宜，使得不同参与主体对采集工作的内容、流程和质量要求等理解不到位、把握不准确。

3.1.2 非遗口述档案的访谈资料不完整，缺乏可信度和有效性

在进行非遗口述档案采集的过程中会出现资料流失的问题，由于非遗传承主要通过非遗传承人进行口述记录，如果采集工作不及时，会导致部分非遗口述档案断代甚至消失，另外当前的非遗传承人普遍是年龄较大的中老年人，有可能因为传承人去世造成"断链"现象，使得非遗口述档案无法完整呈现；其次，由于非遗口述档案的采集是传承人和采访者双向互动、相互沟通的一个过程，可能会由于双方主观偏向的影响导致非遗口述档案的采集与实际情况存在不一致的问题；最后，随着非遗的不断演进，原有口述采访资料可能因新资料的涌现而失去时效性，从而降低其有效性，这些问题都增加了非遗口述档案保护和利用的复杂性。

3.2 建档保存阶段的问题

3.2.1 缺乏完善的组织保障机制，忽视对口述资料的建档保存

部分文化部门因缺乏足够的重视导致对非遗口述档案的保护工作相对忽视，使得非遗口述档案建档工作被边缘化；此外，各地在非遗口述档案建档保存方面的资金投入不足，大部分资金主要用于非遗传承人传习活动的扶持、资料出版、场馆建设等方面。由于资金短缺，导致人才配备严重不足，缺乏维护建档数据库所需的计算机人员，对于专业性较强的非遗项目，例如传统手工制作技艺、中医疗法、制药技艺等项目缺乏专业人员的指导，有限的资金投入无法满足各方面的人才配置需求，从而影响了非遗口述档案保护工作的深入开展。

3.2.2 非遗口述档案建档的参与主体单一，缺乏协同管理机制

非遗口述档案建档的任务繁重、技术要求高，需要相关部门和地区的密切配合和有机协同，如果没有跨部门、跨地区的协同配合，口述档案的采集和保存将很难得到有效保障。但是目前由于欠缺顶层设计和强有力的协调保障机制，目前非遗口述档案的建档工作只有档案机构工作人员参与，缺乏与其他科研机构、企业单位、社会组织等多机构、多主体的参与和协同建设，这些机构和人员总体上处于割裂状态，没有建立起制度性的沟通渠道，也缺乏应有的交流和配合，因此建档质量和效率水平低下。

3.3 开发利用阶段的问题

3.3.1 非遗口述档案资源传播与利用方式单一，缺乏数字化、信息化技术手段

目前，非遗口述档案的推广方式相对单一，导致非遗口述档案的开发利用力度不足，宣传推广的影响力较低；同时，数字化、信息化技术手段在非遗口述档案的开发利用中尚未得到充分利用，没有将互联网技术、大数据、人工智能技术与当前的人民群众对非遗口述档案的多元需求相结合，例如缺少 AI 技术、VR 技术的采用，导致非遗口述档案无法发挥在新时代的新价值和新活力[8]。因此，需要积极探索更多元化的推广方式和技术手段，更好地传承和保护非遗口述档案，推动其在当代社会中的创新应用。

3.3.2 基础设施建设落后，缺乏非遗口述档案传播、开发基地

非遗口述档案传承和利用的基础设施落后主要是由于文化机构和档案机构重视程度不足以及投入资金缺乏这两个因素导致的。首先，由于政府、文

化部门缺乏对非遗口述档案的重视，非物质文化遗产没有固定的传承场所，导致用于传承和开发非遗口述档案的基础设施较为缺乏；其次，对于非遗口述档案开发利用中投入的资金较少，导致缺乏先进的摄影和录音设备，非遗口述档案保存的文字材料多，利用图像和音频等先进技术手段保存的资料较少，许多非遗传承基地急需添置必要的设施设备，没有形成规范化的非遗口述档案收集、开发利用的基地，影响了非遗口述档案的进一步开发利用。

4 档案多元论视角下非遗口述档案保护和利用路径

4.1 档案来源主体多元：丰富非遗口述档案的采集主体，吸收多主体的口述材料

档案来源主体多元指的是档案的形成者是由不同的个体、群体、机构、组织形成的。非物质文化遗产是被誉为民族记忆的缩影，是人类文化的"活化石"，是千千万万的人民群众创立的优秀文化成果，因此非遗是大众文化的优秀结晶。首先，在对非遗口述档案的收集与整理过程中，一方面要聚焦于非遗传承人的采访和口述材料的收集，另一方面更要走进社会，向各类收藏爱好者、新闻记者等不同的群众团体进行收集；其次，我们不能将目光仅仅局限于主流的非物质文化遗产的采集，也要重视小众非遗文化和群体的相关口头资料，确保文化传承的完整性和全面性。

4.2 档案载体形式多元：形成多样化档案记录形式，保障档案的可信度和完整度

随着现代信息技术的迅猛发展，档案信息资源在内容和记录形式上均呈现出日益多元化的趋势。除了传统的纸质档案形式，现在还包括电子化的档案形式，例如家谱、电子邮件、社交媒体数据等丰富多样的信息内容，因此记录形式也扩展到文本、图形、声像、数据、多媒体等多种档案记录载体。面对这种多样性的变化，档案多元论指导我们必须拓展对记录、文件、档案的传统认知，将档案记录载体向更现代化、技术化的方向延伸。因此要以更加开放和包容的心态接纳这些多样化的档案形式，例如积极增加网页档案、社交媒体档案等新型记录类型，并采取相应的措施更好地收集、鉴定和开发非遗口述档案，确保其得到充分的保护和利用。

4.3 档案价值实现方式多元：采用现代信息技术手段，挖掘非遗口述档案的多样化价值

档案功能多元指的是让档案在社会治理中能承担更多的功能。非遗口述档案具有多样的功能与价值，包括学术价值、经济价值、社会价值、文化价值等方面。首先，要挖掘非遗口述档案的学术价值，可以利用区块链、人工智能等先进技术挖掘非遗口述档案的理论价值，实现理论创新；其次，要挖掘非遗口述档案的经济价值，将非遗口述档案投入旅游产业、文创产业、服饰产业、非遗产业等经济领域，开发"非遗口述档案 + 旅游"短视频、VR体验活动、多样化文创产品等，促进非遗口述档案的文化成果转化；再次，要挖掘非遗口述档案的社会与文化价值，可以发挥非遗口述档案文化价值的群体主要是政府等官方组织和非遗传承人等，可以将官方机构和非遗传承人组成合作团体，研发相关电子教育读本、历史文化遗产宣传片等形式，开展非遗档案展览，包括数字展览、非遗档案免费查阅、非遗档案教育活动，扩大非遗口述档案的影响力和宣传范围，发挥非遗口述档案在增强民族凝聚力和守护民族记忆中的文化价值。

4.4 档案管理模式多元：建立非遗口述档案多元合作模式，推进多主体协同治理

传统的以档案机构为主导的单一化档案信息资源开发模式已无法满足社会多元化档案需求，因此需要引入社会组织和公众参与档案信息资源的开发工作。除了专业化的档案资源建设模式，还应充分利用公众智慧来弥补档案工作者在知识能力和人力成本上的不足，通过动员公众参与大量档案信息的加工和处理，以及灵活掌握协同合作开发的主体和方式，可以促进非遗口述档案的开发利用；档案机构可以通过委托或授权其他科研单位或科研人员从事档案信息资源开发，以提供档案信息资源的形式进行合作，同时行政单位、企事业单位、科研机构或个人也可以提出档案信息资源开发的需求，由档案机构进行专业的档案信息资源开发，从而提升档案保存和开发利用的专业性，这种多元化的开发模式将有助于更好地满足社会对非遗口述档案信息资源的多样化需求。

4.5 档案需求多元：立足多元社群需求，采用创新方式进行资源开发利用

首先，可以举办非遗口述档案资源成果宣传展示体验。例如国家图书馆

举办"国家级非物质文化遗产代表性传承人记录工作成果展映"系列活动，利用现代化手段记录、整理非遗传承人的口述档案，从而推动非遗口述档案资源的有效开发与利用；其次，可以构建多元化非遗口述档案传播应用场景，推动非遗口述档案资源与文旅行业的深度融合，如建立非遗文化生态保护区和非遗传统村落等，使它们成为非遗口述档案资源的传播基地；再次，需要充分利用各种网络社交媒体，例如利用微博、知乎、小红书、抖音、快手等平台发布非遗口述档案资源的推广视频、学术热点、喜闻乐见的讨论话题等，提高非遗文化传播利用的互动性和影响力，促进非遗口述档案资源的传播利用程度；最后，可以将非遗口述档案的典型有趣热点话题制作成喜闻乐见的电视节目和电视广播剧，如推出关于非遗口述历史档案的大型纪录片节目，以国家官方形式进一步推广和传承非遗文化，也可以通过制作抖音宣传短剧等形式，提升非遗口述档案传播的群众基础，进一步提升非遗口述档案的知名度和影响力。

5 结语

非物质文化遗产是人类文化的"活化石"，在传承中华优秀文化中发挥重大作用，非遗口述档案作为抢救与保护文化传承的关键环节，记录了社会文化的发展历程，是中华文明多元共存、绵延发展的生动见证，因此保护和开发非遗口述档案资源具有极其重要的意义。本文从新理论、新思维、新视角审视非遗口述档案的传承、保护、利用，结合档案多元论的重点内涵、非遗口述档案的独特性以及大数据、人工智能等新型技术为非遗口述档案的保护利用路径提出可参考借鉴的建设方案，对于拯救非遗、传承历史文脉、增强文化自信都具有深远意义。

注释及参考文献

[1] 中办国办印发意见《进一步加强非物质文化遗产保护工作》[N]. 人民日报,2021-08-13(1).

[2] 吕鸿 . 非物质文化遗产保护视野中的口述档案 [J]. 甘肃社会科学 ,2008(3):180–182.

[3] Gilliland A, McKemmish S.Pluralising the archives in the multiverse:A report on work in progress[J].Atlanti:Review for Modern Archival Theoryand Practice,2011(21):177–185.

[4] Gilliland A,McKemmish S.September.Recordkeeping metadata,the archival multiverse,and societal grand challenges[R].InDC–2012,Kuching,Sarawak,Malaysia.

[5] 安小米 , 郝春红 . 国外档案多元论研究及其启示 [J]. 北京档案 ,2014(11):16-20,34.

[6] 谢志成 , 秦垒 . 我国非物质文化遗产传承人口述档案建档探析 [J]. 北京档案 , 2017(2):13-16.

[7] 李文鹤 . 我国非物质文化遗产口述档案建构研究 [D]. 山东 : 山东大学 ,2018.

[8] 庞帅 . 社会记忆视角下非遗口述历史档案资源保护及开发探究 [J]. 北京档案 , 2022(10):30-32.

智媒时代红色档案资源传播的
机遇、隐忧及应对策略

李健　　陈艳红

湘潭大学公共管理学院

摘要：借助人工智能、数字孪生、虚拟现实等所打造的智媒空间开启了红色档案信息内容在物理世界与数字空间之间的映射、升维与转场，智媒平台成为当前红色档案资源传播的重要方式，也有效改变了红色档案资源的内容生产与传播机制，为红色档案资源的广泛传播带来了很多益处。同时，红色档案资源的数字化、虚拟化也开启了公众红色文化体验"脱实向虚"的阀门，带来了诸多风险。为此，通过数字求真、目标设定以及深刻解读等方式可以一定程度上缓解上述风险。

关键词：智媒时代；红色档案；风险隐忧

0 引言

《未来媒体蓝皮书：中国未来媒体研究报告（2020）》中认为"5G"网络正将与人工智能、数字孪生、虚拟现实等技术全面融合实现智媒传播，智媒传播通过搭建远程在场但可视可触的应用空间场景为大众获取信息创造了场景感、沉浸感和融合感，这预示着智媒时代正在以新的产业格局重塑着信息传播业态的方方面面。以此为特征的智媒时代也深刻改写了红色档案资源的内容生产与传播机制，部分档案管理部门以馆藏红色档案为创作基础，依托既有数字设施所创建的档案信息传播平台，譬如虚拟展厅、在线展览等平台等，开启了红色档案信息内容在物理世界与数字空间之间的映射、升维与转场，有效提升了红色档案资源的传播效果。但总体而言，社会过度关注了智媒传播对红色档案资源传播带来的益处，而缺乏对红色档案资源依赖智媒传播可能引发的一系列异化问题的深刻反思。红色档案传播媒介的深度变革，改变的不仅仅是档案信息传播的方式，与红色档案传播相关的一切理性感知形态也将发生重大变革。基于此，笔者拟对智媒时代红色档案资源传播的技术创新以及由此导致的风险进行系统分析，以期为红色档案资源在实践中的高质量传播提供科学的策略支持。

1 机遇：智媒时代红色档案资源传播的技术创新

1.1 红色档案资源制作的数字化升维：新技术搭建了档案网络叙事空间

数字人文、大数据、人工智能、数字孪生等新兴技术将各种样态的红色档案资源解构为以"1"与"0"为单位的比特代码，在方便了计算机存储、管理的同时，也为搭建可读、可听、可看的人机交互界面提供了数字化的档案资源基础，这也是红色档案资源在智媒时代传播的核心所在。可见，数字化技术为红色档案资源在智媒时代的传播提供了重要支撑。譬如，辽宁省档案馆加速红色档案存量数字化进程，完成了馆藏红色档案数字化扫描 200 余万画幅、文件级编目 24 万余条。淄博市临淄区档案馆通过对临淄青年学生抗日志愿军训团纪念碑、北海银行地下印刷所等红色遗址进行数字化解析并搬上新媒体平台，用户只要动动手指，就能通过手机游览临淄红色遗址。通过智媒技术实现红色档案内容制作的数字化升维极大丰富红色档案资源的价值表达手段，打破了档案信息传播的物理屏障，瓦解了档案信息传播渠道的稀缺性和垄断性。

1.2 红色档案实体呈现的拟真化升维：新制作优化了档案具象展示空间

在数字科技和虚拟技术的支持下，智媒传播围绕档案实体呈现场景的再造将现实物理世界进行了重新设计和阐释，并借助外接感知设备营造出了一个不完全依赖于现实的溢出空间，其主要原理是使用虚拟现实、增强现实等技术手段对红色数字档案资产进行复用，来拟真映射出物理界事物在云端上的网络空间样貌，这种呈现模式在逼真、立体、沉浸反映红色档案全貌的同时，也极大拓展了用户回忆、感受红色精神的想象空间，实现了红色档案实体呈现的技术跃升。以赛博展览馆、VR 纪念空间等为代表的红色档案实体拟真化的具象展示空间让红色档案不再默默静置在档案馆以及茫茫田野上，而是以数字化资源的形式呈现在大众视野中。

1.3 红色档案记忆传承的空间化升维：新视角延展了档案记忆传承空间

红色档案资源的智媒传播凭借"档案＋技术"所构建出的虚实互补、虚实智联、虚实融合的媒介空间 [1]，一方面，实现了红色档案资源更加生动的展示，变革了红色革命故事的呈现模式，丰富了红色档案的生命形态；另一方面，智媒传播所打造的传播空间不仅为红色文化提供了实时的空间传播场域，也通过特定的空间无限拉近了人们与时间的距离，红色事迹在智媒构筑的空间中通过档案被锚定和具化，不同主体通过"身体远程在场"在空间中共享对红色精神、红色文化以及红色记忆的情感状态，使其发现自我角色与其他个体之间的身份共性，这种记忆边界的消弭实现了主体间对红色记忆的一致性理解与阐述，记忆的相互复写也让记忆的传承变得更加紧密且牢固。同时，红色档案资源智媒传播通过科技对红色档案进行解析、编码、重组和再现，这一过程延伸了历史记忆轴线、增强了历史记忆信度、明晰了历史记忆发展脉络 [2]。

2 危机：智媒时代红色档案资源传播的风险隐忧

2.1 档案真实性消解：红色档案内容制作的数字化

红色档案之所以能够提供原始的凭证或情报作用，最重要的是其物质性载体与内容表达的相互依附性以及二者外显表征的一致性，二者一致性表达的不断叠加增强了档案在价值论意义上的真实性、确定性和可靠性。换言之，对于凭借物质载体"生存"的档案而言，若失去物质性载体和信息内容两极中的任意一极，其所承载的原始记录性、真实性、历史性等独特价值便可能会大打折扣。红色档案资源的智媒传播通过将档案信息内容甚至是档案本体重新编码为以"1"与"0"为单位的比特代码，而其中的原始数据是不可见的。所传播的内容将视觉元素复制为图像，整个传播过程中档案信息内容与其原有物质载体相对独立，原来在物质载体上的形式和文本结构在数字化的编码与解码中已不复存在，两极之间的依附关系逐渐消解，导致智媒传播空间中基于红色档案实体内容和形式所还原的"真实界"充满了技术不确定性。由此，红色档案资源依赖智媒传播过程中对档案内容进行数字化编码所导致的风险隐忧开始显现，主要表现为，从档案信息和物质载体的双重"到场"到物质载体的慢慢"离场"，红色档案信息内容成为红色档案资源依赖智媒传播的主要基础，数字化或数据化成为人们理解红色精神的普遍方式，人们进入制作者开发的空间中来解读"红色文本意义内容"成为人们学习红色文化的主要途径。在此情景下，档案的"原真性"被智媒技术所遮盖，档案信息内容成为整个"原档案"的唯一标识，智媒空间则成为档案原真性的中介。进一步而言，残缺破损的红色档案载体不仅仅是红色精神的被动传递者，而且其本身就是一种精神的象征[3]，其与档案信息内容一道，共同参与红色知识、文化、记忆以及精神的传承与创造。

2.2 纪念仪式异化：红色档案实体呈现的拟真化

红色档案实体呈现的拟真化升维依赖技术手段创设了超越物理场域的超时空纪念空间，在此空间中进行数字仪式也俨然成为红色档案资源智媒传播的重要组成部分。进一步而言，现实中的献花、鞠躬、敬礼等实践仪式被技术编码后的信息所替代，以数字化、虚拟化为主要内容的线上仪式操演成为人们纪念革命先烈、感受红色故事的主要形式。但长此以往，各种精密巧妙的数字仪式很可能悄无声息地解构现场仪式中人与人、人与环境、人与社会的实体物质关系，红色档案、档案馆等仪式节点所提供的严肃历史记忆将变成民众身体的"全息"情绪体验，由此，民众对革命先烈的追忆变成了瞬间的空间体验、对红色精神的认知变成了浅层的心理慰藉、对红色记忆的传承变成了流于形式的情感抒发、对红色文化的沉浸式体验变成了人机交互过程中的心流感知[4]，公众缺少了对红色档案"物"本身物质价值属性的深刻认识和了解，红色档案原有的实体风格所传达的本体信息、关联信息、创生信息则被一串串冰冷的数据形式所替代，再编码或数据形式所创造的"非物之物"将红色档案与原生性语境相剥离，对于先烈事迹、革命故事、红色精神的认知和感受可能会处于悬浮状态。

2.3 价值理性消匿：红色档案记忆传承的异化感

红色档案是承载社会记忆和文化的载体[5]，而文化又会更深层次地影响个体、集体以及社会对记忆的价值理性判断，从这个意义上而言，当档案中所承载的记忆发生异化时，则也会导致文化的分裂甚至是价值理性的消匿。价值理性作为调节和控制个体行为的一种精神力量[6]，当个体通过被异化的价值理性来理解或认识红色档案中的精神力量以及信仰范式时，原始档案中所描述和记录的先烈事迹、抗战故事、建设新中国的功绩等不免会出现错位与紊乱，进而导致对红色记忆的认识处于无序状态。据此，红色档案记忆在智媒所打造的空间中进行传承所导致的价值理性异化主要原因可以描述为——在虚拟的多维空间中将红色档案转化为视听符号进行传播，使得记忆缺乏物态化、文本化和有形化载体（记忆体）的承载，造成了记忆与对应档案视域之间的"脱域"。作为使记忆得以持续存在并提供给后代共享的基础，"存储容器"（档案实体）的"离场"导致大众对记忆的体验感越来越薄弱，记忆也由此失去了有形标志物的支撑和保存[7]。虚拟化的表现形式无限拓展了大众的想象空间，但长此以往，档案中承载的红色记忆被智媒空间中游戏化的视觉冲击和观众瞬间的情绪表达所替代，大众会对物质态档案中真实的记忆产生陌生感和疏远感。

3 纾解：智媒时代红色档案资源传播的应对策略

3.1 档案真实性消解的解围：数字求真与脱虚向实

其一，采用技术手段实现数字求真。通过出示与原始红色档案相关的证物（譬如元数据）以及采用能够保障红色数字档案唯一性、可追溯和可确权的区块链、互联网等技术[8]，来佐证被数字化或数据化后进行展演的档案信息内容。虽然智媒技术为红色档案资源的展览创设了新的展览空间，但展览空间中任一"档案数字分身"的"真实性"和"原创性"均要与实物档案保持一致，可以建立统一的红色档案元数据标准，为红色档案本体与在智媒传播场景中呈现模拟态、虚拟态的数字档案之间的一致性关联提供能够相互佐证的结构化数据。其二，推动技术创新走向脱虚向实。在红色档案资源智媒传播中重点解决物质载体如何成为档案信息内容的一部分是化解这一问题的关键。《虚拟现实与行业应用融合发展行动计划（2022—2026年）》《元宇宙产业创新发展三年行动计划（2023—2025年）》等政策文件的颁布为解决该问题提供了应对策略，要求加快渲染处理、感知交互、网络传输等关键细分领域技术突破，推动红色档案载体与内容数字化的关键技术创新。

3.2 纪念仪式异化的重塑：认清形势与目标阐释

其一，社会大众不应将媒介空间中的纪念仪式奉为圭臬，也要客观认识到技术背后数理原理的局限性。因为我们不能仅置身于一个虚拟的智媒空间中通过技术编码后的视觉符号去感知红色精神，单通过视觉符号无法厘清红色文化的复杂性。同时，当前被认为是智媒传播的最高技术形态的元宇宙还远没有达到能实现深度沉浸的技术水平，导致出现了"概念追逐有余"而"实质性创新不足"的情况[9]，所以负责红色档案资源智媒传播的档案主管部门要谨防"元宇宙市场泡沫化"，不盲目跟风。其二，管理者或传播主体需要预先设定大众进入智媒空间进行或接受媒介仪式的意义目标并对其做出科学的、权威的界定和解释，在进行数字仪式时，必须要以原始的档案图像、声音和文本为规范性的话语和叙事脚本对视觉范围内的"数字档案分身"作出说明，并让公众了解仪式的意义，以激发其数字仪式体验感。

3.3 价值理性消匿的解惑：深刻解读与信仰坚守

其一，需要强化和提升对红色档案所承载的红色记忆、红色文化和革命精神的宣传力度，引导大众树立正确的历史观、文化观和价值观，从而在智媒传播过程中使社会大众能够保持对红色档案文化价值和精神内涵的正确理解和传承。其二，需要加强对红色档案资源智媒传播的监管力度，要打击类似抗日神剧过度商业化、娱乐化倾向对红色档案内容的歪曲解读。其三，需要对红色档案文本内容进行微解读、深理解、再输出，以挖掘红色档案中所蕴含的革命精神和信仰力量，引导大众在智媒传播过程中正确认识和理解红色档案的历史蕴意和现实价值。其四，对于个人而言，不要过度沉迷于媒介空间瞬间的视觉刺激，更应该关注红色档案背后的文化故事。

注释及参考文献

[1] 余洁,易露.元宇宙赋能大遗址保护利用的虚实交互创新[J].西北大学学报(哲学社会科学版),2023(5):125-135.

[2] 丁华东,周子晴.数字人文：数字时代社会记忆再生产的新景观[J].情报科学,2023(11):1-7.

[3] 刘中望,潘蓉.数字档案的物质性思考：技术媒介作为一种研究视角[J].档案学通讯,2022(6):12-18.

[4] 苏陆影,陈接峰.生成与衍射：数字媒介的"技术自主性"[J].青年记者,2023(14):42-44.

[5] 覃兆列.档案文化建设是一项"社会健脑工程"——记忆·档案·文化研究的关系视角[J].浙江档案,2011(1):22-25.

[6] 吴增基.理性精神的呼唤 [M].上海：上海人民出版社,2001:1.

[7] 丁华东,杨茜兰.心理需求、记忆共享与伦理约束——论档案实现身份认同功能的作用机制 [J].档案学研究,2023(2):4–11.

[8] 刘永坚,乔驿然,刘遹菡.中国本土化数字藏品的属性界定、价值挖掘与场景赋能 [J].传媒,2023(17):71–75.

[9] 何苑,张洪忠.想象的乌托邦:元宇宙影像的互联网图景研究 [J].电影艺术,2023(4):147–153.

叙事传输视角下的红色档案资源挖掘与利用研究

孙云红

贵州省毕节市档案馆

摘要：深入探讨红色档案资源在叙事传输视角下的挖掘与利用，强调多元参与对构建完整红色记忆的重要性，及其在挖掘当代价值、扩大文化影响方面的作用。分析了叙事结构、空间、视角、体验四个维度，指出梳理逻辑线索、多维输出、视角转换与增强用户互动体验的必要性。提出优化策略，建立核心理念规范叙事，利用馆藏资源丰富叙事内容，情感与技术并重以创新叙事形式，旨在促进红色档案资源的有效传播与现代化利用。

关键词：红色档案；叙事传输；档案资源挖掘与利用

0 引言

红色档案资源的挖掘与利用关键在于连接历史与现实，并传承革命精神。本文从叙事传输视角出发，探讨红色档案在现代信息系统中的作用与潜力，强调叙事传输在连接历史片段、唤醒公众记忆与情感中的重要性，从而增强红色档案的普及力与影响力。确保传递革命精神的真实性，需要精确专业的资源选择与采集，深入挖掘资源需要依托档案数据共享平台，实现资源的科学整合与高效利用。[1]而在挖掘与利用红色档案资源时，需考虑档案的政治属性，以确保红色记忆的客观性与权威性。为优化这一过程，需要技术支持和严格管理，调整叙事表达以适应受众，找到技术创新与情感表达的平衡点。通过文献审阅、案例分析和访谈，提出了红色档案资源社会共建新模式，旨在构建高参与度、广影响力的文化传播平台，为红色档案资源的挖掘与利用提供新的视角与策略。

1 红色档案资源开发中叙事表达的价值阐释

1.1 促进多元主体参与，构筑更为完整的红色记忆

红色档案资源的挖掘与利用是以叙事传输为核心。这些资源包括重要历史文件、照片、实物等实体资料，涵盖数字化和影像资料等多样资源。全面展现革命历史和英烈事迹，处理活动包括甄选、收集、整理到数字化和传播等环节，旨在构建完整、生动的红色记忆。这个过程跨越了传统的学术研究范畴，需要历史学、社会学、信息技术等领域专家的跨学科合作，以实现叙事的多视角、多维度和高品质。现代化利用红色档案资源的方法包括运用全息投影重现历史场景、虚拟现实技术增强互动体验，以及借助大数据分析深入探讨其传播效应和社会影响。旨在提升公众的文化传承认知和参与度，促进社会主义核心价值观的建设和发展[2]。红色档案资源在当代社会的有效传播和利用至关重要，关键在于对经典红色文化的现代转译。这不仅丰富了历史文化内涵，也是增强民族文化自信和社会凝聚力的重要途径。

1.2 推动资源深入化挖掘，实现红色档案当代价值

红色档案资源是具有深远历史意义的宝贵财富，对传承精神财富和挖掘当代价值至关重要。通过运用不同的技术路径，如大数据分析、云存储等数字技术，深入挖掘人物、事件、文物及精神实质，从而构建全面、立体的红色记忆，并提供互动平台，促进资源共享并加强历史与现实之间的联系。为有效管理和应用红色档案资源，必须面对数字化、网络化带来的挑战，并在此过程中保持其原有价值。精准分类、高效检索、智能信息服务等手段可以使红色档案成为提供多视角、深度研究素材的重要来源。同时，大数据挖掘和区块链技术的应用加速了数字化转型，保障信息的真实性与安全性。通过数据可视化、数字建模等方法，档案资源可以更容易被大众理解，发挥其在当代文化生活和学术交流中的作用。此外，融合现代信息技术的红色档案资源开发展示形式灵活开放。通过交互式展览、虚拟现实体验等形式，公众可以深入了解，增强红色记忆的社会影响和教育意义。这种优化的叙事表达不仅丰富了研究者的历史素材库，也为公众提供了学习、体验红色文化的新途径，构建一个多维、跨时空的红色档案记忆共享平台[3]。

1.3 实现多样化成果展演，扩大红色文化辐射范围

随着深入挖掘和利用红色档案资源，人们对红色文化的理解得到拓展，在当代社会中的影响力也得到了扩大。这些档案作为历史记忆的特殊载体，在创新性叙事中不断重现其价值，赋予新的活力，从而促进文化内涵的现代转译和精神传承的创新。开发红色档案注重于价值转移和意义建构，采用科学的叙事结构、立体的叙事空间、多角度的视角和参与感强的体验设计，为传统档案注入新的生命。通过深入挖掘档案背后的故事，构建严谨的叙事线索，并利用多维方式在空间设计上复原历史场景，提升沉浸感。红色档案的视角交换和多媒体互动元素的应用，为用户提供了全面的历史体验，增强了文化共鸣[4]。这些档案记录着党的辉煌历程，在新时代的文化自信建设中发挥着独特作用，激励着人们沿着红色足迹继续前行。借助现代技术如 VR、AR 和 AI 的融合，红色文化实现多样化的成果展演，增强参与度和体验感。社交网络和数字传播平台的普及，也为档案的迅速传播提供便利，使得红色精神在更广泛范围内得以传承和发扬[5]。

2 红色档案资源开发中叙事表达的维度分析

2.1 叙事结构：梳理逻辑线索，凸显叙述层次

红色档案资源具有丰富革命历史信息的重要资源，利用叙事结构进行分析可以深入挖掘和传承红色记忆。通过精心梳理历史事件的逻辑线索，突出各阶段之间的内在联系，有助于引导人们更深入地理解红色文化的价值。在叙事过程中，按照时间顺序串联会议记录、战斗报告等材料，通过纵向延展和横向比较分析，实现档案整合和价值提升。同时，适当处理信息递进和过渡，增强叙事的感染力，使读者能够自如地在宏观与微观之间切换。选择具有代表性的档案，深入挖掘其历史和思想价值，结合现有研究成果，构建具有说服力的叙事结构。借助数字化技术如 GIS 空间分析和数据挖掘，展示档案时间和空间关系，打造出更加立体的叙事效果[6]。通过精心设计和合理应用叙事结构，提升档案利用的深度，增强人们对革命历史的共鸣，促进红色遗产的传承。

2.2 叙事空间：多维立体输出，重塑原始场景

红色档案资源的挖掘与利用关键在于叙事空间的构建。研究旨在通过多维立体的表述，精细还原原始场景，加强红色故事的现场感，提升历史真实感。在空间叙事中，通过复原物理场景、衍生文化、社会、心理层面，形成全景式历史体验，引发共鸣。利用 VR、AR 等数字技术，观众可以"身临其境"探索远逝历史。从选取标志性历史地点，精准数字建模后，形成关联、连贯的叙事链来看，保留红色文化的空间属性，并在现代环境中重塑其历史意义。结合实体展览，这种融合策略有助于加深观众的历史感知，提供多感官体验。构建红色档案叙事模型，确保历史表述的精确与完整，促进对红色历史文化的理解，更新传统历史教学，赋予其更强的影响力。

2.3 叙事视角：内外聚焦转换，展现历史全貌

在红色档案资源研究中，采用多元叙事视角至关重要，以展现历史的复杂性与丰富性。整合各类资源，构建一个宏观历史分析和个体体验的叙述体系。宏观视角深入挖掘广泛的文献与档案，以确保叙事的严谨性和连贯性，同时呈现关键历史节点的多维背景，为受众提供全面的了解。另一方面，个体视角运用现代技术，如虚拟现实或第一人称叙述，如纪录片《老兵》展示的那样，增强受众的互动体验与情感共鸣，使他们能深刻体验到革命的精神和时代的呼声。这种综合叙事方法不仅有助于红色文化的传承和普及，同时也确保其深刻的教育价值能够完整有效地传达。

2.4 叙事体验：注入用户思维，增添互动体验

红色档案资源的开发是以用户体验为核心的，融入互动性至关重要。根据皮亚杰的认知发展理论和维果茨基的社会文化理论，体验设计满足认知心理需求，提出实用的互动解决方案。怀旧复兴是主题，通过开发互动展览和数字教育工具，实现情感引导和认知提升。举例来说，利用 AR 技术在历史场景中设定虚拟角色，提供时空穿越体验，激发用户参与度，加强沉浸感，促进对红色文化的深层理解。纪录片《老兵》通过第一人称叙述，让观众体验红色战士的真实记忆，增强情感共鸣[7]。在技术上，将智能语音、人脸识别和手势控制整合到多媒体展示平台，提供直观的互动体验。用户反馈和行为数据是评估叙事效果的重要指标，通过数据分析行为模式和情绪变化，指导叙事体验的优化。因此，红色档案叙事传输需要深刻了解用户需求，探索

互动技术，创新体验方式，有效传播红色文化，树立核心价值观。

3 红色档案资源开发中叙事表达的优化策略

3.1 树立核心理念，规范叙事表达引导

在研究与利用红色档案资源方面，叙事传输角度至关重要。这不仅涉及资料的展示，更需要传达红色记忆的深层含义和时代价值。建立尊重史实、确保权威性的叙事表达理念，维护档案资料的客观真实性。同时，叙事表达应凸显档案的政治属性和教育功能，从而增强大众对红色档案的认知和情感连接。借助数字化技术，如多媒体、VR、AR，提升叙事的沉浸感和互动性，同时通过数据分析深化语境，展现档案背后的历史和社会文化。规范的叙事表达要求真实尊重档案内容，科学整合资料，并利用现代技术提升叙事效果。

3.2 立足馆藏资源，丰富叙事表达内涵

红色档案资源开发应侧重于深化叙事表达，通过丰富的馆藏资源和多维度挖掘来传递立体、深刻的历史信息。传统的展示方法限制了互动性和参与度，使叙事显得较为平面。然而，数字化和虚拟现实技术的运用为解决这一问题提供了新途径。关键策略包括对红色档案资源的电子化处理，确保数字重现的完整和准确性；以用户为中心，发展互动展示平台，利用 AR/VR、线上展览等方式提供沉浸式体验；强调叙事创新，融合多媒体材料，制定针对不同受众的教育展示计划；利用大数据和人工智能了解用户需求，实现个性化互动；深入解读历史资料，借助跨学科视角探索档案背后的深层意义，引发历史与时代的共鸣；加强专业人才培养，提高馆藏工作人员叙事表达能力。通过优化叙事策略，有效传递信息和情感，不仅加深对历史的理解和认同，也促进红色故事的广泛传播。

3.3 情感与技术并重，创新叙事表达形式

红色档案资源叙事表达需不断创新，其受到情感与技术这两股力量的共同驱动。增强叙事的感染力，提升互动体验。在情感层面，我们致力于展示红色资料背后的情感联结，将历史与现代联系起来，激发公众的共情。在技术层面，借助先进的信息技术和多媒体工具，来增加视觉和互动方面的效

果。挖掘红色档案已经超越了传统的文献整理，我们通过叙事的重构和技术手段，比如虚拟现实、增强现实和数据可视化，赋予历史事件全新的诠释。制作互动网络展览和虚拟档案馆，以实现更加沉浸式的体验，将历史故事生动地展现给观众。注重情感设计和技术选择，以确保叙事的真实性和感染力。运用数据存储和语义识别等技术，精选档案并采用虚拟技术重新呈现历史互动展示，利用情绪分析算法评估用户反馈，以优化叙事效果。同时，我们也要注意数字版权问题，确保档案的合规使用。所有这些措施旨在为用户提供丰富、感性、互动的红色档案体验，传承和弘扬红色文化。

4 结语

红色档案资源是中华民族记忆和文化宝贵的遗产，通过序列激活记忆法（SAM）进行重新组织，展现出新时代的价值，对传承红色基因至关重要。叙事传输作为连接档案和公众情感的桥梁，生动展现历史和时代精神。在社会主义核心价值观的指导下，红色档案传播具有新的使命，不仅传递历史信息，还促进价值观念和团结力量的传播。结合文本分析、框架分析和主题模型等方法，深入挖掘档案中的知识结构和精华思想。利用大数据技术，分析档案的时空联系，发掘具有时代特色的红色故事。通过多媒体平台创新展示红色档案，将红色精神转化为推动文化繁荣的力量。叙事传输研究结合新型分析工具，如语义理解，开辟档案教育的新途径，不仅提高公众对红色文化的认知，有助于持续传承民族记忆和文化复兴，展示其深远的学术价值和实践意义。

注释及参考文献

[1] 庞永真, 丛楠. 基于档案记忆观的红色档案资源建设研究 [J]. 兰台世界, 2022(3): 36-39,45.

[2] 杨晓娟, 宿爽, 李子琦. 红色英雄社会记忆的建构路径探析 [J]. 采写编, 2023(1): 90-91,29.

[3] 曲楚宏, 付军. 基于叙事学理论的红色纪念性景观空间组织表达策略研究 [J]. 现代园艺, 2021(7):77-80.

[4] 刘雨璇 . 网生代受众视野下红色题材纪录片的创作研究 [D]. 成都 : 四川师范大学 , 2022.

[5] 傅少容 . 新媒体环境下红色档案资源开发利用研究 [J]. 淮南职业技术学院学报 , 2023(5):55-57.

[6] 陈颖 . 叙事学视角下的微信公众号特稿研究 [D]. 西安 : 陕西师范大学 ,2018.

[7] 陈振浩 . 人物纪录片的叙事视角研究 [D]. 济南 : 山东师范大学 ,2019.

文化强国背景下红色档案文化认同建构：
理论阐释与实践进路

李雪婷　　闫静

山东大学历史学院

摘要：红色文化为建设文化强国提供丰富精神动能。红色档案蕴含着中国共产党人的伟大精神，是红色文化的重要载体，是建设文化强国的天然素材。马克思主义文化和中华传统文化为红色档案文化认同的生成提供了理论基础；建党百年红色文化的赓续发展与嬗递是建构红色档案文化认同的历史依据；国家战略与社会主义建设发展为建构红色档案文化认同注入了现实必要性。文化强国背景下，红色档案文化认同功能体现在"政治认同""思想认同""理论认同""情感认同"四个方面。建构红色档案文化认同，应从"坚持马克思主义和中国共产党的领导，坚定红色档案文化认同建构的目标导向""创新红色档案文化叙事模式，优化红色档案开发利用形式""构建红色档案文化传播矩阵，提升红色档案文化传播力影响力"三个方面入手。

关键词：文化强国；红色档案；档案文化认同；红色文化

0 引言

2011年，党的十七届六中全会首次提出了"努力建设社会主义文化强国"的重大战略目标，体现了中国共产党对提高国家文化软实力的期盼与部署。2012年，党的十八大报告强调建设社会主义文化强国"必须走中国特色社会主义文化发展道路"[1]。2017年，党的十九大报告强调"要坚持中国特色社会主义文化发展道路，激发全民族文化创新创造活力，建设社会主义文化强国"[2]。2020年，党的十九届五中全会明确了"到2035年建成文化强国的远景目标"[3]。2022年，习近平总书记在党的二十大报告中指出，全面建设社会主义现代化国家，必须坚持中国特色社会主义文化发展道路，增强文化自信，围绕举旗帜、聚民心、育新人、兴文化、展形象建设社会主义文化强国[4]，进一步明确了社会主义文化强国建设的战略部署。

从文化强国建设的理论内涵、战略目标和实践导向来看，文化强国与社会主义现代化强国、中华民族现代文明、中华民族伟大复兴是内在统一的。"红色文化镌刻着党的初心使命，凝聚着历久弥坚的革命精神，为社会主义文化强国建设注入了强大动能"[5]，推动文化强国建设，应重视红色文化在讲好中国故事，建构文化认同等方面的重要作用。红色档案是红色文化的"基因库"，是传承红色文化、延续社会主义历史文脉的重要载体。红色档案文化认同是指社会公众对凝结于红色档案中的伟大精神、革命历史所产生的认同。目前，在文化强国建设背景下对红色档案进行的研究主要集中于实践层面的路径探究，如国家文化数字化战略红色档案资源建设实践进路[6]、红色档案文化传播体系建设[7]、红色档案的服务导向及实现[8]，等等。鲜有从认同角度探讨红色档案助力文化强国建设的相关研究。建构红色档案文化认同是弘扬伟大建党精神、传递社会主义核心价值观的重要途径，是以红色档案文化资源开发助力文化强国建设的重要体现。由此，文章从理论阐释和实践探索两个角度出发，研究文化强国背景下红色档案文化认同建构问题，以期助力红色档案资源开发利用，进一步弘扬社会主义红色文化。

1 文化强国背景下红色档案文化认同建构的内在机理

红色档案是中国共产党领导中国人民开展革命斗争、建设和改革的原始记录。红色档案内蕴的红色精神深刻内涵形成于党的发展历史中，是中华传统文化和马克思主义文化相结合的实践成果。理解文化强国背景下红色档案文化认同建构的内在机理，需进一步明确红色文化的思想根基、红色档案产生和发展的历史进程，以及建设文化强国的实践要求。

1.1 理论基础：马克思主义文化和中华传统文化的思想根基

马克思主义文化观认为："文化本质上是社会意识的具体化和形象化，其本质的发展规律同样具有客观性和社会历史性。"[9]红色档案客观形成于中国共产党的奋斗历史中，马克思主义文化和中华优秀传统文化赋予红色档案以深刻内涵和文化价值。其中，马克思主义文化为红色档案内蕴红色文化的生成和发展提供了思想保障。马克思主义指导的无产阶级执政党的系统化的思想观念，涵盖了执政观念的上层建筑，引领着社会主义社会的主流价值观念。[10] 中国共产党自成立之日起，便将马克思主义作为指导思想。在革命战争年代，中国共产党人将马克思列宁主义与中国实际相结合，创造出了一系列中国化理论经验，红色档案也伴随着社会革命实践和思想运动而形成。换言之，马克思主义文化为红色档案文化的生成提供了思想基础，使红色档案内蕴文化精神更具科学性和先进性。党的革命历史实践展现的中华优秀传统文化重要内涵，如"鞠躬尽瘁""捐躯济难"的责任与担当意识、"视死如归"的爱国情怀、"温良恭俭让"的高尚道德，逐渐凝结为宝贵的物质财富和精神财富，并为红色档案所记录和承载。由此，中华优秀传统文化为红色档案文化精神的发展提供了源头活水。站在中国式现代化的新起点，将马克思主义基本原理同中国具体实际相结合、同中华优秀传统文化相结合，能够为以文化强国建设增强文化自觉、文化自信和文化自强提供了理论指导，更为红色档案文化认同的建构提供了思想根基。

1.2 历史依据：建党百年红色文化的赓续发展与时代嬗递

红色档案记录百年党史，百年党史熔铸红色文化。在中国共产党发展的不同时期，红色档案文化的内涵不断丰富、演变，并形成了红色档案讲述中国故事的叙事主题。新民主主义革命时期，红色档案记录了红色政权的形成历程，镌刻着救亡图存、保家卫国的革命精神；社会主义革命和建设时期形成的各类红色档案记载着抗美援朝精神、铁人精神等伟大精神的历史渊源；改革开放和社会主义现代化建设新时期，红色档案凝结着改革开放精神、特区精神、抗洪精神等重要内涵，文化建设也成为社会主义强国建设的重要部分；步入中国特色社会主义新时代，中华文化建设持续推进，中华优秀传统文化的创造性转化和创新性发展成为文化建设的重点，红色档案在理想信念中的教育作用也日益凸显。建党百年以来，中国共产党人在历史实践中开创并继承着伟大建党精神，逐步形成了中国共产党人的精神谱系。红色档案随百年党史而积累留存，伟大建党精神的形成反映了红色文化内涵的时代嬗递。建构红色档案文化认同，即是对百年党史及伟大建党精神的情感认同，是对中华先进文化的创新性继承。

1.3 现实需求：国家战略与社会主义建设发展的实践牵引

新时代以来，文化建设被摆在更为突出的位置。习近平总书记在党的十八大报告中提出"四个自信"的重要论述。其中，文化自信是道路自信、理论自信和制度自信的基础，凸显了对国家和民族文化、信仰的充分认同。坚定文化自信、增强文化自觉、实现文化自强是建设社会主义文化强国的内在要求。建构红色档案文化认同，需要讲好红色档案记载的历史事件、发扬红色档案内蕴的文化精神。其中，以红色档案讲述革命先辈的创业史、改革史和奋斗史是对社会主义核心价值观的生动阐释；传播和赓续红色档案文化是展现中国精神、中国作为和中国力量的现实途径。总体来说，在建设文化强国的需求下，建构红色档案文化认同应以形成文化自信、激发文化自觉为过程，以实现文化自强、服务文化强国和社会主义现代化建设为旨归。

2 文化强国背景下红色档案文化认同功能的具体表征

在学习贯彻习近平新时代中国特色社会主义思想主题教育工作会议，习近平总书记强调要不断增进对党的创新理论的政治认同、思想认同、理论认同、情感认同[11]。建设社会主义文化强国的内涵、目标与行动方向体现着党关于文化理论的创新发展。在文化强国背景下探讨红色档案文化认同的建构，应关注红色档案文化在建构政治认同、思想认同、理论认同和情感认同四方面的作用，即红色档案文化认同功能的外在表征。

2.1 红色档案文化中的政治认同

"政治认同是社会成员在政治实践过程中对所属政治体系产生的情感信赖和价值归属"[12]，其核心是加强对中国共产党领导的认同。以红色档案文化增进政治认同，即是通过红色档案展现中国共产党执政的历史必然性、科学性和合规律性，实现社会公众对党开创的伟大事业、伟大道路和伟大成就的认同。具言之，红色档案本身即为党的执政资源，是马克思主义同中国实际相结合的产物，以历时性的方式记载着红色政权的建立和壮大过程，体现着无产阶级的意识形态和共产主义的革命理想。红色档案所承载的精神文化内涵，由党的革命实践所创造，亦印证着党的领导的正确性。从中共一大到改革开放、步入中国式现代化新时代，红色档案记录了中国共产党带领中国人民从积贫积弱走向独立富强的道路，展现着各个历史时期党的执政方针和成就。通过深入挖掘和传播红色档案文化，可进一步塑造中国共产党的执政形象，凝聚政治共识。

2.2 红色档案文化中的思想认同

红色档案是思想精神的重要载体，红色档案文化反映了党和人民群众在各个历史时期形成的追求独立、追求解放、追求社会进步等思想共识，对形成思想认同有着推动作用。作为历史的真实记录，红色档案为培育社会主义核心价值观提供了文本基础，为传承革命理想信念、增强民族自豪感提供了精神动力。红色档案数量众多，内容丰富，其中记载的革命事迹，是真实的历史佐证，从中提炼出的伟大建党精神内涵，是中华民族在面对外来侵略时的团结抗争，以及投身社会主义建设时期的爱国主义情怀的生动写照，为社会主义核心价值观培育与传播提供了丰富生动的文本素材。基于对红色档案的充分开发，可进一步展现红色档案的文本价值，将其中蕴含的伟大精神转化为社会公众的思想认同，进而促进公众对红色文化的认知与认同。

2.3 红色档案文化中的理论认同

理论认同强调个体或群体对某一理论或思想体系的理解、接受和支持，是对理论科学性、实效性和社会价值的认同。"马克思主义是我们立党立国的根本指导思想，是我们党的灵魂和旗帜"[13]。红色档案记录了马克思主义在中国落地生根和创造性转化的过程，以及中国共产党在坚持马克思主义科学理论指导地位基础上，带领中国人民走向繁荣富强的历史进程，是建构理论认同的天然素材。通过对红色档案记载历史事件的叙事性表达，公众可进一步透过红色档案感受到革命前辈对马克思主义的坚定信仰和对革命事业的无私奉献，理解中国共产党在领导中国革命、建设和改革的过程中，不断探索将马克思主义基本原理与中国实际相结合的具体途径。于此，红色档案通过印证马克思主义理论人民性和实践性在中国的落地化，可增强公众对红色文化的理论认知和认可程度。

2.4 红色档案文化中的情感认同

情感认同是连接理性认知和实践行为的纽带，是行为主体将某一事物内化为自身认同的重要阶段。"党在推进马克思主义中国化的百年历程中，始终秉承相信人民、尊重人民、依靠人民的真挚情感进行理论创新与实践创新"[14]，红色档案以及其中蕴含的红色文化体现了中国共产党和中国人民的革命精神、奋斗精神、奉献精神等。这些精神内涵既是红色档案文化的核心构成，也是建构情感认同的重要思想基础。提炼红色档案文化中的情感元素，将其转换为情感表达，能够进一步展现出爱党爱国、廉洁奉公等精神的时代价值，引导社会公众的情感判断和价值取向，满足其精神文化需求，发挥出红色档案在提振精神、凝聚共识等方面的情感激励作用。

3 文化强国背景下红色档案文化认同建构的实践进路

3.1 坚持马克思主义和中国共产党的领导，把握红色档案文化认同建构的旨归所在

中国共产党是领导建设社会主义国家的马克思主义政党，马克思主义是建设文化强国的旗帜与灵魂，是推进文化强国建设的坚强保证和思想指引。坚持党的领导是中国特色社会主义制度的优势所在，是开展各项事业建设和工作的基本原则。在文化强国背景下建构红色档案文化认同，应坚定不移地坚持党对文化强国建设和档案工作的领导，以习近平新时代中国特色社会主义思想为指导，将马克思主义文化和中华传统文化相结合，明确红色档案文化认同建构的旨归所在。具言之，红色档案文化认同建构的宏观目标为展现红色档案内蕴红色基因的深刻内涵，发挥红色档案的文化价值，助力文化强国建设；在中观层面通过深入挖掘红色档案内容，再现我国的革命历史，弘扬革命传统，进而推动社会主义核心价值观的广泛认同和践行；微观层面，则要求立足于红色档案文本内容，开发多样化的红色档案文化产品，满足社会公众的文化需求。在明确红色档案文化认同建构目标的基础上，则可进一步发挥出红色档案文化在建构政治认同、思想认同、理论认同和情感认同四个方面的作用。

3.2 创新红色档案文化叙事模式，优化红色档案开发利用形式

以档案资源为素材创作出的各类衍生品具有明显的叙事性特征，档案的叙事性开发也拓展了档案资源的传播和利用方式。后现代主义思潮的兴起和人文社会科学领域出现的"叙事转向"进一步推动了将档案作为一种交流方式的理念转变。为建构红色档案文化认同，可进一步创新档案开发利用形式，以档案叙事性开发丰富红色档案文化的展现方式。具言之，一是要充分挖掘红色档案中蕴含的情感元素，合理选择、编排与组构红色档案资源，为叙事性开发提供文本基础。二是根据红色档案的内容特点，选用恰当的数字

技术，打破时间和空间限制，形成主题知识图谱、专题数据库、VR游戏等叙事产品，增加红色档案叙事的沉浸性。三是要注重以反馈推动叙事服务的优化，即立足公众视角对档案资源进行开发，如在红色档案专题网站、数据库和虚拟现实体验游戏中，设置公众利用需求及满意度调查，并根据调查结果调整档案开发的思路和措施。由此，通过创新红色档案叙事开发模式，增强档案叙事成果的沉浸性和互动性，发挥出红色档案在引发情感共鸣、展现先进文化、传承伟大精神等方面的作用。

3.3 构建红色档案文化传播矩阵，提升红色档案文化影响力

数字时代，红色档案中承载的文化元素需要依托多样化的媒介得以传播。提升红色档案开发成果的社会影响力，拓展红色档案开发成果的受众群体，对于建构红色档案文化认同有着重要作用。为此，一是要对红色档案进行数字化转化，形成红色档案文献数据库，为档案文化的传播提供基本的物质基础和平台支撑。二是将传统媒体和新媒体的优势相结合，拓宽红色档案文化传播渠道，优化传播效果。以具体记载某位革命先烈事迹的红色档案为例。在收集整理相关红色档案后，可通过报纸宣传、线下展览等方式对主题档案进行宣传。而后，在选取新媒体开展叙事产品的宣传工作时，可制作主题宣传片、纪录片，并在电视、电影和互联网平台联合播放，也应考虑到与传统媒介的结合，如可将影视纪录片、主题VR游戏等作为历史叙事的补充，融入档案展览现场使用，以历史的厚重感增加档案文化的深度，由此推动红色档案文化的多样化传播。

4 结语

红色档案是红色文化的物质载体，开发和利用好红色档案、建构红色档案文化认同能够为社会主义文化强国建设增添助力。红色档案文化认同的价值体现在建构政治认同、思想认同、理论认同和文化认同等方面，但由于"红色档案文化认同建构"这一议题涉及档案学、社会学、传播学等多个领域，还需在实践工作中不断探索和优化红色档案开发路径，发挥出红色档案在建构文化认同方面的重要作用。

注释及参考文献

[1] 胡锦涛 . 坚定不移沿着中国特色社会主义道路前进 为全面建成小康社会而奋斗——在中国共产党第十八次全国代表大会上的报告 [J]. 前进 ,2012(12): 4-20.

[2] 习近平 . 决胜全面建成小康社会 夺取新时代中国特色社会主义伟大胜利——在中国共产党第十九次全国代表大会上的报告 [J]. 理论学习 ,2017(12):4-25.

[3] 中共中央关于制定国民经济和社会发展第十四个五年规划和二〇三五年远景目标的建议 [J]. 中国民政 ,2020(21):8-21.

[4] 习近平 . 高举中国特色社会主义伟大旗帜 为全面建设社会主义现代化国家而团结奋斗——在中国共产党第二十次全国代表大会上的报告 [J]. 中国人大 ,2022(21):6-21.

[5] 王紫潇 . 红色文化赋能新时代文化强国建设 [J]. 群众 ,2021(23):33-34.

[6] 周林兴 , 黄星 . 国家文化数字化战略背景下红色档案资源建设 : 价值、任务与实践路向 [J]. 北京档案 ,2024(1):7-12.

[7] 常大伟 , 程芊慧 . 国家文化数字化战略下红色档案文化传播体系建设研究 [J]. 档案与建设 ,2024(1):17-23.

[8] 周林兴 , 张笑玮 . 国家文化数字化战略下红色档案的服务导向与实现路径 [J]. 北京档案 ,2023(1):13-16.

[9] 李曼 . 马克思主义文化观和中国共产党的文化使命 [EB/OL].[2024-02-25].http://www.rmlt.com.cn/2018/0815/526000.shtml.

[10] 洪向华 , 赵培尧 . 社会主义文化强国的内涵解构、建成逻辑与实践进路 [J]. 东岳论丛 ,2023(1):5-12,191.

[11] 习近平 . 在学习贯彻习近平新时代中国特色社会主义思想主题教育工作会议上的讲话 [J]. 当代党员 ,2023(10):1-5.

[12] 刘泽峰 , 方增泉 . 以红色精神提升新时代人民政治认同的路径探寻 [J]. 思想政治课研究 ,2023(6):38-47.

[13] 李毅 . 马克思主义是我们党的灵魂和旗帜 [J]. 机构与行政 ,2021(9):1.

[14] 俞科 , 梁玉春 . 以情感建构提升马克思主义中国化理论认同 : 价值意蕴、逻辑理路、实践路径 [J]. 重庆社会科学 ,2023(7):106-123.

档案资源赋能革命老区红色旅游发展路径探究

任琼辉　邓钧杰　陈铄妍

韩山师范学院历史文化学院

摘要：档案资源对于革命老区红色旅游发展具有重要助推作用。通过对国家及地方80项"十四五"规划的内容及数据进行调研分析，发现我国革命老区红色文旅融合趋势初步形成、保护开发得以同步发展、数字应用技术广泛嵌入，同时尚存资源建设深度不足、档案开放力度不足、人才梯队建设不足、区域间有效联动不足等问题。在此基础上，提出以档案资源赋能革命老区红色旅游的具体路径，坚持红色档案资源立体保护观念、推进档案开放利用、加快人才队伍建设、建立联合协同机制。

关键词：档案资源；革命老区；红色旅游；文旅融合；档案资源开发

0 引言

自 2004 年《全国红色旅游发展规划纲要（2004—2010 年）》提出"红色旅游"概念[1]以来，红色旅游市场已经蓬勃发展 20 年。随着红色旅游市场规模的日益增大，档案在其中的作用愈发重要。如何开发好、利用好丰富的档案资源成为档案界的当务之急。当前，有关档案资源与革命老区红色旅游发展研究成果日益增多，研究内容主要涉及智能化应用[2]、乡村振兴战略[3]、扶贫政策衔接[4]、开发策略[5]等。实践中，通过红色旅游开发档案资源取得了一定成效，但也面临着一些问题和挑战。为此，本文以档案资源赋能革命老区红色旅游发展为选题，探讨其发展趋势和未来方向，以期为红色档案资源开发研究提供有益的借鉴和参考。

1 革命老区红色旅游发展现状

档案资源赋能红色旅游，是指利用档案资源来支持和丰富红色旅游内容和体验的再升级过程。为了解近年来我国档案资源赋能红色旅游的基本情况，本文以"'十四五'规划"为检索词，以国家和地方政府网站公布的"十四五"规划以及"十四五"文化和旅游发展规划为检索对象，限定检索时间为 2021 年 1 月 1 日至 2024 年 4 月 1 日。共检索到 31 项省级"十四五"规划、43 项省级文化或旅游相关规划。同时，检索到 5 项省级红色旅游专项规划。2023 年 8 月 1 日文化和旅游部、教育部、共青团中央、全国妇联、中国关工委近日联合印发《用好红色资源 培育时代新人 红色旅游助推铸魂育人行动计划（2023—2025 年）》，相应国家号召，先后 5 家省级单位制定了红色旅游专项规划。红色旅游发展规划指引着红色档案的开发利用的方向，研究好政策与档案开发之间的有机联系，有益于推进档案事业蓬勃发展。

目前革命老区红色旅游发展规划层级和数量如表 1 所示。

表 1　革命老区红色旅游发展规划一览表

规划层级	规划数量	发文机构或地区
国家级	2 项	国务院、文化和旅游部、教育部、共青团中央、全国妇联、中国关工委
省级	5 项	河北、辽宁、黑龙江、湖北、河南

基于以上数据，本部分重点对"十四五"时期我国档案资源赋能红色旅游的发展现状展开分析，总结现存问题，并提出未来发展方向。

根据以上文本调查，总结出当前革命老区红色旅游发展现状如下：

1.1 文旅融合趋势初步形成

在革命老区红色旅游发展过程中，各地区通过寓教于乐的方式，充分发挥红色档案传播红色文化的赋能优势，深化游客对革命老区及相关史实的理解。这种"文旅＋教育"模式丰富和深化了红色旅游的价值。

调查显示，在我国 31 个省（自治区、直辖市）中，以河北省、天津市为代表的 23 个省级行政区在其"十四五"文化或旅游规划中提出将红色旅游与红色档案教育活动相结合。部分省市在红色档案教育融合革命老区红色旅游规划中提出如下三点措施。其一，建设爱国主义主题片区。如北京市提出建设中国共产党北京早期革命活动、抗日战争、建立新中国三大主题片区。其二，开发建设教育基地。如天津市深入建设周恩来邓颖超纪念馆、中共天津历史纪念馆等多处爱国主义教育基地。其三，挖掘红色遗址遗迹，提炼红色内涵。如青海省对全省红色旅游资源开展梳理普查，深入挖掘青海具有重大历史意义的红色旧址、革命历史纪念场所等红色资源，传承红色精神。

1.2 保护开发得以同步发展

保护性开发模式的核心在于，在加强传统文化产品保护的基础上，依托相关法律政策积极推动红色档案与文化旅游的创新开发、深度融合。[6] 由于部分红色旅游区受战争或人为破坏等，其留存的红色档案资源出现不同程度的损坏。保护性开发能够进一步活化利用革命文物档案，助力在保护中利用档案、让文物活起来。

调查显示，在31个省（自治区、直辖市）中，有21个省市在其"十四五"文化或旅游规划中提出通过保护性开发革命档案资源来赋能革命老区红色旅游。建设革命文物档案保护利用工程是档案保护的重要基础。如浙江省在革命红色旅游区实施100项重大革命文物保护利用项目、黑龙江省实施东北抗联遗址集中连片区保护项目等。构建和健全资源保护机制是档案保护的重要屏障。如安徽省出台《安徽省红色资源保护和传承条例》，对健全资源保护机制作出要求，重点强调对国家级、省级文物予以保护、维修或抢险加固。[7]

1.3 数字应用技术广泛嵌入

近年来，将数字技术与红色档案资源相结合成为部分红色旅游区热点之一。VR、AR等技术的运用，将场景虚拟化，跨越时空限制，赋予游客身临其境的感受，使红色教育变得灵动，红色旅游的展现和教育效果更佳。[8]

当前主要通过以下措施推动数字技术同革命老区红色旅游的融合。其一，利用数字技术优化文物档案资源的陈列方式。如山西省提出推进"互联网＋"的革命文物展陈形式，提升红色景区项目的可视化效果，打造沉浸式红色旅游体验产品。其二，利用数字技术完善红色档案资源的保护工作。如广西壮族自治区档案馆强调开展馆藏文物的数字化保护工作，利用现代技术，系统完整保存文物及相关信息。

2 档案资源赋能革命老区红色旅游发展的问题

2.1 资源层：资源建设深度不足

目前红色档案资源的融合发展深度不足，主要体现在档案资源本身、人力财力以及地区本身发展上。

一是红色档案资源的展示层次较低。大部分省市对于红色档案资源的展示仍局限在简单的图片和物品的静态展示阶段，缺少站在游客角度开展的文物陈列以及展览，内容相对单调、形式较为单一。二是部分革命老区存在人力物力财力不足的窘境。红色档案资源的整合开发需要耗费大量的人财物，对于一些经济相对落后的地区而言，投入较多的资金和人力发展红色档案资源存在一定困难，这在一定程度上限制了红色档案资源的深度建设和系统开发。三是红色档案资源建设的区域优势不够凸显。多数省市在档案资源的建设上存在同质化问题，未能较好地展现其历史文化发展的传承性和地域文化的独特性。

2.2 开放层：档案开放力度不够

红色档案在开放审核过程中存在一定问题。一方面，红色档案的开放审核手段较为落后。目前，多数档案馆对于档案的开放审核工作仍主要依赖传统的人工方法，这不仅导致了工作效率的低下，而且由于"不同人有不同的观点和标准"，使得审核过程存在一定程度的主观性和不确定性，容易引起争议和分歧。另一方面，红色档案的开放审核存在参与者权责不明的现象。由于部分红色档案多涉及国家机密和个人隐私等较为敏感的信息，通常具有较高的保密程度。[9]而各审核主体之间由于权责不明，在审查档案的过程中容易出现相互推诿等情况，这进一步增大了红色档案的开放难度。[10]

2.3 机构层：缺乏文旅部门联动

从区域联动来看，由于我国红色档案资源分布不均，且其分布地域跨度较大，造成各区域联动开发红色旅游的难度较大，红色旅游资源的整合程度相对较低，难以开发出高质量的红色旅游产品。虽然部分省市在政策文本中提出了较多跨区域红色旅游精品路线，但是由于现阶段存在区域合作的管理无序、开发无序、竞争无序等，致使大部分区域合作存在分散化、低质量状况，各区域之间的联系不够密切，区域联动开发红色旅游产品呈现出不够充足的态势。[11] 从机构协同来看，由于两个或多个机构之间可能存在利益冲突、分工不明、职责重叠等诸多不确定性因素，导致真正意义上的革命老区红色旅游战略联动有待于进一步加强。

2.4 人才层：人才梯度建设不足

革命老区对档案人才的需求与实际档案人才培养情况互相矛盾。一是人才培养上，缺少对红色旅游专业人才的档案专业意识培训，并且存在各地区培训情况不平衡。二是管理层面上，某些地区管理基础较为薄弱，存在影响档案人才工作的积极性和创造性的不良因素，造成从业人员对工作的满意度较低，使得人才梯度建设不足。[12]

3 档案资源赋能革命老区红色旅游发展的路径

3.1 坚持立体保护观念，传承红色旅游文化基因

《湖南省"十四五"文化和旅游发展规划》明确提出要完成《湖南省红色资源保护和利用条例》制定工作，既为保护利用红色旅游资源奠定了政策基础，又促进了红色资源的进一步融合。确立红色档案资源立体保护观念，可以采取以下措施。

一方面，革命老区应持续加强红色档案的保护力度，依据相关法规，从提高档案实体保护以及增强社会公众的档案意识两方面出发，做好档案保护工作。另一方面，应进一步挖掘红色档案资源的潜力，充实红色档案研究成果。如浙江省江山市首创"馆外建馆"的档案文化宣传模式，将档案展馆设置在人文历史契合度较高的红色景区，让红色档案走向社会，面向人民。[13]

3.2 推进档案开放利用，深化红色旅游活动内容

《"十四五"全国档案事业发展规划》在"面临的形势与挑战"部分，重点指明了档案开放的迫切性。《浙江省红色资源保护条例》提及，红色资源保护传承有关部门应运用数字化技术对红色资源进行记录、整理、建档和应用，数字化成果应当依法开放、共享。这突出了红色档案开放共享的重要性。[14]

落实红色档案的开放工作可以采取以下措施。一方面，各级档案馆应通

过开发人工智能系统，辅助红色档案的开放工作，提高审核效率和结果的客观性和稳定性；同时进行人工复审处理报错，确保人工智能审核的准确率。另一方面，可通过构建档案开放审核尽职免责机制，豁免或免除尽力做好本职工作的审核人员的法律责任，鼓励审核人员勤勉尽职和主动担当行为[15]，减少红色档案开放审核的权责不清现象。

3.3 建立联合协同机制，实现档案旅游深度融合

一方面，发展区域联合，应加强与周边省市联合协作，串联红色档案资源，加强整体规划和政策协同。如安徽省文化和旅游厅提出"打造上海'一大'会址—浙江嘉兴南湖—淮安周恩来故里—安徽大别山金寨'两源两地'等红色旅游精品线路，建设长三角高品质红色旅游示范基地"；重庆市人民政府重点在渝湘黔三省市交界地区建设边城协同发展合作区，大力促进红色旅游高质量发展。在推动红色档案和文化旅游深度融合的过程中，各地区应结合所处的地理环境以及自身独有的区位条件，做到因地制宜、扬长避短，最大化发挥自身的优势与独特之处。

另一方面，加强机构协同，实现红色档案资源的充分利用。将档案馆、博物馆等机构工作与红色旅游内容密切融合，打造机构协同机制，提高红色资源的利用率、加强相关机构合作交流、推动构建红色旅游新模式。例如，云南省档案馆与博物馆曾合作推出新旅游模式——档案时间线，助力档案资源的活化利用；福建省文化和旅游厅在打造长征精品旅游线路时成立了专门的"领导小组"，给予精品路线政策引导与支持，同时注重加强沿途各地相关旅游和研究机构的协同合作。通过构建区域联合机构协同机制，有利于打造红色旅游新模式，为游客旅游提供更丰富的内容和更多的可能，促进其更加深刻地了解红色文化，增强其对红色基因的情感认同。

3.4 加快人才队伍建设，提供红色旅游智力保障

档案资源赋能革命老区红色旅游高质量发展，需功能完备的硬件设施与高素质、高水平的人才队伍作为"两手"支撑。《内蒙古自治区"十四五"文化和旅游融合发展规划》提出要加强旅行社导游员文化素养和服务技能培训，并定期举办全区导游员、讲解员技能大赛，培养一批金牌导游员、讲解员。

红色旅游档案资源融合的首要目标是保护、整理、宣传、弘扬中国共产党在革命、建设、改革过程中形成的一系列红色精神和红色档案。红色旅游

作为独具特色的旅游形式，在我国发展时间短，发展速度快。在快速发展的过程中，不断变化的市场需求要求红色旅游专业人才需要有较强的创新意识，赋予红色产品更强吸引力和感染力。[16]

4 结语

档案资源赋能革命老区红色旅游发展是当前中国红色旅游业高质量发展的重要方向之一，也是革命老区经济转型升级的重要手段之一。因此，在未来的探究和实践中，应继续探讨相关问题，提出更加全面和有效的解决方案，为档案资源赋能红色旅游的可持续发展作出贡献，为革命老区的经济社会发展注入新的活力和动力。

注释及参考文献

[1] 国家发展改革委 .2004—2010 年全国红色旅游发展规划纲要 [EB/OL].[2023-05-20]. https://zfxxgk.ndrc.gov.cn/web/iteminfo.jsp?id=112.

[2] 张旭芳 . 智能化技术在档案信息化建设中的应用 [J]. 兰台内外 ,2023(31):31-33.

[3] 陈艳华，陈丽娟 . 乡村振兴战略下农村红色旅游发展研究 [J]. 农业经济 ,2021(9): 57-59.

[4] 陈春霞 .《精准扶贫档案管理办法》的内容解读及思考 [J]. 北京档案 ,2022(4):18-23.

[5] 范力，焦世泰，韦复生 . 左右江红色旅游区红色旅游产品开发模式研究 [J]. 中国软科学 ,2013(11):170-177.

[6] 方鸣，丁家友，裴洋 . 文旅融合背景下的档案信息资源整合研究——以苏州市为例 [J]. 档案学通讯 ,2020(6):54-60.

[7] 安徽省文化和旅游厅 . 安徽省 "十四五" 文化和旅游发展规划 [EB/OL].[2024-03-28].https://ct.ah.gov.cn/public/6595841/8481877.html.

[8] 涂海丽，杨鸣，倪亚健 . 数字时代增强红色旅游体验感的思考 [J]. 商展经济 ,2022(21):34-36.

[9] 卢伊丽，詹超铭 . 红色档案在企业文化建设中的作用 [J]. 现代企业文化 ,2023(7): 1-3.

[10] 张梦怡 . 馆藏档案开放审核新路径研究 [J]. 浙江档案 ,2023(9):51-53,57.

[11] 王金伟 . 中国红色旅游发展报告 (2021)[M]. 北京 : 社会科学文献出版社 ,2021: 17-18.

[12] 徐仁立 . 红色旅游人力资源开发研究 [J]. 西安交通大学学报 (社会科学版), 2012(6):30-35.

[13] 徐槊蔓 . 让红色文化浸润江山大地——江山市档案馆打造"红润江山"档案品牌侧记 [J]. 浙江档案 ,2024(2):20-22.

[14] 浙江省人大 . 浙江省红色资源保护传承条例 [EB/OL].[2024-04-03].https://www.zjrd. gov.cn/sylf/fggg/202403/t20240329_173357.shtml.

[15] 蒋云飞 , 金畅 . 档案开放审核尽职免责 : 理论阐释与制度创设 [J]. 档案学通讯 , 2023(5):11-18.

[16] 王占龙 , 吴若山 , 剧岩 . 河北省红色旅游人才队伍建设路径研究 [J]. 河北旅游职业学院学报 ,2022(3):52-55.

数字人文视角下红色档案资源游戏化开发研究
——以南侨机工档案为例

贡彦茹　王芹

苏州大学社会学院

摘要：随着我国文化事业的蓬勃发展，红色档案资源开发利用成为热潮，但多是围绕数字化建设，对红色档案游戏化开发研究较少。档案游戏化开发为创新服务形式、传播档案文化价值开辟了崭新的道路，对重唤档案生机、提高社会档案意识尤为关键。本文基于数字人文视角下档案研究"三原语"模式，从发现、重构、转译、编码四个维度论述"南洋华侨机工回国服务团"档案（简称南侨机工档案）游戏化开发路径，并提出开发原则，针对红色档案资源游戏化开发的现存问题从强化"档案性"、建立反馈机制和数字人文平台三个方面提出改进对策，以期为红色档案资源游戏化开发提供更多可能，助力新时代档案文化建设。

关键词：红色档案；数字人文；档案资源开发；游戏；文创

0 引言

2022 年《关于推进实施国家文化数字化战略的意见》提出统筹推进国家文化大数据体系，提升公共文化服务数字化水平[1]，2023 年《数字中国建设整体布局规划》强调推进文化数字化发展，深入实施国家文化数字化战略[2]，这些政策将实施国家文化数字化战略作为繁荣和发展文化事业的重要举措。档案馆、博物馆等文化机构突破传统利用模式，对馆藏纸质档案进行数字化处理，通过建立数据库、数字人文平台等方式，为档案信息资源的开发与建设开拓了崭新的道路。而在馆藏档案中，红色档案因其悠久的历史底蕴和独特的精神内涵成为开发利用的热潮。习近平总书记指出，加强党对档案工作的领导，特别是要把蕴含党的初心使命的红色档案保管好、利用好[3]，红色档案是中国共产党宝贵的精神财富，对于提高人民群众认同感、使命感至关重要。随着档案馆由被动保管档案实体到主动提供利用转变的过程中，档案文创产品逐渐进入公众视野，《中华人民共和国档案法实施条例》第三十七条指出"促进档案文献出版物、档案文化创意产品等的提供和传播"[4]，而档案游戏作为档案文创产品中最具创新性与趣味性的形式，为档案资源的创新服务、档案价值的转型提供了全新的视角。

目前学界鲜有专门针对红色档案资源游戏化开发进行探讨，大多是从档案整体或个例出发。周林兴（2022）阐述档案游戏化开发的价值，提出档案游戏化开发需把握主题辨识、体验优化、需求整合三个维度[5]；徐晴暄（2020）以故宫文创游戏《谜宫·如意琳琅图籍》为例，分析档案作为游戏开发素材的可行性、优势和利用方法[6]。而业界对于红色档案资源游戏化开发的主要成果可归纳为红色主题教育游戏（主要针对学生和教育机构通过游戏化形式传授红色历史、革命理念，包括角色扮演、解谜推理等元素）、红色旅游互动游戏（结合红色旅游景点及历史遗迹的特点，应用现代技术如 AR、VR 等搭建互动游戏平台）、红色文化终端游戏（通过移动终端开发，采用任务系统、战略部署等多种游戏形式融入红色历史元素）。

1 红色档案资源游戏化开发案例——以南侨机工档案为例

借鉴数字人文环境下档案研究的"发现""重构"和"故事化"的三原语模式[7]，将南侨机工档案游戏化开发流程分为档案"发现"，信息"重构"，游戏元素"转译"和"编码"叙事化呈现四部分（图 1）。

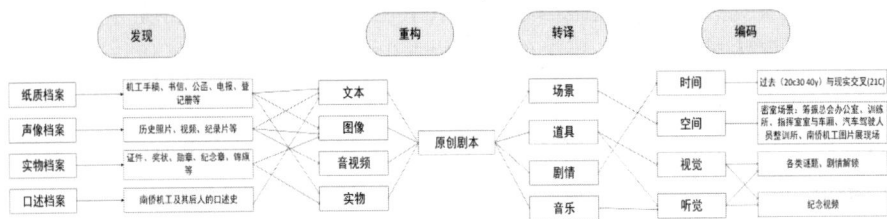

图 1　南侨机工档案游戏化开发流程图

1.1 前期调研——档案"发现"

南侨机工档案是中国抗战和盟军作战的重要历史档案组成部分，类型丰富，包括纸质档案、声像档案、实物档案、南侨机工及其后人口述档案[8]。在档案开发利用形式逐渐多样化的背景下，南侨机工档案仍局限于文字编研、纪录片、展览等传统利用方式，尚未有游戏化开发案例。鉴于国内沉浸式体验项目还存在重视觉效果而轻创作文本内容的普遍现象，因此在创作沉浸式密室逃脱体验项目时可对剧本进行打磨。

1.2 剧情策划——信息"重构"

基于真实历史及重要档案（表1）重构档案信息，着力于领导者与参与者两个视角，设计原创角色和IP形象（图2），将剧本分为参战、新兵、浴血、求生、离合、回家六幕。

表1　部分重要档案原件

第一幕	南侨总会会徽	机工招募要求	南侨总会筹赈奖状
	个人文档	登记证	白雪娇的信
	修筑公路	筹赈总会现场	

图 2 人物关系图

1.3 谜题设计——游戏元素"转译"

基于档案信息重构后的原创剧本，从档案原件出发，将档案元素转译为游戏元素，下面从文本、图像、音视频、实物四个角度总结"转译"游戏元素的方法：

一是文本的转译。南侨机工档案中详细记录了机工们回国参战，从事运输工作的全过程，在为剧本创作提供完整时间线的同时也为游戏化场景构建提供参考。此外，文本也可用于解谜道具的内容制作，如道具"民国报纸""签名合同"（图 3）。

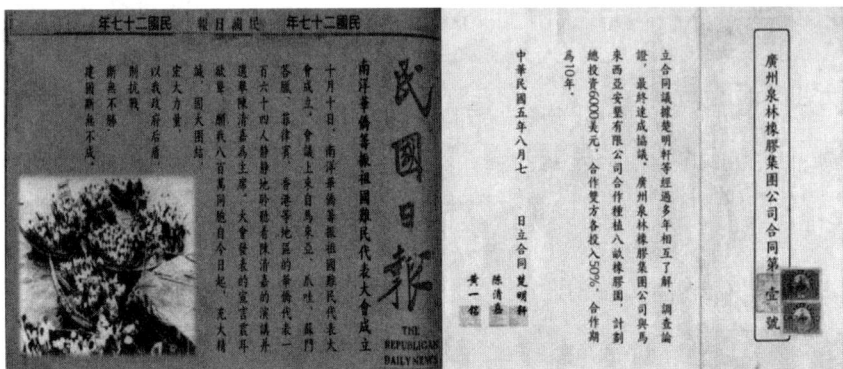

图 3 基于文本的转译：道具"民国报纸""签名合同"

二是图像的转译。南侨机工档案中有大量照片档案，一方面可具象化游戏场景，另一方面可进行提炼，通过符号语言融入游戏场景中，如将历史照片转化为游戏场景中的四字密码"顺序"谜题（图4）。

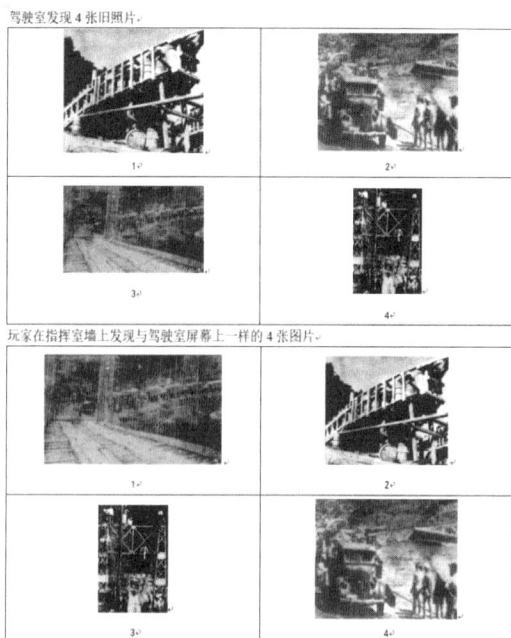

图4　基于图像转译："顺序"谜题

三是音视频的转译。南侨机工档案中包含大量声像档案，解谜过程中应用声音、视频，可提升参与感与代入感。如在第二幕中以1935年歌曲《告别南洋》作为留声机播放曲目，设计"听音捕捉关键词按钮"谜题（图5）；于解谜结束后播放南侨机工纪念视频，唤醒玩家的抗战记忆。

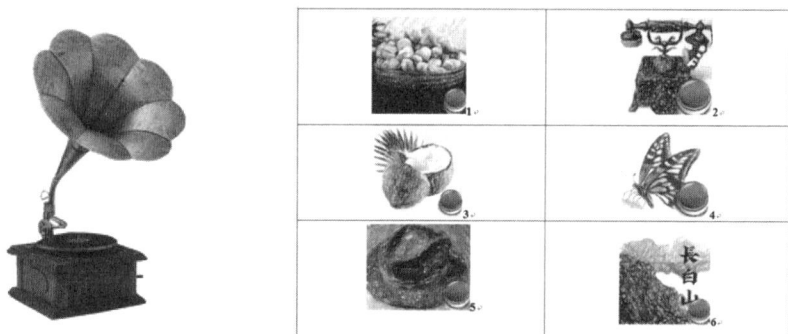

图5　音视频转译："听音捕捉关键词按钮"谜题

　　四是实物的转译。南侨机工档案中包括大量的实物档案，如勋章、锦旗、证件等。实物档案不但能为剧情服务，而且可以转化为游戏道具，传播档案内容。例如，基于南侨机工档案中的证件可以设计谜题道具驾驶证（如图6），南侨机工的手稿可作为道具泛黄纸条的设计参考等（如图7）。

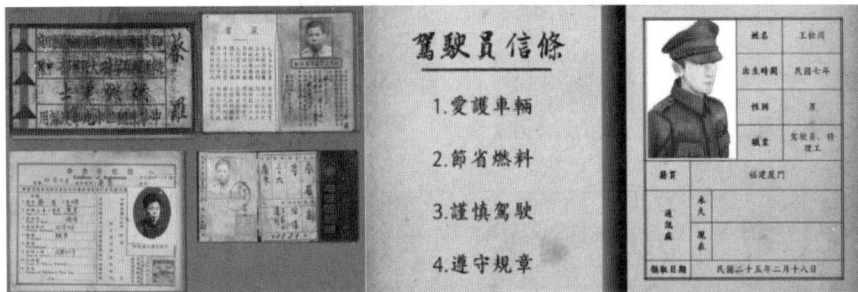

图 6　基于实物的转译：驾驶证

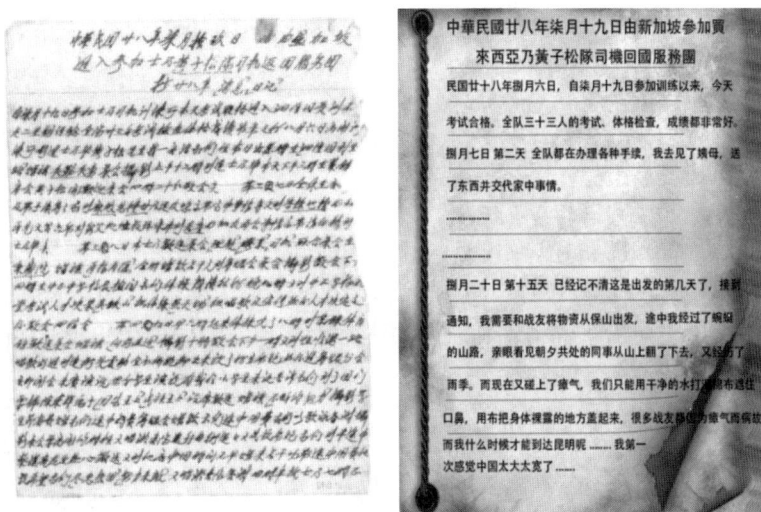

图 7　基于实物的转译：泛黄纸条

1.4 游戏成果——"编码"叙事化呈现

　　基于原创剧本，以情节发展为线索，采用嵌入式叙事，依附于角色、道具、剧情等，将档案信息转译为游戏元素后植入 3D 建模架构的密室逃脱空间"南侨旧事——档案中的赤子功勋"（图8）。玩家利用道具推理解谜，进而推动故事情节的发展。

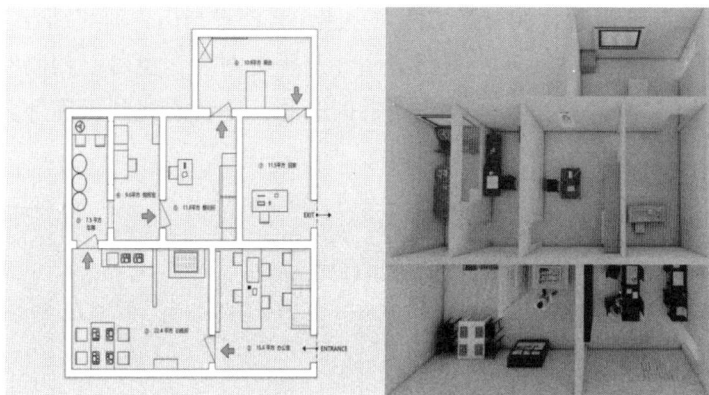

图 8　密室 CAD 设计图与整体架构图

图 9　线上 PC 端模拟密室交互视频效果图

图 10　画册外观图

　　除实体场景沉浸式解谜，线上可体验 PC 端模拟密室交互视频，视频中有谜题选项供玩家选择（图 9），选项选择错误时会揭秘正确解谜过程。《"十四五"全国档案事业发展规划》明确提出加强档案文化创意产品开发[9]，因此可积极制作游戏周边，开发《南侨旧事》密室逃脱式互动阅读画册（见

图 10）。该画册集教育性与互动性为一体，将档案与历史研究结合，一方面充分挖掘档案价值，展现相关档案原件及历史图片，也可以扫码阅读机工人物故事，具有教育性；另一方面根据谜题，读者需找到正确外页并进行剪裁，具有互动性（图 11）。

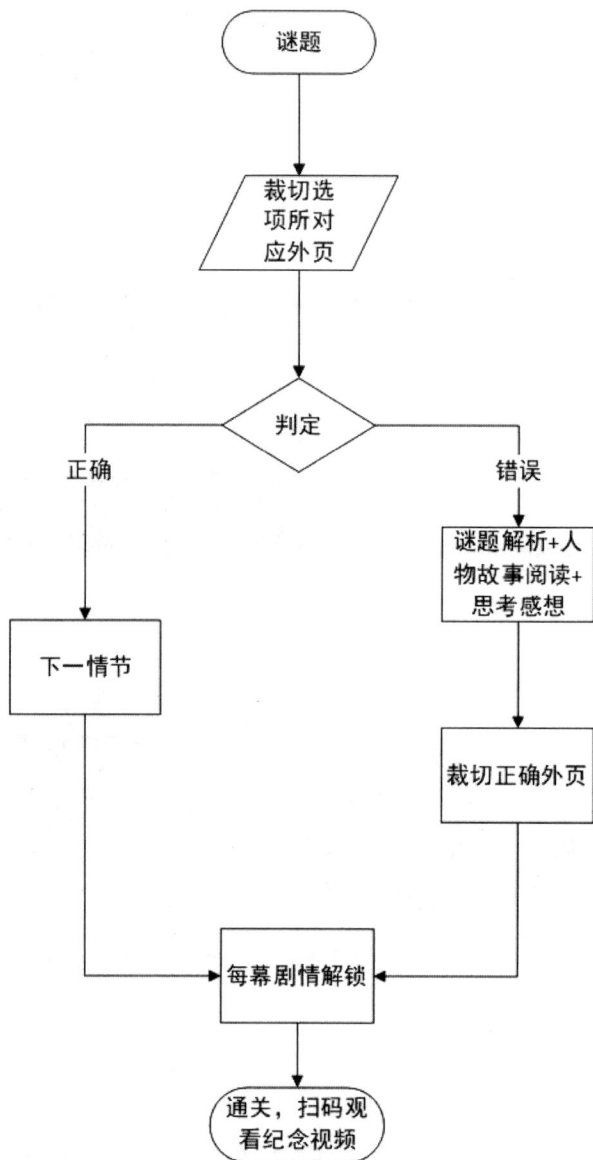

图 11　画册阅读流程图

至此形成南侨机工档案 3D 建模可视化互动视频＋实体场景互动＋密室逃脱式解谜书"三位一体"的实体与虚拟结合的游戏化开发成果,打破地域和时效限制,增加体验的灵活性。

综上所述,结合南侨机工档案游戏化开发实例,在游戏化开发过程中宜以载体形式为标准对红色档案进行分类,红色档案大致可分为纸质档案、声像档案、实物档案三种类型。而这三种类型的档案在转化为游戏元素时,并不需要遵循绝对单一的对应关系,即任意游戏元素都可以展现档案信息,不同载体形式的档案都能转化为任意游戏元素。鉴于此,红色档案游戏化开发可以遵循"发现—重构—转译—编码"的基本模式(图12),在将档案元素转化为游戏元素、构建游戏空间的过程中,本质上是对已发现的档案信息进行重构、转译、再编码,旨在通过玩家的互动参与来塑造叙事结构。

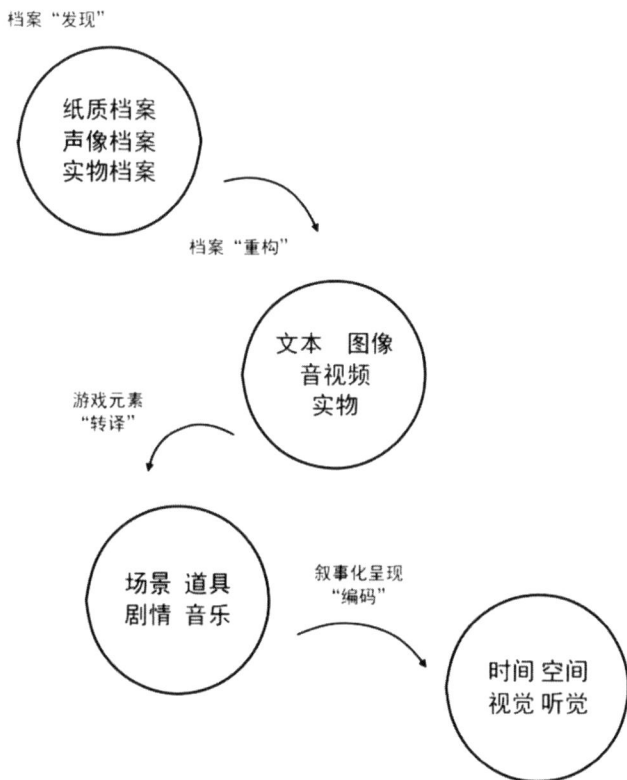

图 12 红色档案游戏化开发路径

2 数字人文视角下红色档案资源游戏化开发原则

2.1 寓教于乐的有机融合性原则

档案游戏化开发是利用档案的内容或形式开发具有娱乐、教育性质，面向大众的游戏。游戏化开发的本质是利用档案讲述历史，起到教育作用，而游戏化只是一种呈现手段。因此，红色档案游戏化开发过程中要坚持寓教于乐的有机融合性原则，其文化教育性应占主导地位，若单纯追求游戏的娱乐性，会导致历史文化的反向传播。只有将"乐"与"教"结合起来，才能将档案的内容或形式信息提炼、加工，形成优质成果，真正做到"寓档于乐""以乐促档"。

2.2 以史为鉴的真实完整性原则

档案具有原始记录性，客观反映了历史活动的本来面貌。档案游戏化开发应尊重历史，所涉及历史情节、场景元素要考证出处，否则无法体现利用档案设计游戏的优势，也会造成公众对历史的误解。红色档案区别于其他档案资源的一个重要特征在于"红色"，它有着高度的革命性和政治性，对弘扬革命优秀传统，宣扬社会主义核心价值观至关重要。而红色档案卷帙浩繁，将所有档案包含进游戏情节是不现实的，鉴于此，应在展示档案完整时间线的基础上最大限度展现特色档案内容。档案记录历史事件，历史事件反映情怀与精神，情怀与精神赋予游戏历史担当。只有在红色档案游戏化开发过程中坚持以史为鉴，守住真实性和完整性的最后底线，才能让游戏具有深刻内涵，发挥档案的历史文化价值。

2.3 便于传播的前瞻需求性原则

游戏内容和用户互动是档案游戏化的核心要素，这就要求我们在开发过程中坚持"内容为王，需求至上"的原则。当今时代，各类文化产品眼花缭乱，甚至供大于求，因此，要在数字人文背景下挖掘档案资源的潜在价值，尝试结合数据分析、文本挖掘等技术分析用户偏好，在深入调查研究的基础上摸准实际需求，设计趣味性游戏机制。此外，聚焦于"传承红色基因，赓续红色血脉"的文化热点进行游戏化开发，既能传播知识又能提升红色档案的影响力，实现价值的最大化。游戏化开发过程中除把握时代热点，立足需求，考虑推广传播的便捷性与反馈机制也至关重要。

3 红色档案资源游戏化开发的现存问题

首先，红色档案资源的深度挖掘和整合不足。红色档案中蕴含着丰富的历史文化和精神内涵，但在游戏化过程中，往往停留在表面，导致游戏内容缺乏深度和广度，且未给予档案知识足够的重视，如档案的组织机构、档案工作"八环节"等档案特色脉络，一定程度上弱化了"档案性"。

其次，游戏性与教育性的平衡问题突出。与游戏的娱乐性相比，游戏化更侧重于在非游戏领域应用游戏要素来达成某种目的。在档案开发领域，一方面，游戏的本质是将文字、图像、声音等要素结合为超媒体产品，与电子档案的形式相吻合；另一方面，游戏化开发"活化"档案，将档案作为元素植入游戏，以游戏还原历史场景，能够彰显档案的历史文化价值。而在实践中，实现游戏性与教育性的有效融合通常面临显著挑战。

再次，技术实现与成本控制的矛盾也是制约红色档案游戏化开发的一个因素。为了呈现更好的效果，需要采用先进的技术手段，但这意味着更高的成本投入。

最后，目标受众的多样性与反馈机制也是一个需要关注的问题。不同年龄、性别、文化背景的玩家对游戏的期望不同，如何满足不同受众需求，落实游戏反馈机制，让更多人接受红色档案游戏，是需要深入思考的问题。

4 数字人文视角下红色档案资源游戏化开发策略

4.1 强化"档案性"，延长档案游戏生命周期

强化"档案性"，普及档案知识以提高公众的档案意识可以从游戏环节和实体文创入手。以南侨机工档案为例，就游戏环节而言，在谜题的呈现形式上可增添档案特色脉络。例如，为筹赈总会办公室桌上的南侨机工选拔名单设置多张干扰名单，按照时间顺序摆放形成"南侨机工选拔名单册"，体现档案整理的基本原则；将新兵训练所的日记本与报纸分别放入档案盒中留存，引导玩家依据案卷目录和卷内文件目录查找线索，领悟档案检索知识。就实体文创而言，可增添知识卡片，在与谜题对应的卡片中详细描述档案知识，凸显出以档案设计游戏的优势，赋予档案游戏真正的"生命"。

4.2 借助新媒体手段，打造档案游戏反馈机制

档案游戏化成果以应用程序或实物呈现时，不可避免地会出现各种问题，因此打造档案游戏反馈机制至关重要。习近平总书记指出，加快传统媒体和新兴媒体融合发展，充分运用新技术新应用创新媒体传播方式。由此可见，建立全面的反馈机制一方面需要收集线下玩家意见，另一方面基于媒介手段的多样性可利用微博、微信、抖音等平台建立反馈渠道。此外，也要构建合理的游戏反馈激励机制，对提出问题并采纳的玩家进行奖励，形成良性循环。

4.3 搭建数字人文平台，展现红色档案资源

目前大部分红色档案资源在游戏设计过程中依靠手工检索与人工筛选，缺乏技术性。以南侨机工档案为例，其资源呈现出碎片化特征，不利于数据挖掘与统计分析。因此，宜搭建南侨机工数字人文平台，整合档案资源，在现有技术的基础上结合数字人文技术，如利用文本挖掘技术发现海量信息内在联系，利用关联数据技术梳理人物故事及机工基本情况，挖掘隐藏价值，打破不同平台的"信息孤岛"，借助历史地理信息系统、时空分析技术、可视化分析工具呈现成果，展现档案资源。

5 结语

红色档案资源游戏化开发作为新兴研究领域意义重大，当游戏作为一种"文化现象"被应用时，会从新的精神创造物转变为值得被珍藏和传播的记忆财富[10]，而大数据、人工智能、VR、AR 等数字技术作为档案游戏化开发过程中不可或缺的角色，促使档案的人文价值阐述更加深入。南侨机工档案游戏化开发过程依旧存在不足，借此希望引发相关人员对红色档案游戏化开发的关注和思考，立足实际，因档施策，从而促进档案文化事业的发展。

注释及参考文献

[1] 新华社 . 中共中央办公厅 国务院办公厅印发《关于推进实施国家文化数字化战略的意见》[EB/OL].[2024-01-25].https://www.gov.cn/xinwen/2022-05/22/content_5691759.htm.

[2] 新华社 . 中共中央 国务院印发《数字中国建设整体布局规划》[EB/OL].[2024-01-25].https://www.gov.cn/zhengce/202302/27/content_5743484.htm?eqid=ad458d2c0015b361000000036497e00d.

[3] 中国档案报 . 见行动 出实效 坚决贯彻落实习近平总书记对档案工作重要批示精神 [EB/OL].[2024-01-25].https://www.saac.gov.cn/daj/c100163/202207/64b9173dda124fc0b6d63b1b4fc1c491.shtml.

[4] 中华人民共和国国家档案局 . 中华人民共和国档案法实施条例 [EB/OL].[2024-01-31].https://www.saac.gov.cn/daj/xzfg/202401/2ebf9e8cc94a4f6cbff5a8210f25dc88.shtml.

[5] 周林兴 , 张笑玮 . 档案游戏化开发 : 价值呈现、维度把握与路径探析 [J]. 北京档案 , 2022(4):10-13.

[6] 徐晴暄 . 档案利用方式设想之游戏开发素材——以故宫文创游戏《谜宫·如意琳琅图籍》为例 [J]. 兰台世界 ,2020(4):30-33.

[7] 牛力 , 高晨翔 , 张宇锋 , 等 . 发现、重构与故事化 : 数字人文视角下档案研究的路径与方法 [J]. 中国图书馆学报 ,2021(1):88-107.

[8] 华林 , 邱志鹏 , 杜仕若 . 南侨机工档案文献遗产数字资源整合研究 [J]. 档案管理 , 2019(5): 41-44.

[9] 中华人民共和国国家档案局 . 中办国办印发《"十四五"全国档案事业发展规划》[EB/OL].[2024-02-09].https://www.saac.gov.cn/daj/toutiao/202106/ecca2de5bce44a0eb55c890762868683.shtml.

[10] 冯天予 , 谭必勇 . 寓档于乐 : 档案游戏化现状与策略研究 [J]. 兰台世界 ,2020(4): 18-23.

文化基因视域下红色档案赋能高校思政育人的理论逻辑与实现路径

刘维荣[1] 郑珊霞[2] 包竞成[3]

1 江苏省档案馆

2 扬州工业职业技术学院

3 安徽大学

摘要：红色档案承载着红色基因，具有革命信仰传承和红色文化延续的深远意义。本文立足于对红色档案文化内涵的考察，从红色档案的育人宗旨、文化基因的传承需求和大学精神的包容特色三个方面，深入剖析了红色档案赋能高校思政育人的理论逻辑，并从红色档案助力思政课堂、校史教育、校园文化、基地建设、媒体宣传和社团活动六个方面，提出了相应的实践路径。

关键词：红色档案；文化基因；思政教育；价值；路径

0 引言

中华文明五千年的薪火相传，孕育了具有强大生命力的文化基因，撑起了伟大的华夏民族。党的十八大以来，习近平总书记多次提到"文化基因"的概念，包括中华民族优秀传统文化基因、红色基因等等。将红色档案引入高校，发挥红色档案育人功能，对传承红色基因，继承革命传统，弘扬奋斗精神，增强文化自信，实现伟大中国梦具有重要历史意义与时代价值。

1 文化基因与红色档案

1.1 文化基因理论

文化基因，是近代学者为了描述人类文化的传播规律，借鉴生物遗传学中的基因概念引申而得。《牛津英语词典》将其定义为：文化的基本单位，通过非遗传的方式，特别是模仿而得到传播。生物基因，具有遗传性、传播性、变异性和融合性等特点，会随着时间的推移而优胜劣汰。[1]文化基因具有类生物属性，也会如此。优秀的文化基因在不遭受意外冲击的情况下，会代际相传。而且，越是优秀的文化基因，在与外来文化排斥、碰撞及融合的过程中，能够保持自身的基因内核，并且不断融合更新，愈发丰富、强大。这就是为什么在其他三大古文明都因外族侵略、生态变化等原因消亡之际，五千多年的中华文明却能在历史变迁中屹立不倒，并且愈发强大，从未中断。

1.2 红色档案中的红色基因

1965 年，"红色档案"一词最早出现在《人民文学》刊载的《红色档案抒情》一文中，然而，直至 21 世纪初，相关的正式研究才受到我国档案学界的重视。[2]本文通过总结和提炼《中华人民共和国档案法》中有关"档案"的定义中所涉及的相关元素，从"档案形成者""时间界定""保存价值"和"资源形式"四个方面入手，对红色档案进行概念界定。红色档案是指 1919 年新民主主义革命时期至今，由中国共产党及其领导下的机关、组织和个人在革命奋斗和国家建设过程中直接形成的，对国家和社会具有保存价值的不同形式的历史记录。

习近平总书记指出："红色资源是我们党艰辛而辉煌奋斗历程的见证，是最宝贵的精神财富，一定要用心用情用力保护好、管理好、运用好。"[3]红色档案资源承载着党的历史，记录着党史中的重要会议、重大事件、重要任务。一件件红色档案，蕴藏着党的初心使命、坚定的理想信念、坚强的革命意志，不畏艰险、浴血奋战的英雄主义气概、为党为人民英勇献身的精神、艰苦奋斗的优良作风，奋发有为的进取精神，等等，承载着无数的红色基因，是中华民族最宝贵的精神财富。

2 红色档案赋能高校思政育人的理论逻辑

2.1 符合红色档案的育人宗旨

习近平总书记长期关心、关注档案工作，多次作出重要指示。他指出"档案工作存史资政育人，是一项利国利民、惠及千秋万代的崇高事业"，确立了档案工作在国家社会发展进程中的重要地位，并强调"要沿着革命前辈的足迹继续前行，把红色江山世世代代传下去。[4]革命传统教育要从娃娃抓起，既注重知识灌输，又加强情感培育，使红色基因渗进血液、浸入心扉，引导广大青少年树立正确的世界观、人生观、价值观"，充分肯定了红色档案的育人宗旨和价值。

2.2 符合文化基因的传承需求

习近平总书记强调："我们要铭记光辉历史、传承红色基因，在新的起点上把革命先辈开创的伟大事业不断推向前进。"2021 年《"十四五"全国档案事业发展规划》中将"推动档案事业高质量发展，适应国家治理体系和治理能力现代化要求"作为制定宗旨，并提出"深入挖掘红色档案资源，建立'四史'教育专题档案资料库，传承红色基因，充分发挥档案在理想信念教育中的重要作用"[5]。因此，红色档案育人，符合红色基因的传承需求。

2.3 符合大学精神的包容特色

大学思想自由、兼容并包，来自五湖四海的学生聚在一起，共同学习、探索，记录着学校建立、发展和变迁的历史轨迹。在长期的办学实践中，学校逐渐积淀下来、被全体大学人所认同的一种群体意识和学校气氛，就是大学精神。在高校校史中，有革命斗争的英勇事迹，有艰苦奋斗的创业传奇，那些红色档案、红色故事、红色人物，都属于红色基因资源，蕴藏红色精神，引导师生从中追本溯源，在学校发展的足迹中，探寻先辈马克思主义信仰、艰苦奋斗的素养和改革创新的智慧，以史为鉴，开创未来，谱写更加生动、激昂的大学精神。

3 红色档案融入高校思政育人的实践路径

高校要建立大思政背景下协同育人理念，将红色档案资源纳入本校思想政治教育资源的协同开发系列，进行协同开发利用，增强育人实效。

3.1 红色档案入课堂，厚植家国情怀

红色档案是一种具有独特价值的信息资源，应该最大限度地发挥其中红

色基因对道德和灵魂的塑造和洗涤作用。[6]红色档案与高校的课程思政相契合，将红色档案融入课堂，可以厚植学生的家国情怀，在学生心中播下爱国主义、社会主义核心价值观的种子。在高校"大思政"系统创新过程中，融入红色档案可使课程内容更加生动而富有内涵。通过将红色档案资源融入教学，可以更好地启发学生对历史的思考，加深对国家和民族的认识，从而培养出具有历史责任感和使命感的青年。首先，应该将红色档案引进高等教育课堂，与现有课程知识相融合，将这些宝贵的红色档案资料运用到不同学科和专业教学和主题活动中，加强资源整合，从单一的平面传播转变为立体、全方位的展示，以此丰富教学内容，增强教学效果。其次，要强化师资队伍建设，培养一批懂得红色文化、善于进行思政教育的教师，不仅要有深厚的红色文化理论功底，还要具备现代教育理念和方法，能够深入理解并传授红色经典内容，并且能够有效地将红色文化融入日常教学和育人实践中，从而成为红色文化的传承者与授业者。教师将红色档案中的经典故事与专业知识点相结合，可以让革命先烈的英雄事迹与理论知识互相映衬，既能传授知识，又能将红色档案资料融入教学，与课程内容相结合，充分发挥其历史价值和激励作用。最后，通过编写红色教材，红色精神传播给广大青年学生，增强他们的政治意识和历史责任感。

3.2 红色档案入校史，丰富大学精神

通过校史校情教育，将红色文化融入高校思政育人过程之中，加强学生的思想政治教育和对红色精神的传承。"新形势下的红色校园文化是运用科学的理论、浓厚的氛围来引导、塑造广大学生，使学生牢固树立正确的世界观、人生观、价值观，坚定理想信念。"高校是培养青年学生全面发展的重要阵地，承担着培养优秀人才的使命，为了加强高校思政育人工作，红色文化的融入成为一项重要举措。通过校史校情教育，我们可以深入挖掘和传承学校的红色基因，激发学生的爱国热情和社会责任感。校史校情教育可以通过丰富多样的形式进行展示和传播。学校可以邀请相关专家学者和退休老教师进行分享和交流，也可以通过参观红色文化展览、阅读相关书籍、观看纪录片等方式，让学生深入了解和感受校史中红色文化的魅力。在校史馆内设立"红色文化角"，通过历史照片和实物来展示校史中的革命故事，英勇事迹，增强学生对校史中红色档案、红色文化的历史的认知和感受，让学生感受学校的历史传统和红色文化的底蕴。学校还可以从校史中提炼红色文化要素举办各种形式的纪念活动，如演讲比赛、主题展览等，进一步增强学生对

校史校情中红色文化的认识和理解。在这些活动中，学生不仅能学习到红色历史知识，还能培养团队合作精神和社会实践能力，增强爱党、爱国、爱校意识。

3.3 红色档案入校园，浸润校园文化

高校校园文化代表着高校的风骨气韵和精神标识，具有以文化人、以文育人的功能优势，包括大学的办学理念、大学精神、教风学风等，在教书育人过程中发挥着重要作用。而高校红色文化，是校园文化的重要组成部分，但由于相对独立，且开发利用不足，导致融合度不够，不能发挥更大作用。红色档案融入高校思政教育，可以拓展学生文化视野。红色文化作为中华文明的重要组成部分，蕴含了深厚的民族精神和价值追求，其在高校的推广有助于拓展学生的文化视野。高校作为文化传承和创新的重要阵地，只有将红色文化深植于学生心中，学生才能更好地肩负起传承文化的重任，发扬创新精神。首先，要在校园内营造红色文化氛围，例如橱窗、宣传牌、宣传片、广播等等。其次，可以利用校内文化场馆举办红色活动，例如校史馆的口述史、图书馆的真人图书馆、文化馆的红色展览等。此外，红色社团、红色宣讲团等学生力量也不能忽视，例如，高校的校史宣讲社团，是高校为了对内对外传播校史文化，在校史馆老师指导下成立的以学生社团为依托，以在校大学生为主体的公益性服务组织，是传承校史文化基因、传播校园红色文化精神的重要途径。

3.4 红色档案入基地，打造沉浸体验

学校可以与企业、政府等机构合作，开展实践项目，为学生提供参与实践锻炼的机会，培养他们的社会责任感和创新能力。红色教育基地是实现高校思政教育的重要平台，是学校第二课堂的重要载体。依托互联网＋大学生创新创业大赛红色筑梦赛道开展专业学科实习实践及创新创业对接活动，可以让学生身临其境地学习实践体验到红色档案中的人物角色和英雄典型事迹，通过新媒介和 VR 技术亲身参与红色筑梦乡村振兴建设，将自己的专业知识和社会需求及人生价值有机融合一体。加强与苏皖边区政府旧址、盐城新四军纪念馆、黄花塘新四军军部纪念馆等基地的合作，充分利用基地丰富的红色档案资源开展形式多样、丰富多彩的大学生思政教育。红色教育基地是进一步传承红色基因的最佳载体，要充分运用红色教育基地和属地红色印象企业对学生进行思想政治教育，劳动教育，实习实践教育、创新创业教育，使

其精神得以升华，思想得以洗礼，行动得以体现，让更多有理想、有抱负、有情怀、有技术的四有新人扎根中国大地服务三农，参与新时代社会主义建设，从而实现红色档案文化传承应用的育人价值。

3.5 红色档案入媒体，加大宣传力度

随着融媒体的发展和各种新科技技术的引入，文化传播也驶入快车道，提上加速度。红色档案的传播推广，也必须借助融媒体新技术的力量，才能以更快、更好的效果呈现。借助历史的红色素材和多种宣讲形式，如放映红色影片、利用微信、QQ 等新媒体平台进行在线教育，可以有效增强学生的政治认同和历史传承意识。以"互联网 +"的思维方式对红色档案加以利用。高等院校党委宣传部、党委统战部、党委教师工作部、党委学生工作部、团委、档案馆、图书馆等部门联合各二级学院共同开展互联网 + 乡村振兴红色筑梦——职业规划大赛、演讲比赛、我为家乡代言创新创业大赛等系列活动。充分发挥青年学生网络技术优势，盘活红色档案资源，运用"新媒体、新技术打造校园融媒体，基于本校红色档案资源开展云直播、云展览，创作富有正能量、传播力的短视频。可采用 H5 技术推动红色档案资源在移动端的传播，通过音乐、图片、视频等提高红色档案资源的育人效果及传播效率。采用慕课、翻转课堂等形式，用学生喜闻乐见、润物无声的方式，在课程思政中融入红色档案资源开发成果，增强育人实效"。可以说，网络媒介可以极大增强红色档案思政育人效果。学校还可以利用现代科技手段，通过建设红色文化网站、推出红色文化 APP 等，利用网络渠道推送一些先进人物事迹和历史故事，通过持续的建设，激发学生的学习兴趣，将一些红色故事做成数字档案，实现红色档案资源在思政教育中的突出作用。[7]

3.6 红色档案入社团，创新开发利用

高校是一个富有创造力的场所，大学生社团活动也十分丰富多彩。高校可以利用学生社团，开展活动的同时，创新红色档案开发利用。例如，基于高校中的艺术设计专业，借用专业特色进行红色档案建设。基于视觉维度深挖高校红色资源，运用艺术设计专业的特色，进行视觉传达理念的设计，对档案中的人物和故事进行视觉化的艺术呈现，如将这些档案做成插图、版画、海报以及明信片等，让红色文化实现视觉化艺术呈现，"尤其注重运用字体设计、插图设计、编排设计、展示设计和影像设计领域的技术和方法，使视觉展示和知识传递融为一体"。同时，在视觉呈现的过程中要避免红色档案

开发的同质化，要结合区域特色和档案特色进行深挖属性内涵，打造形式多样和题材多样的红色经典档案。

4 结语

红色档案不仅是党的历史文献，而且还是中国共产党和广大人民群众英勇奋斗、艰苦卓绝的历史见证。高校作为培养德智体美劳全面发展的社会主义建设者和接班人的重要阵地，应该积极利用红色档案资源，传承红色基因，通过形式多样的教育活动，深刻讲解红色档案中蕴含的思想内涵和历史价值，使学生们在接受知识的同时，更加深刻地认识到中国共产党的光辉历程和革命传统，进一步坚定理想信念，树立正确的历史观和人生观。

注释及参考文献

[1] 郑珊霞,刘辕.地域文化基因视角下运河非遗传播路径研究——以"扬州工"为例 [J]. 传媒论坛 ,2021(22):121-122,125.

[2] 严皓.扬州市档案馆红色档案开发研究 [D]. 扬州 : 扬州大学 ,2023.

[3] 陈瑞芳.红色文化融入新疆高校思想政治教育的价值与路径——以弘扬"时代楷模"拉齐尼·巴依卡的事迹为例 [J]. 领导科学论坛 ,2022(3):123-126,131.

[4] 庆跃先.弘扬"大别山精神"打造红色文化传承高地 [J]. 理论建设 ,2018(3):74-77.

[5] 张婷,姚红.新时代红色档案资源开发利用路径分析——以高校红色档案资源为例 [J]. 档案天地 ,2023(6):43-46.

[6] 赵彦昌,刘婷婷.从《雷锋日记》看红色档案育人功能的实现路径——纪念毛泽东等老一辈革命家为雷锋同志题词 60 周年 [J]. 档案学研究 ,2023(6):56-60.

[7] 耿硕.高校红色档案资源融入课程思政的路径研究 [J]. 兰台世界 ,2023(5):91-94.

智慧融媒视域下高校红色档案资源开发的策略研究

胡焕芝

上海交通大学

摘要：智慧融媒环境为红色档案的开发和利用带来的新的变化和发展契机，文章通过深入探究智慧融媒环境的平台、技术、形态以及联通性给红色档案开发服务工作带来的发展变化，从而提出将从提高思想站位、聚焦内涵深度、实现技术赋能、提升红色档案产品供给、构建红色档案产品的生态圈，全方位、深层次提升红色档案开发利用服务的质量和水平，扎实践行增强红色档案的表现力、传播力、影响力，生动传播红色文化，发挥红色档案文化的育人实效。

关键词：智慧融媒；数字化；红色档案；开发利用

0 引言

习近平总书记在二十大报告中强调，用好红色资源，坚持守正创新，探索与时俱进的传播方式，才能更好实现"用好"目标。[1]红色档案是卷帙浩繁档案中的特殊组成，作为中国共产党和中国人民在革命、建设、改革和社会主义事业建设过程的真实见证，是党的理想信仰库、精神族谱库、力量源泉库，还是革命精神的"基因库"、资政育人的"给养库"、舆论战争的"弹药库"，是新时代需要充分发挥和挖掘的宝贵资源，特别是在当前社会已经开始发生这瞬息万变的变化，作为一名现代档案工作者，要积极拥抱社会变革，以新思维、新手段以推动新时代的红色档案开发利用工作。

在 2022 年发布的《智慧融媒发展报告》中明确指出，智慧融媒成为媒体融合发展的新阶段[2]，档案育人作为一项重要的启智铸魂工作，要牢牢抓住时代转型发展脉络，应当抓住时代发展契机，利用新环境和信息科技发展赋能红色档案资源的开发与利用，积极发挥红色档案内容的生动性和故事的感人性，充分用好 5G、大数据、云计算、物联网、区块链、人工智能等信息技术革命成果融入红色档案资源开发和利用中，推动档案工作以新颖、生动、深入人心的传播方式惠及社会大众。为此，作为档案工作者，要积极融入社会新变化，主动认识智慧融媒将给档案工作带来的新变化和发展趋势，从而为提升未来红色档案工作开拓思路，推动红色档案系统化、发展式的有序完善。

1 研判智慧融媒视域下红色档案工作面临的新变化

传统的档案工作主要集中于征集、保管、使用、保护方面的基础性工作，但是随着现代信息技术和移动通信技术的快速发展与应用落地，逐渐改变原有的档案策略思维与工作路径。原本深藏在档案库房的资源由于数字化、VR，正在以多样化的方式，走进大众视野；多平台的传播路径，以各自鲜明特点展示档案的鲜活内容；信息技术的融合也不断推动档案工作的跨界融合，逐渐打破原有档案的开发、宣传和利用方式等等，这些都给未来档案工作带来了愈为深刻的时代变革。

1.1 媒体平台多样化，推进红色档案传播渠道的互融性

融媒体平台是档案信息服务的"媒介"，是信息得以有效传播的重要组成部分。[3] 原有的档案信息传播主要是通过传统的传播渠道，诸如线下推广、报纸宣传或者线上新闻、网站等传播途径，应当说传播途径是相对有限或者闭环式的。但是由于融媒体兴起，尤其是智慧融媒的到来，原有传统传播宣传渠道已经逐渐式微，取而代之的是现代新媒体抖音、快手、微信、微博等客户端的多元化平台，并且多媒体平台在不断发展和迭代过程中，实现了档案资源传播内容的平台互通互融，打破了新旧媒体之间的壁垒和"界限"。如由中央广播电视总台联合国家文物局、中央网信办共同主办的《红色印记——百件革命文物的声音档案》在中央广播电视总台中国之声开播，并且在总台央视新闻、云听等新媒体平台上线，同时为了全方面推动其红色声音的影响力，《红色印记》进入革命博物馆纪念馆展出，新媒体和传统媒体集中展播，在全网点击量超过 8 亿，全媒体融合发力彰显红色档案深厚的感受力和影响力。

1.2 数字化技术的应用，推进红色档案内容生产的交互性

智慧融媒是伴随着互联网技术、信息技术、数字融合、人工智能等发展的产物，是兼具资源通融、内容兼容、宣传互融、利益共融等特点的新型媒体发展趋势，数字化已经成为智慧融媒时代的显著特征。同时，数字化技术的应用，逐渐改变了以往的传播内容的生产路径。传播产品的内容从单一单维的文字、图片、视频到现在多维的版面、网络、新媒体产品共存，这对于档案工作来说，将有机整合文字、图片以及视频等多种传播介质的档案内容，带来档案内容传播方式的全新转变。将原有的传播单向性变为交互性，实现了档案内容的有机融合。

在 2023 年国际档案日之际，上海市档案馆推出"城市记忆之树"，依托1.7 亿幅海量数字化馆藏档案资源，历时 1 年多设计研发而成的"跟着档案观上海"数字人文平台正式上线，通过数字化平台，将大量插图文书、地图、照片、实物、视频、历史场景、3D 模型、语音朗读等在数字人文平台集中交互呈现，通过可视化知识图谱，串联起大量鲜活的档案；同时由于在该平台可以通过不同系统进入，可以通过不同内容的交互，带来不一样的互动体验，打造出"活化"、开放、可移动的档案资源宝库。这种依靠数字化技术打造的交互性的产品内容，必然会给观众带来耳目一新的产品体验，推动档案产品的频频"出圈"。

1.3 传播形态的差异性，推动红色档案受众的分层化

在媒介融合的背景下，会产生形式多样、传播高效、关注度不同的传播形态和传播方式，推动传播的受众角色将由单一线性到多重交叉演变，这在一定程度上也满足不同大众对于信息需求的不同要求。当然，这也就意味着同一类型的受众可以通过任何一种媒介，对该信息有不同程度的了解和认识，激发受众阅读、视听、参与等习惯的关注焦点相互交叉，并集中到媒介集团的整个媒介产品链，实现信息资源的最优化利用，以更完备的媒介去吸引新的受众。比如相对于传统的新闻直播，慢直播的方式以自主沉浸式的观看体验、客观真实透明性，赋予观众一种"控制感"。而对于短视频而言，则是通过短平快的方式在最短时间内，以最有效的方式将信息送达观众，实现信息的有效输出；在内容形式上，VLOG 则是以"用户生产内容＋专业媒体"，长视频则主要是针对一个相对故事情节丰富或者内容深刻的话题展开，不同的传播形态和内容呈现形式，适应了不同观众的获取信息需求。如在疫情期间，各大直播喷涌而出，科普类的短视频深受观众喜爱，满足不同受众的需

求。这就倒逼着档案工作者在面对不同受众、不同传播形态时，要采取与之适应的方式。如北京卫视推出的"档案"系列活动，则是以鲜明的主题、生动鲜活的故事、大量翔实的档案吸引住更多热爱历史或者文学爱好者们，成为档案传播典范的优秀案例。

1.4 媒体平台间的互通性，推动红色档案传播效果的扩大化

媒体融合是随着信息技术的发展而衍生出来的新概念，提倡把报纸、电视等传统媒体与互联网、手机等新兴媒体有效结合起来，资源共享，集中处理，继而创造出不同形式的信息产品，并通过不同的平台传播给广大受众，同时这也打破了原有传统传播渠道之间的封闭性，畅通不同媒体间的传播瓶颈，实现1+1>2的传播实效。特别是对于红色档案来说，因其本身内容非常具有感染力和穿透性，当在融媒体平台集中发力，则更加容易实现传播效果的级数增长。如由新华社依托中国照片档案馆馆藏资源打造的《国家相册》微纪录片，开播一年推出53期，观看量累计近16亿次。这一现象级媒体产品的诞生便是融媒体产品发力的结果。《国家相册》以3D特效、动画模拟、虚拟演播室、数据可视化等技术，打开那些被浓缩的人生、折叠的时代，细述那些鲜为人知的人与故事；栏目通过新华社客户端、新华网、电视台、户外屏幕、相关微信集群和微博集群，勾连起了诸多网友的记忆，实现了主题内容的破圈迭代传播，甚至有国外记者通过网络看到视频后，表示要通过这些照片重新了解中国的历史，这些都在更大范围提升了红色档案的影响力和传播力。

2 智慧融媒体视域下提升红色档案利用的实施策略

正如十四五档案事业规划中所指出的，要深入挖掘红色档案资源，建立"四史"教育专题档案资料库，传承红色基因，充分发挥档案在理想信念教育中的重要作用。红色档案有着特殊的时代记忆和时代价值，如何将尘封在历史中的红色档案深度挖掘，植入大众心底，亦是贯彻学习习近平新时代中国特色社会主义思想的重要内容。

在智慧媒体融合语境下，档案工作已经产生了翻天覆地的变化。作为档案工作者，则要充分利用媒体的双向性、信息的传播性以及技术的先进性，将海量的、碎片化的信息进行重组、再造，深入挖掘用户的兴趣爱好、行为

习惯等隐性信息。一方面，在满足用户共性需求的基础上有针对性地为受众提供专业化、差异化、个性化的服务，满足受众的多元需求，从而在坚持"合而为一"的基础上实现因地制宜；另一方面，利用 VR、AR、MR 等技术提高受众与红色档案的交互体验与感官体验，加深受众的体验度，进而提升受众对红色档案信息开发服务的满意度，发挥红色档案强大的生命力和内驱力。最终，档案信息的传播范围扩大，促进档案与公众的交流，增加用户对档案信息的认知，提高档案与用户"黏性"，增强档案在社会服务中的"存在感"。另一方面，档案以社会化的实践活动进行档案记忆累积与更新，使特定观念、知识、价值以一定的媒介展现出来、传递下去，成为可感知与传播的精神产品。[4]

2.1 提高思想站位，树立红色档案开发的前瞻性思维

作为一名档案工作者，要时刻牢固树立"为党管档、为国守史、为民服务"的政治意识，明确"档案工作姓党"的政治属性。红色档案是记录中国共产党百年来奋斗历史的鲜活见证，当因时因地制宜，以主动的思维推动红色档案的开发，使其不断焕发出新的活力，传承好党的百年红色基因。

特别是，在当前智慧融媒环境下，人们面对着海量的、碎片化的、多元的文化信息，对于红色文化的弘扬与坚守更是时代发展的迫切命题。作为档案工作者，要时刻坚持挖掘好红色档案中记录的生动故事和精神内涵，创新创造性地把文化资源优势转化为未来前进的精神动力，用活红色档案蕴藏的强大生命力。然而，在实际工作中，档案工作者由于长期埋首于琐碎、常态化的工作，导致个人极其容易陷入思维桎梏，忽视现代环境尤其是科技发展进步带来的行业巨变。因此，在现代融媒体环境日新月异的时代背景下，作为档案工作者要主动抬头看路，紧跟时代发展脉络，主动思变，在不断强化政治站位的同时，谋篇布局，树立前瞻性发展思维，实现从"等风来"到"迎风去"，主动推动档案工作的创造性飞跃式发展。

2.2 聚焦内涵深度，衍生高品质的红色档案产品

在媒介融合的快速发展时期，渠道、技术、手段等相关因素在很大程度上决定了媒体产品的传播效果，然而从长远的宏观大局来看，内容依旧是根本。作为档案工作者，要时刻坚持"内容为王"的工作宗旨，主动深入挖掘尘封档案的潜在内容，将档案蕴藏的故事阐释好、利用好、服务好。正如在建党百年之际，中央档案馆推出《红色档案》100集，在央视新闻客户端、微

博、微信、学习强国等媒体大规模密集展播，社会反响非常强烈，并且冲进年轻人十分关注的"热搜"榜单前十名。有网友评论"因纯粹而感人至深，因真实而充满力量"。这部作品的成功出圈正是基于扎实的档案挖掘，中央档案馆在深入挖掘数百万份建党百年间的重要历史事件、重要历史人物的相关档案的基础上，选取精华展开生动讲述，加上创新的策划设计和精良的拍摄制作，从而在多种党史新媒体产品中脱颖而出，也切实发挥了历史档案的独特魅力。

因此，一个有效的档案传播一定是建立在有生命力档案内容基础上的，我们要坚持深入档案核心，挖掘其背后的深刻内涵，理清档案背后的历史脉络，以故事感动人，以细节打动人，激发档案所蕴藏的潜力，让档案文化走入"寻常百姓家"，让更多人了解和读懂档案背后的蕴藏的时代价值；而这种对档案深度的认识，在一定程度上也会为未来档案的征集和保护工作奠定良好的社会氛围，双向推动档案工作的深度发展。

2.3 依靠技术赋能，激发红色档案产品的内在活力

智慧融媒是伴随着信息技术的发展而衍生出的新概念。一方面通过大数据、云计算、人工智能、区块链、物联网、数字人文等技术运用在档案管理、开发服务工作中，为建设数字化、智能化的档案管理系统提供先进技术支撑，通过技术赋能让红色档案"动起来""活起来"。另一方面，可以通过现代信息技术将传统媒体和现代媒体融合，发挥融媒体的集中传播效应，提升红色档案传播成效，让红色基因代代相传。

然而，利用新技术激活红色资源不是简单地将红色资源转化为数字形态，而是要借助数字化新技术、新业态、新模式创新红色资源红色档案的开发利用，推动红色资源的创造性转化和创新性发展。如运用人工智能等手段加强对红色档案资源的融合传播，通过数字技术手段复原红色档案发生的场景，通过短视频、电影、情景剧等方式诠释好红色档案蕴藏的故事。这就要求档案工作者要充分利用和整合数字化的技术优势，深度运用在红色档案的资源整合、挖掘、传播以及交互体验中，促进档案深度叙事的内容重构、融合多元创新的展演方式、开拓多感官体验的沉浸方式，打造高品质的红色档案产品，让数字技术为红色档案插上"飞翔的翅膀"。

另外，要发挥智慧融媒体环境下融平台的集中发力的共振效应，综合运用多元媒体平台，为红色资源传播插上"飞翔的翅膀"。如 2022 年湖南省档案馆一方面，利用数字化技术建立起全省红色档案资源目录数据库，

摸清全省红色档案家底，做好红色资源的整理和保护；另一方面，积极通过有效整合融媒体平台，加强红色资源开发利用，在人民日报客户端、学习强国平台、新湖南客户端、华声在线、湖湘档案微信公众号等多媒体平台密集推送《血色潇湘》系列微纪录片，同时在《湖南日报》还推出红色档案专栏《血色潇湘·档案里的红色故事》，还出版了一系列有影响力的红色档案书记，生动讲述了"湖南为什么这样红"，有效实现了红色档案资源的传播与弘扬。

2.4 瞄准受众需求，建立精准化的红色档案供给服务

档案馆的受众对象广泛，它既是青少年家国情怀的培育场所，又是中青年坚定信仰汲取精神养料的业务学习拓展基地，还是老年人会为历史记忆往昔峥嵘的时光穿梭机，不同年轻层次观众需求不同；尤其是在当前智慧融媒时代，"快餐式"的文化特征愈发突出，人们习惯于短、平、快的文化传播，Z世代对文化需求发生了极大的变化。为此，红色档案在开发利用时，要主动了解受众需求以及接受方式，开发与受众需求相契合的红色档案供给服务，这也是践行文化的创新性发展和创造性转变的时代要求。如利用现在的短视频传播优势，将长篇累牍的档案文字转化为生动有趣的视频解读，或者挖掘背后的故事，以微电影、微短剧的形式呈现给观众，从而赢得观众的青睐；还可以利用档案的独特性，结合市场需求，开发贴近生活、通俗易懂、价格亲民、能够再现红色档案内容的IP类产品或服务模式。如贵州省档案馆推出以红色展示为原型的萌版小红军玩偶、卡片活页等鲜活的系列文创产品，激发大众的兴趣点，也推动档案以润物细无声的方式走进人们的心中，彰显档案的内在魅力。

另外，还可将现代技术智能服务型运用到档案产品研发中，迎合年青一代观众的需要，如利用虚拟成像、AR、VR等智能技术将红色档案带入构建的虚拟红色情景中去，通过与红色档案虚拟化资源的交互真实体验红色任务的心路历程，增强红色档案服务的临场感、沉浸感[5]，以不同手段打开红色档案的开发新模式，切实做到开发符合受众需要的红色档案产品与服务，深度彰显档案在现代社会中的特殊价值。

2.5 推动互融互通，打造开放式的红色档案生态圈

在《关于浙江省实施革命文物保护利用工程（2018—2022年）的意见》中明确提出，建立"浙江革命文物数据库"，要坚持系统性"串并联"和"强

链接"，通过对博物馆、纪念馆、档案馆、党史馆等多馆联动，建立省域红色资源名录，对全省现有的红色文物、建筑、遗址、文献以及散存于民间的歌曲、戏曲、故事、文学作品等形态中的红色资源进行统一数字化采集、整合、储存，继而建成开放协同、共建共享、差异存储、运行高效的浙版红色资源数据库。[6] 这就要求在现代智慧融媒环境下，通过加强红色档案资源的管理与整合，畅通不同地域、不同场馆的红色档案的原有联结屏障，推动红色档案"联"起来、"智"起来，切实通过利用现代智慧融媒的数字化手段，有效链接线上与线下、过去、现在与未来以及这里和那里，实现区域流通、开放式的红色资源数据库，打造开放式的红色档案生态圈。

正如上海市档案局在今年推出的"跟着档案观上海"，通过联合解放日报·上观新闻、黄浦区档案馆等单位共同呈现一个全景式的档案数字人文平台，将上海 50 余座城市地标、逾千件上海的数字档案文献、照片、视频等进行串联，打造了一个具有拓展性、互动性和开放性的共建平台。通过手机或者电脑等媒介即可一键式进入平台，观众可以通过"自由模式"根据时间查看上海地图以及相关资讯，也可以通过"故事模式"收听感兴趣的上海故事，同时还可以根据自己的需要进行搜索；这种传播方式既满足了用户的实际需求，同时还将不同档案资源整合在一起，搭建一个互联互通互动的档案生态域，最大限度地实现了档案的利用率，提升了大众对档案的感知力，扩大了档案在社会上的影响力和传播力。这对于未来建立开放式的红色档案系统提供了一个良好的示范案例。

红色档案作为党百年来艰苦奋斗的最客观、真实的见证物，档案工作者在做好自身档案管理和开发利用的同时，要注重从全局出发，加强不同档案部门之间的互联互动，利用现代的媒体技术和信息技术，将多元化的档案有效整合，从而在更大范围内彰显档案的价值，让红色档案深入人心，成为启智铸魂的精神武器。

正如习近平总书记所强调的，要用心用情用力保护好、管理好、运用好红色资源，增强表现力、传播力、影响力，生动传播红色文化，档案工作的时代发展要求及运行机制已经远异于过去，档案工作者要充分认识到智慧融媒环境带给档案工作的新变化，并积极采取新举措，将外在环境变化的参数转化为档案工作修炼内功提升的发展契机，充分利用现代的智慧融媒体环境，在信息技术的赋能下，通过加强档案部门之间的互联互动，点燃红色档案资源开发的"主引擎""助推器""反应堆"，发挥红色档案凝心铸魂的内在驱动力和强大影响力。

本文系上海交通大学党史研究与宣教课题项目"深入转化和利用红色资源育人的实践研究——以上海交通大学为例"（DSYJXJC2023-04）、上海交通大学2023年决策咨询课题项目"数字化背景下高校博物馆育人体系建设研究"（JCZXDSB2023-07）的阶段性研究成果。

注释及参考文献

[1] 李铁林 . 用好红色资源 凝聚奋进力量 [N]. 人民日报 ,2023-05-06(1) .

[2] 李彬 .《智慧融媒发展报告》: 智慧融媒成为媒体融合发展的新阶段 [EB/OL].[2023-03-09].https://www.gmw.cn/xueshu/2023-03/07/content_36414376.htm.

[3] 苏君华 , 宋帆帆 . 媒体融合语境下档案信息服务质量 : 价值、机理及提升策略 [J]. 档案学研究 ,2021(5):10-16.

[4] 张燕 . 媒体融合语境下数字档案记忆的价值定位与开发机制 [J]. 档案学研究 ,2016(3):44-48.

[5] 周林兴 , 张笑玮 . 国家文化数字化战略下红色档案的服务导向与实现路径 [J]. 北京档案 ,2023(1):13-16.

[6] 方宁 . 数字化让红色资源"活"起来 [D]. 浙江日报 .2021-06-21(6).

信息链与价值链双视角下
科技档案科普化开发模式研究

于艺浩　江群　李浅语　宋文佳

中国核动力研究设计院

摘要：科技档案是国家科技创新和社会经济发展的重要资产，同时也为开发科普产品、提供科普知识服务提供原材料，构成其科普化开发价值。本文基于信息链与价值链双视角，构建科技档案科普化开发流程模型，并从前端控制、中端开发和后端反馈三个角度，提出新形势下科技档案科普化开发实现策略，进而赋能科技档案开发和拓宽科普实践路径。

关键词：科技档案；科普化开发；信息链；价值链

0 引言

科学普及是国家广泛传播科学知识、弘扬科学精神和提升全民科学素养的社会教育活动，在创新发展中承担基础性工作。习近平总书记在 2016 年"科技三会"上指出，科技创新、科学普及是实现创新发展的两翼，要把科学普及放在与科技创新同等重要的位置。中办、国办印发的《关于新时代进一步加强科学技术普及工作的意见》和科技部等联合印发的《"十四五"国家科学技术普及发展规划》均为国家从不同层面对科普发展作出的政策部署。

作为科学技术研究活动的原始记录，科技档案具有服务科学研究、支撑科研创新的重要功用，同时也为开发科普产品、提供科普知识服务提供原材料，构成其科普化开发价值。现有研究多数立足于科普工作现状探讨科技档案资源开发的价值实现与保障策略，聚焦于现状分析[1]、实践路径[2]和理论嵌入[3]，而缺少对科技档案科普化开发全生命周期的系统审视。信息链与价值链理论分属于信息科学和管理学，分别对信息层次转化和产品价值增值的基本规律进行揭示，与档案资源开发过程中价值性、知识性的动态变化特征相契合。据此，本文基于信息链与价值链双视角，构建科技档案科普化开发流程模型，厘清各环节的核心任务和全过程的发力难点，进而赋能科技档案开发和拓宽科普实践路径。

1 信息链、价值链理论及其适用性

1.1 信息链理论

梁战平于 2003 年提出信息链理论[4]：信息链是由事实、数据、信息、知识和智能构成的连续体，其上游面向客观的物理属性，下游面向认知的知识属性。与之高度相似的为西方学术语境下的 DIKW 模型，以金字塔层次体系展示数据、信息逐级转化为知识、智慧的方式过程。基于两者概念和层次的不同，叶继元和成颖结合各研究范式对信息链和 DIKW 链进行整合，形成修订后的信息链，其逻辑结构为"事物—本体论信息—数据—可用性信息—知识—智慧—智能"[5]。

1.2 价值链理论

价值链理论由美国管理学家迈克尔·波特首次提出。他认为：任何企业的产品创造过程都是由研发设计、生产组装、市场营销和交付等环节构成的集合[6]。价值链理论将企业业务流程分解为基础活动和辅助活动，共同构成一条动态完整的价值链条，各环节相互协作与依存，终端指向价值增值。随着信息技术发展，价值链中的价值形态也由实体资产拓宽至信息和知识中的价值[7]。

1.3 信息链和价值链理论嵌入科技档案科普化开发的契合性

信息链的逻辑结构与科技档案科普化开发流程相契合。一方面，科技档案科普化开发过程涉及信息层次的动态变化，即从海量档案资源中挖掘出具有科普价值的信息主题单元，进而形成档案科普产品并从中提炼、具现为科普化策略，符合信息链由数据逐级转化为知识、智慧的上升式结构；另一方面，科技档案科普化开发的各环节关联紧密，且从初始环节至末端环节知识密度逐级上升，与信息链基本特征吻合。

应用价值链理论构建科技档案科普化开发模型亦具有内在合理性。首先，档案资源通过形成、管理和利用等阶段，在不同劳动主体间流动并不断增加其价值，构成档案信息价值链[8]。相关研究也有用价值链理论解释档案开发利用过程的先例，如档案文创产品开发。[9] 其次，科技档案科普化开发从科技档案中提炼出科普元素，融合以数智技术与文化创意，实现由科研生产原始凭证向社会化档案科普产品的转化。这一过程基于多主体参与和多环节协同，逐渐盘活科技档案的科教宣传效能。据此，本文从信息链和价值链双视角出发，构建科技档案科普化开发全过程理论模型，以科学视角推动科技档案科普化开发流程的持续优化。

2 融合信息链与价值链的科技档案科普化开发模型

本文模型构建思路如下：首先从信息链视角切入，将"数据—信息—知识—智慧"的转化过程映射至科技档案科普化开发的阶段演进，随后融合价值链理论，组织构成由基本活动和辅助活动互相依存的价值链条，系统诠释科技档案科普价值创造与增值过程。

2.1 基于信息链的科技档案科普化开发模型

科普化开发进程经历了从科技档案资源到科普信息，再到科技档案科普产品和科技档案科普智库的逐级转化，共涉及四种信息形态。上游向下游形态的演进有赖于档案科普工作者的主体能动性（如图 1 所示）。

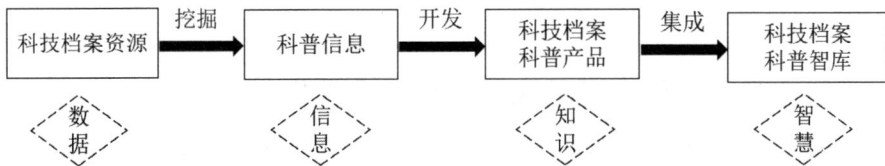

图 1　基于信息链的科技档案科普化开发模型

科技档案资源是未经加工处理的科学技术研究原始记录，对应信息链的数据维度。作为模型的起点，科技档案资源中蕴含着碎片化和隐性的科普信息单元，通过后续开发利用环节以实现科普价值的显现与增值。在当前环境中，科技档案资源进一步呈现数据海量、内容广泛和多源异构的特征，使其科普化开发面临技术、管理的双重难题，难度陡增。

科普信息是从海量科技档案资源中挖掘产生，具有科普内涵与价值的科技档案或信息单元，对应信息链的信息维度。依据科普价值类型可划分为两类：一是记录老一辈科学家科研足迹与生平轶事的科技名人档案，如原始手稿和访谈音视频，其价值目标为弘扬科学家精神；二是不同科学领域内具有高度科教意义与深度科普需求的科技档案，其价值目标为提升公众科学素养。

科技档案科普产品是对科技档案中的科普信息进行二次开发与提炼，形成科教性与艺术性共生的科学文化产品，对应信息链的知识维度。传统科技档案科普产品以平面展览、成果编研为主，而在数字科普情境中则拓宽至在线展览、微视频等融媒体形态，且能借助社交媒体实现多向传播与社群互动，使科技档案科普价值升华。

科技档案科普智库对科技档案科普化开发成果、案例和经验予以集成，是开展科技档案科普研究并生成科普方案的智慧生产机构，对应信息链的智慧维度。传统科技档案科普化开发流程以科普成果社会化为终点，而部分忽视了科普化开发的经验积累与策略复用，导致"知识—智慧"阶段的链条断裂。基于此，亟需加强科技档案科普智库建设，打通"从科普实践中提炼科普理论，再指导科普实践"的良性循环。

2.2 融合价值链的科技档案科普化开发模型

在科技档案科普化开发的价值链模型中，基本活动是以科普视角开发科技档案资源的实质性活动，即从科技档案资源挖掘科普信息单元，开发档案科普产品并形成档案科普案例库、经验库的全过程，与上文的信息链模型相匹配。辅助活动则依托于基本活动，并不直接参与价值生成，而是为其多元科普价值实现提供全方位支撑保障，发挥"催化剂"功能。以下四部分构成科技档案科普化开发价值链模型的辅助活动：

一是科普要素融入，即以新时代大科普理念重新审视科技档案开发进程，以公众喜闻乐见的方式发掘科普要素，将其融入科技档案科普化开发的全生命周期。这一过程将传统科技档案利用"服务科研生产"的单一落点予以扭转，拓宽至提升全民科学素养、弘扬科学家精神的社会文化层面。

二是制度体系建设。作为一项连接档案管理与科普开发的跨领域活动，科技档案科普化开发对制度环境提出更高要求，在横向上需构建集科技档案开发、涉密档案开放鉴定和科普产品创作等为一体的完整制度体系，在纵向上应协调各层级规范、制度和标准进行统筹协调，确保政策运行协同性。

三是数智技术驱动。数字化、智能化技术呈现交融态势，其应用贯穿于科技档案科普化开发的全链条，赋能档案数据挖掘、科普知识抽取等上游环节的同时，也为处于价值终端的档案科普产品附加多模态、泛在性和交互性等多元属性。

四是组织人才保障。科技档案科普化开发作为一项系统工程，需要科技档案、党政宣传部门等主体在科普事业创新发展的总目标下通力协作，并引入文化创意机构和信息咨询机构等外部力量，以提升档案科普产品内容广度和叙事深度。与此同时，跨学科、多领域人才队伍的支撑同样关键，将科技档案人才，科普教育人才和创意策展人才的劳动价值贯穿于基本活动的全过程。

基于此，本文融合信息链与价值链理论构建科技档案科普化开发理论模型，如图 2 所示。其中，基本活动为"科技档案资源—科普信息—科技档案科普产品—科技档案科普智库"的动态转化过程，对应信息链"数据—信息—知识—智慧"的逻辑结构。辅助活动由科普要素融入、制度体系建设、数智技术驱动和组织人才保障四项组成，贯穿于基本活动的运行过程。基本活动与辅助活动相叠加，共同构成一条完整的科技档案科普化开发价值链，最终指向科普价值实现。

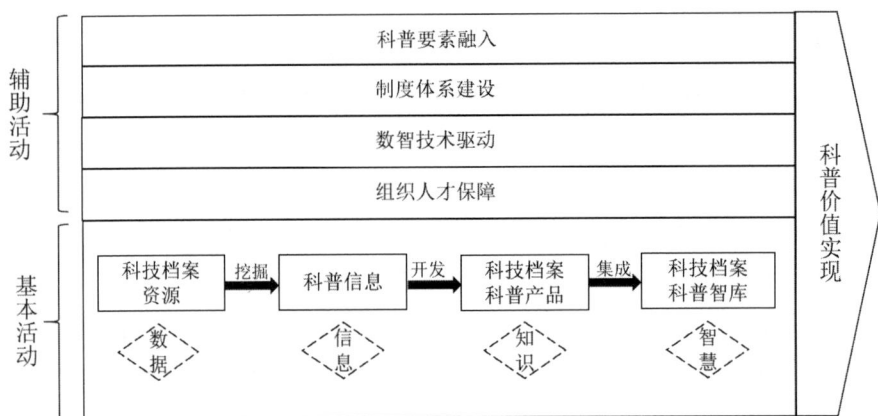

图 2　融合价值链的科技档案科普化开发模型

3 信息链与价值链双视角下科技档案科普化开发策略

《科学技术研究档案管理规定》对"加强科研档案资源深度开发"提出要求。面向大科普发展格局，科技档案管理主体应积极融入，提升科技档案资源开发的广度与深度。在策略形成阶段，本文结合档案工作前端控制与后端反馈调节理论[10]对上述全过程模型进行阶段再划分，提出新形势下科技档案科普化开发实现策略。

3.1 强化前端控制，顶层构建科普规范

在宏观层面，2023 年科技部发布《中华人民共和国科学技术普及法（修改草案）》，界定了科学研究和技术开发机构的科普责任，并提出"为开展科普活动提供必要的支持和保障，促进科技研发、科技成果转化与科普紧密结合"的具体要求[11]。在此基础上，应着力加强"科技档案＋科普"的顶层制度设计，将科学普及的目标、原则与指导思想等纳入科技档案工作的总体规划。

在微观层面，科技档案科普化开发的全流程标准化是核心要义，亟需深化制度规范建设并确保其高效落实。一方面应参照科普数字资源相关标准，将科普要素植入科技档案元数据，使每份科技档案在创建、收集和流转等环节附带科普性背景信息，为后续科技档案挖掘活动提供便利；另一方面应兼顾科技档案鉴定标准的科学性和实用性，规范涉密科技档案开放与降解密标准，平衡科普过程的开放性和保密性。

3.2 深化中端开发，技术赋能科技档案科普叙事

《"十四五"全国档案事业发展规划》指出，应"积极探索知识管理、人工智能、数字人文等技术在档案信息深层加工和利用中的应用"。随着"科技兴档"工程有序推进，持续探索前沿信息技术如何赋能科技档案科普化开发，是丰富科普叙事手段、深入挖掘科技档案科普价值的必然要求。在科技档案资源集成阶段，应将知识管理理论用于传统档案数据库模式重构，助力科技档案知识库建设，如北京理工大学图书馆基于知识采集、组织和揭示的系统流程构建老科学家学术成长资料知识库，从师承关系、人际网络和科研合作等多维度关联展现老科学家学术成长规律[12]，为后续科普化开发利用奠定知识基础。在"科技档案资源—科普信息"的挖掘阶段，综合运用关键词匹配技术、数据挖掘技术在提高科普信息单元抽取效率之外，也创新了科普

产品形成路径，如根据时间、空间等维度进行面向特定科普主题的科技档案信息挖掘，并以可视化形式呈现，实现由"用数据说话"向"让数据说话"的科普范式转变。在"科普信息—科技档案科普产品"的开发阶段，应将数字人文技术嵌入科普产品开发环节，以数字化工具激发"档案"与"科普"的化学反应。如中国科学院档案馆将虚拟现实技术应用于构筑档案展馆的三维实景模型，推出"中国科学院著名科学家档案展"线上展厅，赋予用户沉浸式科普体验。

3.3 优化后端反馈，集成凝练科普方略

在信息产品研发中，反馈设计是优化用户体验、提升产品可用性和助推产品迭代升级的关键性环节。同理，科技档案科普化开发应突破以科普产品生成为末端环节的传统模式，在其基础上增加科普经验反馈与智库研究阶段，总结历次科普化开发活动并开展策略研究，为下轮循环提供智慧支持。为此，首先应完善科技档案科普产品的用户反馈机制。对于展览等传统科普形式，可通过问卷调查、深度访谈等开展用户调研；对于微视频、线上展厅等在线科普产品则可以设置弹幕、评论区等功能收集用户反馈数据，结合文本分析和意见挖掘构建科普需求画像，或以社交媒体传播数据量化科普产品质量。

此外，在《全民科学素质行动规划纲要（2021—2035）》"打造科学素质建设高端智库"的指导下，应整合科技档案部门、科技馆、高校等主体资源建立科普智库，针对不同主体牵头的历次科技档案科普化开发项目，进行全景式扫描与纵深式分析，凝练为可复制、易普及的科技档案科普方略，以科普研究助推科普能力提升。

4 结语

科技档案是国家科技创新和社会经济发展的关键资产，同时因其科普化开发价值，使其兼具提升科学素养和弘扬科学家精神的双重文化效能。基于信息链与价值链的双重视角构建科技档案科普化开发模型，有助于以系统方法助推科技档案科普化开发向科学化、规范化方向演进，从科普维度推动科技档案资源开发"乘区效应"的形成，实现档案文化建设和科普能力建设的协同促进。

注释及参考文献

[1] 张莹.档案机构提供科普知识服务的新形势及对策[J].档案管理,2021(6):90-92.

[2] 尤维娜.全媒体时代档案科普的价值意蕴与实践路径[J].档案与建设,2022(2):60-61.

[3] 龙家庆,邵亚伟.数字管护视角下科技档案科普化开发策略研究[J].档案管理,2023(1):41-44.

[4] 梁战平.情报学若干问题辨析[J].情报理论与实践,2003(3):193-198.

[5] 叶继元,成颖.情报的概念及其与信息链、DIKW链的关系探讨[J].中国图书馆学报,2022(4):39-51.

[6] Porter M E.Competitive strategy[M].New York:the Free Press,1980:84-105.

[7] 迟晓英,宣国良.价值链研究发展综述[J].外国经济与管理,2000(1):25-30.

[8] 宗文萍.基于价值链理论的档案信息安全管理[J].档案学研究,2005(1):38-42.

[9] 王春晖.基于价值链理论的档案文创产品开发:模型构建与路径探析[J].档案管理,2022(5):53-55.

[10] 丁海斌.档案工作中的"后端反馈调节原理"——兼谈对"前端控制"理论的修正与完善[J].档案管理,2022(5):5-13.

[11] 中华人民共和国科技部.关于公开征求《中华人民共和国科学技术普及法(修改草案)》意见的公告[EB/OL].[2023-04-14]. https://www.most.gov.cn/kjbgz/202304/t20230414_185574.html.

[12] 吕瑞花,俞以勤,韩露,等.科技名人档案知识管理实践研究——以老科学家学术成长资料管理为例[J].情报理论与实践,2011(6):94-96.

文化大数据驱动下
档案文化资源服务平台建设研究

焦俊杰[1]　任越[1,2]

1 黑龙江大学信息管理学院

2 中国人民大学档案事业发展研究中心

摘要：以智能化、数据化为引领的数字技术正在掀起新一轮技术革命，海量数据从挖掘提炼到整合重构的发展态势蓬勃向上。我国文化领域的海量数据亟待开发。本文深入分析文化大数据为档案文化资源建设与开发带来的机遇，围绕社会公众需求，提出从收集生成层、加工建构层到服务体验层全方位驱动档案文化资源服务平台建设，以期为建成文化强国贡献档案力量。

关键词：文化大数据；档案文化；平台建设

0 引言

新一轮科技革命和产业革命蓬勃发展，以数据化、智能化为代表的数字技术正在重塑文化领域发展新动能、新业态。数据化的核心内涵是对信息技术与经济社会活动交融生成的大数据的深刻认识和深度利用。基于这一背景，我国逐步对文化大数据进行相关建设和战略布局。档案文化资源是文化大数据的重要组成部分，王文越提出"要发挥档案在国家文化大数据体系建设中的'供给侧'作用"；[1] 以高大伟为代表的学者则基于文化大数据背景，对少林文化信息资源建设提出策略。[2] 在文化大数据背景下研究档案文化资源建设与开发尚处于起步期。本文提出在文化大数据驱动下，建设档案文化资源服务平台，以期在数字技术和文化事业紧密结合的有利机遇下，推动档案文化资源服务迈向进高质量发展阶段。

1 文化大数据的提出背景

我国始终将文化建设摆在党和国家工作的突出位置，从"十五"计划提出的全国文化信息资源共享工程到"十二五"计划提出的文化数字化建设工程，我国文化资源数字化工作以国家级工程项目的形态起步，推动各级各类公共文化机构持续推进文化资源数字化建设。目前已经形成了体量庞大、内容丰富的文化资源数据。与此同时，互联网、云计算、大数据、人工智能、区块链等技术日益融入经济社会发展。全球知名咨询公司麦肯锡曾称："数据，已经渗透到当今每一个行业和业务职能领域，成为重要的生产因素。"因此在文化领域将文化资源数据和数字技术深度融合，有利于抢占世界科技革命和产业变革的先机，形成新的发展浪潮。

我国文化资源数字化成果尽管非常丰富，但目前处于离散的状态。博物馆、图书馆、档案馆等文化机构壁垒分明，相应文化资源也多分散存放，无法形成聚合效能。另外社会公众的文化需求向个性化、碎片化、沉浸式的方向转变，单向粗糙的文化供给已无法满足公众需求。我国审时度势地布局文化大数据的相关战略，2022年中共中央办公厅、国务院办公厅印发的《关于推进实施国家文化数字化战略的意见》更是将国家文化大数据体系建设由工程项目上升为国家战略。档案文化资源是国家文化大数据中的重要组成部分，档案机构要以积极主动的姿态融入国家文化大数据发展战略。

2 文化大数据驱动下档案文化资源服务的机遇

2.1 档案文化资源聚合效能最大化

截至2022年底，我国各级各类档案馆馆藏档案数字化成果28069.0TB[3]，档案数字资源占比大幅提升。文化大数据的突出特征是必须形成一定体量的数据集，这就要求调动各方文化机构的力量，增强数据的聚合能力，为文化大数据的联通贯穿提供必要前提。随着文化大数据的建设，可以打破各综合档案馆之间的壁垒，克服"数据孤岛"的阻碍，将各综合档案馆的数据相互联通。在此基础上，便于挖掘提炼同一主题下的档案文化资源，畅通馆际互借共享渠道，形成集约式开发。以侵华档案为例，从19世纪末到20世纪中叶，日本侵略中国东北达半个世纪，形成了大量侵华档案。吉林省档案馆、黑龙江省档案馆、辽宁省档案馆均拥有丰富的日本侵略中国东北的相关档案文化资源，但三省档案馆目前处于资源数字化后各自零散编研的状态。这可能会导致档案中蕴藏的社会记忆不能完整呈现，也就不能形成民族内部的精神文化力量。文化大数据的聚合效能可以解决由于区域性、行业性、专业性的档案收集路径导致存在的多个"数据孤岛"问题，进一步形成同一个文化主题背景下物理分散、逻辑集中、共建共享的数据集合，让公众接受综合化、整体化、体系化的档案文化资源服务。

2.2 档案文化资源服务形态多样化

文化大数据的价值首先体现在数据的"全"，多年来我国不断推进文化数字化，形成了全面但零散的文化资源数据。文化大数据涵括思想理论、文化旅游、文物、新闻出版、电影、广播电视、网络文艺等不同领域的文化资源数据；涵括文字、音频、视频等不同形态的文化资源数据；涵括文化数据资源和文化实体资源等。其次体现在数据的"专"，文化大数据不是数据的无序无尽的排列，而是有序专门的集合，它将同一主题下的文化资源数据集合在一起，形成有特色的专题数据库。这种富有特色的专题数据库更易于寻找历史规律，衍生文化产品。

文化大数据的这两类价值促进档案文化资源服务形态的多样化，一是面向社会公众的文化需求产生的新形态。第一层是休闲需求，其关键在于把公众休闲的文化特点与档案的文化功能结合。在日常生活中提供短视频、微电影、文章推送、展览等文化产品和活动，满足人们日益增长的内在文化需求；第二层是知识需求，对于历史、文学等研究者而言，可以挖掘档案文本信息的关联价值，以知识图谱或专题数据库的形式呈现；第三层是文化需求，打造国家档案 IP，培树档案品牌文化，有利于形成国民文化自信。二是面向文化机构产生的新形态，即发展"档案文化资源超市"。《意见》指出要将凝结文化工作者智慧和知识的关联数据转化为可溯源、可量化、可交易的资产。[4]文化大数据驱动下档案工作者既要挖掘主题类档案文化资源，聚焦内容本身的知识发现，也要纵向扩充不同形态的文化资源，做到集中有序。各级各类综合档案馆掌握大量的档案文化资源，打造资源包和数据集与文化产业性机构分发交易，形成全民共创。2022 年 8 月 31 日，"全国文化大数据交易中心"试运行当日，深圳国夏文化数字科技有限公司就以 20 万元的价格购入"中国老画报数据库"部分数据包及国家图书馆出版社"庆赏升平人物图京剧脸谱数据包"。[5]

2.3 档案文化资源产品供给矩阵化

文化大数据的基本要求是资源数字态，因此要加速推进数字化工作进程，以利于更加便捷调取资源，提高数字文化服务水平。以中国第一历史档案馆为例，官方网站可查阅档案目录总数量近 416 万条[6]，提供检索功能，可选择简体和繁体两种文字呈现。这种档案文化资源产品呈现方式为文本图片展示和对应的文字提取，形式较为单一。对于知识获取而言，文本阅读相较于图片、表格、音频、视频来说不够直观立体，公众获取并理解知识的难度较高。同时文本内容之间的知识关联性差，不能构建起知识网络。

档案文化资源产品矩阵可以分为四层，第一层是对档案数字化后的文本阅读，这种服务产品通常置于馆内平台和网络平台，具备全文阅读和检索功能，是档案文化资源产品的最基本形态；第二层是根据档案数字化成果进行档案编纂，例如年鉴、文集等，这些产品知识关联度低、受众少、价格昂贵，往往成了综合档案馆标榜的工作业绩；第三层是依托档案网站，档案微信公众号、小程序推送热点文章、视频、文创产品等，一定程度上迎合了网络技术发展和全媒体传播的环境，但热度下降较快，可持续发展性弱，产品多为零散开发，并未凸显各馆馆藏特色。特别是没有面向公众进行服务评价和用户体验调查，也就无法促进产品的迭代升级；第四层是档案文化资源内容的深度语义挖掘、知识关联，如吴宝康学术名人知识库通过对档案文化资源内容细颗粒化分析，生成知识图谱、可视化数据，多个组织维度进行知识服务。目前这种产品处于初步研究阶段，未大量应用实践中。当前绝大部分档案馆处于第一层数字化后的文本阅读阶段，高质量的服务产品供给能力不足，无法满足公众需要，急需转型升级。

为了实现四层档案文化资源产品矩阵需要借助文化大数据的科技化、智能化手段，集成全息呈现、数字孪生、多语言交互、高逼真、跨时空等新型体验技术，大力发展线上线下一体化、在线在场相结合的数字化文化新体验。[7] 在建党百年之际，中央档案馆精选珍贵档案文献，深耕红色档案资源。与央视联合摄制《红色档案——走进中央档案馆》百集微纪录片。[8]一经推出就登上热榜，点击量、浏览量均居高位，引起热议，达到了档案资政育人的作用。

3 文化大数据驱动下档案文化资源服务平台建设构想

习近平总书记在文化传承发展座谈会上强调，对文化建设来说，守正才能不迷失自我、不迷失方向，创新才能把握时代、引领时代。[9] 因此建设档案文化资源平台总的目标是围绕公众需求创新活化利用档案文化资源，图 1 详细展示了该平台的框架与模式。

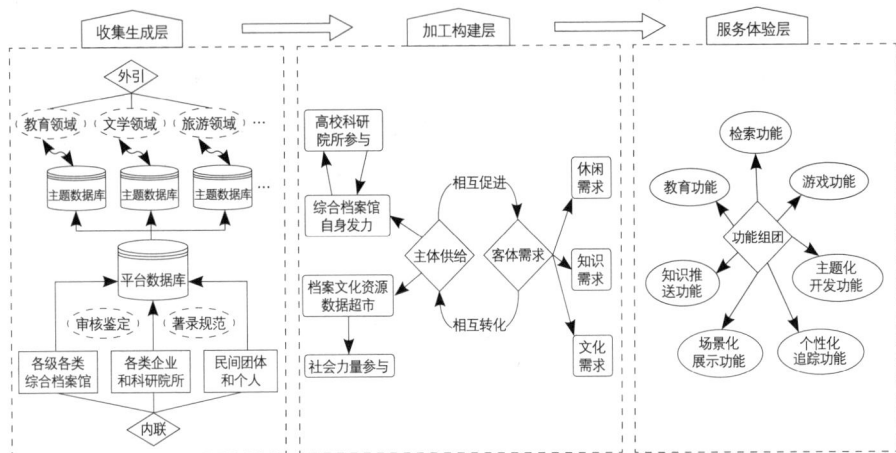

图 1　档案文化资源服务平台框架结构

3.1 档案文化资源收集生成层

档案文化资源收集要围绕四个维度即地区特色、时代特征、历史风貌、社会记忆来进行。主要从三个主体收集获取，一是各级各类综合档案馆，其馆藏来源稳定，质量良好，内容丰富，数字化工作持续高位推进；二是向各类企业和科研院所的档案馆（室）收集，它们从我国革命、建设、改革中走来，档案见证其发展历程；三是向民间团体和个人收集。这部分档案文化资源是从非官方的个体视角出发的，有利于加强个体的身份认同。数据来源的多元化就要求在统一的文化数据标准下规范著录标引。2021 年 12 月《国家文化大数据标准体系》已经出台。[10] 这就为下一步对档案文化资源内容开展上下文识别、语义开发等奠定了基础。

收集生成层要做到对数据的内联外引，内联即各综合档案馆之间互相开放，建立同一主题下的子数据库，进一步扩充中华文化的深度与宽度；外引即以档案文化资源平台为原点向档案涉及的文学、历史、教育、经济、旅游等领域扩展，形成多维立体的文化资源库。对于进入平台的数据要进行审核鉴定，组建专门的评审团队，制定评审的行业标准，并适时补充调整。

3.2 档案文化资源加工建构层

档案文化资源加工建构层是由主体供给和客体需求组成。主体供给决定客体需求，二者之间相互促进，相互转化。从主体供给来看，一方面综合档案馆凭借自身优势，在该平台丰富海量的资源基础上提取档案文化资源，深度挖掘档案资源中蕴含的文化内容，补充相关的上下文信息，实现知识关联，构建知识图谱、档案文化单元、专题数据库等。综合档案馆还可以与高校科研院所之间双向互动，采取高校竞标的方式，打造师生共创的档案文化资源服务转型方案；另一方面综合档案馆要利用平台打造"档案文化资源数据超市"，引入社会力量众包或者外包的形式参与开发，打造喜闻乐见的大众的文化产品，形成线上宣发和体验一体化平台。客体需求对主体供给具有反作用，从客体需求来看可分为休闲需求、知识需求和文化需求。档案文化资源平台休闲需求是以热点推送，知识科普文章、短视频等形式呈现在公众面前，参与到日常社会生活，在潜移默化中感受档案文化；知识需求是根据用户画像制定个性化，有特色的知识服务清单，主动构建联系，注重知识服务效果反馈；文化需求是公众在平台上可以全方位、多领域、沉浸式感知档案文化，丰富精神世界，增强人文底蕴。在加工建构层需要注意知识版权问题，平台应提供档案文化资源版权登记服务以确保合理合法的权益归属。

3.3 档案文化资源服务体验层

档案文化服务体验层依托平台打造多样化的交互服务，形成功能组团。第一是检索功能，包括文字、图片、音像检索以及跨平台检索，充分聚合资源，检索力求全面完整。第二是知识推送功能，这是档案文化资源可视化呈现的新形式，以文章、短视频、纪录片等产品为主。第三是教育功能，提供知识图谱、可视化关系等。同时开发档案文化资源相关课程，创新线上数字化新体验。第四是游戏功能，主要是依靠文化企业开发档案游戏，集中介绍展示。档案类游戏充满神秘冒险感，要创新叙事手法，讲述好档案故事。第五是主题化开发功能，平台打通同一主题下档案馆之间的壁垒，形成专题数据库，打造集约化开发模式。公众在某一主题下既可以找到档案文献，也可以享受已有的可视化成果，还可以主动参与到档案文化资源开发进程中，做蕴含个体独特记忆的档案文化产品。第六是场景化展示功能，可以采用 VR、

AR 等技术，动态展示档案文化资源的整合成果。以交互式、沉浸式体验提高档案资源服务的质量。第七是平台具备个性化追踪功能。深度挖掘和分析消费端大数据，精确计算单个消费者从需求动机产生到消费体验再到评价整个过程的所有数据信息，加强个性化体验产品和服务开发。[11]

4 结语

在文化大数据的整体背景下，应加快建设档案文化资源服务平台，可以从"达成共建之识，多主体协同推进""挖掘档案资源，多方面持续供给""获取创意灵感，多技术综合运用""强化风险意识，全过程安全保障"四个维度着力，让档案在文化建设中焕发生机与活力。

注释及参考文献

[1] 王文越.国家文化大数据体系建设下的档案"供给侧"研究初探 [J].山东档案，2021(6):16-19.

[2] 高大伟，丁晓雪，蒋雪洁.面向文化大数据的少林文化信息资源建设探析 [J].档案与建设，2022(5):44-47.

[3] 中华人民共和国国家档案局.2022年度全国档案主管部门和档案馆基本情况摘要（二）[EB/OL].[2023-12-29].https://www.saac.gov.cn/daj/zhdt/202308/0396ea569aa648f1befd5c49bac87e6f.shtml.

[4][7] 高书生.文化数字化战略下的出版业数字化转型升级变化——《关于推进实施国家文化数字化战略的意见》解读 [J].出版广角，2022(16):40-43,75.

[5] 杨阳腾.畅通文化大数据流通渠道 [N].经济日报，2022-09-14(11).

[6] 曲春梅，刘晓雨，王溶琨.档案开放促发展 数据共享惠民生——2022 年中国档案利用体系建设发展报告 [J].中国档案，2023(3):26-27.

[8] 陆国强.突出加强党的政治建设 扎实推进模范机关创建 [J].旗帜，2022(7):52-54.

[9] 习近平.在文化传承发展座谈会上的讲话 [J].新长征，2023(10):4-9.

[10] 经济日报.为什么要编制国家文化大数据标准体系？ [EB/OL].[2023-12-29].http://www.ce.cn/culture/gd/202101/27/t20210127_36263982.shtml.

[11] 孙鹏.数字化文博创意产业中的知识产权问题探析 [J].遗产与保护研究，2016(2):15-21.

仪式观视域下档案文化传播的路径研究

——以《浙档知多少》为例

王玲　安梦瑶

辽宁大学信息资源管理学院

摘要：社会传播范式的变革，推动着档案文化传播路径的改变。仪式是一种文化的共享过程，本文结合《浙档知多少》节目，从传播的仪式观角度入手，探讨仪式观与档案文化传播在传播导向、构成要素、价值诉求三方面的内在契合，在此基础上分析《浙档知多少》的传播仪式建构，并从场域构建、符号运用、意义共享三方面提出线上线下共建仪式空间、深挖档案元素构建符号体系、丰富用户互动反馈方式等优化路径。

关键词：档案文化；文化传播；仪式观

0 引言

党的二十大报告中明确提出了增强中华文明传播力影响力的战略要求。[1] 档案具有重要的文化属性与文化功能，是国家不可或缺的文化资源，是实现以文化人、坚定文化自信的重要载体。向社会公众传播档案文化，既可以传承档案文化、促进文化共享、提高档案文化社会影响力，同样也是树立文化自信、提升文化认同感、增强文化影响力的重要手段之一。

目前，对于档案文化传播的研究，学界主要集中于以下四个方面：一是档案文化传播的基础问题研究，如理论基础[2]、传播主体[3]、传播机制[4]等；二是结合媒介发展态势，探讨新媒体[5]、融媒体[6]、"互联网＋"[7]环境下档案文化传播的模式、挑战、路径等问题；三是对某一类别的档案文化传播进行研究，如红色档案文化[8]、历史档案文化[9]等；四是从新视角[10]切入研究档案文化传播的价值等问题，但尚未有学者从仪式观的角度对档案文化传播的路径进行研究。当下，利用新媒体传播档案文化已成为一种有效的传播方式，2023 年 11 月，浙江省档案馆和浙江电视台新闻频道联合推出了《浙档知多少》系列微视频，以生动活泼的表达形式、多样的互动方式，讲述档案背后的浙江人文故事，宣传档案背后的文化内涵，吸引了大量公众观看、互动，无疑是对档案文化传播的一种积极探索。因此，本文拟从仪式观角度切入，以《浙档知多少》为例，剖析《浙档知多少》的仪式建构方式，提出档案文化传播的路径，为提升档案文化传播效能提供参考。

1 理论基础：仪式观及其与档案文化传播的内在契合

1.1 仪式观

20 世纪 70 年代，美国传播学家詹姆斯·凯瑞从文化取向层面对传播进行了解读，将传播隐喻为仪式，提出了传播的仪式观。他把传播看作是一个符号过程，认为传播不仅是信息在空间上的传递，更重要的是对社会的维系与共享信仰的表征。[11] 在此视角下，传播的目的不在于控制，而在于交流与共享。因此，仪式观的内核是将人们以团体或共同体的形式聚集在一起[12]，在时间维度传承并创造文化，通过符号化过程打破时间的限制来维系群体的共同情感，从而实现意义共享。

根据詹姆斯·凯瑞的观点，仪式观注重三个内容，一是场域构建，二是符号运用，三是意义共享。首先，场域为仪式的建构、参与者的聚集、意义的共享提供了媒介场所。其次，多元化的符号构建了仪式传播的主要内容，这些符号在引导认知、维系情感、激发意象等方面具有重要作用。最后，意义共享是仪式观区别于其他传播观念的本质特征。仪式观将所有参与传播的人都视为平等的参与者，人们以团体或共同体的身份参与仪式，从而因共享系统中的某些内容实现个人的社会化过程，进而得以形成更大的共同体。

1.2 仪式观与档案文化传播的内在契合

仪式观强调对文化内涵的阐释，用仪式观来研究文化传播现象是非常合适的。基于此，本文认为，仪式观适用于研究档案文化传播，且二者在传播导向、构成要素、价值诉求三方面具有内在契合点。

1.2.1 传播导向相契合：以文化传播为导向

凯瑞认为传播与文化密不可分。他提出的仪式观将传播看作是一个创造和共享文化的过程，注重探讨传播中的文化是如何表现的，将传播的作用上升到了文化层面。档案文化传播以档案文化为核心内容[13]，同样以文化传播为导向，其本质便是传播档案背后蕴含的历史文化与民族文化。《浙档知多少》从浙江省的地方档案中提取档案文化作为每期节目的核心主题，讲述档案背后的浙江人文故事，便是在利用档案，传播其所背后的文化内涵。

1.2.2 构成要素相契合：共通的场域与符号要素

场域与符号是仪式观中的两大核心要素。凯瑞认为传播仪式的构成需要一个平等互动的空间[14]，这就需要传播者搭建场域来为仪式的建构提供相应的媒介场所。档案文化的传播同样也离不开场域的构建，通过构建场域，档案文化才能拥有交流与共享的空间，传播才能得以实现。在仪式观视角下，传播就是为了考察各种各样有意义的符号形态被创造、理解和使用的过程。[15]档案文化传播的过程，也可以理解为在提取档案文化符号的基础上，理解符号意义，并对其进行二次创造、使用的过程。《浙档知多少》便是通过提取地方档案中的文化符号，并对其进行内容创作而形成，其传播活动的开展依赖于互联网形成的虚拟场域。

1.2.3 价值诉求相契合：以实现意义共享为目标

意义共享是仪式观区别于其他传播观念的本质特征。仪式观着重于传播的参与性，以及文化与意义的建构与共享。[16]档案文化传播的目的，一方面，是为了将其中蕴含的历史文化价值直接生动地传达给公众，使其与历史同频共振，在感悟历史中产生情感共鸣。另一方面，是为了将带档案中蕴含的历史记忆、民族记忆、文化记忆等在社会范围内传播，增强公众对于档案文化的认同感，实现全社会范围内的文化认同与意义共享。

2 《浙档知多少》传播仪式建构分析

2.1 打造仪式空间，构建传播场域

媒介的快速发展为档案文化的传播提供了全新的形式与平台，新媒体糅合了线上与线下的边界，打破了以往局限于地理空间的场域概念，用户不需要保证身体在场便可以进入传播者所构建的场域中，进而实现对传播内容的共享互动。《浙档知多少》选择微信公众号及浙江广播电视集团新媒体视频平台"Z视介"作为主要的宣发阵地，二者都集合了文字、图片、视

频等多种信息表现形式，且能够根据用户的兴趣和需求，进行精准推送。同时，评论区为用户搭建了平等互动的空间，用户可以在评论区实现内容的共享与互动，实现了用户与节目内容的共享与情感连接，使得《浙档知多少》中的档案文化既可以在其中得到展示，也能够依托场域实现其背后文化价值的共享。

2.2 提炼仪式符号，激发文化认同

笔者将《浙档知多少》中的符号要素分为文化符号、视觉符号、语言符号三大类。视觉符号与语言符号建构起仪式感，并增强文化符号的表达与意义传达。视觉符号主要分为两部分，一是主持人所在环境的视觉体现，二是故事讲述时的画面体现。主持人面向观众坐在沙发上，给人以面对面聊天的亲切感、日常感，拉近与观众的距离。在讲述时，节目画面会配以情景剧、动画等，还原档案内容，以更为立体丰富的形式，让观众沉浸在文化的熏陶中，更好推动仪式感的形成。主持人是语言符号的主要表达者。在节目中，主持人以口头语言将档案文化娓娓道来，使观众与主持人产生对话感，极大程度加强了观众在观看过程中的仪式感。文化符号是《浙档知多少》的核心要素，通过挑选地方档案中具有特色的文化符号作为每期节目的选题，结合视觉符号及语言符号，使得文化符号具象化，进而促进观众对文化符号背后所含意蕴的深刻认识，激发文化认同，建构社会共识。

2.3 强化仪式互动，实现意义共享

《浙档知多少》设置了三类互动机制。第一，奖励型互动机制。这类机制主要是通过微信公众号进行。浙江省档案馆官方公众号在节目播出期间共发布五次"互动有奖"推文，互动问题的设置多与当天发布的视频内容相关，用户可以通过留言回答问题的方式参与瓜分现金，这不仅在极大程度上刺激了用户互动的积极性，同时吸引更多的人参与到仪式中，感受视频中蕴含的文化价值，实现意义共享。第二，引导型互动机制。节目的仪式流程可以概括为"引出问题—故事讲述—设置思考"三个环节，前期引出与本期视频相关的问题，继而对本期内容展开讲述，最后以"欢迎您在评论区和我们分享"结尾，固定的仪式流程既可以加深用户对节目的认识，同时也可以更好地培养、鼓励用户以主动参与者的身份，参与到仪式的建构之中，成为仪式构建的一分子。第三，开放型互动机制。这类机制主要靠用户的自觉参与及分享。用户参与互动的方式主要有订阅、点赞、评论、转发等。同时，依

托于微信所特有的"强关系"特性，也能够在"熟人圈"内进行二次传播及裂变传播。通过这些方式，用户可以主动传达自己的情感体验，也可以对他人的观点表达自己的态度，增加即时共享感。

3 仪式观视域下档案文化传播的路径

《浙档知多少》一经播出，就收到了广泛好评，但从仪式观的视角来看，仍存在可以完善的空间。就场域的构建而言，《浙档知多少》的传播渠道目前局限于固定的视频平台，而诸如微博等类的社交平台未得到完全重视，传播渠道尚未打通，各渠道之间的关联性尚未建立，在一定程度上限制了档案文化传播的深度和广度。就符号的运用而言，《浙档知多少》所选取的档案文化符号，大多来源于带有区域性质的县志、府志、通志等，省外的公众对其缺乏一定的情感基础，在一定程度上影响着档案文化的传播。就意义共享的实现而言，《浙档知多少》尚未建立完善的互动反馈机制，用户的满足感未得到有效保障，不利于意义共享的实现与扩散。因此，本文从线上线下共建仪式空间、深挖档案元素构建符号体系、完善用户反馈机制三方面提出建议。

3.1 场域构建：线上线下共建仪式空间

媒体融合为突破地域限制，实现档案文化的深度传播提供了良好的媒介环境。浙江省档案馆应迎合媒体融合的发展态势，入驻用户体量大的视频平台，多元渠道营造仪式空间，打通传播渠道，形成互联互通的传播场域。同时，充分了解各个平台不同群体用户在不同时间段的注意力资源的分配情况，设计出可普适推行的档案文化传播整体框架[17]，让更多的人参与到档案文化的传播"仪式"中。除此之外，《浙档知多少》中的档案文化与其所处地理位置的自然与人文紧密相连，其所处环境本身便是一个现实场域。浙江省档案馆可以依托当下的"打卡"热潮，在线上平台拓展档案文化传播范围的同时，做好线下平台的布置与联动，通过设置展览、手工作坊、打卡点等方式，让大众在现实场域中亲身体验"仪式"，感受《浙档知多少》中的档案文化，使虚拟场域中的内容具象化，实现线上线下场域的互动和互补。

3.2 符号运用：深挖档案元素构建符号体系

符号是信息的携带者，更是意义的载体。[18] 档案作为历史信息、文化信息的承载者，这一特殊身份及其所特有的性质，使其本身便可成为区别于其他文化符号的特有符号，因此，浙江省档案馆在选取《浙档知多少》时，应重点突出"档案"元素，以档案为核心，串联起整个传播内容。观众会在档案文化情境的刺激下，结合自身的人生经历和知识积累对认知进行唤醒[19]，这就要求浙江省档案馆既要提取具有特色的档案文化符号，同时所选取的内容还需具有一定的公众认知，如可以结合当下热点、历史名人、神话传说等，多角度、多领域挖掘与档案的关联点，通过故事化表达、技术手段展示等多种方式，构建起新颖、独特的档案符号体系，形成档案元素与技术、现实之间的良性互动，实现档案文化符号从静态向动态的转变，为公众带来参与式、交互式、沉浸式体验。

3.3 意义共享：完善用户反馈机制

受众角色从消费者到使用者地位的转变，为仪式观所提倡的共同参与、共同体验、共同构建仪式创建了良好的环境，为档案文化传播实现意义共享的最终目标提供了便利的渠道。档案文化传播效果的评价与反馈对于传播活动的改进与优化有重要价值[20]，浙江省档案馆在利用媒介平台发布《浙档知多少》节目内容的同时，也应注重反馈渠道的建立与完善。一方面，注重对用户的反馈回应。及时回复评论区的留言，给用户带来愉悦感和满足感，避免让用户产生负面情绪，提升用户的满足感与认同感。另一方面，公众与档案文化传播之间的关系更应是一种"双向奔赴"的情感互动。[21] 浙江省档案馆公众号可以为《浙档知多少》建立专栏，搭建起用户与工作人员沟通的桥梁，档案工作人员可以实时、直接获取用户的意见，用户也能够及时掌握自己的反馈动态，以此激发用户的参与热情，刺激用户对传播内容的二次创作或进一步推广行为的发生，实现档案文化传播的高效化。

4 结语

档案承载着历史文化基因，具有独特的文化价值。传播档案文化，既可以提高社会公众对档案的认知程度，也有助于传承历史记忆，凝聚社会认同。

《浙档知多少》的探索与实践为从仪式观角度研究档案文化传播提供了有益的思考，在传播档案文化时，可通过线上线下共建仪式空间、深挖档案元素构建符号体系、丰富用户互动反馈方式等路径，实现档案文化的意义共享。

注释及参考文献

[1] 习近平.高举中国特色社会主义伟大旗帜 为全面建设社会主义现代化国家而团结奋斗——在中国共产党第二十次全国代表大会上的报告[EB/OL].[2024-05-05].https://www.gov.cn/xinwen/2022-10/25/content_5721685.htm.

[2] 郑慧.档案文化传播的理论基础[J].北京档案,2017(9):12-15.

[3] 郑慧,梁艳.档案文化传播主体及其选择[J].档案学通讯,2016(3):38-42.

[4][13] 樊树娟,陈建.档案文化传播机制演变与发展策略研究[J].浙江档案,2022(6):36-39.

[5] 张文惠.新媒体环境下档案文化传播模式浅析[J].山东档案,2021(6):52.

[6] 赵彦昌,宋雪婷.融媒体环境下档案文化传播路径研究-——基于《"十四五"全国档案事业发展规划》的学术考察[J].浙江档案,2022(6):23-26.

[7] 胡琨."互联网+"时代档案文化传播的"立"与"困"[J].档案学研究,2017(5):82-85.

[8] 常大伟,程芊慧.国家文化数字化战略下红色档案文化传播体系建设研究[J].档案与建设,2024(1):17-23.

[9] 杨茉.融媒体视域下历史档案文化传播研究——基于某清代玉牒相关微博的分析[J].档案学研究,2022(5):89-93.

[10] 周林兴,崔云萍.叙事视角下档案文化传播:价值、机理及路径选择[J].档案管理,2021(1):36-38.

[11][12][15] 詹姆斯·W.凯瑞.作为文化的传播[M].丁未,译.北京:中国人民大学出版社,2019:18,40,29.

[14] 刘露.传播仪式观视角下三星堆遗址跨媒介传播策略分析[J].传播与版权,2024(6):81-84.

[16] 王雅萱.传播仪式观视域下央视文化类综艺节目研究[D].兰州:西北师范大学,2024.

[17] 张文兰,黄星.国家文化数字化战略背景下档案文化传播力提升探赜[J].山西档案,2023(4):80-88.

[18] 孙志超 . 传播仪式观视域下国货品牌传播研究 [D]. 济南 : 山东大学 ,2024.

[19] 王向女 , 葛帅敏 . 基于 CAPS 理论的档案文化传播中受众身份认同建构研究——以哔哩哔哩网站《档案》节目为例 [J]. 档案学研究 ,2024(1):93-101.

[20] 樊树娟 , 陈建 . 档案文化传播机制演变与发展策略研究 [J]. 浙江档案 ,2022(6):36-39.

[21] 苏君华 , 宋帆帆 . 基于情感分析的档案文化传播影响力研究——以《如果国宝会说话》为分析对象 [J]. 档案学研究 ,2023(1):91-99.

数据要素化视角下的南京城墙文化遗产档案数据资源整合探究

王珊

南京城墙保护管理中心 南京城墙研究会

摘要：数据要素化已成为"数字中国"建设的助推器。在中国数字化建设推进的过程中，形成了相对独立的数字基础设施和数据资源体系，影响了数字化建设的整体性和统一性。本文以数据要素化为切入点，在"资源化""资产化""资本化"的框架下，通过对南京城墙文化遗产档案的实地调研，分析其数据资源整合现状，初探文化遗产档案数据资源在整合中主要存在着档案管理传统化、档案数据资源分散化、档案数据安全风险较大等问题，据此提出整合策略：推进档案信息化建设、加强档案数据共享、提高档案信息安全技术运用。

关键词：数据要素化；文化遗产档案数据；整合策略；南京城墙

0 引言

自十九届四中全会首次将"数据"列为生产要素以来，国家陆续出台关于"数据要素"的相关政策，我国数据要素化进程显著加快。数据要素化之于数字中国建设的意义非凡。数字中国的建设应包括数字经济、数字政务、数字文化、数字社会和数字生态文明。目前，做数字文化建设的不多。[1]可见，数字文化建设尚处于起步阶段，有较大的发展空间。

文化遗产是全人类共有的财富。档案化、数字化是保护文化遗产的重要措施。[2]文化遗产档案是指在文化遗产保护、研究、利用、开放、管理等过程中以多种载体形成的信息记录。其档案数据作为重要载体，以数字化的形式保存了文化遗产的关键信息，对保护和传承人类文化，促进经济效益增长具有重要意义。

数据要素化打开了档案领域的研究视角，学界在档案领域的研究主要聚焦于档案数据价值、档案数据要素、档案数字转型、档案数据治理、数字档案资源开发等方面，实践探索的研究还比较少。本文将从数据要素化的视角，以南京城墙文化遗产档案为例，在实现数据要素化三个递进层次途径的框架下，研究文化遗产档案数据资源整合的相关问题，以求教专家、学者和档案工作者的进一步探讨。

1 南京城墙文化遗产档案数据资源整合的现状

南京城墙作为世界上现存最长、规模最大、原真性最好的城市城墙，是连接过去、现在与未来的文化遗产。历经百年风霜，城墙本体遭受损坏，相关材料已有流失。在文化数字化战略背景下，南京城墙保护管理中心（以下简称"城墙中心"）依靠前沿的信息技术，结合文化遗产发展需求，开展了文化遗产档案数据资源整合工作。

数据实现要素化的三个递进层次的途径是：资源化、资产化、资本化[3]详见图 1。

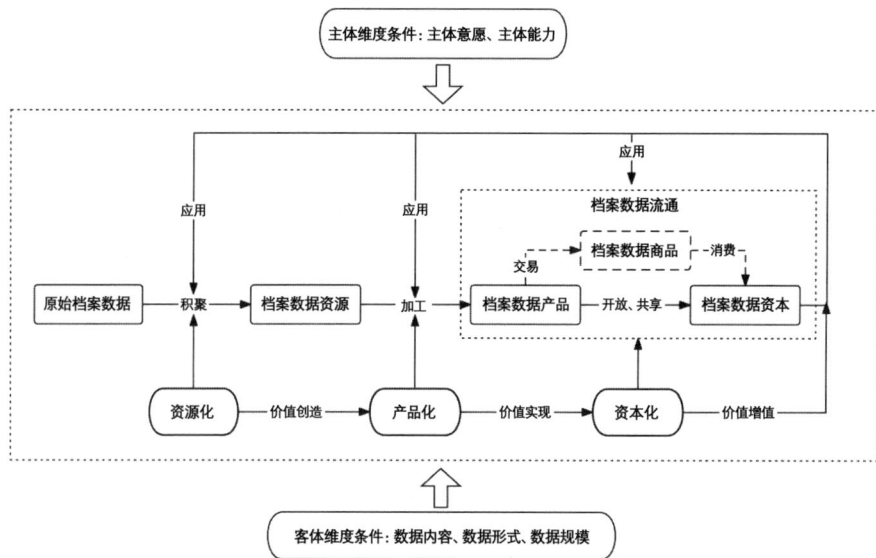

图 1　档案数据要素化的三个环节 [4]

"资源化"是数据要素化的前提，是数据整合的基础。南京城墙文化遗产档案资源丰富，就城墙本体而言，有保护修缮档案、城砖铭文档案、文物藏品档案等；就城墙文化价值而言，有学术研究档案、口述史档案、申遗档案等；就城墙利用而言，有文化活动档案、文创产品档案、文物展览档案等。这些档案由城墙中心各处室、各分支机构分头管理。南京城墙文化遗产档案数据化已取得一定的成效，例如，采集录入城砖铭文信息，建设城砖铭文数据库；扫描采集城墙本体数据，建设"一张图"文化遗产数字档案系统。但是，仍有部分档案未开展数据化，止步于传统档案管理模式，不利于数据资源整合。

"资产化"是数据要素化的核心环节，资产化强调数据的融合、流通，实现数据价值。[5]南京城墙参照世界文化遗产申报要求，结合业务需要，建设完成多套信息系统。通过采集、录入，形成档案数据，系统对采集的数据进行分析和研判，为城墙的保护、修缮和利用提供最直接的参考和帮助。档案数据只有按照一定专题被汇集在一起形成档案数据集，才能进一步开发生产，产生效益。[6]因此，根据档案专题类别，将已建设完成的多套数据业务类系统、小程序系统，归纳为文物保护、城墙申遗、安防保卫、景区管理及博物馆管理五类专题，详见表1。

表1　南京城墙建设系统及小程序统计表

档案专题类别	南京城墙已建系统、小程序名称
文物保护	监测预警平台、"一张图"系统
城墙申遗	云享城墙、明故宫大遗址数据信息展示与管理系统、城砖铭文数据库、中国城墙学术库
安全保卫	视频监控系统
景区管理	智慧票务系统、预约小程序
博物馆管理	口述视频展示系统、展览导览小程序、展厅控制系统

在一定程度上，系统的建设促进了不同类别的档案数据资源整合，实现了子系统间数据的互联互通。但在数据接入、存储等整合的过程中，缺乏统一管理平台，影响后续数据资源的开发利用。

"资本化"是数据要素化的终极目标。目前，南京城墙文化遗产档案数据在实现"资本化"的实践有购票功能；开发南京城墙独具特色的文创产品和旅游服务，促进南京城墙文旅融合，带动消费。

2 文化遗产档案数据资源整合中存在的困难及成因分析

为实现数据要素化，数据资源整合是必经之路。目前，南京城墙已完成多套信息系统的建设，为"数字城墙"的建设奠定基础。接下来，将进一步接入市智慧文旅平台，实现文旅资源的互联互通。但在档案数据资源整合的过程中，仍存在档案管理传统化、档案数据资源分散化、档案数据安全风险等问题，需要进行逐一分析。

2.1 档案管理方式传统

文物保护档案，是南京城墙文化遗产档案的重要组成部分。文物保护部门承担着南京城墙本体及周边环境的保护、规划、建设、修缮工作，负责组织对所辖城墙及工程资料的收集、整理、归档。通过实地调研，发现文物保护工程建设档案信息化程度相对较低，大部分资料以纸质化资料进行存档，仅有少部分资料以电子化文件形式进行存档。一方面，纸质档案的保存周期有限，且容易受到自然灾害或人为损毁的风险。另一方面，在日常管理工作中，由于档案以纸质形式存放，整理和查找档案变得烦琐和耗时。

档案管理传统化，不利于各部门对档案数据的统一管理和利用。由于无法实时地获取档案信息，档案数据资源的整合、查阅、传递和共享都受到限制，影响跨部门、跨区域的合作和协调。此外，档案管理传统化会降低监测和评估档案数据的完整性和准确性，以及档案缺失或异常情况的及时性，从而限制档案数据资源的利用和价值的发挥。

2.2 档案数据资源分散

南京城墙文化遗产档案数据资源在文物保护、安全防控、景区管理等领域较为分散。档案数据资源分散在各个业务部门，存在数据来源不清、质量不高、完整性不足等问题，无法有效支撑跨部门协同应用需求。如，游客通过移动端或人工售票窗口购票，信息采集标准不一致、门票、文创销售数据需定期人工汇总、客流、票务数据均无法实时获取、无法满足对接城市智慧文旅平台的现实需求。

档案数据资源分散化，究其原因，一方面横向协同不足，存在部门壁垒、缺乏统一规划、信息孤岛等因素；另一方面纵向联动不畅，存在组织部门过多、沟通渠道不畅、决策权分散等因素，阻碍了档案数据资源的高效整合。

2.3 档案数据安全风险高

南京城墙文化遗产档案涉及多专题、多形式的档案数据，存在数据来源、格式、特点、性质不一致的问题。在档案数据资源整合中，需要对不同数据源、不同数据格式、不同数据类型的数据进行集成、转化、处理和分析，以得到更全面、准确、可靠、实用的信息。在此过程中，会产生一系列的风险问题。

一是数据整合的技术风险。数据整合是实现数据要素价值化的重要方式，高度依赖信息技术。对数据存储设备、数据脱敏、隐私计算、数据分析技术等方面具有较高的要求，高技术门槛在一定程度上限制了数据资源的整合。二是数据整合的流动风险。从数据价值产生流程来看，数据整合经过数据处理的步骤较多，数据要素应用分析跨度较大，数据不断流动，带来数据泄露的风险。三是数据交易的风险。数据交易是获得跨部门、跨领域进行数据整合分析的重要方式。但尚缺乏实现数据资产化、标准化的交易要件体系，这些问题制约了数据要素的顺畅交易流通，阻碍了数据融合创新。[7]基于上述风险问题，增加了数据资源整合的难度。

3 文化遗产档案数据资源整合的应对策略

为有效整合文化遗产档案数据资源，基于上述问题及成因，可采取推进文化遗产档案信息化建设、加强文化遗产档案数据共享、提高文化遗产档案信息安全技术运用等措施，以此推动档案数据资源的有效整合、高效利用及安全保障。

3.1 以资源化为依托，推进文化遗产档案信息化建设

一方面，落实数字化存档与管理。具体来说，利用扫描和图像处理技术，将纸质档案电子化，提高文化遗产档案的可访问性和共享性，实现公众对文

化遗产的研究和传承；结合大数据分析、可视化展示，为文化遗产档案的利用提供更丰富的手段和途径；利用云存储、分布式存储等技术手段，定期备份电子文档，从而确保档案信息的完整性和可用性。

另一方面，建立统一的数据管理平台。该平台应具备强大的数据采集、存储、处理和分析能力，能够集中管理各个业务系统的数据资源。通过该平台，可以确保数据的统一性和一致性，为后续的数据分析和应用提供有力支持。

与此同时，优化档案数据采集标准和流程，确保信息采集的一致性。以文物数据采集为例，应制定统一的信息采集标准，明确需要采集的数据内容和格式，引入标准化的数据采集模块，确保文物信息的准确性和完整性。此外，运用智能感知设备和物联网等技术，实现文物藏品借出机制数字化规范流程动态管理，自动跟踪文物藏品日常养护状态，实现文物藏品状态的实时追溯，为文物藏品保管及借展提供可视化高效服务，提高管理效率。

3.2 以资产化为平台：加强文化遗产档案数据共享

首先，加强顶层设计，统筹规划各部门信息化系统建设，统一技术标准和数据格式，实现系统间数据互通共享。具体来说，制定明确的建设方案和标准化的流程来规范各部门的建设工作；引入先进的信息化技术和管理经验，确保各部门建设工作规范、高效；建设统一的数据平台和接口，打破信息孤岛，实现系统间数据的互通共享。

其次，加强档案数字化应用的集成和融合，构建文化遗产跨领域、跨部门、跨层级的协同应用场景。具体来说，优化现有档案数字化应用的结构和功能，整合各种档案数据资源，实现数字化应用的协同效应；推广文化遗产数字化应用的技术标准和规范，提高数字化应用的兼容性和可靠性；建设多跨协同应用场景，实现文化遗产档案数字化应用的跨领域、跨部门、跨层级的集成和融合。

最后，加强文化遗产档案数据资源共享与协同，促进各部门之间的协同应用。通过建立数据共享机制，明确数据共享的范围、方式和责任，确保各个部门可以方便地获取和使用所需的数据资源。同时，也需要加强对数据质量的管理，建立数据质量监控机制，定期对数据进行质量检查和核实，确保数据的准确性和完整性。[8] 只有通过有效的共享，才能满足不同部门之间的跨部门协同应用需求。

3.3 以资本化为保障：提升文化遗产档案信息安全

首先，应充分利用现有文化遗产档案数据资源，发挥信息化建设的综合优势。具体来说，通过挖掘和分析文化遗产档案数据，发现潜在的数据价值，为文化遗产保护和利用提供数据支撑；积极推广文化遗产档案的数字化应用，提高数字化应用的普及率和利用率；不断优化文化遗产数字化应用的性能和功能，确保数字化应用的可靠性和稳定性。

其次，应强化信息安全意识，构建完善的文化遗产信息安全管理体系。这不仅包括制定严格的信息安全政策和标准，还要设立专门的信息安全管理人员，确保各项安全措施得到有效执行；应用先进的信息安全技术，如加密技术、防火墙和入侵检测系统等现代技术，提高文化遗产档案信息在交易或开放时的保密性和安全性。同时，持续关注并引入新技术，如区块链、人工智能，以进一步提升安全防护能力。

最后，提高档案管理人员对信息安全的认识和技能。通过定期的培训和教育，确保档案工作者在日常工作中能够遵循信息安全规定，防止信息泄露和丢失。

4 结语

数字中国是国家数据要素化的终极目标，数字文化建设是不可或缺的一部分。近年来，"数字故宫博物院""数字敦煌""数字龙门石窟"的建设，带动文博产业甚至数字文化产业集聚式生态发展。可见，文化遗产档案数据作为数字文化建设的基石，其数据资源的深度整合和高效利用，将为文旅经济产业注入新的活力，助力构建自信、繁荣的数字文化新生态。

注释及参考文献

[1] 交大评论.张向宏教授解读《国家数据要素化总体框架》[EB/OL].[2024-05-10]. https://mp.weixin.qq.com/s/I6YMzoeeVnECoFBAJm_uXA.

[2] 徐拥军,王薇.美国、日本和台湾地区文化遗产档案数据库资源建设的经验借鉴[J].档案学通讯,2013(5):58-62.

[3] [6] 梅宏.数据如何要素化:资源化、资产化、资本化[J].施工企业管理,2022(12):42.

[4] 赵跃,李琪,王月.关于档案数据要素若干基本问题的思考 [J]. 档案与建设,2024(5):1-9.

[5] 季周,李琳.会计视角下数据资产化路径探索 [J]. 财务与会计,2022(16):38-41.

[7] 应焕红.深化数字要素市场化配置体制改革 [J]. 浙江经济,2021(12):44-45.

[8] 韩斐.数智赋能视域下的数据归档工作的技术要求与保障 [J]. 办公自动化,2023(15):46-49.

档案展览中新媒体交互技术的作用探析

熊一帆

中国第一历史档案馆

摘要：以档案展览中的新媒体交互技术为研究载体，在其特征与优势之上对其在档案展览中的应用与作用进行结合性举例分析，列举其在档案展览中现存的相关问题与思考建议。

关键词：新媒体艺术；交互；档案展览；档案宣传

0 引言

近年来，档案资源所蕴含的文化创造基因被不断激活，让历史说话、让档案说话、让文物说话已经成为档案及文博工作者，乃至全社会的共识。习近平总书记指出，每一种文明都延续着一个国家和民族的精神血脉，既要薪火相传、代代守护，更要与时俱进、勇于创新。让收藏在博物馆里的文物、陈列在广阔大地上的遗产、书写在古籍里的文字都活起来，丰富全社会历史文化滋养。档案展览作为档案事业发展的一项重要内容，在互联网与人工智能的时代背景下不断以科技手段创新着形式，以更好地发挥档案价值、传播档案文化。新媒体交互技术以多种媒介复合的技术手段与艺术表现方法来呈现档案内容，在档案馆展陈空间内有着多样化的应用，也为档案文化的传播带来了新的机遇。

1 新媒体交互技术的概念认知

1.1 新媒体交互技术的背景与定义

新媒体交互技术也称新媒体艺术，起源于 20 世纪 90 年代。是以计算机图形学为基础，将信息技术与艺术学两门学科融合于一体形成的一种全新艺术形态，展现形式通常包括灯光影像艺术、数字装置艺术、虚拟与增强现实技术、建筑雕塑投影、交互式影像、生成视觉、沉浸式空间等等。以新媒体艺术定义的作品往往较广义的"传统数字媒体"领域的作品更加强调科技和艺术的融合性，更加以艺术审美的视角来突出作品内涵和强调与观众之间的互动关系。

1.2 新媒体交互技术的特征与优势

1.2.1 多元化的媒介融合

多媒融合是新媒体艺术最显著的基本特征，它几乎可以将所有数字媒介与新兴技术进行通融整合后来表达各种类型、主题的当代艺术作品。除了记录、还原基本的视听形象信息之外，更重要的是基于人体五官感受的"多媒性"，突出还原包括味觉、嗅觉、触觉和运动感觉等感官属性信息，是一种真正意义上的全息记录语言，也符合艺术表现自然的要求，因为自然界本身就是有声有色、"多媒"合一的。所以此特征不但是技术发展的必然趋势，更是人类审美意识完善的必然要求。目前在档案展览中的常见表现形式包括但不限于以复合型交互式屏幕来查看展品信息、以增强现实、虚拟现实技术来模拟与扩充展品背景故事与知识、以体感手势互动或交互装置艺术来创造与展品内容有关的游戏性互动、以沉浸式体验空间来营造多件组展品所处的展览单元的特定氛围等。

1.2.2 多层次的互动关系

对于现今文博机构和展馆的展览中较为普遍的多媒体设备中有关"互动"的概念，更多展现的是互动的表象层次。即作品以多媒体设备为载体，以轻量化的游戏体验为内容，预先设计好的一种"已知结果和既定规则"的互动，观众参与体验后产生的结果是由创作者事先策划完成的，或是在既定的几种选择中产生有限度的差异化结果。在这样的表象层次中，用户参与体验后产生的结果不具有个人化与特殊化。而新媒体交互中的互动偏向于强调互动的第二个层次，即"介入性"。观众从体验者转化为参与者，参与到艺术作品的编码过程与设计规则里来，在这个层次中产生的互动结果以生成视觉的形式随着每位不同的观众在体验过程中进行时刻改变，只是在作品的主题和思路上有着预先策划和设计，但结果完全由观众呈现[1]。

1.2.3 时代性的文化意义

因新媒体艺术独特而强烈的跨学科、跨领域的延伸特点，使它在数字时代的语境下很迅速地发展至文化与商业等部分社会领域当中，为传统文化带来了全新的表达方式与传播途径，满足了人民群众如今更高的精神文化需求[2]。清华大学美术学院信息艺术设计系主任王之纲曾提出："数字化不仅提供了一个数据收藏和保存物质化内容的方式，更重要的是建立起一种关联性。通过空间转换和情境构建增强了作品的叙事性、体验性和公共性，进而促进中国传统文化内在的传承与发展。"

2 新媒体交互技术在档案展览中的作用与意义

2.1 激发观众好奇，减弱博物馆疲劳效应

博物馆疲劳现象在档案馆的展览中也较为常见，是观众在参观过程中逐渐出现的精力耗竭，注意力涣散，认识活动机能衰退，产生疲劳感的现象。尤其在档案展览中，多数馆藏展品是以纸本、书籍为主，策展团队将庞大体量而又紧密排列的展品、内容详尽的文字和图片等信息超负荷呈现，容易造成观众失去参观重点，传播的效果也大打折扣。而新媒体艺术综合运用以声光电为主的科技艺术手段，将数字、物理媒介与展陈空间环境相结合，以非线性的方式穿插在档案展览的展区空间内，能在一定程度上解除枯燥感，呈现出新鲜且具有神秘感的艺术氛围，能够调动观众的注意力与视觉中心，使其在传统的参观氛围中转变视角，驻足于能进行互动体验的新媒体艺术作品

面前。例如北京市档案馆"档案见证北京"主题展末端的档案沉浸体验厅，由三面投影墙组成的沉浸式空间，展示着由档案文献的数字图像构成的信息瀑布流，对应三台落地式触控显示屏。观众可以通过触控屏选择查看放大自己感兴趣的档案，在这样沉浸式光影空间中体会着北京历史文化魅力。俄罗斯犹太人博物馆也采用新媒体艺术的方式展出以色列政治家本古里安的手稿档案，装置通过装有运动传感器与滑轨的透明 LED 屏幕，使观众以互动的方式查看档案材料、照片、翻译等信息。观众在温暖的环境灯下如同手捧纸质档案与信件，在历史事件的氛围里与这位政治家"平行对话"。

2.2 创造情感链接，加深展品的认知认同

情感化设计概念由美国认知心理学家唐纳德·A. 诺曼（Donald Arthur Norman）提出，其目标是强化设计中的情感化，基于满足人们内在情感和精神需求，设计系统由本能层、行为层和反思层三个层级组成，分别对应人们在面对场景时的感官、效能与理解三个层面，且呈现出逐级深化的关系。新媒体艺术作品通常在策划时会提前模拟观众可能会经历的情感路径，通过多种媒介的重组来制造"感官＋感官"结合的多维感受，并抓住展品内核想要传递的概念进行艺术性塑造，创造出符合观众情绪波动的作品。结合设计系统的三个层面，对应到档案展览的展示中，则是观众会先被作品呈现出的新颖外观吸引，对展项产生想要了解和触碰的意识，随后根据引导进行互动，在行为层面与作品产生富有逻辑性的交互关系，最后在反思层面观众会产生对于此件档案展品背后的历史价值与文化内涵进行本能的深度思考，并形成独有的记忆。此外，新媒体艺术的介入性也对加深观众对档案展品的亲密感

与认同感起到了重要作用。例如在三星堆博物馆的互动展项中,观众站镜子前的定点位置,通过面部与红外体感识别后生成属于自己的古蜀人体态镜像,通过身体摆动来实现对应古蜀人物的摆动,在这样趣味的互动中体验着与穿越千年的文明对话的惊喜;在韩国国立中央博物馆常设展览馆设置了以韩国朝鲜时代肖像画为主题的互动展项,参与者通过面部识别后自选配饰绘制出符合自己的时代肖像画。上传云端后,即可留在数字展墙中成为数字肖像画艺术的组成元素之一。

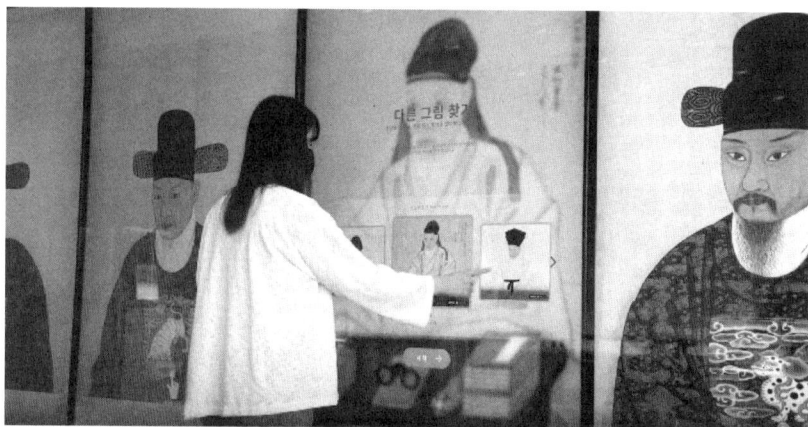

2.3 提升档案价值，提高展品的传播效能

新媒体艺术展项对档案展品内容进行二次创造，结合着新时代逐渐年轻化的审美趋向，以新形式和新角度的包装将档案背后的文化内涵和知识信息呈现出来。一方面，展项本身的交互设计中则包含体验完毕后为观众赠送生成式的"数字纪念品"，通常为定制化的合成影像、数字纪念卡片、本馆文创产品等。在自媒体时代，这样的策划思路也为后期提高展项的传播效能埋下了伏笔。另一方面，即使展项中没有预设这样的分享模块，许多观众在体验完毕后留下深刻印象，将其发布在社交媒体平台上引出自发式的广泛传播，以此独特的感官体验和对档案知识的理解作为自媒体平台上的传播噱头吸引着更多感兴趣的观众，极为有效地扩大了档案展览的宣传范围，帮助了馆藏档案先"活起来"再"走出来"。例如北京市档案馆的展厅出口设置了趣味知识问答的互动游戏装置，装置上方为屏幕，下方为卡片出口。观众将回答十

道与展览内容有关的题目，答对八道以上即可获得一张印有北京市档案馆宣传与介绍信息的明信片。又如深圳改革开放展览馆于展厅出口设置的留念互动展项，观众站在定点位置挑选改革开放时期的服饰进行拍照，照片会合成展示在改革开放时期的南方日报等纸媒背景上，结束后可扫码获取电子照片。

3 新媒体交互技术在档案展览中易出现的问题

3.1 偏重炫技炫美感，内容策划上流于形式

当前多数策展人已经意识到新媒体交互技术在档案展览陈列以及后期传播上的重要性，于是在策划时刻意地偏向于选择技术性强、噱头性大的技术承载方式，又或艺术性与美感效果惊艳的效果。只注重于如何将其表象的相关内容以炫丽的方式展现出来，反复而频繁地采用市场上重复率较高的数字媒体设备而并未得到合理运用，这样的偏颇和粗糙的制作思路极其容易忽略对档案展品内涵的挖掘。这样不仅无法与观众建立有效的情感连接，也无法很好结合展品的文化知识，还会导致在实际体验时观众产生模糊和排斥的心理。因为大多数观众无法迅速了解到此展项想要介绍的档案知识以及互动规则，始终在疑惑"接下来要做什么"的过程里完成了一场并不尽如人意的体验，复杂的设备堆叠导致体验门槛偏高而用户引导性又偏低，为观众带来了过重的思考负担，只能得到不会留下印象甚至是负面印象的结果。

在内容策划方面，部分策展团队为了迅速完成多媒体展项的模块任务，将其作为类似于填鸭式的设计，所以现存也有许多仅仅是将实物档案展品进行扫描和数字化后进行简单的图像处理与点触查看的互动方式，再利用屏幕设备与灯光进行简单的氛围打造即完成任务的新媒体技术展项。这样的展项内容通常需要相对其他板块设计更高的资金投入，而展示信息效果的转化率又相对偏低。

3.2 传统展陈空间难以满足多媒的表现形式

此前提到，新媒体交互技术的显著特征即为采用多媒介融合来创造与人五感相关的体验，而多媒的重点即是"多"，采用媒介通常为三种左右，以视觉为基础，在其上增添其他感知途径，例如视觉＋触觉、视觉＋听觉、视觉＋运动肢体感觉等。在这样的基础上，就对档案馆提供的展陈空间提出了较

高的要求。不同技术对于空间环境的要求差别相对较大，例如交互投影和沉浸式设计的呈现就需要挑高较高的暗环境和可放置多投影仪和显示设备的宽阔空间；而互动装置艺术、体感游戏等则需要相对广阔明亮的空间场地，方便观众进行围观、排队体验和打卡拍照等。但现今的档案展览展陈空间通常在档案馆建筑内，受制于本身的建筑结构和空间规划，在设计时即使能够策划出较为合适的新媒体交互作品将馆藏更为巧妙地展现出来，也会因场地的物理限制而无法实施。

4 对以上问题的思考与建议

随着数字展陈技术的迅猛发展，在档案展览中运用新媒体交互技术来传播档案知识和文化是档案文化宣传的新思路，同时也是新课题。在这样的背景下，我们应该发展更多专业领域相关人才、做好更多与数字化策展相关的研究来对档案展览的进行更好呈现。一场档案展览的筹划过程是漫长而细腻的，在新媒体艺术展项策划过程中一定要避免浮于表面的设计心态，要耐心挖掘馆藏精品档案、对每件档案展品的内涵以及背后的背景故事、相关知识进行内容上的层层打磨，精心选材、精准定位、精编形式。在反复查阅资料、内化与讨论的过程里去找出能够用以新媒体交互技术手段来呈现的巧思，这样打造出的展项作品才是有质量的内容、有新颖的体验感、惊艳的艺术美感且有传播意义的好作品[3]。同时，也要在前期的规划上考虑得更周全，规避既有固定的展陈空间短板，利用空间优势选择合适的媒介技术，或提前进行小范围的模拟搭建测试，确认好空间内的高度广度及光照情况等，在确保呈现效果的前提下再进行细化的互动策略构思。

注释及参考文献

[1] 王一依, 晁悦弦, 赵利明. 文化遗产展览中新媒体交互艺术的实践应用 [J]. 艺术大观,2024(3):109-112.

[2] 胡业杲. 数字媒体艺术在档案宣传中的应用研究 [J]. 数字通信世界,2023(6):128-130.

[3] 李华新. 探析新媒体技术在展览中的应用 [J]. 经济研究导刊,2020(36):144-146.

跨域智融：生成式人工智能
赋能多模态档案数智一体化建设

陈浩[1]　耿文秀[2]
1 中国第一历史档案馆
2 山东大学软件学院

摘要： 多模态档案在内容生成、管理、检索和可视化方面面临诸多挑战，现有技术在实现多模态档案数智化一体化建设方面存在显著不足。生成式人工智能（AIGC）为解决这些问题提供了突破性方案，赋能多模态档案建设的各个环节。通过多个实证案例，AIGC 展现了其在多模态档案建设中的巨大应用潜力。最后，本文提出了未来发展的建议，旨在推动档案事业迈向智能化、精准化和多元化的新高度。

关键词： AIGC；多模态档案；档案数智化

0 引言

《"十四五"全国档案事业发展规划》提出"积极探索知识管理、人工智能、数字人文技术在档案信息深层加工和利用中的应用""加强大数据、人工智能等新一代信息技术在数字档案馆（室）建设中的应用"。[1]这表明，以人工智能为代表的新一代信息技术，将成为我国"十四五"期间档案事业高质量发展的重要技术保障和核心驱动力之一。通过人工智能技术提升档案管理数字化、智能化水平，加快档案工作全面数字化转型和智能化升级是当前档案工作拥抱新质生产力和未来档案工作的发展趋势。

生成式人工智能（AIGC）作为一种新兴技术，在文本生成、图像生成、语音生成、视频生成等方面发展迅猛，为多模态档案事业发展提供了新的解决方案。本文旨在探讨 AIGC 技术如何在多模态档案的各个环节中发挥作用，推动档案数智一体化建设。

1 多模态档案的含义及其研究现状

1.1 多模态档案

在人工智能（AI）领域，"模态"一词通常指的是数据的不同类型或格式。每种模态都代表了信息的一种独特形式或通道。例如，文本、图像、音频和视频都是不同类型的数据模态。"多模态"是指同时使用或结合两种或两种以上的模态，多模态通常意味着模型能够处理并整合来自不同感官通道的信息。

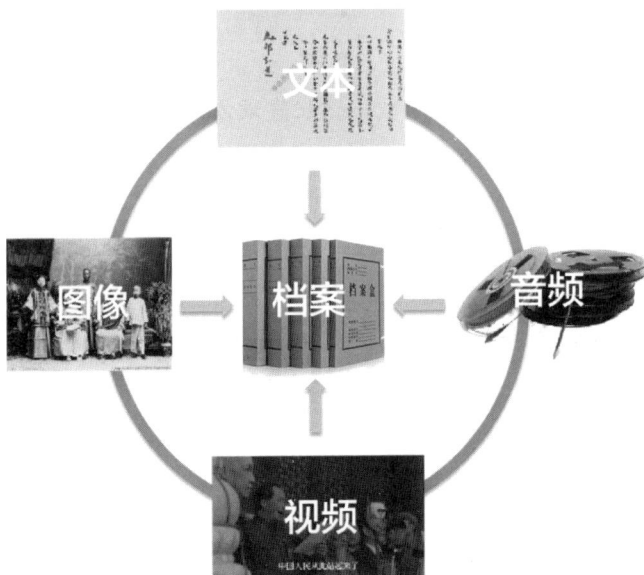

图 1　档案的多模态

多模态档案是指包含多种信息表现形式的档案，除了传统的文本档案外，还包括图像、音频、视频等档案形式。这些多样化的信息载体为档案内容的记录和呈现提供了更丰富的手段，但也带来了内容生成、管理、检索和可视化的复杂性。

1.2 多模态档案内容建设的不足和挑战

档案内容随着数字化进程的推进，逐渐从单一的文本记录向多模态信息扩展。然而，多模态档案内容所面临的挑战将经历多维度的转变。

1.2.1 档案内容多样化生成整合困难

生成多模态档案需要同时处理多种数据类型，因其不同模态的内容质量不一，且人工整理耗时长，现有技术难以实现不同模态数据的无缝集成，尤其当档案内容涉及少数民族语言、方言、濒临灭绝的语言等，档案内容整合更为困难。

1.2.2 档案内容安全存储管理压力大

面对海量的多模态档案，现有系统在高效、安全地进行数据分类、存储、维护和更新方面显得力不从心，迫切需要在技术和管理能力上实现全面提升，以应对新时代档案管理的复杂需求和挑战。

1.2.3 档案内容检索效率低且准确性差

由于多模态数据之间的检索方式有显著差异，导致了检索过程的复杂性，从而影响了检索效率。此外，不同模态间的语义差异和复杂关联性使得传统技术难以准确理解和关联各模态数据，限制了检索结果的准确性和相关性。

1.2.4 档案内容可视化与交互性欠缺

现有的档案可视化技术多用于单一模态的数据，对于多模态档案的综合可视化手段较为有限并缺乏灵活性，限制了用户的深度理解与参与。因此，挑战在于如何引入先进的可视化与交互技术，以丰富多元的方式呈现档案内容，激发用户的主动参与深度思考。

2 AIGC 如何赋能多模态档案建设

随着 AIGC 技术的创新发展和广泛应用，AIGC 迅速渗透数字空间，全面赋能档案内容生成，管理，检索和可视化，提升多模态档案数智一体化建设，加快形成新质生产力。

2.1 AIGC 赋能档案内容生成

AIGC 通过生成高质量的文本、图像、音频、视频档案，推动了档案内容的自动化创作和多样化表现，提升了档案资源的丰富性和创新性。在文本生成与整合方面，AIGC 能够自动生成包括自动化文档翻译、文本摘要生成和历史档案修复等高质量的文本内容；在图像处理与生成方面，AIGC 利用生成对抗网络（GAN）等技术，可以修复和着色受损图像，进行图像分类和标注，并生成高质量的新图像；在音频处理与生成领域，AIGC 技术实现了语音识别和转录、音频修复以及语音合成等功能；而在视频处理与生成方面，AIGC 不仅能够修复和增强视频档案，还可以生成基于档案内容的短视频，并自动生成视频字幕，提升视频档案的可访问性。此外，AIGC 技术在档案内容残缺或孤立档案的修复中，通过自然语言处理（NLP）和计算机视觉（CV）技术[2]，去除破坏干扰因素，实现多维音画质的增强，帮助开展具有回顾性和前瞻性的文化时空纵向研究。

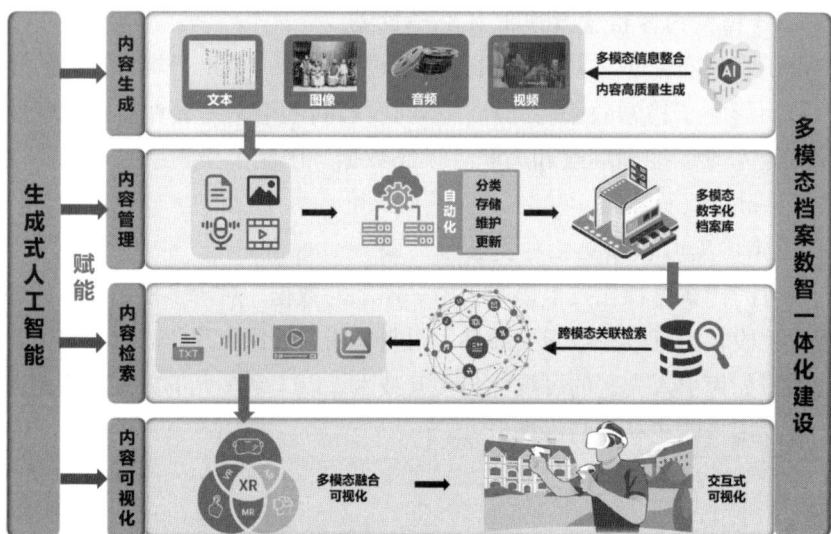

图 2　AIGC 赋能多模态档案数智一体化建设

　　在具体应用中，AIGC 技术已在多个领域突破了原档案内容生成和整合的瓶颈。如威尼斯国家档案馆通过"威尼斯时光机"项目，对其保存千年的书籍、手稿、卷轴等资料进行数字化，利用 AIGC 技术进行文字识别和关联分析，生产出海量、完整且相互关联的数字档案，便于研究人员开展专题分析。浙江省档案馆使用科大讯飞档案机，实现了口述历史采集、重点档案保护与开发等工作的成果转化及推广，利用 AIGC 语音合成、图像合成等多模态融合技术，创造了"故人重现""经典回溯""古今同台"等场景，使档案内容"活"起来。[3]吉林省档案馆馆藏的日本侵华时期档案，由于日军的销毁破坏，部分档案内容残缺或不成体系，通过 AIGC 技术，可以大幅度还原日本侵华的种种罪行，对中华民族和世界反法西斯的胜利具有重大意义。另外 AIGC 技术也在少数民族语言、方言和濒临灭绝语言的动态传承中发挥重要作用。如"地方方言档案资料库"利用 AIGC 技术生成形式多样的方言学习素材，让即将消失的乡音重新发声，丰富并传承地方文化。

2.2 AIGC 赋能档案内容管理

档案管理兼具知识密集型和劳动密集型的特点，具有超乎寻常的特殊性和复杂性，既需要丰富的专业知识，又需要大量程式化、机械化的重复劳动。AIGC 技术通过智能化分类、高效存储、自动化维护、安全管理和动态更新等多方面赋能档案内容管理，大幅提升了档案管理的效率和质量。深度学习和自然语言处理（NLP）技术实现了对文本、图像、音频和视频档案的精准分类与智能压缩，优化了数据存储方式。自动化维护机制利用预训练模型进行实时纠错和修复，确保数据完整性和准确性。此外，区块链和隐私计算技术的引入保障了档案数据的分级管理和安全性，动态更新机制则保持了档案内容的时效性。综上所述，AIGC 技术不仅提升了档案管理的效率和用户体验，还推动了档案管理向智能化和自动化方向的发展。

AIGC 技术在多个实际案例中展示了其在提升档案管理效率的巨大潜力。北汽财务公司通过 AIGC 升级系统自动提取关键字段，精准匹配结算信息，并抓取电子文件存档，大大缩减了结算管理时间，显著提升了档案管理效率，助力企业数字化管理升级。亚马逊网络服务公司（AWS）发布的实体解析服务，将存储在不同系统中的关于同一对象的多个文件链接为一个统一的数据集，简化数据处理流程，降低数据存储成本，提升了效率和便利性。在安徽省档案馆，讯飞智元信息科技有限公司利用自然语言处理中的文本分类技术，对数字化档案进行分类和开放权限判断，构建了智能档案开放审核平台。[4] 同样，基于 CNN、LTP 分词、文本分类技术，开发的人工智能档案划控引擎显著提升了档案管理的智能化水平。

2.3 AIGC 赋能档案内容检索

现有的档案检索算法通常针对单一类型的数据进行优化，难以有效处理和融合多模态数据，AIGC 技术的引入显著提升了检索效率和准确性，解决了传统检索技术在处理多模态档案时面临的复杂性和低效性问题。AIGC 通过采用多模态嵌入表示、跨模态检索算法和预训练模型等先进技术，简化了不同模态数据的处理流程，提高了检索效率。此外，情境感知检索系统结合时间、地点等上下文信息进行多模态数据检索，而自适应学习算法根据用户的检索行为和反馈动态调整模型参数，进一步优化了检索性能和用户体验，提高了检索准确率。这些技术的综合应用，显著提高了多模态档案检索的效率和准确性。

AIGC 技术在国内外的多种场景下以更高效和更精准的检索，为用户提供更加优质的服务和体验。阿里巴巴达摩院和百度 AI 研究院，将多模态检索技术应用于电商平台商品搜索和智能内容推荐等领域，显著提升了检索效率和结果相关性。谷歌的多模态搜索引擎和微软的智能档案助手，利用 BERT 和 CLIP 模型，实现了文本、图像和视频的高效综合检索，提供了高度相关的检索结果。这些案例表明，AIGC 技术在解决多模态数据检索的复杂性和准确性问题上表现出色，为档案信息检索领域提供更加智能、便捷和高效的解决方案，推动档案检索技术的创新和发展。[5]

2.4 AIGC 赋能档案内容可视化

通过多模态数据融合，依托增强现实（AR）、虚拟现实（VR）等多元交互技术，AIGC 在档案内容可视化和交互方面展现出卓越优势，不仅增强了档案数据的可解释性和可探索性，还极大地丰富了用户体验，并激发了用户的深度思考。AIGC 技术能够实现跨模态关联分析，将多源异构数据在同一界面上综合展示，实现档案单件的数据化呈现转向记忆单元的组织与关联，使档案可视化维度更丰富，档案知识组织之间细粒度和关联性更突出，提供立体的档案内容展示。此外，动态数据展示使得档案内容的变化趋势和历史脉络更为直观。通过 VR 技术，用户可以在虚拟环境中浏览档案馆，体验沉浸式的档案内容展示，而 AR 技术应用则让用户通过移动设备看到数字化内容叠加在现实世界中，增强理解和记忆，提升互动体验。

AIGC 技术提高了档案内容的可视化和交互性，突破了多模态数据展示的限制，为档案应用开辟了新的前景。如，《古籍寻游记》系列 VR 纪录片之《明清档案》，利用 6DoF 交互技术、三维重建及视频扫描技术，重现了中西方文化冲突中的"历法之争"，用户能够通过抓取、转动天体仪、连接星图等交互动作，深入理解档案内容。湖南博物馆结合 AIGC 的虚拟现实技术，生成了宋代生活虚拟展厅，让游客身临其境地体验宋代文人雅士的生活范式。[6] 福建省泉州市档案馆与市广播电视台合作，利用 AIGC 技术推出了融媒体视频，虚拟主持人"小君"生动地讲述了侨批中的清明故事，展示了侨批档案的运用场景。耶鲁大学的"让二战大屠杀受害者发声（LetThemSpeak）"

项目，通过文本挖掘和可视化技术，在大屠杀幸存者留下的视听材料和文字证词中，帮助研究者探寻档案记录背后更深层次的语义关系和集体记忆。

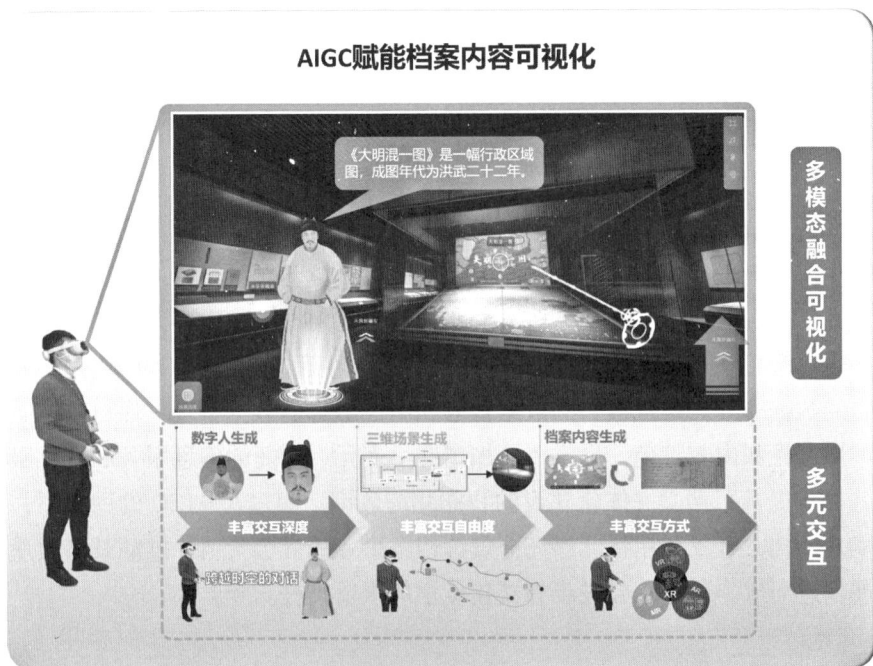

图 3　AIGC 赋能档案内容可视化

3　未来展望

随着 AIGC 技术的快速发展，其在多模态档案领域的应用前景愈加广阔，在未来，AIGC 技术将促成跨学科合作与创新，推动个性化内容传播，实现多语种和跨文化档案处理，并提供智能辅助决策支持。首先，AIGC 技术将促成计算机科学、档案学、历史学、艺术学等多个学科的深度协同合作，实现多学科协同和产学研结合，推动档案影像领域的创新应用，并加速科研成果的转化。其次，AIGC 技术通过分析用户行为和偏好，为用户提供量身定制的档案内容推荐和个性化服务，这不仅能提高用户的满意度，还能提升档案的利用效率。此外，AIGC 技术将推动多语种和跨文化档案处理的发展，利用先进的翻译和跨文化理解技术，解决语言和文化差异带来的档案管理和利用难题，促进全球档案资源的共享和互通。最后，AIGC 技术将广泛应用于档案管理的智能辅助决策支持，为档案领域带来革命性的变革，提升档案资政作用和档案影响力。

4 结论

在跨域智融的宏大背景下，生成式人工智能（AIGC）赋能多模态档案的内容生成、管理、检索及可视化，标志着档案资源开发利用进入了崭新的文化纪元。这一转变不仅体现了档案资源从数字化向深层次内容开发的数字演进，也彰显了从"要素驱动"向"创新驱动"的范式变革。AIGC 通过多元聚合的数据智理，跨域索引的数据智取和虚实融合的数据智现，保持了档案的本质属性和内容特色，提供了更加精准、多元、便捷的信息服务和文化服务，显著提升了档案一体化建设的智能化与效率。相信在 AIGC 的助力下，智能化的档案开发利用将能够充分发挥档案事业的社会价值，推动其高质量发展，进而成为促进社会进步和文化传承的重要支柱。

注释及参考文献

[1] 本刊讯 . 中办国办印发《"十四五"国档案事业发展规划》[J]. 中国档案 , 2021(6): 18-23.

[2] 陈军 , 赵建军 , 鲁梦河 .AI 与电影智能制作研究与展望 [J]. 现代电影技术 ,2023 (10):16-26.

[3] 詹希旎 , 李白杨 , 孙建军 . 数智融合环境下 AIGC 的场景化应用与发展机遇 [J]. 图书情报知识 ,2023(1):75-85.

[4] 邹燕琴 . 人工智能 + 档案 : 档案智慧服务体系研究 [D]. 济南 : 山东大学 ,2020.

[5] 周程 , 戴贵奇 , 周卓畅 , 等 . 基于知识图谱的数字档案服务模式探究 [J]. 兰台内外 , 2023(26):1-3.

[6] 马乐存 , 詹希旎 , 朱齐宇 , 等 .AIGC 驱动的 GLAM 数智融合创新发展研究 [J]. 农业图书情报学报 ,2023(5):4-15.

档案馆赋能文化养老之何以可能与何以可为？

黄霄羽　靳文君　余方璐

中国人民大学信息资源管理学院

摘要：人口老龄化要求我国养老政策从生存型向发展型转变，"文化养老"应运而生。文化养老作为国家层面的养老战略，需要全社会共同参与。档案馆赋能文化养老的必要性在于：老年群体"老有所学""老有所乐""老有所为"的精神文化需求井喷倒逼档案馆有所作为，同时档案馆高质量服务的发展诉求驱动其将老年群体作为重点服务对象。可行性在于：老龄事业和文化服务相关政策法规均释放出"支持并加速推进文化养老事业"的信号，同时图书馆、博物馆服务文化养老的实践可为档案馆提供行动参考，档案馆具备的资源和场域优势正是其赋能文化养老的制胜法宝。

关键词：档案馆；档案服务；文化养老；赋能

0 引言

文化养老是全球人口老龄化背景下各国对传统养老模式的更迭。[1] 它倡导将传统文化与当代人文关怀相结合，兼具文化性、品质性和正向性。2021年12月国务院印发的《"十四五"国家老龄事业发展和养老服务体系规划》提出"我国老年人口规模大，老龄化速度快，老年人需求结构正在从生存型向发展型转变"[2]。老龄化时代背景下老年群体已不再满足于老有所养、老有所医，更希望老有所学、老有所乐和老有所为，"文化养老"概念应运而生。作为文化事业机构且具备服务法定职责的综合档案馆（标题及全文提及的"档案馆"均为综合档案馆——笔者注），有必要发挥资源和场域优势积极融入国家文化养老战略，为有效应对人口老龄化贡献专业力量。

文献研究发现，除老年群体向档案馆捐赠档案、档案馆面向老年群体开展口述档案征集、为老年群体建档等新闻报道外，国内外直接研究档案馆服务文化养老的成果不多，内容大致涉及面向文化养老构建师资档案库[3]、发挥照片档案面向老年群体的教育功能 [4]、老年服务档案资源整合与本体构建 [5] 等。部分研究虽关注农村养老保险业务档案管理 [6]、医学档案信息服务"医养结合"养老模式 [7] 等，但尚未聚焦文化养老这一新型养老模式。归纳而言，国内外有关老年群体与档案工作的关系虽有一定研究，但缺乏档案馆赋能文化养老的专题研究。本文拟借助文献研究、新闻案例和网络调研，探究档案馆赋能文化养老事业的基本内涵、必要性和可行性，以期为档案馆把握时机拓深文化服务提供参考。

1 档案馆赋能文化养老的内涵解读

档案馆赋能文化养老关涉"档案馆""赋能""文化养老"三个关键词，因而本文在分别解读的基础上集成以档案馆为主体、以赋能为方式手段、以文化养老为目标的档案馆赋能文化养老的基本内涵。

其一，档案馆的定位是其服务文化养老的现实驱动。我国 1980 年制定开放历史档案的方针是档案服务从封闭走向开放的起点，及至 21 世纪初服务型政府建设加速了社会民主和文明觉醒的进程，档案馆开始明确并不断强化其社会公共属性 [8]。广泛服务社会公众求知、寻史、教育和休闲的文化机构，逐渐成为档案馆的社会定位。明确服务定位，顺势而为加入公共文化服务主体序列，强化自身服务职能，构成档案馆服务文化养老的现实驱动。

其二，"赋能"构成档案馆服务文化养老的创新方式。"赋能"最早为心理学术语，指通过言行、态度、环境的改变给予他人正能量，以最大限度发挥个人才智和潜能。笔者曾解读"赋能"为赋予能力和能量，使受能对象激发才智或潜能，发生正向或成长性变化 [9]。档案馆兼具资源和场馆优势，可以发挥主观能动性为文化养老贡献专业力量，从而使老年群体在老有所学、老有所乐；老有所为中发生内在正向改变，推动社会健康可持续发展。

其三，"文化养老"为档案馆的服务拓深提供了重要场域。学界对于"文化养老"的概念研究初步达成共识：文化养老的主旨是满足老年人的精神文化需求，基本内容是老有所学、老有所乐以及老有所为。基于此，"文化养老"是指在积极老龄观战略背景下，相关文化主体利用自身优势采取多种方式满足老年人精神文化需求的行动理念与行为方式。基本内容包括老有所学、老有所乐以及老有所为。档案馆作为党和国家重要的文化事业机构，"文化性""服务性"的兼具决定了其可以赋能国家文化养老事业，理应承担文化养老的社会责任。

基于"档案馆""赋能""文化养老"的内涵,本文认为"档案馆赋能文化养老"是指在文化养老理念渗透下,档案馆作为文化养老的社会共建者,依托馆藏资源通过丰富多样的文化活动,满足老年群体精神文化需求进而实现档案事业与文化养老的共促双赢的实践活动。

2 档案馆赋能文化养老何以可能

档案馆赋能文化养老的必要性需从老年群体精神文化需求井喷和新时代档案馆服务拓深升级两方面考量,方能解答新时代档案馆赋能文化养老何以可能。

2.1 老年群体精神文化需求井喷倒逼档案馆有所作为

文化养老是相对于物质赡养而后起的一种养老理念,能满足老年群体日益增长的精神文化需求,帮助老年群体树立健康的老年价值观。调研发现,社区、图书馆等机构早已开始关注老年群体的精神文化需求,积极融入国家文化养老战略。如吉林省长春市朝阳区南街道二二八社区携手吉林省老年大学诗歌研究生班开展"双进"活动,丰富社区老年人的精神文化生活[10];陕西省图书馆推出"智"享晚年系列适老化服务,切实保障老年人基本文化权益[11]。面对老年群体精神文化需求井喷式发展,档案馆如若漠视社会需求甚至置身事外,既不利于打造文化事业单位的社会形象,还将在文化机构竞争中因长期式微而不断被边缘化。

2.1.1 老有所学:终身学习理念下回溯历史文化知识

终身学习理念下,老年群体对历史文化知识的学习需求持续增长,要求档案馆把握时机充分激活档案内蕴的历史文化价值,有效满足老年群体"老有所学"的文化养老需求。历史文化的学习回溯既可帮助老年群体更好地勾连过去和理解当下,亦能帮助老年群体更好地激活自身知识储备、传承生活经验与智慧、丰富老年生活体验,实现"老有所学"。事实上,已有档案馆开始探索如何满足老年人学习历史文化知识的诉求。2023年11月贵阳市档案馆开展"贵阳历史文化档案方志陈列展",专门接待70岁以上的老人并为其提供优待服务,老年群体可通过观展学习贵阳地方历史知识,满足老有所学的精神文化需求[12]。由此可见,终身学习理念下老年群体的历史文化知识学习需求愈发强烈，档案馆可以也有必要拓深服务理念，挖掘档案内蕴的历史文化知识，采用多种方式发挥馆藏档案的历史文化价值，为老年群体的老有所学需求贡献专业力量。

2.1.2 老有所乐：乐享晚年沉浸式体验快乐文化生活

越来越多的老年群体希望拥有快乐的晚年生活，追求在富有参与体验感的文化活动中培养个人喜好，提升生活的乐趣。据报道，2024 年 4 月新西兰比尔里卡市政厅举办老年人博览会和文化交流活动，当地老年群体表现出强烈的参加意愿，表明老年人对富有乐趣的文化生活体验具有充分需求[13]。调研发现，我国档案馆开始尝试面向老年群体开展丰富多彩的档案文化活动，为老年群体乐享晚年赋能。2023 年 5 月苏州市吴江区档案馆联合区委党史办、地方志办开展史志档案进老年大学活动，将"地情文化基因库"转化为"银发智库"，为老年群体的文化生活增添乐趣[14]。上述文化服务活动都不仅为老年人提供了学习和交流平台，也让他们在参与中感受到文化的魅力和生活的美好。面对老年人"老有所乐"的文化体验需求，档案馆有必要向其提供趣味性的档案文化服务和档案文创产品，助力老年群体乐享幸福晚年。

2.1.3 老有所为：人口高质量发展下尽情发挥余热

随着老年群体受教育程度的不断提升，老年人的精神文化需求转变为更高层次的社会参与、能力彰显和价值实现。人口高质量发展要求"认识到老年人口也是重要的人力资源，充分调动老年人参与社会发展和建设的积极性，让老年人分享社会发展成果"[15]。一方面，老年群体在代际交流中扮演着重要角色。老年群体是代际交流的主力军，代际交流是实现老年群体"老有所为"的重要渠道。作为爱国主义教育基地的档案馆，亦是实现文明交流传承的重要场域，吸纳老年群体在档案馆进行代际交流是推动人口高质量发展的题中之义。另一方面，老年群体有发挥余热的社会参与和价值实现需求，如积极担任博物馆、档案馆等文化场馆的讲解员。2023 年 4 月江苏省档案馆组织老年志愿者们用扎实的档案专业知识和丰富的实践经验向居民们提供建档咨询，老年志愿者在解决档案馆人手不足的同时也收获了满足感[16]。老年群体"老有所为"的文化养老需求，要求档案馆将老年群体的代际交流需求与档案馆教育功能发挥相融合，既能纾解档案馆人力资源不足的困境，又能成为老年群体"老有所为"的重要场所。

2.2 档案馆高质量服务驱使老年群体成为重点关注对象

人口老龄化驱使老年群体将成为档案馆高质量服务的重点关注对象。

一方面，从总量而言，我国是世界上人口老龄化程度最高的国家之一。截至 2022 年末，全国 60 周岁及以上老年人口占总人口的 19.8%，较上年的 18.9% 增长 0.9%[17]。预计到 2035 年左右，60 岁及以上老年人口将突破 4 亿，在总人口中的占比将超过 30%，我国将进入重度老龄化阶段[18]。从国家统计局数据可看出，老年人口依然呈增长趋势，其必然将成为档案馆服务的重点对象。另一方面，从分布而言，据第七次全国人口普查数据，目前全国有 149 市已进入深度老龄化[19]，城市占比大约一半。老年群体数量庞大、增幅加快的现实要求档案馆不应忽视老年群体，而应审时度势提前布局，尽早将其纳入服务重点对象。此外，档案高质量服务是实现档案事业高质量发展的必然要求[20]，将老年群体纳入服务对象主体是实现档案高质量服务充分均衡发展的题中之义，要求档案馆在服务设计和提供过程中特别关注老年群体的需求和偏好。

3 档案馆赋能文化养老何以可为

档案馆赋能文化养老具备紧迫性，亟需直面老年群体文化养老需求主动出击。档案馆服务文化养老何以可为? 政策法规构成档案馆依法开疆拓域的重要遵循，相近领域公共文化机构服务文化养老的实践探索可为档案馆基于自身优势并博采众长赋能文化养老提供经验参考。

3.1 政策可行性：释放鼓励支持并加速推进文化养老事业的信号

首先，老龄事业发展相关政策要求加速推进文化养老。梳理分析老龄事业发展相关政策发现，国家愈发重视文化养老事业，鼓励老年人丰富精神文化生活，通过社会参与涵养老年人力资源。2022 年 2 月发布的《"十四五"国家老龄事业发展和养老服务体系规划》中背景部分提到，"十三五"时期，老龄事业和产业加快发展……老年人精神文化生活不断丰富，更多老年人积极参与社区治理、文教卫生等活动[21]。2024 年 1 月发布的《国务院办公厅关于发展银发经济增进老年人福祉的意见》进一步要求"丰富老年文体服务"以及"涵养老年人力资源，支持老年人参与文明实践、公益慈善、志愿服务、科教文卫等事业"[22]。表明一是档案馆赋能文化养老具备充分的社会需求，可通过开展档案文化活动满足老年群体"老有所学"和"老有所乐"的文化养老诉求；二是老年群体已开始通过参与多种社会文化活动丰富精神文化生活，这一实践基础传达的信号是老年人具备参与社会工作的积极性，这正是他们文化养老诉求在老有所为方面的体现。可见，国家政策十分支持文化养老理念与实践，为档案馆顺势而为赋能文化养老提供了政策指引。

其次，文化相关政策为公共文化机构赋能文化养老保驾护航。2021 年 3 月文旅部、发改委、财政部联合发布的《关于推动公共文化服务高质量发展的意见》，以及 2022 年 8 月发布的《"十四五"文化发展规划》提出"丰富老年人的公共文化供给，保障特殊群体的基本文化权益"[23]。表明文化相关政策亦要求保障老年人文化权益，并倡导社会积极提供老年文化供给。可见，文化相关政策同样十分关注老年人的文化需求，可为档案馆赋能文化养老事业和保障老年人文化权益提供法规遵从。

3.2 实践可行性：图博馆实践经验与档案馆自身优势双重加持

图书馆、博物馆等相近文化机构服务文化养老事业的实践可为档案馆赋能文化养老服务提供经验参考，同时，档案馆具备的资源和场域优势，是其赋能文化养老的制胜法宝。

3.2.1 图博馆的实践经验可为档案馆提供行动参考

国内外图书馆和博物馆面向老年群体展开的文化服务活动，可为档案馆提供借鉴。图书馆领域如美国洛杉矶县图书馆提供丰富资源和材料帮助老年人学习新知识、培养新技能，并定期开展实时线上交流活动保持老年人的社交联系[24]。该案例是图书馆服务老年群体老有所学的典型，可为档案馆赋能文化养老提供行动参考。博物馆领域如我国山西博物院开展"博物馆里的老年大学"主题系列文化服务项目，结合时令、节气、重要节日策划座谈会、参观赏析、创作体验等活动。山东良渚博物院设置老年志愿者岗位，邀请银发志愿者既参加博物院的讲座还参与展览讲解，学习良渚文化知识的同时实现自身价值[25]。该案例是服务"老有所学"和"老有所为"的典型实践。可见，图书馆、博物馆主要通过开展老年文化专题服务项目、设置老年志愿岗位等为老年人提供文化服务，可为档案馆开展文化养老服务提供参考。

3.2.2 档案馆具备赋能文化养老的资源和场域优势

档案馆具备明显的馆藏资源和文化场域优势，构成其赋能文化养老的优势条件[26]。其一，富含兼具历史文化价值和信息资源价值的档案馆藏优势。档案资源与图书、文物等其他资源相比，既具有独特的原始记录性，还兼具历史文化价值和信息资源价值。因而档案馆藏可成为直观生动的教育资源，很大程度上满足老年群体对历史文化的学习需求。在现有文化养老实践基础上，档案馆可以深度挖掘整合档案内容，通过档案故事讲述和多样化传播为老年人提供丰富的历史文化知识和愉悦的精神文化享受。2018 年新华社中国照片档案馆典藏展上，71 岁的顾宏声通过观展唤起了他对于青年时期远赴新疆支边 18 年的历史记忆[27]。当档案所展现的历史样貌与老人脑海中的记忆重合，即可激发其情感共鸣。可见，档案资源的原始直观性和文化叙事性在满足老年人教育、情感、回忆等精神文化需求方面具备先天优势条件。

其二，具备富有沉浸体验感的历史文化场域优势。独特的馆藏资源、富有历史文化体验感的服务功能分区都使得档案馆具备沉浸式文化服务场域特征。老人们在档案馆可通过虚拟实境、交互式展览、多媒体呈现等互动和展示形式深入了解馆藏的历史文化宝藏。通过利用视觉、听觉、触觉等感官，他们能身临其境地感受到历史和文化的魅力，促使老年群体在参与互动中引发共鸣。总体而言，档案馆沉浸式历史文化体验的优势，可为老年群体提供无可替代的精神文化体验。

文化养老需要全社会在积极老龄观的指引下广泛参与并持续推进。档案馆作为文化传承和知识普及的重要场所，应把握老龄化时代特征提前布局，识别老年人的文化养老需求，在相关政策的支持及发挥自身优势的基础上积极开展文化养老实践，为文化养老事业贡献档案力量。这不仅是对老年群体文化养老需求战略的满足，也是档案部门发挥赋能国家中心大局的责任担当。

注释及参考文献

[1] 燕欣钰. 山西省公共图书馆文化养老服务研究 [D]. 太原：山西财经大学, 2024.

[2] 国务院关于印发"十四五"国家老龄事业发展和养老服务体系规划的通知 [EB/OL].
[2024-05-22]. https://www.gov.cn/zhengce/content/2022-02/21/content_5674844.htm.

[3] 缪慧. 山东"文化养老"师资档案库建设探究 [J]. 山东开放大学学报, 2022(4):
28-31.

[4] Montejo Palacios E. Re-Connecting: Senior citizens and digital photographic archives as cultural heritage and educational resource[J]. Escuela Abierta: Revista de Investigación Educativa, 2021(24): 57‑74.

[5] 田野, 白文琳, 安小米. 智慧养老背景下老年服务档案资源的整合与知识本体构建研究 [J]. 北京档案, 2015(8):40-42.

[6] 刘淑华 . 浅论我国新型农村养老保险业务档案管理的完善 [J]. 兰台世界 ,2011(4): 56-57.

[7] 陈艳杰 . 大数据下医学档案信息资源共享服务中国式养老新模式——医养结合 [J]. 辽宁医学杂志 ,2015(4):231-232.

[8] 宗培岭 . 综合档案馆你从哪里来——写在上海市档案馆新馆开馆之际 [J]. 浙江档案 ,2004(1):5-7.

[9] 黄霄羽 . 直面疫情双向赋能——2020 年国际档案界回眸 [J]. 中国档案 ,2021(2): 78-81.

[10] 中共长春市朝阳区委宣传部 . 长春市朝阳区南湖街道:文化活动增添老年生活色彩 [EB/OL].[2024-05-22].https://city.sina.com.cn/jilin/news/2024-05-11/detail-inauvksm7705014.shtml?from=jx_cnxh.

[11] 马帮勤 , 田佳琦 . 陕西省图书馆推出系列适老化服务——让老年人"智"享晚年 [EB/OL]. [2024-05-22].https://www.thepaper.cn/newsDetail_forward_17740271.

[12] 时小千 . 展看贵州丨回望历史 , 抚今追昔!"贵阳历史文化档案方志陈列展"开展 [EB/OL].[2024-04-14].https://www.gzstv.com/a/602224c182304780809cd4c8d362e7a6.

[13] IAGB.New England Senior Expo $ Cultural Exchange – May 19th, 2024 – Attend for free[EB/OL].[2024-06-02].https://patch.com/massachusetts/acton/calendar/event/20240519/3d92b8e4-160a-4711-8846-cedfdbe1ec61/iagb-new-england-senior-expo-cultural-exchange-may-19th-2024-attend-for-free.

[14] 苏州市吴江区地方志办公室 . 苏州市吴江区史志档案文化"六进"活动走进区老年大学 [EB/OL].[2024-05-22].https://jssdfz.jiangsu.gov.cn/n45/20230510/i25318.html.

[15] 高文书 . 以人口高质量发展支撑中国式现代化 [EB/OL].[2024-05-22].http://marxism.cass.cn/zyzgh/202404/t20240419_5747176.shtml.

[16] 黄凯 . 创设载体平台 传承文明家风——省档案馆离退休干部家庭档案志愿者服务队在行动 [EB/OL]. [2024-04-16].https://mp.weixin.qq.com/s/tXmGFIep4HHwooVX206uuQ.

[17] 国家卫生健康委 , 全国老龄办 .2021 年度国家老龄事业发展公报 [EB/OL].[2024-05-12].https://www.gov.cn/xinwen/2022-10/26/content_5721786.htm.

[18] 人民网 . 我国预计 2035 年左右进入重度老龄化阶段 60 岁及以上老年人口将突破 4 亿 [EB/OL].[2024-05-12].http://health.people.com.cn/n1/2022/0920/c14739-32530182.html.

[19] 刘亮 . 中国城市老龄化大数据 :149 城深度老龄化 [EB/OL].[2024-05-12].https://news.cctv.com/2021/09/06/ARTIYU6jcmpUupyuRlPDLXc8210906.shtml.

[20] 黄霄羽 , 靳文君 . 档案高质量服务的内涵解读——基于《"十四五"全国档案事业发展规划》的文本分析 [J]. 档案学通讯 ,2022(3):4-11.

[21] 国务院 . 关于印发"十四五"国家老龄事业发展和养老服务体系规划的通知 [EB/OL].[2024-05-22].https://www.gov.cn/zhengce/content/2022-02/21/content_5674844.htm.

[22] 国务院办公厅 . 关于发展银发经济增进老年人福祉的意见 [EB/OL].[2024-05-12].https://www.gov.cn/zhengce/zhengceku/202401/content_6926088.htm.

[23] 中共中央办公厅 , 国务院办公厅 . "十四五"文化发展规划 [EB/OL].[2024-05-12].https://www.gov.cn/zhengce/2022-08/16/content_5705612.htm.

[24] LA County Livrary[EB/OL].[2024-05-13].https://lacountylibrary.org/older-adults/.

[25] 李韵 , 王笑妃 . 博物馆里的"乐龄"生活——看各地博物馆如何更好服务老年群体 [EB/OL].[2024-05-13].https://baijiahao.baidu.com/s?id=1779235789448450872.

[26] 靳文君 . 全方位彰显档案馆资源和场域优势 [EB/OL].[2024-05-22]http://www.zgdazxw.com.cn/news/2023-03/01/content_339754.htm.

[27] 中国记协网 . 新华社中国照片档案馆典藏展 : 用鲜活的影像呈现伟大历程[EB/OL].[2024-04-14].http://www.xinhuanet.com//zgjx/2018-10/12/c_137527105.htm.

抗美援朝档案资源叙事化开发模式及其构建

赵彦昌　　吉日格勒

辽宁大学信息资源管理学院

摘要：本文引入叙事理论，将普林斯经典叙事理论与抗美援朝档案相结合，创新开发模式，深化开发成果。具体构建一个完整的叙事化体系，从资源整合、资源开发、资源传播呈现三方面展开，在资源整合层做到抗美援朝档案资源应收尽收，规范整理，在资源开发层中保证抗美援朝叙事的完整性与真实性，在资源呈现方面让用户感受到沉浸式体验并且产生强烈的共鸣，在资源传播的过程中采用融媒体传播。

关键词：抗美援朝档案；档案资源叙事；开发模式

0 引言

抗美援朝档案的叙事开发指利用档案叙事理论，将丰富的抗美援朝档案资源转化为数字资源，按照叙事的视角、叙事内容、叙事方式和叙事结构等要素来构建一个完整的引人入胜的档案故事，并采用一些技术手段来将故事润色，到此完成整个故事的叙述，挖掘抗美援朝的潜在价值，利用社交媒体平台来传播抗美援朝故事，最后对用户产生正确的价值引导并带给用户沉浸式的体验，产生强烈的情感认同与情感共鸣，整个档案叙事产生闭环。抗美援朝档案资源叙事性开发模式包括资源整合层、资源开发层次、资源传播呈现层，如图1所示。

1 资源整合层

抗美援朝档案资源非常丰富，种类繁多，数量庞大，包括纸质档案、口述档案、照片档案、音视频档案、实物档案、档案遗址、数字资源等，这些档案资源中包含着大量的珍贵信息。资源整合层是档案内容管理模型的基础，负责将机构所产生的信息，包括关系型数据库、文档、视频、音频、图片、网页及其他信息，转化为有组织的内容组件存储至内容库中[1]。

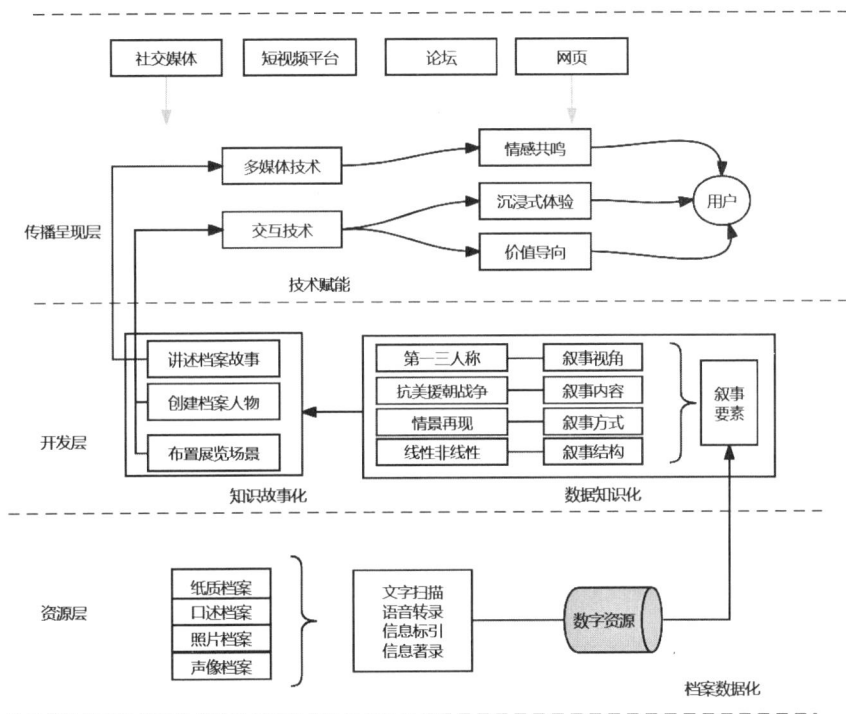

图1　抗美援朝档案叙事开发模式图

1.1 纸质档案数字化

纸质资源是所有资源中数量较为庞大的，使用率较高的一种资源。抗美援朝档案资源中占比最大的就是纸质资源，包括报纸报道，老兵日记，志愿军书信、照片等，这些档案中蕴含着一些的信息是片段式的，通过将这些档案所蕴含的信息进行文字扫描获得一些文本，文本中的数据信息是原始的，需用档案工作人员系统加工完成。在数字化扫描的过程中，要注意原生的档案信息的安全，避免因为档案的数字化而损毁档案，造成不必要的麻烦；其次还要甄别档案的价值，及时给数字化的档案归类，避免将档案扫描完毕以后混杂在一起，不利于日后的利用。

在收录的志愿军信件中，如将书信中的内容析出转化为文本，把文本中的要素按照叙事要素进行摘录，方便下一阶段知识故事化的转化。1950 年 10 月 25 日，中国军队与"联合国军"的战争在朝鲜北部不同的地点同时开始了，并由此演变成长达 2 年零 9 个月的规模巨大的战争。入朝七八天后，10 月 27 日，在第一次战役即将开始时，吴书给妻子写的第二封家书。

赋亭：

一、前由长甸河口寄给你一封信谅已收到。我们已过江七八天了，尚未进行战斗，正在找机会歼敌。敌机活动较忙，但只要我们注意很好隐蔽加强防空，问题亦不大，我们尚未遭到空袭。你们在那亦需注意。

二、敌人前进较快，很疯狂，但也给我们歼敌机会。前天敌人一个营、一个连被五六部队歼灭，现在敌人可能发觉我们企图，昨天我们行军汽车被特务袭击一下，除杨副主任负点轻伤外尚无一点损失，可算无事，望勿念。

三、你是否到沈阳去看芸生，他们什么时候移动，小虹的棉衣棉帽都穿上身了，你们棉衣也发了吧，你的身体检查没有，希你很好注意，如你能办到，我便放心了。

四、这里人民对我们很热情，他们的爱国情绪亦很高。风俗习惯有很多不同之处。主要是言语不通。由于战争情况菜较困难，望你买点菜带来。另外替我买牙刷一个，牙膏贰瓶，瓷碗一个，筷子一双，我的一套用具被警卫员丢了。今后望你有机会多带信来，孙副科长最近到前方来有东西可交他带来。

此致
敬礼！

吴书
十月二十七日[2]

按照叙事要素将书信内容析出并组织，叙事主体：吴书；叙事视角：第一人称；叙事内容：志愿军吴书在入朝七八天的时候写给妻子的书信，第一次战役即将打响，生活环境艰苦，吃穿用度比较困难，同时担心家中儿女的生活；叙事结构：板块叙事，将志愿军书信内容所表达的情感与主题集中在一起叙事。

1.2 音像视频档案著录

音视频档案资源是十分重要的资源种类，生动形象地传递着信息，区别于一维的信息，视频中人物的神态能传递出信息，音频中人物的语气、语音语调也能传递出信息，所以音视频档案资源传递的信息是复杂的，多层次的。挖掘音视频档案中的信息资源绝非易事，不仅要了解音视频中的显性知识，例如什么人物说了什么话，发生了什么事情，还要挖掘隐形知识，故事是在什么背景下发生的，周围的环境是什么样的，人物的状态是什么样的，照片拍摄于什么时间等。将挖掘出来的显性知识与隐形知识一并以元数据的模式著录。这样的方式便可以很直观地把握音视频档案资源的构成元素，便于梳理整个事件的脉络。

1.3 实物档案信息挖掘

实物档案在抗美援朝档案资源中也占据重要地位，实物档案传递的信息也是十分丰富的。抗美援朝战争保留的苏式汽车、苏式坦克、英雄机车、志愿军报、弹壳、空军飞行员证、志愿军喜报、美军空军求生证、反细菌战喷雾、志愿军战歌手稿等等，这些实物档案和传递的信息也是非常重要的，挖掘实物档案中的隐含信息，每件实物档案背后有一些故事，需要档案工作人员进行深度挖掘，将挖掘的信息以及实物地图像整理成文字图像存储。

再如战地实物档案雨布、水袜子、干粮袋，可以看出战争中志愿军吃上好的食物几乎是不可能的，伙食一般也是炒面、糊米和饼干等，时间一长难下咽，但是对志愿军来说，能吃一口热乎饭便是非常不易了，可以看出志愿军的生活是十分艰苦的。通过挖掘实物档案传递的信息和故事，将其转化为文本资源以便利用。

2 资源开发层

讲好档案故事是资源开发层的关键，将收集整理的抗美援朝档案资源按照档案叙事的维度整理，分为叙事视角、叙事内容、叙事方式、叙事结构四种叙事要素构建，完成数据知识化，在数据知识化的基础上，通过讲述档案故事、创建档案人物和布置展览场景三方面来使故事更加丰满，更注重细节的构建，最后完成知识故事化，至此整个档案故事叙事过程完成。

2.1 构建完整叙事内容

在整合抗美援朝档案资源的前提下，通过在浩如烟海的档案资源中选择合理的叙事要素，来构建抗美援朝档案故事的内容。在上一阶段资源整合的过程中，将许多的档案进行了不同程度的扫描、转录、著录等，汇集成了文本，完成了档案数据化的过程，再将档案文本按照叙事要素组织成知识，将知识内容改编成故事，改编的重点是要构建一个完整的档案故事。

首先要筛选收集起来的档案文本，档案故事文本的质量决定了档案故事的影响力，好的故事文本是需要认真筛选鉴别的，在前期广泛收集起来的故事中，有些档案质量参差不齐且真伪有待考究，所以要仔细筛选价值高的可以利用的档案故事。对于一些档案中出现事实不一的内容要去鉴别，避免将不实的内容编入档案故事中。其次是组织收集的文本内容，按照叙事视角、叙事内容、叙事方式、叙事结构来合理安排档案叙事故事。将经过筛选的抗美援朝故事按照档案叙事要素编排分类，如第一视角叙事的回忆录，口述史料和第三视角的档案记录分类组织，把有关于抗美援朝战争史料的档案组织在一起，把抗美援朝档案人物故事组织在一起，把抗美援朝相关的主题组织在一起，便于后续过程的构建。最后是构建档案故事要素，以第一人称的视角讲述抗美援朝故事为主，辅之以第三人称作为旁白补充情节，按照线性结构的叙事逻辑讲述故事，辅之以板块叙事的方式来补充故事情节，叙事方式利用情景在线的方式安排故事，将叙事要素组织整理，为了叙事内容有逻辑有条理地完整铺陈，通过叙事技巧来讲好抗美援朝故事。

2.2 布置档案展览场景

故事的完美呈现离不开氛围的烘托，故事的讲述者利用语言描写渲染环境来烘托氛围，从而达到感染用户情感的效果。从本质上讲，档案馆是场景化服务的元场景，是场景的基本组成单元和构建场景的基本组件。档案馆以档案用户需求为导向，能够发散和演变为多元场景，有利于实现档案用户的沉浸体验[3]。

抗美援朝档案故事的讲述也不能离开叙事场景的布置，利用语言渲染场景依赖于用户的想象力，利用空间的灯光、声音、语音、感受刺激等方式布置场景，给用户一种身历其境的 3D 感觉。一方面讲述者可以通过语言描写来烘托环境，语言对于空间的描述来讲是不受限制的，在语言的描述下，用户能够现象故事发生的背景，再加以一定的配乐朗读等，给予用户更多现象的空间。另一方面在展览时场景的构建。虚拟空间实景化是将档案中的景象还原到现实场景中，在场景还原的选择上，注重真实性与可行性，有些场景是无法还原的，在现实情况允许的情况下，还原部分场景也是叙事化开发的重要部分。对于窑洞、雪山、战场的还原是可行的，通过剖析环境所需的地形要素等来完成实景化。最后在网络展览的过程中，也可以利用动画模型来构建场景，也能带来身临其境的感觉，搭配具有感染力的语言讲述故事，达到沉浸式体验。

2.3 创建人物角色身份

讲故事必不可少的便是人物，人物是构成故事的重要因素，一个有血有肉的人物，无疑会为故事增添许多色彩，人物形象的丰满会使得用户产生强烈的情感共鸣，从而留给用户深刻的影响，故事的传播效果也增强了。在抗美援朝档案故事中最不可或缺的便是英雄人物，他们为了战争的胜利献出了宝贵的生命，贯穿于整个故事情节。优秀的英雄人物发挥着衔接故事情节，增加故事立体效果的重要作用。

3 资源呈现传播层

抗美援朝档案资源传播呈现层是要运用综合媒介叙事手法呈现并传播开发成果，其中最重要的表现便是技术赋能，利用社交媒体平台扩大宣传面，利用融媒体技术刺激用户感官，利用 VR、AR 等技术手段增加用户沉浸式体验感，最终达到的效果与目的是给用户沉浸式体验、积极向上的价值导向和产生强烈的情感共鸣，讲故事的目的是为了传播并产生一定的效果，所以说故事的呈现与传播是完成叙事的最后一环，技术手段会使故事达到意想不到的效果。

3.1 数字技术打造沉浸式体验

抗美援朝档案叙事化开发中，利用技术使用户与故事发生互动，在有限的时间维度上增加空间维度，通过不停地变换场景来获得空间叙事体验感和沉浸式体验，弥补静态档案叙事的不足。数字技术将档案叙事的效果极大地提升，利用全息呈现技术将两个层次的画面结合在一起呈现给用户，利用该技术模拟抗美援朝战争场景，并把志愿军作战的过程呈现在该场景中，用户仿佛身临其境，结合 AI、5G 技术等打造虚拟化场景；实现沉浸式体验，最重要的是虚拟现实技术（VR），通过设备虚拟还原真实场景的基础上，基于用户视觉、听觉、嗅觉、触觉、味觉等感官体验，用户可以与虚拟的场景发生交互，产生沉浸式体验感需要用户身份的转变与代入，为用户设计一个身份并进行角色扮演，在虚拟的环境下用户能与环境发生交互，能与其他用户交互，这是产生沉浸式体验感的重要表现。

其次在用户与虚拟环境交互的过程中，叙事话语权决定了价值导向，通过叙事塑造的积极的正能量的环境与主流官方的话语权来影响用户的价值，抗美援朝档案故事中的价值引导必须弘扬爱国主义情怀，以爱国主义为主旋律的宏大叙事语言影响用户，让用户了解到抗美援朝战争胜利是一场正义的保家卫国的运动。

最后用户使用创建好的身份代入虚拟环境，与环境交互的同时发生了英雄人物惺惺相惜的情感，产生情感共鸣，深度体验英雄人物的一生，包括从青年时期入伍参军，成为中国人民志愿军奔赴朝鲜参加抗美援朝战争，在战争中与敌人英勇作战，与战友互帮互助等情感，都会让用户与英雄人物产生强烈的情感共鸣，既是对英雄人物的弘扬，也是对抗美援朝精神的传承。

3.2 多媒体技术再现历史场景

多媒体技术是一种把文字、图形、动画、声音、视频等多种媒体信息集中在一起展示给用户，使用户的多种感官受到刺激并与其发生交互的技术。多媒体技术给我们带来的感官刺激是空前的，能够还原历史场景。多媒体叙事是将多种数字技术整合在同一个故事的叙述中，借助文字的编辑整合、图像渲染处理、界面优化设计、视频的剪辑和整合、配音等技术手段讲述故事，丰富叙事语境和叙事角色，减少场景、时空限制的影响。多媒体叙事可嵌入多种传播技术，信息内容跨时空、人物、空间的展示，实现讲述者、受众、故事发生者三者的交流互动[4]。

本文系 2023 年国家档案局科技项目"我国红色档案资源体系构建研究"（2023-R-006）、2023 年度辽宁省教育厅基本科研项目"辽宁省抗美援朝档案资源研究"（JYTMS20230747）的阶段性研究成果。

注释及参考文献

[1] 丁家友,周涵潇.数字叙事视域下档案内容管理的发展趋势——档案数据资源生态圈的构建探索 [J]. 档案学研究 ,2022(6):83.

[2] 王太和 . 我的父辈在抗美援朝中 [M]. 北京 : 中共党史出版社 ,2021:243.

[3] 张东华 , 廖程程 . 基于沉浸体验的档案馆场景化服务 : 特征、机理与实现路径 [J]. 档案管理 ,2023(1):60.

[4] 刘双 . 档案馆微视频数字叙事传播策略研究 [J]. 山东档案 ,2022(3):21.

基于情感价值的档案数字藏品实现路径探究

丁宁宁

辽宁大学信息资源管理学院

摘要：数字藏品作为文化市场的新兴事物发展迅猛，受到社会的广泛关注。档案中蕴含的情感价值具有记忆唤醒、情感共鸣的功能，其载体和内容都可以成为档案数字藏品设计的来源。本文总结了目前数字藏品开发的文化来源，分析了档案情感价值使其与数字藏品融合具有的合理性，并进行了档案数字藏品实现的路径探究。对于档案资源的开发与利用具有一定的借鉴意义。

关键词：数字藏品；情感价值；档案开发与利用；档案资源

0 引言

《关于推进实施国家文化数字化战略的意见》[1]中强调，要推动公共文化的数字化建设，发展数字化文化消费新场景。《"十四五"全国档案事业发展规划》也强调要加大档案资源开发力度。统筹馆（室）藏资源，积极鼓励社会各方参与。[2]近些年来，数字藏品作为文化市场的新兴事物发展迅猛，受到了社会的广泛关注。由官方社媒率先引领，各行各业联合众多科技大厂、推出了种类多样、文化内涵丰富的数字藏品，逐渐渗透了人们日常生活的各个领域。

目前以档案为主体进行数字藏品开发的案例十分稀少，而博物馆、图书馆均已有数字藏品的实践。档案馆有着浩瀚的档案资源，生动记载了国家的崛起，经济的发展，文化的振兴。档案中蕴含的情感价值能够使社会产生广泛的共鸣，有助于唤醒群众的共同记忆，将档案资源与数字藏品结合具有充分的合理性。数字藏品是档案资源开发利用的新方向，是档案文创产品开发的新形式，是使社会大众更加了解档案的新途径。

1 数字藏品开发的文化来源

数字藏品源于国外的非同质化代币（Non-Fungible Token，简称NFT），是使用区块链技术，对应特定的作品、艺术品生成的唯一的数字凭证。[3]2022年7月，国家新闻出版署科技与标准综合重点实验室区块链版权应用中心发布了《数字藏品应用参考》[4]，其中将数字藏品定义为是数字出版物的一种新形态。数字藏品利用区块链技术，锚定作品生成链上唯一的所有权或使用权的数字凭证，不可篡改、不可拆分、限量发行，目的是实现藏品真实可信的数字化发行、收藏、使用和流转。基于我国生态进行调整后的数字藏品具备更强的文化属性，其来源于我国优秀传统文化、群体记忆和文艺作品，努力在群众的社会记忆中去寻找情感的共鸣。

1.1 来源于优秀传统文化

优秀传统文化内涵广博，意蕴深刻，其中既包括在历史中凝聚的思想珍宝，也包括人所创造的文物和文化遗产。文博部门在数字藏品的开发中走在前列，他们从馆藏文物出发利用现代化技术手段探索其全新表现形式。

敦煌文创与商汤科技联合发布的数字藏品《千年一瞬——敦煌九色鹿限定数字壁画》[5]取材于著名的敦煌壁画《鹿王本生图》，采用虚实结合的方式，将壁画中的九色鹿用AI+AR的方式栩栩如生地展现在人们面前。新华数藏与三星堆博物馆联合推出"古蜀传奇"系列数字盲盒，其中包含四款数字藏品。选取了三星堆博物馆的四件馆藏青铜器进行二次创作，以现代科技去表现三星堆文物的神秘之处，让人们可以将跨越千年的文物"收入囊中"。[6]

1.2 来源于群体记忆

国家前进发展的过程中有特定的历史节点是人们共同经历的，一些纪念事件或者人物具备特殊意义，能够引起大众广泛共鸣。人民日报头版数字藏品将特殊历史节点的报纸制作成数字藏品免费发行。如于2022年父亲节发布的《人民日报》头版数字藏品·新中国第一个特等发明奖授予袁隆平团队[7]，在2022年5月4日，中国共青团建团100周年发布的《人民日报》新中国第一个青年节头版数字藏品。[8]这些数字藏品在发展中回眸，在前进中展望，其具备的公益属性和文化效应远超经济价值，这也是官方社媒推出数字藏品的鲜明特点。

1.3 来源于文艺作品

数字藏品开发既可以来源于已经广为人知的文学作品、艺术创作，也可以是开发者自身创作的艺术作品或设计。胡彦斌《和尚》专辑的 20 周年纪念黑胶 NFT 在 QQ 音乐平台的发行让腾讯音乐 "TME 数字藏品" 开创了国内主流音乐平台发行数字藏品的先河。[9] 中国联通携手中国国家话剧院联合推出《铁流东进》数字藏品。《铁流东进》是根据季宇荣获人民文学奖小说《最后的电波》改编，由中国国家话剧院出品、演出的新创话剧。数字藏品结合 3D 模型、音视频等多种元素，将话剧舞台的经典场景数字化重现。[10]

2 档案情感价值使其与数字藏品融合具有合理性

"档案情感价值是指档案作为承载人类记忆的原始记录事实经验，是人们在社会实践中接触档案时，受社会文化情境的影响而获得的主观体验感受、情感共鸣、情感力量等。"[11] 档案情感价值既可以唤醒个体记忆，又是对群体共同情感体验的彰显。档案的情感价值鲜明地展现在档案开发利用工作的过程中。"档案开发工作立足点在于构建'过去—现在—未来'的关系，利用互动工具和媒介，建立触动公众情感认同和共鸣的途径。"[12]

2.1 记忆唤醒

档案中承载着个体或群体的记忆，这种记忆往往是休眠状态。当特定记忆被唤醒时，与记忆相伴而生的情感便会苏醒。档案情感价值的记忆唤醒功能主要是针对当时历史时期和事件的亲历者。与文物不同，文物数字藏品唤醒的是中华儿女共同的历史记忆，而档案则可以唤醒属于收藏者自身的珍贵回忆，围绕档案所设计的数字藏品天然与大众有着更近的心理距离。如抗美援朝档案之于抗美援朝老兵，抗疫档案之于医护工作者。将档案情感价值的记忆唤醒功能与数字藏品结合后，人们可以收藏与自己人生相关的档案，把自身的过往与国家历史相匹配，唤醒记忆的同时引发多种情感，具有极高的收藏价值。

2.2 情感共鸣

档案情感价值的情感共鸣功能所面对的对象更为广泛，不只包括历史事件的亲历者，也包括具有同一文化背景和历史背景的群体。同源的文化、共同经历的历史事件构成了中华民族的精神血脉。如航空航天档案和奥运档案能引起民族自豪感的共鸣，有关抗日战争的档案能激起我们愤怒反抗并发愤图强的民族情感。档案是触发人们民族情感和社会心理的开关，这些档案于每一位中国人都有特殊意义。数字藏品为档案情感价值的传递提供了一个新渠道，以档案为源开发数字藏品可以为收藏者提供一个情感锚点，发挥档案的独特作用。

2.3 档案内容与载体均具有情感价值

档案的情感价值既来源于内容又来源于载体，档案数字藏品既可以走传递思想内涵之路，又可以走类似于博物馆的实体重塑之路。相比于文物，档案上蕴含着更多的信息，既有历史性，又有时代性，既包含整体，又聚焦个体。档案中既有中华优秀传统文化的元素，又有反映时代进步的群体记忆的要素，许多档案也具有很高的审美价值。即使档案不像文物那样色彩绚烂，种类浩繁，但展现历史原貌的档案数字藏品仍然具有广泛的市场。

3 档案数字藏品实现路径

实现档案数字藏品的开发并上架一般需要经过档案资源中提取开发主题、进行符合社会需求的再创作、选定服务区块链与数藏平台、进行产品发行四个阶段。这个过程需要档案馆主导，其决定了数字藏品所传达的内容和形态。

3.1 从档案资源中提取开发主题

档案馆具有丰富馆藏，为数字藏品创作提供丰厚资源基础。档案数字藏品的开发既呼应了传统的档案开发模式，又能与档案文创对接。在选取主题时要注意档案的数量，同时要仔细筛选核对档案内容，避免泄露保密的档案信息或者不适宜向大众广泛开放的信息。

第一，可从珍贵馆藏档案出发，如辽宁省档案馆的唐六件，是中国档案部门现存最古老的纸质公文档案，具有重要的代表意义。第二，可以从档案馆所在地域的特点出发。如辽宁地区可以从东北抗联，抗美援朝战争，工业建设发展，城市变化和风土人情等多个角度出发，选取具有内部联系性和拓展性的档案资源，进行组织联结，形成一系列档案数字藏品。第三，可与档案馆线下展览活动相结合。如在 6·9 国际档案日时根据当年主题推出档案数字藏品，并与往年档案日主题联系，推出系列产品。也可以将数字藏品与档案馆的常设展览联系，使其成为档案展览的一个环节，只要"打卡"展览，就可以获得相应的数字藏品。第四，档案馆之间可以合作开发数字藏品，基于双方馆藏和地域特色进行联合开发。如档案馆建筑系列数字藏品，档案馆镇馆之宝系列数字藏品等等。

3.2 进行符合社会需求的再创作

目前数字藏品的设计模式还较为简单，有相当一部分是直接将原有的文物和文化遗产搬到线上，缺乏具有新意，彰显情感联系的创作。档案馆应当避免此种模式，根据馆藏档案的特性结合社会需求进行符合时代特征的再创作，为档案赋予新的时代价值。

其一，打造属于档案馆的文化 IP。设计一个热门产品，打响知名度，保证数字藏品与档案馆其他文创产品的联动性。档案馆也可以创造专属吉祥物，使其既作为文创开发的元素，又作为档案故事的讲述者，拉进与受众之间的距离。其二，重点要展现档案背后的情感价值，深入挖掘档案情怀。比如根据照片档案和工程档案等资源利用 AR 等技术将城市某一时期的景观制作成数字藏品，使人们能够更为直观地从档案中体会到情感价值。其三，要注重档案藏品设计的互动性。在数字藏品设计之初便可以广泛征集群众意见，推出一定的激励机制，比如当收集一定数量数字藏品之后可以触发隐藏款，让收藏者可以获得自己构建档案数藏宝库的满足感和成就感。其四，要注重版权。数字藏品的本质是数字出版物，需要具备版权。数字藏品设计完毕的第一步便是要进行版权审核，之后才能上链并网络出版交易，从而避免侵权、违法行为的产生。

3.3 选取服务区块链和数藏平台

目前国内有众多可以提供数字藏品服务的区块链平台，这些平台为数字藏品的可信性和市场化流通提供了保证。它们具有相对成熟的数字藏品版权审核、跨链认证和网络发布交易的机制，能够对数字藏品的发行方和购买方进行保障。

根据《数字藏品应用参考》的调查，目前我国数藏平台已超过 700 家。其中，7 家数藏平台有央媒背景，分别为灵境·人民艺术馆、时藏、新华数藏、豹豹·青春宇宙、人民科技数字藏品平台、光明艺品、元什；超过20家数藏平台具有国资背景，如虚猕数藏、海豹数藏、Hi元宇宙等；超过25家数藏平台具有上市公司背景，如阿里拍卖、鲸探、百度超级链数字藏品、小度寻宇、网易星球数字藏品等。

档案馆可根据自身需求选取符合本馆设计数字藏品特性的区块链平台和数藏平台，获得技术支撑。通过区块链技术赋予每件数字藏品唯一编号，为其赋予收藏属性。使用智能合约对数字资产确权，保障收藏者对于数字藏品的所有权和交易权。目前，即使区块链对于保证档案信息原始性具有天然的优势，但是仍然存在着黑客攻击信息泄露的风险。尤其是数字藏品业务中常见的中心化元数据存储，如果被黑客攻破将会造成数据泄露，甚至造成经济损失。

3.4 产品发行

在与相应的区块链平台和数藏平台达成合作之后，需要对档案数字藏品的价值开展评估，拟定产品价格。档案数字藏品要站稳文化属性的脚跟，不能过于追求经济效益。档案馆要重视对于数字藏品的宣发，努力宣传档案数字藏品的文化内涵和其中蕴含的情感价值，提升档案在社会上的文化影响力。在数字藏品销售的全过程要注重收集用户反馈，为之后的设计提供借鉴。

区块链平台和数藏平台要保证数字藏品发行销售全过程的运行维护安全，确保每一份数字藏品的唯一性。运用区块链技术实时监测，防止非法攻击，维护档案信息和用户信息的安全。要将数字藏品的版权信息、生成数量和发行数量上链存证，对作品进行全生命周期的监理，防止篡改，当发生版权纠纷和发行纠纷时做到有据可查。也要将数字藏品交易过程中生成的记录和用户资料上链，为收藏者的所有权进行背书，当监测可疑交易活动时要向相关部门及时汇报。

4 结语

数字藏品是文化传播领域的一条新赛道，为档案信息资源的开发和利用提供了全新的可能性，是档案文创产品的有益补充，为档案情感价值的彰显开拓了新路径。要真正发挥数字藏品在档案资源开发利用中的作用需要档案馆在设计数字藏品的过程中努力挖掘馆藏档案背后蕴含的情感价值，迎合社会对于档案的需求，寻求大众的共鸣。数字藏品在档案领域的应用还少之又少，在推出档案文创产品的同时开发档案数字藏品也不失为一种新思路。

注释及参考文献

[1]《关于推进实施国家文化数字化战略的意见》(全文)[EB/OL].[2024-01-09].http://www.china-cer.com.cn/zhengcefagui/2022052318622.html.

[2] 中华人民共和国国家档案局 . 中办国办印发《"十四五"全国档案事业发展规划》[EB/OL].[2024-01-09]. https://www.saac.gov.cn/daj/toutiao/202106/ecca2de5bce44a0eb55c890762868683.shtml.

[3] 洞见研报 . 数字藏品拉开"加密艺术"浪潮——数字藏品行业专题研究 [J]. 大数据时代 ,2022(6):65-80.

[4] 数治网 . 国家新闻出版署权威文件《数字藏品应用参考》发布 [EB/OL].[2024-01-09].https://dtzed.com/studies/industries/2022/07/979/.

[5] 中国网 . 商汤科技联合敦煌文创发布首款数字文创产品 虚实融合演绎九色鹿动人传说 [EB/OL].[2024-01-09].http://yxzg.china.com.cn/2022-04/11/content_41931977.html.

[6] 新华网客户端 . 再现神秘瑰丽的三星堆文化！新华数藏"古蜀传奇"系列数字盲盒即将开售 [EB/OL].[2024-01-09].https://app.xinhuanet.com/news/article.html?articleId=d5d2a7921de22ff673c739e43d059fe9.

[7] 新浪网 . 免费限量5000份！人民数藏首发公益数字藏品致敬杂交水稻之父 [EB/OL].[2024-01-09].https://k.sina.com.cn/article_7517400647_1c0126e4700103lysf.html.

[8] 中华网 .《人民日报》新中国第一个青年节头版数字藏品首发数藏中国 [EB/OL].[2024-01-09].https://m.tech.china.com/hea/article/20220504/052022_1060622.html.

[9] 凤凰网 . 从"听"到"收藏"，胡彦斌《和尚》20 周年纪念黑胶 NFT 在 QQ 音乐正式发行 [EB/OL].[2024-01-09].https://i.ifeng.com/c/88hJ7EqxFNs.

[10] 中国日报网 . 联通数藏首发 |《铁流东进》主题数字藏品限量发售 .[EB/OL].[2024-01-09].https://cn.chinadaily.com.cn/a/202207/26/WS62df558ba3101c3ee7ae0ce9.html.

[11] 李晶伟 . 档案情感价值的内涵与特征 [J]. 北京档案 ,2018(11):9-12.

[12] 王玉珏 , 张馨艺 . 档案情感价值的挖掘与开发研究 [J]. 档案学通讯 ,2018(5):30-36.

田野实践中文化遗产档案生成性研究
—— 以世界文化遗产红河哈尼梯田为中心

谷依峰

云南大学历史与档案学院

摘要：在世界遗产事业蓬勃发展背景下，借助于人类学田野的概念与实践方法，以具有多重遗产头衔的红河哈尼梯田为中心进行考察，首先探讨档案视角下遗产田野内涵，再从文本和实践两种路径进入，在对档案遗产、遗产档案文本解读的基础上，结合实际田野考察中对民间档案文献的价值发现与认定，揭示文化遗产档案的生成性特征，以期为档案参与文化遗产保护事业提供新的切入视角。

关键词：红河哈尼梯田；档案遗产；遗产档案

0 引言

2024年4月16日，习近平总书记在文章《加强文化遗产保护传承 弘扬中华优秀传统文化》中强调，要深入挖掘、继承、创新优秀传统乡土文化，让我国历史悠久的农耕文明在新时代展现其魅力和风采。[1] 文化遗产存藏于乡土，而乡土天然具有"田野"意蕴。"田野"原意指相对于城市而言的乡间旷野，由于田野是人类繁衍栖息的场所，因此蕴藏着丰富的文化事象，这引发了学者们深入其中进行探索研究，并建立了自身与田野之间认识论、方法论关系，田野日益成为集地点、方法、问题为一体的学术术语。[2] 文化遗产集地方性特色与普世价值为一体，现代意义也在不断附加其中，是一个被重新整合、定位和定义的对象，因此其田野范围也应拓延。

档案的"直接形成""原始记录""有保存价值"三大特征[3]，与遗产本体的原始性、真实性、历史性、价值性、文化性和社会性等属性叠合，保护要求吻合，具有参与其中的原生责任。近年来，档案在"世界记忆工程""非物质文化遗产"保护中都发挥了重要价值，集中在文献遗产的保护、无形遗产的固化方面。然而，遗产事业体系庞大，相较于人类学、民俗学、博物馆学等学科，档案学、档案工作有被边缘化倾向。[4] 档案学界也在不断探索在诸多遗产体系中档案的意义价值，陈祥、王云庆、陈艳清、徐欣云等基于农业文化遗产分别探讨了农业文化遗产档案的概念及管理实践[5]、农业档案的遗产价值[6]、农民工档案对于农业文化遗产保护的重要意义[7]；张晨文[8]、徐拥军[9] 等基于工业遗产探讨了工业遗产档案的内涵与保护实践；徐欣云等以"泛化"视野关注到了文化遗产档案的民间性、多元性、过程性，提出对尊重文化遗产自身规律的档案保护模式。[10] 过往学者们的研究为本文提供了良好的基础与重要借鉴，然而讨论多是基于具体遗产事业的名目或工作下，缺乏档案学视角下对于"遗产本体"与"遗产事业"根本性探讨与认识，因而档案总难以主动、深入地参与遗产事业。文章以人类学田野方法切入，以世界文化遗产哈尼梯田为中心，以档案学视角从遗产田野的形成、进入、反思步骤探讨档案在遗产事业中的重要地位及保护的实践方向。

1 遗产田野形成——档案语境下的红河哈尼梯田

哈尼梯田作为历史存在的遗留，是哈尼先民根据自身习惯、群体智慧与哀牢山立体自然环境相适应的结果，可见载于诸类档案遗产。

关于哈尼梯田与哈尼先民的文字记录主要来自古代地方史志。樊绰《云南志·云南管内物产》记："从曲靖州已南，滇池已西，土俗惟业水田……蛮治山田，殊为精好"，可知唐代滇南已有梯田。清嘉庆《临安府志》记："临安属山多田少，土人依山麓平旷处开作田园，层层相间，远望如画。至山势峻极，蹑坎而登，有石梯蹬，名曰梯田。"[11] 元临安路至明初改为府，治所在建水州（今建水县），辖地包括今红河哈尼族彝族自治州（今红河、元阳、金平、绿春各县），是如今哈尼梯田主要分布区。这是最早对哈尼梯田景观的形成方式、环境状态、灌溉模式以及当地人与之相关的生活方式进行准确记述。嘉庆《临安府志》卷 6《丁额·物产附》中记"稻之种最多，有以色名者，如红、紫、黑、白、金齿、长芒之类"。

哈尼本民族的文化主要依靠口述史诗延续，史诗分为迁徙类、创世传说类、农事类、婚嫁类、驱邪招魂类、殡葬祭祠类等涵盖当地社会生态的方方面面，既是操演于现实的生活指导，也是关于世界的认知，经过档案固化后形成可读性的档案遗产，如《哈尼族口传译著全集》。史诗《窝果策尼果》对神的系统进行描述，最大的神为天神俄玛，所有的神都是她派生出的，分别有管风、管雨、管雷、管土、管籽种、管水、管田、管沟的神，可以看出神的职责对应着梯田场域中的元素。哈尼人民也有着自己有关历史的时空界定，以迁徙地为界诉说着祖先，迁徙史诗《哈尼阿培聪坡坡》记述着哈尼先民从虎尼虎那—什虽湖—惹罗普楚—诺马阿美—色厄作娘—谷哈密查最终到红河南岸定居的历程，在惹罗普楚哈尼人首次定居种稻，开始向稻作民族转变。作为指导农事的"百科全书"《四季生产调》记述了哈尼先民生产生计的节律时令，即根据哀牢山气候变化、动植物变化确定月份，安排农事活动。

这些原本存在的文化景观、水利设施、农居样态，其经济、生态、文化等地方性价值在被不断发现、挖掘中被纳入"遗产事业"体系之中。2010 年，红河哈尼梯田被联合国粮农组织列为"全球重要农业文化遗产"保护试点，2013 年 6 月，红河哈尼梯田正式列入视野文化遗产名录，被联合国教科文组织评为"世界文化景观遗产"。同年，红河哈尼梯田被国家农业部评为"中国重要农业文化遗产"、国家文物局将其列为"全国重要文物单位"，2014 年被国家旅游局评为"国家 AAAA 级旅游景区"。生成于哈尼梯田上的《四季生产调》《哈尼哈巴》等民俗相继被列入国家非物质遗产保护名录，目前，红河州省级非物质文化遗产保护项目共有 86 项，如《哈尼梯田农耕礼俗》《迁徙史诗——哈尼阿培聪坡坡》《矻扎扎节》，州级非物质文化遗产保护项目 190 项，县级非物质文化遗产保护项目有 904 项。在遗产事业发展过程中，也形成着关于遗产前期摸排、中期申报、后期保护开发过程中具有保存价值的各种形式和载体的遗产档案，如《非遗传承人名录》、《红河州民族酒歌精选》（CD 光碟）、《红河州民族民间传统文化保护名录》等。[12]

原生性存在的档案遗产与遗产事业下持续生成的遗产档案共同组成了遗产的档案田野，是我们了解认识哈尼梯田的重要路径。但这个田野构成主要来自"他者"的记录或转译文献，主体间性认识的偏差为具体措施的制定和完整性保护埋下疏漏隐患，因此需要进入实地，记录遗产状态，从而更有效全面地保护遗产。

2 进入遗产田野——梯田生境下的记录实践

档案的遗产田野必然源于具体的生境之中，档案遗产主要指对遗产本体自在的社会实践中的原生性记录，而遗产档案则是指在遗产事业语境下的社会实践中形成的有关遗产的具有保存价值的原始记录。

乾隆《皇清职贡图》记：窝泥，今云南、临安、景东、镇沅、元江五府皆有之。其人居深山中……耕山牧逐，纳粮赋。[13] 哈尼族最主要的三项规模较大的集体祭祀活动"昂玛突""苦扎扎""甘通通"（现已为"非物质文化遗产"）分别对应着春耕（农耕起点）、秋收（农耕高潮）、休耕（农耕终点）。[14] 各类史诗中稻作农耕、稻种都作为重要意象存在。2010 年，联合国粮食及农业组织将哈尼梯田列入首批全球重要农业文化遗产，要求梯田稻作系统获得活态的传承与发展。2013 年，联合国教科文组织和世界遗产委员会将元阳哈尼梯田列入世界文化景观遗产，并希望继续维系梯田水稻的种植，以此来保护哈尼梯田文化景观。基于对档案遗产、遗产档案的阅读可知，稻作系统是保持哈尼梯田文化遗产的核心。稻作系统包括稻作品种资源、稻作技术、稻作文化和稻田景观，技术、文化、景观都抽象性概念汇集，品种是实际存在物与系统中的其他元素关联，所以以"谷种"进入实践田野的切入点。

经 DNA 检测传统梯田红米的基因多样性丰富，其等位基因比现代品种平均高 3.8 倍，这也正是梯田红米的品质和产量保持稳定的重要原因。[15] 20 世纪 80 年代，元阳县就开始逐步推进杂交水稻的种植，杂交水稻亩产可以达到 500 ~ 600 公斤，远高于老品种水稻（200 ~ 300 公斤），因其产量高、口感较软等优势，至 20 世纪 90 年代，引入的杂交水稻基本在县内海拔低于1500 米的水田普及（占元阳县水田面积的近 90%），据元阳县农业局 2021 年统计，目前元阳县种子站共收集老品种水稻 88 种，与 20 世纪 80 年代谷种普查时记录的 170 余种相比，老品种种质资源流失情况严峻。[16] 杂交水稻谷种基本都来源于市场购买，这也改变了传统留种、换种的惯习，导致与此相对应的文化事象失去操演地，在访问全福庄卢医生时了解到，以前哈尼族会挑选一篓较为饱满的谷子作为种子，将它吊在粮仓的房梁上保存。春节前夕，会有专门的仪式来祭谷神。仪式一般在晚上十一二点进行，仪式前要提前煮好鸡蛋、糯米。祭拜时要保持静默，将鸡蛋剥壳，蛋壳放在谷子上面，糯米、鸡蛋吃掉，祈求来年五谷丰登。相传，如果不进行此仪式，来年就没有新米吃，而这些习俗伴随着传统谷种退场也走向消亡。

随着遗产事业发展，多项文化遗产头衔下的哈尼梯田的生态价值逐步被重视，传统稻种也因其有助于保持梯田景观、生物多样性、粮食安全等价值被纳入农业文化遗产保护范围。据悉，元阳县种子管理站为响应第三次全国农作物种子资源普查与收集行动工作，开展对传统谷种进行收集、保存。在黄草岭设置了一亩专门实验田来种植培育老品种，目前有88个品种在种植[17]，一个品种种几十株，种植目的就是为了存续谷种，这既为传统谷种基因提供了生存环境，也为谷种相关的文化习俗提供了必要的存续情境。如今元阳梯田红米注册了"阿波红尼""梯田印象""元阳红"等商标，成为当地旅游宣传的重要文化符号。传统习俗"开秧门"每年都会进行实景展演，届时参与者不仅有梯田上的百姓，也有当地乡镇干部职工以及游客，他们共同祈求风调雨顺、五谷丰登，吟唱《哈尼古歌》《四季生产调》，保护世界文化遗产。

经过实地田野调查，发现梯田稻种不仅因自身基因优良性具有保存价值，其在实践中经历着"地方性—去地方性—再地方化"的过程既是谷种命运跌宕的记述，也是哈尼梯田历史的缩影，可视为一种实践性的档案遗产，亦具有重要的保存意义。同时，传统梯田稻种作为农业文化遗产的重要组成，关于其保护与开发的记录，因其存在而具有生命力的文化景观遗产、非物质文化遗产的遗产档案也在不断生成。

3 反思遗产田野——不断生成的遗产与档案

经过田野形成、阅读田野、进入田野的步骤，从档案遗产来看，无论是档案史料还是口述档案中的哈尼梯田，都是世代生活在当地的人民赖以生计的场所，其中的稻作系统、建筑服饰、信仰习俗等遗产本体都与人类活动相依而存，延续至今。进入田野后，调查发现随着社会生活的发展各个事象也在变迁，如稻种由延续千年的地方特色品种——杂交稻种的推广——珍贵种质资源，经历了去地方化到再地方化的跨越，其发展经历形成的档案也侧面刻写着梯田的发展史，口述遗产、仪式习俗也随之消亡或彰显。与梯田相关的档案遗产随着研究深入、旅游发展、生态价值凸显不断被开发，价值也在不断被重新认识与挖掘。遗产本体中的文本档案、口述档案、实体档案的形式、内容、意义都在持续生成。档案遗产诠释演绎着"意义的历史"，其不仅仅是事实的传递，更是一种被认同的历史、理解世界的方法的延续，其具有着繁衍意义的责任和义务，在不同时期，与人类生活实际、状况的互动中发生着契合、关联和创造。

从遗产事业来看，世界遗产事业始于 19 世纪中后期，其诞生与发展都运行于各国乃至联合国等官方所制定的系列保护性立法、规章、政策，发展已形成系统与学说，如"遗产学""非遗学"国内也有高校开设此专业或学科方向。哈尼梯田相继被冠以"景观遗产""重要农业遗产""非物质文化遗产""湿地公园"等头衔，也在侧面反映着人类对其认识的不断深化与进步。每项遗产的侧重点都有不同，具体细化且在不断发展，且相关公约和操作指南也明确要求对遗产保护过程、遗产状态进行记录。此外，遗产事业与旅游、生态环境等领域不断深度关联，符号化、资本化特征日益明显。遗产事业本身就处于一种发展过程中，实践的变化发展必然导致相关档案记录的不断生成。

4 结论

现代遗产事业常被诟病普世化价值、标准化规范、国家化叙事、权力化表达，而记录往往可以为我们厘清过往提供凭证依据，因此文化遗产需要不断进行档案化实践，这不仅符合遗产发展的客观现实要求，也有助于及时回顾遗产发展历程，解决其中出现的问题。档案遗产大多存在于具体田野之中，因此要求档案工作者既要充分了解遗产性文本，也需要深入实地记录生成着的文化遗产。

在遗产档案化过程中，我们需要辨清遗产本体的历史性与遗产事业的现代性，以及相对应生成着档案遗产、遗产档案，时刻对照从而保证遗产的原真性、完整性。同时必须正视遗产本体与遗产事业在现代环境中共存交融的现实，统筹兼顾档案遗产与遗产档案，保证文化遗产的活态性、持续性发展。

注释及参考文献

[1] 习近平. 加强文化遗产保护传承 弘扬中华优秀传统文化 [J]. 共产党员（河北），2024(9):1,4-8.

[2] 杨毅, 张会超. 民族档案在田野中生成的实践探索 [J]. 思想战线 ,2013(5):72-76.

[3] 杨毅, 张会超. 记录田野 : 民族档案重构的实现与突破 [J]. 思想战线 ,2012(6):26-30.

[4] 王巧玲, 陈文杰, 谢永宪. 档案部门在非遗保护工作中被边缘化分析 [J]. 兰台世界 ,2013(20):15-16.

[5] 陈祥, 王云庆. 农业文化遗产档案的特点、价值及其管理 [J]. 档案与建设 ,2022(8):35-37.

[6] 陈艳清. 农业档案——一项重要的农业文化遗产 [J]. 古今农业 ,2016(3):105-110.

[7] 徐欣云, 王艳芳, 武晓琪. 农民工档案与农业文化遗产传承关联的必要性探析 [J]. 档案与建设 ,2022(8):38-40.

[8] 张晨文. 工业遗产档案的发展历程及保护方向 [C]// 段勇, 孙星. 第二届国家工业遗产峰会学术研讨会论文集. 上海 : 上海大学出版社 ,2023:12.

[9] 徐拥军, 王玉珏, 王露露. 我国工业文化遗产保护与开发 : 问题和对策 [J]. 学术论坛 ,2016(11):149-155.

[10] 徐欣云, 张震雄, 李小敏, 等. 档案档案"泛化"背景下文化遗产档案式保护 [J]. 北京档案 ,2015(5):32-34.

[11] 古永继. 云南 15 种特有民族古代史料汇编 [M]. 昆明 : 云南大学出版社 ,2017:232-233.

[12] 陈子丹, 李孟珂, 马迪. 哈尼族档案资源开发利用的历史、现状及对策 [J]. 中国档案研究 ,2018(1):278-290.

[13] 古永继. 云南 15 种特有民族古代史料汇编 [M]. 昆明 : 云南大学出版社 ,2017:190.

[14] 陆祥宇. 稻作传统与哈尼梯田文化景观保护研究 [D]. 北京 : 清华大学 ,2012.

[15] 王红崧, 王云月, 杨燕楠, 等. 元阳哈尼梯田农民种子系统和农业文化景观格局 [J]. 生态环境学报 ,2019(1):16-28.

[16] 据元阳县农业局统计, 元阳县共有水田 16.9 万亩, 海拔 1600 米以下 15.52 万亩, 海拔 1600 米以上 1.3404 万亩, 故此推断元阳县海拔 1500 米以下水田占总面积近 90%。

[17] 数据来源于元阳县牛角寨种子站《牛角寨镇 2022 年农业产业情况》。

档案参与文化认同构建的作用机制与推进路径
——以客家文化档案为例

温蓉玉　杨智勇

上海大学文化遗产与信息管理学院

摘要：档案蕴含着深厚的文化基因和文化传统，在文化认同中发挥着重要作用。客家文化档案承载着客家人的历史记忆和文化身份。以客家文化档案为例，在明晰文化认同和客家文化档案概念内涵的基础上，阐明档案参与自然性、教育性和自觉性三种文化认同构建的作用机制，并进一步提出档案参与客家文化认同的推进路径。

关键词：档案；文化认同；作用机制；客家文化

0 引言

文化认同是个体或群体对于特定文化模式的认同和内化，个体通过共同的文化符号、价值观和历史传统，形成强烈的文化认同感。在多元文化和多变世情的复杂背景下，文化认同逐渐成为我国民族团结、国家稳定的重要根基和前提。而档案作为历史延续和文明演进的"活化石"，具有深厚的文化基因和浩瀚的文化知识，是权威且直接的历史原始记录。档案在文化认同中发挥何种作用及如何发挥作用是当前值得深入探索的课题。

近年来，在档案学研究领域，学者们从不同维度对档案与文化认同进行了理论阐释，产生了一定的研究成果。王玉珏、牟胜男[1]等认为档案具有的证据、文化、记忆等价值，使之成为形塑文化认同的重要来源。乔硕功[2]从时尚视角出发，指出社群档案的文化认同价值表现出的特征。刘洋洋、闫静[3]以女书档案为例，指出为保证女书文化的可持续发展，应将女书档案的女性身份认同价值视域扩展到更广泛的文化认同。曾静怡、牛力[4]提出档案文献遗产在面向受众传播时面临文化认同困境，为增强受众文化认同，可以引入叙事学。可见，档案与文化认同这一研究主题逐渐受到关注，但相关研究主题较为分散，对档案参与文化认同构建的理论机理并未明晰。而客家是一支具有独特方言、风俗习惯及文化形态的汉族民系，在客家人不断南迁、侨居的过程中，产生了数量可观、内容丰富的档案文献，这些档案文献不仅是客家人重要的文化遗产，还承载着客家人的历史记忆和文化身份。鉴于此，本文以客家文化为例，拟在阐明文化认同和客家文化档案概念内涵的基础上，说明档案参与文化认同构建的作用机制，进而探析档案推动客家文化认同的实践进路。

1 档案参与文化认同构建的理论阐释

1.1 文化认同的理论认知

文化认同由"文化"和"认同"两部分组成，是指个体对所属文化及文化群体的内化和归属感，反映着人们对文化的认识和接受程度，是一种肯定的文化价值判断。在个体层面，文化认同影响自我认同和身份认同，通过认同"我群"和区分"他群"来满足独特性和一致性的需求，如个体可能通过使用相同的文化符号和遵循共同的文化理念，获得归属感和身份确认。在社会层面，文化认同是国家认同和政治认同的基础，一旦缺失，可能导致民族凝聚力的瓦解[5]。文化认同帮助个体定义身份，融入群体，提供归属感和安全感，同时也是构建和强化民族认同、国家认同的纽带。档案作为记录人类社会活动的历史文献，是文化记忆的物质承载，在文化认同中扮演着重要角色。档案不仅仅是个人和群体历史的原始记录，更是文化传承的重要媒介，通过对档案的保存和利用，人们能够追溯和确认自身文化的根源和发展轨迹。

1.2 客家文化档案的概念内涵

客家是汉族一个重要且特殊的民系，其形成于赣闽粤，发展成熟于粤东梅州地区，延续至南粤东江与北江，播行到海内外[6]。客家人在不断迁徙的过程中，形成具有浓厚区域特色的客家文化。与此同时，也产生了记载他们在各时期各领域的生活思想轨迹以及与命运抗争历程的档案文献，这些档案资源主要包括客家地方史料、族谱、客家名人著述等多种形式[7]。客家地方史料是记录客家地区政治、经济、文化、地理、风俗人情等方面的文献资料；族谱是客家宗族血缘关系的记录，不仅记载了宗族世系，还包括族规族训、家族荣誉、风俗民情及重要族员的传记等内容；客家名人著述则包括客家名人的文集、专著、论文、诗词等，反映了客家人在各个历史时期的文化贡献。客家文化档案不仅是客家文化的物质载体，也是客家人文化认同的重要来源。通过对客家档案文化资源的开发利用，可以追溯客家人的历史渊源，揭示客家文化的形成和演化规律，展示客家人优良的品格和文化特征。

2 档案参与文化认同构建的作用机制

根据文化认同形成的动力，可以将其划分为自然性、教育性与自觉性三种类型[8]。客家文化档案既是历史上客家人具体社会实践生成的产物，也是当代构建客家文化认同的有效载体，档案通过积淀文化传统、传播文化内容、传递文化价值推动文化认同，这一过程契合文化认同形成的动力层次，为分析档案参与文化认同构建的作用机理提供镜鉴。

2.1 积淀文化传统，实现自然性认同

自然性认同是指在特定文化环境中成长起来的认知主体对身处其中的文化自然而然接受的过程。这种接受过程通过环境、文化的遗传以及成员间的模仿得以实现。个体从出生时便潜移默化地接受着群居环境固有的语言、风俗、价值观等文化熏陶，这种潜移默化的文化熏陶使自然性认同对认知主体的影响根深蒂固，这种认同不仅体现在个体的感知觉、思维方式与行为表现上，而且会使个体在不自觉中产生心理倾向性，达到对文化的认同。其中，文化遗传是自然性认同实现的重要途径，通过群体成员的文字传递或行为示范，不断传播、选择和创造，形成既定的文化传统。而档案作为文化遗产的重要组成部分，在实现自然性认同中扮演着关键角色。档案真实记录了群体文化的历史、发展过程及其特有的风俗习惯和价值观，是文化遗传的具体载体。在客家人的自然性文化认同中，客家文化档案系统地记录了客家人的迁徙历史、社会生活、风俗习惯等内容，不仅展示了客家文化的独特性和丰富性，还为客家人提供了文化认同的历史依据[9]。

2.2 传播文化内容，促进教育性认同

教育性认同是指专门机构或个人通过一定的方式方法，对受教育者进行文化内容有意识地灌输、解释和引导，进而使受教育者认可并接受此种文化。教育性认同的实现通常依靠引导的方式，让受教育者在独特的情境中感受文化魅力，在潜移默化中逐渐形成对文化的认可。档案文献作为文化记忆的重要载体，不仅记录了文化的历史和发展轨迹，还通过真实的材料为文化教育提供了重要资源。通过科学利用和展示档案文献，能够有效推动教育性文化认同的实现。一方面，档案可以作为教育活动的重要素材，通过展示和解读丰富的档案资源，使受教育者深入了解文化的内涵和价值。如客家文化档案是客家人的迁徙历史、生活方式、宗族关系等内容的真实完整再现，通过对客家文化档案的了解学习，受教育者能够全面了解客家文化的独特性和历史渊源，增强对客家文化的认同感。另一方面，档案可以融入日常生活和教育活动中，借助多样的呈现方式，让文化教育和传递更加生动具体。在客家文化认同的过程中，借助制作客家文化纪录片、举办客家文化档案展览等方式，展示客家文化档案资料，能够使公众在真实的历史情境中感受客家文化的魅力，甚至在情感层面上产生共鸣。

2.3 传递文化价值，达成自觉性认同

自觉性认同是指认知主体在自觉、主动、积极地选择和维护特定文化的过程中所表现出来的一种认同行为。自觉性认同不再依赖于环境的影响，而是源于个体的内在需求和对文化的深刻理解。档案文献凭借通过真实的历史记录和文化资料，其记载的内容契合民众的内在需求，同时为个体提供了深入理解文化的重要资源，从而推动自觉性认同的实现。客家文化档案包括大量的客家民俗档案和客家族谱，客家族谱作为客家宗族文化的重要载体，详细记录了客家族人的历史和家族关系，体现了客家人忠信孝悌、勤俭持家等价值观[10]。通过对客家族谱的学习和理解，个体能够深刻体会客家文化的核心价值，自觉维护和传承客家文化。此外，客家民俗档案真实反映了客家人民的农耕劳作、民间祭祀、信仰等方面内容，是研究客家人民历史变迁、风土人情的重要佐证信息，不仅能助力客家文化的研究需求，还能服务地方经济发展和乡村振兴战略。因此这种自觉性文化认同不仅有助于个体的文化自信，也有助于群体的凝聚力和文化的持续发展。

3 档案参与客家文化认同构建的推进路径

3.1 多措并举，推进档案资源的收集与管理

客家文化承载着丰富的历史记忆和文化底蕴，其档案资源的系统化管理与科学保护不仅能够更好地保护档案文化遗产，还能为客家文化的传承与发展奠定坚实基础，为客家人提供良好的文化氛围和熏陶。首先，健全客家文化档案管理机制。明确客家文化档案管理主体和责任，由政府有关部门牵头，逐步构建以各地档案局（馆）为主导，博物馆、文化馆、非物质文化遗产中心以及各地文化研究会等单位共同参与的管理机制[11]。其次，推进客家文化档案资源的收集与保护。档案部门应结合实际情况制定可操作的普查方案，协调其他公共文化机构和社会组织，对当地客家文化档案的种类、数量、分布状况、保管现状等开展全面调查和统计分析，据此确定客家文化档案保护的轻重缓急。还要积极调动社会各界及民间力量，通过有偿征集和无偿捐赠，以及开展田野调查、走访座谈、实地拍摄、口述历史等多种途径征集档案资料，不断充实馆藏资源。此外，在客家人口集中、客家文化档案材料丰富的地区应建设客家文化档案馆，实行专库存放、专室展览、专人管理，逐步建立并形成统一标准和规格的客家文化档案管理体系。

3.2 数字赋能，助力档案资源的开发与利用

随着信息技术的迅猛发展，数字化手段为文化遗产的保护、传承与传播提供了新的可能性和更广阔的空间。通过推进数字技术在客家文化档案资源开发利用过程中的应用，促进人们对客家文化的深入理解，在潜移默化中增强文化认同感。第一，持续推动档案资源的数字化。一方面对档案资料进行高精度扫描和电子化存档，以有效延长档案保存期限；另一方面，采用云存储、区块链等信息技术，确保档案数据的安全稳定。从而为客家文化的传承和保护提供坚实保障。第二，数字赋能档案宣传教育。通过 3D 建模、全景摄影技术等技术，重现客家围屋的建筑风貌和生活场景，观众可以详细了解客家人的历史和生活方式，在互动中增强观众的参与感和体验感，以此更深入理解客家文化的丰富内涵；另外，以档案文献为资料素材制作和发布多媒体数字内容，如纪录片、动画片和短视频，可以生动形象地展示客家文化的全方面。总之，通过数字化保护、多样化展示和全方位教育，不仅可以更好地传承和弘扬客家文化，还能增强人们对文化的认同感和归属感，为客家文

化的持续发展注入新的动力。

3.3 深入挖掘，展现档案资源的内核与价值

深入挖掘并展现档案资源的内核与价值，是推动文化传承和促进区域发展的必要手段。通过对客家文化档案的深入挖掘和解读，不仅可以更全面地展示客家文化的独特魅力，还能为地区旅游发展和乡村振兴提供支持。一方面，深入挖掘客家文化档案，需要对其精神内核和文化传统进行系统的研究和解读。客家文化档案不仅是客家人生活方式的真实写照，也是其思想观念和价值体系的具体体现。通过深入研究这些档案，可以挖掘出客家文化中蕴含的勤劳、团结和家族观念等精神内核[12]。这些精神内核和文化传统，既是客家文化的精髓，也是现代社会中仍具有重要价值的文化遗产，对于客家源流正本清源和传承客家精神具有现实意义。另一方面，利用客家文化档案资源，助力地区旅游发展和乡村振兴。客家文化具有独特的魅力，丰富多样的文化元素为发展文化旅游提供了得天独厚的条件。通过整理和展示客家文化档案，可以打造具有浓郁客家特色的文化旅游项目。此外，挖掘客家文化档案中的特色文化元素，融入特色文化产业发展中，进而推动乡村经济发展。同时开展客家文化培训和传承活动，培养一批了解和掌握客家文化的专业人才，增强当地文化自信和自觉，也为乡村振兴提供智力支持。

注释及参考文献

[1] 王玉珏, 牟胜男, 郭若涵. 档案与文化认同的价值实现: 公民、社群、国家的视角 [J]. 山西档案, 2021(1):5-13.

[2] 乔硕功. 时尚视角下社群档案的文化认同价值 [J]. 档案学研究, 2020(3):51-57.

[3] 刘洋洋, 闫静. 从女性身份认同到文化认同: 女书档案资源的价值流变与开发利用策略 [J]. 档案学研究, 2023(3):104-111.

[4] 曾静怡, 牛力. 叙事增强档案文献遗产受众文化认同的策略探讨 [J]. 档案学通讯, 2024(1):79-85.

[5] 王萍. 基于文化认同视角的体制外档案资源建设思考 [J]. 档案学通讯, 2013(1):24-27.

[6] 周勇. 文化传承视域下客家民俗档案保护与开发研究——以广东省为例 [J]. 云南档案, 2022(4):45-47.

[7] 沈跃. 浅谈客家文献档案资源的建立 [J]. 黑龙江史志, 2013(17):96.

[8] 杨荔敏 . 文化认同视野下的高校学生马克思主义认同问题研究 [D]. 济南 : 山东大学 , 2018:25.

[9] 李建伟 . 口述客家侨批选题规划与资源开发探索 [J]. 档案学研究 ,2018(4):43-48.

[10] 毕剑 . 传统与现代的博弈 : 客家族谱的社会功能变迁 [J]. 赣南师范学院学报 , 2013(4):3-6.

[11] 沈跃 . 论客家文献档案资源建设 [J]. 才智 ,2013(12):321-321.

[12] 傅清林 . 客家族谱 : 一份珍贵的文化遗产 [J]. 福建文博 ,2017(1):83-85.

国家综合档案馆增强文化功能的实践与思考

——以长三角地区省级国家综合档案馆为例

潘裕骏

安徽省档案馆

摘要：文化功能是国家综合档案馆的一项重要服务功能。本文从国家综合档案馆文化功能的基本内涵出发，举例阐述了文化功能的发展现状，分析了文化功能实现过程中面临的困境，并从找准角色定位、夯实资源基础和加大人才建设等三个方面对国家综合档案馆增强文化功能提出了具体路径。

关键词：国家综合档案馆；文化功能

0 引言

习近平总书记在党的二十大报告中指出，推进文化自信自强，铸就社会主义文化新辉煌。国家综合档案馆作为档案文化资源的主要存储机构，传承和发扬中华优秀传统文化和发展社会主义先进文化是其义不容辞的责任。新形势下，如何理解国家综合档案馆文化功能新的内涵，充分发挥国家综合档案馆的文化功能，有效实现档案的文化价值，更好地为国家文化建设服务，是国家综合档案馆转型发展的重要课题之一。

1 国家综合档案馆文化功能的基本内涵

1.1 档案文化属性的自身蕴藏

吴宝康先生曾将档案视作"历史文明之母""文化之母"。2021年施行的新修订《中华人民共和国档案法》中明确指出："档案，是指过去和现在的机关、团体、企业事业单位和其他组织以及个人从事经济、政治、文化、社会、生态文明、军事、外事、科技等方面活动直接形成的对国家和社会具有保存价值的各种文字、图表、声像等不同形式的历史记录。"[1] 从档案定义的具体范围中可以看出，档案内容包罗万象，蕴藏着博大精深的知识文化。因此，档案可以说是人类文化的"母资源"，特别是蕴藏在其中的红色文化、中华优秀传统文化和地域特色文化等更是中国文化的重要组成部分。档案自身蕴藏的文化属性是国家综合档案馆文化功能得以实现的基础。

1.2 档案馆机构属性的现实定位

我国对档案馆的文化事业机构的属性定位是一以贯之的。1960 年国家档案局颁布的《省档案馆工作暂行通则》《县档案馆工作暂行通则》中就明确省档案馆、县档案馆为文化事业机构。此后，1983 年国家档案局颁布的《档案馆工作通则》、1987 年制定的《中华人民共和国档案法》以及 1999 年发布的《中华人民共和国档案法实施办法》中均强调了其为文化事业机构。2021年施行的新修订《中华人民共和国档案法》中保留了"中央和县级以上地方各级各类档案馆，是集中管理档案的文化事业机构"[2]，新增了"传承和发展中国特色社会主义文化"的表述内容。2024 年施行的《中华人民共和国档案法实施条例》中明确指出："国家档案馆应当根据工作需要和社会需求，开展馆藏档案的开发利用和公布，促进档案文献出版物，档案文创创意产品等的提供和传播。"[3]

1.3 档案事业发展的实践驱动

各级档案事业发展规划中对档案文化工作均做了布置。《"十四五"全国档案事业发展规划》中提出要围绕重要时间节点、重大纪念活动，通过展览陈列、新媒体传播、编研出版、影视制作、公益讲座等方式，不断推出具有广泛影响力的档案文化精品。[4]《上海市档案事业发展"十四五"规划》中提出要突出档案特色，打造历史文化教育精品。《江苏省"十四五"档案事业发展规划》中提出要通过系列档案精品开发与传播，推动档案文化产业发展，使档案馆成为城市文化新地标。《浙江省档案事业发展"十四五"规划》中提出要扎实推进档案文化建设提升工程，推出一批档案文化精品，打响《记忆浙江》"档案 +"等具有浙江辨识度的系列档案文化品牌，建设 100个基层档案文化阵地等。《"十四五"安徽省档案事业发展规划》中提出要加强乡村历史人文、民风民俗、文化遗产等资料及实物的收集，打造一批富有特色、反映乡村风情的档案文化精品。

2 国家综合档案馆文化功能的发展现状

2.1 档案展览的开展情况

档案展陈是国家综合档案馆发挥文化功能的主要形式之一。2023 年国家档案局全国副省级以上综合档案馆业务建设评价标准中关于展览部分就设有"固定陈列展""专题展览""立体媒体档案展览""重大专题展览"四项考核指标。近年来，各级国家综合档案馆依托馆藏资源，精心筹展布展，打造了一批具有广泛影响力的档案展览。以固定陈列展为例，上海市档案馆设有"城市记忆 时光珍藏——上海市档案馆藏珍档陈列"，浙江省档案馆设有"难忘浙江事""大写浙江人""走进档案" 3 个固定陈列展，安徽省档案馆设有"安徽记忆——馆藏档案珍品展"。此外，沪苏浙皖三省一市档案部门近年来还相继联合举办了"建党百年 初心如磐——长三角红色档案珍品展""书信家国 尺牍情深——弘扬伟大建党精神·长三角档案联展"等专题展览。档案展览的影响越来越大，观展人数创历史新高。

2.2 档案编研的开展情况

档案编研是国家综合档案馆发挥文化功能的另一种主要形式。2023 年国家档案局全国副省级以上综合档案馆业务建设评价标准中关于编研部分除了常规性的《档案馆指南》和《全宗指南》的编制和修订外，还有"档案资料汇编成果"和"档案资料编研成果"等考核指标。近年来，上海市档案馆编辑出版《初心的传承——中国共产党人的家风》《换了人间——共和国记忆》等；江苏省档案馆编辑出版《青春百档耀百年·江苏记忆》《江苏百件红色珍档》《红色珍档》《人民必胜——淮海战役支前档案选编》《人民必胜——渡江战役支前档案选编》等书籍；浙江省档案馆编辑出版《浙江省各级综合档案馆馆藏精品介绍》系列丛书、《记忆浙江》系列丛书；安徽省档案馆编辑出版了《日军侵略安徽图证》《清代南陵诉讼档案选编》《青春记忆——上海知青在安徽》《昔档今读》系列丛书等。

2.3 文化教育活动开展情况

国家综合档案馆作为爱国主义教育基地，举办讲座、培训和社会实践等社会教育活动也是发挥文化功能的一种形式。近年来，长三角地区省级国家综合档案馆纷纷开展了丰富多彩的文化教育活动，如上海市档案馆围绕"大道同行 海纳百川——从'丝绸之路'的历史回响到'一带一路'的上海实践"档案文物展策划了"小小讲解员档案馆里过寒假"假期研学活动；江苏省档案馆联合南京理工大学等共同举办了"牢记嘱托强担当 感恩奋进走在前——'档案赋能思政，馆校共育新人'情景思政课展示活动"；浙江省档案馆联合浙江省少工委等在全省组织开展了"红领巾走进档案馆"主题实践活动，由"红领巾讲解员"用"童"言"童"语讲述档案里的"先行"故事；安徽省档案馆联合安徽新闻出版职业技术学院共建思想政治理论课实践教学基地，在建设精品思政课、创新党员实践教育活动、红色文化进校园等方面开展合作。

3 国家综合档案馆文化功能的发展困境

3.1 文化服务的内驱动力不够强

长期的"局馆合一"体制，导致国家综合档案馆一直把为党政职能服务作为自身服务的主要方向，服务的对象主要是党政机关、企事业单位和学术研究团体，对自己作为文化事业机构的心理认同度不高，面向广大群众的文化服务的内驱动力不够强。机构改革后，全国大多数档案部门局馆分设，国家综合档案馆角色定位面临转型，文化服务工作日益得到重视并逐步展开，但在公共服务意识和现代服务理念等方面仍存在诸多不足。以服务时间为例，目前全国大多数国家综合档案馆双休日及法定节假日期间均为闭馆，这与博物馆、图书馆、美术馆等其他文化机构节假日期间"人流如潮""火爆出圈"的繁忙场景形成了鲜明对比。

3.2 文化服务的资源建设不够强

长期以来，国家综合档案馆馆藏档案资源以接收政府机关文书档案为主，反映地方文化习俗、民族风貌、历史人物、特色品牌等的各类档案较少，一直困扰国家综合档案馆馆藏资源的"三多三少"现象（即文书档案多，科技档案和专业档案少；纸质档案多，照片、音像和实物等档案少；党政档案多，特色档案少）并未得到明显改善。以《中国档案文献遗产名录》入选数量为例，在国家档案局公布的 5 批共 198 件（组）珍贵档案文献中，长三角地区省级国家综合档案馆入选数量总体占比不高，如安徽省档案馆仅有"明代徽州江氏家族分家阄书"1 组档案文献入选。另外，在"统一领导、分级管理"的档案管理体制下，区域内档案信息资源由各级各类档案馆及行业系统单位各自管理，区域内档案文化信息资源整合与建设不够。馆藏档案资源内容、结构及管理上的不足导致无法为档案馆文化功能的实现提供丰富的资源支撑，直接影响到档案文化开发利用。

3.3 文化开发的人才建设不够强

档案文化开发是一项专业性较强的工作。国家综合档案馆在档案编研等传统文化产品的生产方面有着丰富的经验和一定的人才储备。新形势下，各馆普遍存在缺乏展览策展、新媒体传播、文创产品开发等方面的专业人才。以文创产品开发为例，虽然《"十四五"全国档案事业发展规划》第 12 条中提出"加强档案文化创意产品开发，探索产业化路径"，2023 年国家档案局全国副省级以上综合档案馆业务建设评价标准中也设有"档案文化产品开发"考核指标，但是目前全国大部分国家综合档案馆文创产品开发还处于开发折扇、笔筒、水杯等初级产品的水平。2023 年中国档案学会在昆明主办了以"档案文创，精彩有我"为活动主题的首届档案文创作品展示活动，从参展的 70 多件档案文创产品中评选出一二三等奖和优秀奖，很遗憾长三角地区省级国家综合档案馆中无一作品入选。档案文化开发方面各种专业人才不足直接影响着档案文化工作的高质量发展。

4 国家综合档案馆增强文化功能的路径

4.1 重新找准文化事业机构的角色定位

局馆分设加强了党对档案工作的领导，更加凸显了国家综合档案馆的文化事业单位属性，为其重塑社会形象、提升业务水平、优化服务质量提供了难得的机遇。国家综合档案馆应紧紧抓住这一发展良机，重新找准科学文化事业机构的角色定位，使档案文化工作适应社会发展需求，主动融入社会、服务社会。一方面，国家综合档案馆要以保障公民档案文化权利、满足公众档案文化需求为目的，向社会和公众提供档案文化产品与档案文化服务，除了举办展览与出版编研成果以外，还需借助社交媒体开展频次更高、传播更广、内容更新的档案资源开发利用工作；另一方面，国家综合档案馆文化工作要充分体现公共性和服务性，以档案数字化转型为契机，重塑档案文化服务理念与工具体系，推动档案文化服务社会共享。如上海市档案馆就通过"档案春秋"微信公众号开辟了展览预约功能，设有个人参观和团队预约，同时参观时间也拓展为周一至周六，极大地方便了参观者。

4.2 大力夯实档案文化资源开发基础

馆藏文化类档案的数量与质量是国家综合档案馆文化功能实现的重要基础。各级国家综合档案馆馆藏要体现"综合"概念，进一步丰富和优化馆藏档案内容及结构，除了接收机关、团体、企业事业单位和其他组织按照档案法规定移交的档案之外，还应当将反映地方区域特色的档案收集进馆，比如反映自然地理、民族宗教、名胜古迹、风俗习惯、名人名家、家谱族谱、日记信札、非物质文化遗产等方面的档案。如安徽省档案馆近年来加强了特色文化类档案的征集，137 件（套）安徽省对外交往礼品档案、532 件钟馗艺术藏品和书画作品、6583 张新华社老照片、5000 余件安徽省摄影家协会首任主席马昭运摄影作品及实物档案……丰富多彩、类型多样的文化档案为安徽省档案馆文化功能的实现提供了丰富的素材。此外，各级国家综合档案馆应当在红色档案资源数据库建设、档案文献遗产申报等方面加强共建共享。如浙江省金华市档案馆、浙江省兰溪市档案馆、安徽省休宁县档案馆联合申报的"鱼鳞图册"入选第五批中国档案文献遗产名录，进一步提升了其传播力和影响力。

4.3 加大文化开发专业人才队伍建设

档案文化开发专业人才队伍建设不可能一蹴而就，需要持之以恒，久久为功。各级国家综合档案馆要加强顶层设计，一方面在人员考录时有计划地招录文化开发方面专业的人员，另一方面要鼓励现有岗位人员通过实践学习锻炼从而达到岗位成才。国家档案局在 2022 年组织开展了国家级档案专家、全国档案工匠型人才、全国青年档案业务骨干（"三支人才队伍"）选拔工作，各省级档案主管部门也都组织了区域内相应的档案人才选拔工作，国家综合档案馆要以此为契机，加快培养包括档案编研开发领域在内的各类专业人才队伍建设，不断健全人才跟踪培养和使用管理机制，为专业人才的成长创造条件、搭建平台。此外，档案文化开发工作队伍还应经常互相交流与合作，才能不断激发改革与创新活力。长三角地区档案部门已做了先行与探索。2022 年，上海市、江苏省、浙江省、安徽省档案馆联合召开长三角地区红色档案资源开发利用专题学术交流会，提出要加强协作、优势互补，培养锻炼优秀研究人才。2023 年，长三角地区档案主管部门联合成立了包括档案编研开发等 6 个领域的长三角地区专家库，协同开展档案文化产品开发利用等工作，发挥沪苏浙皖档案专家的专业优势，更好地服务长三角地区档案工作一体化高质量发展。

5 结语

文化兴则国运兴，文化强则民族强。增强文化功能是国家综合档案馆深入贯彻习近平文化思想，切实推动中华优秀传统文化创造性转化、创新性发展，推进中国特色社会主义文化建设的重要举措。国家综合档案馆应当正视文化功能实现过程中面临的问题，探索增强文化功能的实现路径，提高文化服务质量，为建设社会主义文化强国贡献档案力量。

注释及参考文献

[1] [2] 国家档案局 . 中华人民共和国档案法 [EB/OL].[2024-04-20].https://www.saac.gov.cn/daj/falv/202006/79ca4f151fde470c996bec0d50601505.shtml.

[3] 国家档案局 . 中华人民共和国档案法实施条例 [EB/OL].[2024-04-20].https://www.saac.gov.cn/daj/xzfg/202401/2ebf9e8cc94a4f6cbff5a8210f25dc88.shtml.

[4] 国家档案局 . 中办国办印发《"十四五"全国档案事业发展规划》[EB/OL].[2024-04-20].https://www.saac.gov.cn/daj/toutiao/202106/ecca2de5bce44a0eb55c890762868683.shtml.

场域理论视角下的数智档案文化建设路径研究

沈时

北京联合大学应用文理学院

摘要：在信息技术迅猛发展的背景下，数智化转型已成为各行业的发展关键。特别是在档案管理领域，构建数智化的档案文化对于推动该行业的创新发展具有重要意义。本文从场域理论的角度出发，深入探讨了数智档案文化的构建路径，旨在提出有效的策略以促进档案事业的可持续发展，并为相关实践提供理论依据和指导。

关键词：场域理论；数智化档案；档案文化建设；路径研究

0 引言

数智化是信息时代的重要特征，它为档案领域带来了前所未有的发展机遇。在数智时代背景下，档案文化建设的内涵和外延都发生了深刻变化。场域理论作为社会学的重要理论之一，提供了一种全新的视角来审视数智档案文化建设。本文将从场域理论的视角出发，分析数智档案文化建设的内涵、特点及其面临的挑战，并探讨数智档案文化建设的有效路径。

1 场域理论与数智档案文化建设

1.1 场域理论概述

场域理论起源于 19 世纪中叶的物理学概念，后被法国社会学家皮埃尔·布迪厄引入社会学领域，场域理论核心在于个体的每一个行动都深受其所处场域的影响，这里的"场域"并非仅指物理空间，而是包含了人的行为、互动以及与之相关的多种复杂因素的综合体 [1]。简而言之，场域中交织着权力、利益和文化等多重关系，这些关系如同磁场中的磁力线，虽看不见摸不着却真实存在，并深刻影响着个人的行为模式。同时场域理论还有资本和惯习两大核心概念，场域内是存在力量和竞争的，而资本就是决定竞争的基本逻辑，资本必须与场域关联才能存在并发挥功能。惯习则指的是场域的参与个体自身的思维方式和行为倾向[2]。

"场域"与"档案"结合而生成的"档案场域"指在档案管理者、档案利用者及其他档案行业参与者相互之间所形成的一种以档案的形成、保管、鉴定、解释和利用等为依托，以充分发挥档案价值为旨归的客观关系网络[3]。在数智档案文化建设中，则需要将其转型升级，在档案场域中加入数智化概念，形成数智档案场域。在这一场域中，技术、知识以及文化无疑成为数智档案场域的三大核心资本，为档案馆的智能化、数字化发展提供了坚实的支撑。同时，数字化管理习惯、数据驱动决策以及用户服务导向等理念，则作为数智档案场域中的主导惯习，指引着档案馆的发展方向，确保其能够紧跟时代步伐，满足用户的需求，推动数智档案文化的持续繁荣与发展。

1.2 数智档案文化建设的内涵与特点

数智档案文化建设，是当代信息技术迅猛发展的产物，也是档案事业与时俱进、创新发展的必然选择。在信息化、智能化的时代背景下，传统的档案管理方式已经难以满足社会对档案资源的多元化需求，因此，数智档案文化建设应运而生。数智化其核心要义是数据要素赋能和信息技术赋能，具有信息资源数字化数据化、技术手段智能化智慧化、管理模式协同化综合化、服务方式高效化精准化等特征[4]。运用现代信息技术手段，对传统的档案资源进行深度的数字化加工和智能化处理。通过高清扫描、OCR识别、数据压缩等技术，将纸质档案转化为数字档案，实现档案资源的数字化存储和管理。同时，拓展档案馆外部资源协同互动，档案馆应当积极推动馆藏资源走出去，探索与其他形态的文化资源有机结合以增强文化推广合力、实现资源聚势[5]。此外借助人工智能、大数据等技术，对档案资源进行深度挖掘和分析，提供更加智能化、个性化的服务。

在数智时代背景下，数智档案文化建设成为推动档案事业创新发展的重要途径。它不仅提高了档案资源的利用效率，也促进了档案文化的传承与创新。通过数字化、智能化的处理，传统的档案资源得以焕发新的生机，为社会的文化传承和发展提供了有力的支持。同时，数智档案文化建设也推动了档案事业的数字化转型，为档案事业的未来发展奠定了坚实的基础。

2 数智档案文化建设面临的挑战

2.1 惯习变革

在传统的档案文化环境中，个体往往沉浸于长期积累的工作流程和习惯之中，这些固定的思维方式和行为倾向被称为"惯习"。然而，随着信息技术的迅猛发展和数字化浪潮的席卷，传统的档案文化场域正面临着前所未有的变革。在数智档案文化建设的新场域中，这些传统的惯习反而可能成为阻碍其进步和创新的绊脚石。

一方面，传统的档案管理方式在档案工作人员心中留下了深刻的印记，他们习惯于依赖纸质档案、手工操作以及固定的管理流程。然而，数智档案文化建设强调数字化、智能化的管理方式。智慧化转型发生在"端—端"，即智慧化贯穿归档、管理、长期保存和深度开发的全过程 [6]。这就要求档案工作人员摒弃过去的习惯，学习并掌握新的技术手段和管理方法。这不仅仅是一次简单的技术更新，更是一次思维方式的彻底转变。因此，如何引导档案工作人员逐步适应新的管理方式，转变思维，形成符合数智档案文化要求的数字化管理习惯，是数智档案文化建设面临的首要挑战。

另一方面，数智档案文化建设对数据的依赖程度极高，数据不仅是其运作的基础，更是推动其发展的重要动力。然而，目前许多档案部门数据处理技术薄弱，缺乏对档案文化资源内容的深度挖掘，在数据收集、整理和分析方面还存在诸多不足。[7] 因此，如何提升档案部门的数据能力，加强数据基础设施建设，培养专业的数据分析人才，实现数据驱动决策，是数智档案文化建设在理念层面必须面对的重要挑战。

此外，数智档案文化建设的最终目标是为用户提供更优质的服务。基于用户需求开展的创意性文化服务才能有效引起公众共鸣，激发公众的文化参与欲望。[8] 然而，要实现这一目标，档案部门必须深入了解用户需求，掌握用户的喜好和习惯，提供个性化的服务。这要求档案部门不仅要关注档案的存储和管理，更要关注用户的体验和感受。因此，如何加强与用户的沟通和互动，收集用户反馈，持续改进服务质量和效率，是数智档案文化建设在用户服务导向方面必须攻克的关键难题。同时，档案部门还应积极探索新的服务模式和创新点，以满足用户不断变化的需求和期望。

2.2 资本冲击

在场域理论中，资本作为决定竞争态势的关键要素，在数智档案馆场域中集中体现为技术资本、知识资本和文化资本的竞争与积累。

首先，数智档案文化建设对技术资本的依赖至关重要。这包括高性能的计算机设备、大容量存储设备、先进的网络安全设施等一系列基础设施同时也包含了一系列信息技术、数据技术的应用。如借助泛在互联技术、日志采集技术、深度学习技术等对海量数据进行整合挖掘、计算处理与可视化展现，创新档案数据利用方式，形成档案数据产业链、价值链、供应链，营造可持续发展的档案数据生态系统等。[9] 然而，随着科技的飞速发展，技术更新换代的速度日益加快，技术资本的投入成本巨大且持续不断。因此，如何确保技术资本的持续投入和及时更新，以支撑数智档案文化的稳健发展，成为数智档案文化建设面临的首要挑战。这不仅需要档案机构具备前瞻性的技术视野和战略规划，还需要与科技公司、科研机构等建立紧密的合作关系，共同推动技术的创新和应用。

其次，数智档案文化建设对知识资本的渴求同样迫切。这既包括深厚的档案专业知识，也包括精湛的信息技术技能。然而，目前档案行业的人才结构普遍偏向传统，缺乏具备跨学科知识和技能的复合型人才。如何培养和引进既懂档案又懂信息技术的专业人才，成为数智档案文化建设在知识资本方面的一大挑战。档案机构需要加强对人才的培养和引进力度，建立科学的人才培养机制，同时与高校、研究机构等建立紧密的合作关系，共同培养符合数智档案文化建设需要的高素质人才。

最后，数智档案文化建设在文化资本方面的挑战也不容忽视。文化资本主要指由馆藏档案的文化价值形成的无形资本 [10]，这主要体现在如何推动传统档案管理理念的转变和档案文化的创新。数智档案文化的建设需要打破传统的档案管理模式和文化束缚，引入新的管理理念和技术手段，推动档案文化的传承与创新。然而，这种改变可能会引发一些传统档案人的抵触和担忧。因此，如何在保持传统档案文化精髓的基础上，推动数智档案文化的建设，成为数智档案文化建设在文化资本方面的一大挑战。档案机构需要加强对传统档案文化的挖掘和传承，同时注重引入新的文化元素和创新理念，形成具有时代特色和地域特色的数智档案文化。同时，还需要加强与用户的沟通和互动，了解用户需求和期望，不断提升服务质量和效率，以推动数智档案文化的广泛传播和应用。

3 场域理论视角下的数智档案文化建设路径

3.1 跨越数字鸿沟：惯习转变与培养

在数智档案文化建设的征途上，惯习的转变与培养是不可或缺的一环。为此要打破传统思维的束缚，跨越数字鸿沟，形成适应数字化时代的新惯习。通过设立专门的培训计划，系统地引入数字化管理理念，帮助档案工作人员逐步适应并掌握新的管理方式。同时，建立激励机制，表彰和奖励那些积极采用数字化管理手段并取得成效的工作人员，激发整个团队的积极性。此外，定期组织经验交流会，让档案工作人员分享成功案例，互相学习，共同进步。打造出一支规模适当、结构合理、能力强劲的档案专业队伍致力于档案事业发展，服务于档案文化建设，奉献于党和国家事业发展。[11]

3.2 铸就未来基石：资本积累与运用

资本是数智档案文化建设的重要支撑。要积极积累技术资本、知识资本和文化资本，并善于运用它们来推动数智档案文化的发展。在技术资本方面，要加大投入，完善基础设施，同时与科技公司、科研机构等建立紧密的合作关系，共同推动技术的创新和应用。运用数智技术提升用户体验，运用人工智能技术、数字孪生等等，以及新的 4D 建模、4D 影像来实现更佳的交互体验，以达到从还原真实性、提升价值性、增强体验性等方面来建设数智档案文化的目的。[12]在知识资本方面，注重培养和引进专业人才，促进跨学科合作，加强学术交流，不断提升档案工作人员的专业素养。在文化资本方面，深入挖掘和传承传统档案文化，同时满足用户的需求，组织丰富多彩的文化活动，增强社会对数智档案文化的认同感和归属感。尽快建立以数字档案为主体、特色或精品（结构化）数据档案为辅的数字资源体系，以档案管理、监管与服务数字化为常态、智能化为方向的现代档案工作体系。[13]这些积累与运用，将为数智档案文化的建设提供坚实的基础，铸就未来的辉煌。

4 结论

数智档案文化建设是档案管理现代化的必由之路，对提高档案信息利用效率和价值具有重要意义。然而，在推进数智档案文化建设的过程中，面临着来自惯习变革和资本冲击的双重挑战。

惯习变革方面，数字化管理习惯、数据驱动决策以及用户服务导向理念的转变，需要档案工作者主动拥抱新技术新方法，彻底摒弃传统思维定式。通过系统培训、激励机制和经验交流，可以有效促进工作者习惯的转变，跨越数字鸿沟。资本积累方面，技术资本、知识资本和文化资本对数智档案文化建设至关重要，但现实中这些资本常常存在不足和失衡。我们需要加大技术投入、完善基础设施、培养和引进专业人才队伍，同时传承优秀传统文化，从而为数智档案文化建设夯实资本基础。

数智档案文化建设是一项复杂而艰巨的系统工程，需要我们在惯习变革和资本冲击的双重挑战中不断探索创新。只有跨越数字鸿沟、转变管理习惯，同时积极培育和运用各类资本，数智档案文化才能在我国持续健康发展，为档案管理现代化贡献力量，推动档案事业不断向前。让我们携手并进，共同开启档案事业的数智化新未来。

注释及参考文献

[1] 聂云霞.基于场域理论的档案馆文化生态位重构 [J]. 档案学研究,2023(2):20-27.

[2] 杜雁，梁芷彤，赵茜.本体与机理——场域理论的建构、演变与应用 [J]. 国际城市规划,2022(3):59-66.

[3] 王露露.档案场域的形成、发展与作用机制 [J]. 档案学通讯,2020(6):31-37.

[4] 杨鹏，金波，孙尧.数智环境下档案工作面临的挑战与机遇 [J]. 图书情报工作,2024(8):3-13.

[5] 周林兴，张笑玮.国家文化数字化战略背景下档案馆的建设导向与发展进路 [J]. 档案学研究,2024(1):20-27.

[6] 祁天娇,曹宇,傅晓丹,等."十四五"时期档案资源智慧化转型研究[J].档案学通讯,2021(6):96-98.

[7][8].任越，袁蕾涵.国家文化数字化战略背景下档案馆公共文化服务数字化转型的趋向、困境及实践策略 [J]. 档案学研究,2023(6):10-16.

[9] 金波，杨鹏."数智"赋能档案治理现代化:话语转向、范式变革与路径构筑 [J]. 档案学研究,2022(2):4-11.

[10] 李宗富，黄婷婷.我国国家综合档案馆治理场域:理论阐释、模型建构及实践进路 [J]. 档案学研究,2023(5):13-21.

[11] 周林兴, 崔云萍. 国家文化数字化战略下档案文化的建设路径探析 [J]. 档案学通讯 ,2023(2):10-17.

[12] 马仁杰, 许茹, 薛冰. 论数智技术浪潮下我国档案利用工作的优化路径 [J]. 档案学研究 ,2023(1):124-131.

[13] 章燕华. 以数智化驱动引领档案事业现代化的发展进程与实施路径 [J]. 档案学通讯 ,2023(6):4-13.

地区性档案文献遗产的发掘与开发
——以"盛京内务府稿档"为例

刘艺伟

辽宁大学信息资源管理学院

摘要：随着第五批中国档案文献遗产名录公布，档案文献遗产受到的关注越来越多。本文以"盛京内务府稿档"为例，根据其编研产品《盛京内务府档》，探究其在当前时代背景下的价值，对"盛京内务府稿档"的挖掘与开发提出优化建议。

关键词：档案文献遗产；"盛京内务府稿档"；价值诠释；开发路径

0 引言

档案文化遗产承载着传承人类文明，保存世界记忆的使命。习近平总书记说过，保护和传承文化遗产是每个人的事。只有我们每个人都关心和爱惜前人给我们留下的这些财富，我们民族的精神和独特的审美情趣、独特的传统气质，才能传承下去。档案文献遗产作为档案文化遗产的重要一环，不仅在记录历史脉络方面有重大作用，而且其传统的记录载体的形式，具备能够满足人民日益增长的精神生活需要的开发潜力，值得进一步开发与传承。

1 何为"盛京内务府稿档"

"盛京内务府稿档"，是辽宁省档案馆整理并出版的清廷档案，在申报时为区别于其他清代盛京内务府档案，遂起该名。其中的"稿"字是因为："盛京内务府稿档"绝大多数为独立的经折式文书，或为收到的正文，或是发出的公文底稿，每份文书档案放置于一个档案袋中。2019 年，辽宁省档案馆与辽宁民族出版社合作，将"盛京内务府稿档"中涉及顺康雍朝的内容影印出版（全一册），2020 年又编辑出版《盛京内务府档·乾隆朝》，在辽宁省档案馆的图书编研利用中心，又最新上架了《盛京内务府档译编·顺康雍朝》一书，其满汉对照的版本给学界提供了更多的可供对比的档案史料。目前已经总计出版了 12 册《盛京内务府档》，仅占全部图书的 3%。"出版的 12 册与'盛京内务府稿档'整个全宗比较，仅是冰山一角，但这是最有意义的工作。"[1] 辽宁省档案馆研究馆员张虹说。

2 "盛京内务府稿档"的价值诠释

2.1 文本价值

"盛京内务府稿档"是原件，而非汇抄副本，是研究清代盛京地区第一手的历史资料。该组档案上起顺治十三年（1656 年），下至民国十五年（1926 年），文件前后跨越 270 年，早期档案距今近 400 年，承载信息十分丰富。"盛京内务府稿档"为清宫秘档，是盛京内务府衙门与北京总管内务府、盛京将军衙门、盛京五部、奉天府府尹等衙署及其内部机关间往来文书的行文稿或抄存档。其中包括盛京内务府沿革及行政管理，皇庄及其人丁管理，土贡物品献纳，故宫陵寝的祭祀、维护及管理，旗人刑法诉讼等。"盛京内务府稿档"所载内容丰富，具有较为丰富的叙事元素，容易挖掘出具有代表性的故事。

2.2 认同价值

"盛京内务府稿档"作为一种档案文化遗产，其中的故事是能引起辽沈大地乃至全国人民的共鸣的。文化认同作为价值认同的最高表现形式，深藏在本地的档案文化遗产中。对档案文献遗产所蕴含的这一段历史记忆，重新演绎，增强受众文化认同。在找寻文化认同的过程中，挖掘与开发档案文献遗产，需要正确的叙事策略的指引，需要考虑受众者的文化认同，故事的逻辑与科学性，还有是否有客观现实的实现路径。在辽沈地区，以盛京、奉天命名的企业不少，可见本地人民对本地历史强烈的认同感与自豪感。把握好"盛京内务府稿档"这一入选中国档案文献遗产名录的地区性档案，以"盛京"为名构筑社会记忆，唤起共鸣。

2.3 合作价值

在图博档一体化发展的大前提下，图书馆、档案馆、博物馆、美术馆等文化机构（以下简称 GLAM）在全球掀起合作的热潮。"通常，GLAM 在政府组织、公共机构或者专业协会的倡议下，面向某一特定的主题开展多样化的合作。这种合作的理念和模式在非物质文化遗产保护中具有广阔的应用空间，GLAM 的合作弱化了机构之间、馆藏之间的差异，基于任务和馆藏内容有机地整合在一起，形成了保护文化遗产的合力。"[2] 当今，在合作共赢未来的背景下，一个项目的成功离不开各个部门各个机构的通力合作，"盛京内务府稿档"也是如此。"盛京内务府稿档"作为一种地区性档案文化遗产，蕴藏较高价值，但当下的受众面比较窄，如今可以在与其他机构的合作中共同开发，重塑自身价值，扩大自己的影响力。

3 "盛京内务府稿档"的挖掘与开发建议

3.1 文本

挖掘档案故事，必须从真实的文本内容出发。挖掘与开发档案故事需要正确的叙事策略的指引，需要考虑受众者的文化认同，故事的逻辑与科学性，还有是否有客观现实的实现路径。在挖掘开发档案资源的过程中，应充分考虑档案文献遗产客观保护条件的限制，从大量文献中提取有关的主题、事件或人物的关键信息，并整合在一起，聚集其中贴近大众生活且利于传播的故事，减少档案文献遗产的专业壁垒。"从叙事认同论下探索档案文献遗产受众文化认同增强的叙事策略构建可以从两个维度着力：一是面向阐释，核心关注故事是什么与故事如何表达。"[3] "盛京内务府稿档"所载档案故事众多，如何精准把控和进行叙事表达是关键。

首先，"盛京内务府稿档"为故事内容的创作提供大量的素材。一是与沈阳建筑史结合。其记载沈阳皇家建筑的史料内容丰富，历史沿革详细，体现了沈阳古老建筑的面貌变迁；二是与沈阳法律史结合。其记载了诸多旗民刑事、民事案件，反映了清廷治下盛京地区的司法生态；三是结合时代背景，与构建中华民族共同体结合，服务大局。"盛京内务府稿档"为研究满蒙地区少数民族史提供了丰厚的故事材料。值得注意的是，挖掘档案故事应当遵从"档案文献遗产的当代叙事"逻辑，通过阐述动态地链接过去与现在，并非一成不变地展示原始档案资料，而是根据当下社会的需要，进行故事化建构，以现实问题为导向赋予档案文化遗产新的时代内容，让过去服务于现在。例如探究盛京内务府中的辛者库制度，与当下的社会保障制度相对比，探讨如何保障底层群众的基本权益。而清代的特殊政治军事户籍制度——八旗制度在盛京又是一种什么样的存在，该制度如何从生机勃勃走向旗人争相出旗的崩坏场面。不同于《康熙王朝》等影视作品，档案公文的内容多以严肃、权威的特点著称，很多内容可能与人们的认知有所出入，但为了让人们很好地接受与利用，开发的档案故事就必然要进行"接地气化"改编。首先对原档的满文进行翻译，繁体字进行转换，把自上而下的记录方式做成符合现代人阅读习惯的形式；其次，以本档内容为基础，也要参考其他诸如《黑图档》《清史稿》《清实录》等文献，加以补充，丰富故事内核，深化故事人物形象，如有必要，还可以采访相关档案工作人员，获得他们的宝贵意见，使得最终确定的故事内容饱满、人物鲜活、叙事框架完整；最后，打造的故事人物主角一定要对标影视作品，比较立体、形象，这样才能饱含情感价值，令现代人也有代入感。

3.2 认同

"盛京内务府稿档"作为地区性档案文化遗产，天然具有吸引本地民众的优势，恢弘大气的陪都 title 在本地区具有一定的吸引力。可是由于文件保护限制、文字辨认困难等因素，受众接触的机会不多。因此讲好档案文化故事，光会讲不行，还要有更多人的听到。找寻地区性档案文化遗产的认同，不能被动地等待，也要主动地出击。"在如今信息爆炸的时代，碎片化、个性化的信息接收习惯让公众更倾向于接收其感兴趣的高质量信息。"[4]开通专属于"盛京内务府稿档"的微信公众号、短视频、微博频道，派专门人员进行撰稿与管理，不定期分享档案史实、编研成果。从微信公众号平台来说，我们可以截取原档片段，加以分析阐述，以上述挖掘开发好的档案故事为主题，每篇文章讲解一个小故事，从微观层面留住读者，扩大影响力；从短视频平台来说，充分借鉴参考成功节目的经验，发挥自己的优势。百姓关心、关注的热点是节目选题的目光指向。融合了国外最新传奇探索节目和国内栏目形式，找寻那曾经的真实所在和鲜为人知的事实真相。回归"盛京内务府稿档"，我们可以立足于本档的资源内容，结合 IP 系列产生的文化编研故事，以建筑、司法、皇室等特色内容，发布《盛京往事》系列短视频或者纪录片，介绍清朝盛京地区的风土人情与社会变迁，与当今人民的生活情况作对比，关注民生问题。在频道定位上，《盛京往事》可以作为一个知识科普区存在，效仿《人大毛立平教授：纵观清史二十讲》，以历史为基底，制作节目。在节目内容设计上，选取贴合人民群众喜闻乐见的档案，如介绍清朝盛京地区的旗民群众的婚丧嫁娶或者重大的刑事与民事案件、清帝东巡祭祖与沈阳故宫的"今生前世"等。在宣传标题方面，以"盛京风雨300年"为主题，选取脍炙人口的宣传标语，吸引观众，拓展受众群体。下一步，确定"盛京内务府稿档"的媒体运行开发模式，首先，主动创造开发故事，挣得线上媒体的青睐。同时与观众和粉丝坚持互动，尊重人民群众的创造性，在评论区或者私信交流，接受观众们的批评与建议，而后发起投票或者发起线上问卷，开展评选活动，选出受众群体喜欢的文化故事主题，再逐个挑选排查，接以开发他们喜爱的档案故事，实现档案故事节目制作的闭环。"作为一个关系性概念，'影响力'存在于主客体的相互作用中。"[5] 开发者与其受众群体互为作用，互相促进。这种开放、双向的线上开发模式，适合本项目的良性发展。

3.3 合作

在 GLAM 合作的浪潮中，档案部门与其他机构一起对某一主题展开深度研究。在合作化进程中，档案部门作为中坚力量，档案数字化必须提前做好配套工作：实现全目录索引，对关键档案资源做到重点突破，着重引用虚拟现实技术，呈现重点文献信息，从而奠定好与其他机构对接的基础。

在合作计划中，本项目可以继续在省市图书馆、博物馆线下展览，同时推进该项目走进课堂、开办研学项目；与高等院校、研究所开展主题研究，开办学术论坛，进行深度研究。本文举一例，若与沈阳故宫博物院开展合作：沈阳故宫作为辽沈地区著名的地标性建筑，其建造、修缮和结算工程钱粮款项等事宜在"盛京内务府稿档"中留下了诸多记载。档案《总理钦工事务处为抄送盛京将军达尔党阿奏销盛京宫殿工程钱粮原折事咨盛京内务府》对新建宫殿楼宇一事做如下描写："新建飞龙阁、翔凤阁二座，日华楼、霞绮楼二座，师善齐协中齐二座，东祈顺和殿介祉宫敬典阁，西所迪光殿保极宫。继思齐崇谟阁及垂花门二座，琉璃宫门三座，值层四座，游廊三座，净房二座，井亭一座，拆修崇政殿一座，左翼门右翼门二座，音乐亭二座，添盖朝房十间，东配楼一座，西配房一座……共殿宇房屋二百三十五间。"[6] 该份档案详细列举了沈阳故宫内各式宫殿的名称与数目，对恢复建筑原貌有着重要的参考价值。档案《盛京将军衙门为请速接连崇政殿前月台搭盖彩棚安奉圣容实录玉牒事咨盛京内务府》有言："圣容实录玉牒关系重大，彩亭理宜敬谨安奉，随会同盛京礼工二部，亲至崇政殿详细验看。但崇政殿五间宽六丈进深三丈四尺，前后下各宽一丈二尺，进深八尺，所备彩亭五尺五寸，进深四尺三寸五分，除宝座前安奉。"[7] 从中可知，乾隆时期崇政殿的规模与设计尺寸、建筑构造都有详细记载。本项目可以借助沈阳故宫这一热门 IP，对档案文化遗产进行开发。

4 结语

纵观以往项目的成功经验，丰厚的原始资料孕育了众多的故事主题，找寻开发其中适宜的故事内容，遵从受众的情感要求，打造成系列的档案文化遗产产品。本文从"盛京内务府稿档"的基本情况出发，结合其编研产品，从价值阐述、文化认同、机构合作方面探讨了"盛京内务府稿档"。在"盛京内务府稿档"入选《中国档案文献遗产名录》的背景下，希望进一步提升其知名度，同时也希望对地区性档案文献遗产挖掘与开发的整体困境有所帮助。

注释及参考文献

[1] 郭平 ."盛京内务府稿档"留下海量第一手清史资料 [N]. 辽宁日报 ,2023-06-16(12).

[2] 曾静怡 , 牛力 . 叙事增强档案文献遗产受众文化认同的策略探讨 [J]. 档案学通讯 ,2024(1):80.

[3] 张卫东 . 档案文化遗产 : 概念辨析及研究热点 [J]. 兰台世界 ,2017(4):21.

[4] 史晓康 . 档案局 (馆) 政务抖音号的现状与思考 [J]. 北京档案 ,2019(7):32.

[5] 文雯 , 崔亚楠 . 显性影响与隐性影响 : 我国学术国际影响力的发展困境与提升策略 [J]. 江苏高教 ,2023(8):36.

[6] 辽宁省档案馆 . 盛京内务府档·乾隆朝 (1) [M]. 沈阳 : 辽宁民族出版社 ,2020: 341-343.

[7] 辽宁省档案馆 . 盛京内务府档·乾隆朝 (3) [M]. 沈阳 : 辽宁民族出版社 ,2020: 280-281.

运河故道沿岸工商业档案的历史意义探寻

——以苏州市工商档案管理中心馆藏为例

董文弢　宋晓成

苏州市工商档案管理中心

摘要：悠悠大运河意蕴深远，苏州市工商档案管理中心馆藏卷帙浩繁。本文首先通过对苏州运河故道沿岸工商业档案的梳理与分析，从档案洞察过去运河与经济的联系；接着选取典型案例看档案助力释放运河文化底蕴的现状；最后，对未来如何围绕大运河概念促进打造新质生活，提出几点建议。

关键词：苏州运河故道；苏州民族工商业；经济；文化；生活

0 引言

自古以来，水孕育了人类文明，水域滋养了人们的生活，供给了人们的生产，促进了人类社会的发展。运河，作为水道，串连了周遭的水系，涵盖了军事防御、农业灌溉、交通运输、文旅生活等方方面面。

2014年6月，中国大运河申遗成功。苏州山塘河、上塘河、胥江、环城河（护城河）4条运河故道及城区盘门、山塘历史文化街区、虎丘云岩寺塔、平江历史文化街区、全晋会馆、宝带桥、吴江运河古纤道7个遗产点段一并列入世界文化遗产名录[1]。苏州因此成为运河沿线唯一一个以"古城"概念申遗的城市。

苏州市工商档案管理中心（以下简称"中心"）馆藏囊括了丰富的近现代苏州工商业档案。档案显示，不少工商业老企业当年都伫立在运河故道沿岸。于是，穿越古今，让我们围绕经济基因、文化底蕴、生活新质来探寻这部分档案的重要意义。

1 回望历史——从档案洞察经济基因

1.1 早期苏州民族工商业概况

唐宋以来苏州工商业发展，城内商业遍布、市井繁荣。明清之后，运河的运力出现了重新分配，漕运鼎盛，苏州府内的十二条主要运输通道，十一条为水路，且全部借用运河水系。随着机户的雇佣关系出现，资本主义萌芽已初见端倪，此时苏州城的地理优势更加明显，成为当时国内工商业最为发达的城市之一。从传统的绸业、纺织业，到日用酒业、铜铁业、皮货业，再到珠宝玉器业、书画业、制扇业，进而到酒肆饮食业、医药业……各行各业都产生了享誉全国的老字号。

大运河穿城而过，在孕育历史文脉和商贸氛围的同时，也给发展工业创造了条件，运河故道沿岸的苏州民族工商业成为中国近代工业的重要发祥地。苏纶纺织厂，无疑是苏州工业的最早先驱者。1895 年《马关条约》强迫清政府开放苏州等四城市为商埠。为使国内资本占领市场，压缩洋厂原料来源，"振兴苏州商务"，苏州籍状元陆润庠临危受命，他选定在苏州盘门外吴门桥以东青旸地上建丝、纱两厂，此处虽原是荒郊坟地，但东临二马路（今人民南路），西濒大龙江，北倚大运河，南面空旷。水陆交通便利，尚可持续发展。苏纶纺织厂的开办，开苏州民族工业乃至中国近代工业之先河，是苏州最早使用电能进行工业化生产的开端。延续千年的手工业，开始走出分散的作坊，向规模化、自动化的集约型生产方式转型。运河故道提供的便利运输条件，串连起了近代苏州的民族工商业。

1.2 近现代苏州工商业布局特点

苏州市工商档案管理中心保管着苏州市各市属转制、破产和关闭的国有（集体）企事业单位的档案，至 2022 年底，中心馆藏共有涵盖纺织、丝绸、轻工、电子等 587 个全宗的档案，能够比较清晰地反映近 200 年来苏州市区民族工商业的历史进程和演变脉络[2]。

笔者梳理了《苏州市工商档案管理中心馆藏指南》中重点介绍的 191 个企业全宗（馆藏内容较少或仅有会计档案的除外），发现其中有 66 家企业曾伫立在运河故道沿岸，比例高达 34.5%。

经过统计，这 66 家企业的老厂房位置如下表所示。

位置（河道）	计数	占比
古城段—护城河南线	17	25.8%
古城段—护城河北线	15	22.7%
古城段—护城河西线	13	19.7%
古城段—胥江	6	9.1%
古城段—山塘河	4	6.1%
苏锡段—浒墅关	3	4.5%
古城段—横塘	2	3.0%
古城段—护城河东线	2	3.0%
古城段－—上塘河	2	3.0%
白洋湾	1	1.5%
苏嘉段—宝带桥南堍	1	1.5%

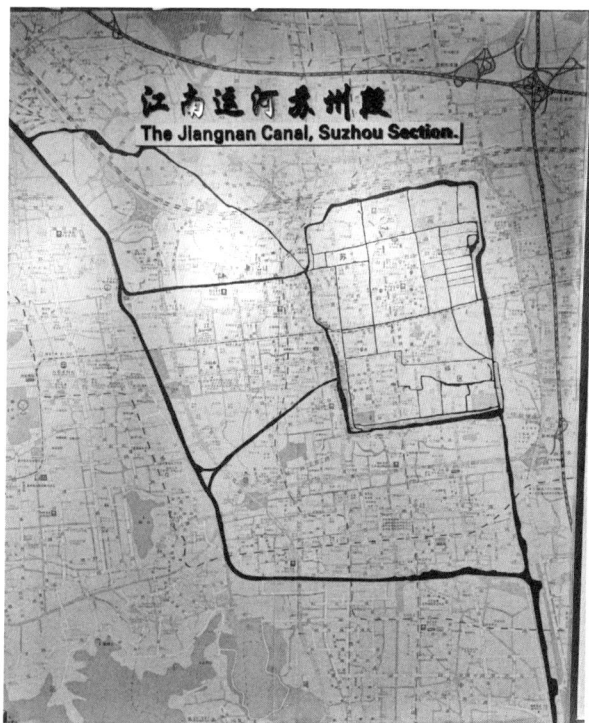

江南运河苏州段地图缩略图

我们看到逾 70% 的企业都在护城河沿岸，而护城河南线、西线、北线占了大头，这也与大运河主航道位于护城河西侧有关，而同为运河故道的山塘河、上塘河、胥江连通了主航道与护城河。

在运河故道沿岸企业发展变迁中，还有两个重要时间节点——1958 年和 1986 年。1958 年，苏州运河以西开辟新河道，过铁岭关直下横塘，由胥江入护城河。因此，在胥江沿岸和横塘附近建厂几乎都发生在 1958 年之后。1986 年，在运河改道工程后，主航道彻底避开苏州古城区，统计表中有 5 家企业于 1986 年后从古城段沿运河迁往城外的浒墅关、白洋湾等地。在馆藏 1986 年苏州大运河工程指挥部的改道工程有关单位拆迁表中可见，有 2 家地处横塘的企业拆除了部分房屋和场地。

1986 年运河改道工程中涉及的拆迁单位名称

可见，老厂的布局与运河故道的走线有着极高的关联性。随着时代的发展，航道的调整也影响着老企业的生产与发展。运河故道见证了当年苏州民族工商业的逐浪前行。

1.3 运河沿岸的经济集聚力

具体来看，这些老企业主营业务涉及了社会生活的方方面面，按行业类别划分，对应企业数量统计见下表：

行业	计数	占比
化工	13	19.7%
轻工	13	19.7%
机械	7	10.6%
丝绸	6	9.1%
电子	5	7.6%
建材	5	7.6%
食品副食品	5	7.6%
交通运输	4	6.1%
纺织	3	4.5%
冶金	2	3.0%
医药	2	3.0%
物资	1	1.5%

档案资料中的这66家企业遍及了当时社会发展的主要行业。可以发现近现代以来，苏州民族工商业在继续发展丝绸、纺织等传统优势产业同时，几乎是从零起步的机械、电子和化工等新兴产业也得到了迅猛发展。

运河带来了极大的便利。一来运河有利于原料采购，例如苏州特色丝绸相关企业从吴江、嘉兴一带采购缫丝原料；二来运河有利于生产作业，包括生产用水和生活用水，有的厂在职工食宿方面考虑得很周到，还设有澡堂；三来运河有利于经营销售，旧时运河故道沿岸的大厂都建有码头，便于将产品销往外地。

从苏州民族工商业档案一窥苏州地方经济发展，不难发现大运河水系在苏州城市格局中展现出了极强的经济吸引力。各行各业聚集于运河故道沿岸，满足了社会生活的需求。

2 行知当下——看档案释放文化底蕴

时过境迁，社会发展，城市更新。在这个过程中，企业改制、搬迁扩容、跨域合资、转型升级。但是，积蓄起来的文化价值并没有丢失，正在厚积薄发。近年来，苏州市工商档案管理中心就逐步尝试对这批运河故道沿岸的工商业档案进行开发和利用，为文化底蕴的释放生动加码。

2.1 点亮媒体宣传新阵地

1920 年，我国民族实业家刘鸿生盘下胥门护城河边 21 亩半地皮，创办华商鸿生火柴无限公司。穿越世纪，胥门外新市桥码头附近，青砖红砖混砌的二层西式小楼仍然留存，那就是鸿生火柴厂的老厂房，其主色调像极了"宝塔牌"火柴盒的配色。以鸿生火柴厂的馆藏史料和众多火花贴实物档案为基础，中心参与了苏州电视台月月书房工作室制作的《沿着运河看苏州》节目的拍摄，为大家讲述苏州民族工商业被运河水缓缓托起的传奇故事。

苏州美术地毯厂成立于 1958 年，后迁至人民南路 56 号，靠近南线护城河和轮船码头。20 世纪 80 年代，苏州市美术地毯厂进入了黄金时期，并发展出了具有地方特色的苏州园林式地毯，多次荣获省、市名牌产品殊荣。以美术地毯厂的馆藏史料、精美地毯实物和获奖证书为素材，中心拍摄并制作了短视频，并发布在官方微信视频号，点击量超过 3.2 万人次，社会反响热烈。

2.2 展现馆藏资源多样性

苏州嘉美克纽扣厂以生产螺钿纽扣起家，发展壮大于苏州运河故道畔，是我国纽扣制造业中历史最悠久、规模最大、效益和声誉最好的企业。该厂生产的螺钿及珠光有机玻璃纽扣，产销量曾长时间稳居全国第一。中心馆藏4000 余卷苏州嘉美克纽扣厂档案，2023 年，这批档案以"新书 + 新展"的形式重新回到人们的视野之中。

新书:《百年嘉美克》系"苏州民族工商业百年名企系列丛书"第 5 册，共 15 万字，从拍摄的 600 余幅纽扣实物和科技档案等照片中精挑细选 48 幅编入书中，通过"世界这么大，我要去闯一闯""从西塘到苏州""那些人，那些事"等 6 个篇章全方位展示小纽扣里蕴藏的大乾坤，让读者在鲜活而有温度的故事中走近嘉美克、了解嘉美克。

新展:"凡人珠贝"以嘉美克百年发展历程的"人、事、物"为索引，寻觅档案史料中的动人故事和美学元素。展览分"纽扣大王""扣艺乾坤""岁月流金"三个展区，结合艺术装置、创意作品和多媒体影音，多元展示嘉美克及纽扣的文化魅力，触发观众关于大运河畔苏州民族工商业的记忆。

2.3 助力姑苏文化夜经济

2021年，"不夜苏纶场 点亮夜姑苏"系列活动在人民路239号苏纶场燃情开启。步入活动空间，首先映入眼帘的就是《忆百年时光——苏纶场工业振兴回忆展》。该展览由苏州市档案馆主办，苏州市工商档案管理中心等部门承办。通过照片档案、实物档案结合有声互动，讲述了苏纶场百年辉煌，传递了实业精神，唤醒了苏州百姓的共同记忆。

在这一轮夜经济系列活动中，档案助力文化宣传，以文化带动消费的模式，吸引了苏城百姓的脚步，为姑苏夜生活增添了一抹亮色。

3 思考未来——携档案探寻生活新质

斗转星移，继往开来，发展新质生产力需要各方面人才的工作，人们还需要在工作之余有休闲的去处[3]。而档案的价值也远不止历史本身。档案可以参与跨部门协作，服务基座、塔身的建设，助力打造未来新质生活。

3.1 进一步保护工业遗产

工业遗产名录，旨在记录国家和地方工业发展不同阶段的重要信息，见证国家和工业发展的历史进程。列入名录的工业遗产，核心物项包含档案资料，具有重要的历史价值、科技价值、社会文化价值和艺术价值。

以运河沿线工业遗存较多的常州市为例，恒源畅厂于2019年被国家工业和信息化部列入第三批国家工业遗产名录，大明纱厂于2020年被列入第四批国家工业遗产名录，戚墅堰机厂于2021年被列入第五批国家工业遗产名录。而在2023年，常州大运河工业遗产展览馆正式免费开放，该展馆以常州丰富的工业遗产为核心要素，营造了大运河工业遗产文旅沉浸式体验空间[4]。

在上海，经济和信息化委员会设立了都市产业处，着力于促进传统产业转型升级和传统品牌保护。工业遗产申报评审与保护的相关工作也是该部门的主要任务之一。

苏州运河故道沿岸的工商业历史内容丰富，然而目前仅有雷允上药业集团有限公司在 2023 年入选江苏省工信厅公示首批江苏省省级工业遗产。工业遗产近年来受到了越来越多的关注，一旦入选省级以上名录，将对加强保护和充分利用产生积极作用，而档案部门在相关申报工作中能提供重要支持，大有可为。

3.2 创新与规范文旅活动

上海市人大代表、上海市非遗保护中心书记吴鹏宏建议，应该将 Citywalk（城市漫步）纳入更多学校课外教学实践中，并为之设立行业标准和服务规范。吴鹏宏认为，目前 Citywalk 大多以传统的旅行社和导游为主，明显已落后于此新业态。如何解决这一问题，档案部门或许可以贡献一臂之力。

首先，Citywalk 需要合理规划线路、顾及交通，运河故道沿岸是好去处，苏州在运河沿岸建有健身步道，规划人车分离的线路可避免影响其他百姓正常的生活与工作。其次 Citywalk 缺乏成熟的导览解说文本。这方面，档案部门可提供十分可靠的史料，串连起整个讲解过程，提升内容的严谨性和历史文化底蕴。档案、文旅乃至交通部门的多方协作，将有利于旅游新业态的发展，也将让更多人更好认识我们的运河与城市。

3.3 进阶宣传科普运河史

大运河历史文化宣传工作实际开展过程中会遇到这样的现实情况——过去大运河经济功能凸显的时光里，文化 IP 效应不成熟；如今文化遗产价值日益显现，年轻人对它的历史又不熟悉。那么如何在未来让大运河文化形象真正深入人心？笔者认为，在运河故道沿岸开展宣传工作是一个好办法。

苏州运河故道护城河沿岸空间

作为世界文化遗产，大运河因过往历史积淀而成名，却也仍然真切地存在于沿线城市的百姓生活中。所以不如直接在运河故道沿岸开展宣传工作，让展陈科普不拘泥于文化场馆的楼宇之内。而是将工业遗产中的老建筑改造成展览场所，再配合档案馆的史料和实物，让广大市民在河岸散步时，得到更充实的文化体验；也让更多年轻人置身于其中，对文化遗产伸手可及的同时，理解悠悠古韵，感受大运河之于社会发展的意义，爱上大运河文化。

4 结语

利用档案可以科学窥探历史过往，研究分析苏州运河故道沿岸经济发展脉络；利用档案可以充分佐证社会文明，真实表达苏州运河故道沿岸文化内涵底蕴；利用档案可以创新融合城市发展，协同打造苏州运河故道沿岸生活新质风貌。这是档案资源的重要意义和多维度价值所在。

注释及参考文献

[1] 苏州市文物局.大运河苏州古城段遗产研究报告 [M].北京：文物出版社,2016.

[2] 苏州市工商档案管理中心.苏州市工商档案管理中心馆藏指南 [M].苏州：苏州大学出版社,2023.

[3] 波音.粮食、运河与白银：从经济学角度看中国历史 [M].北京：中国工人出版社,2023.

[4] 林毅夫,黄奇帆,郑永年,等.新质生产力：中国创新发展的着力点与内在逻辑 [M].北京：中信出版社,2024.

[5] 孙江.大运河文化的死档案转化为活资源——以京杭大运河常州段为例 [J].文化产业,2023(11):124-126.

南岛语族档案资源叙事化开发研究

吴淑妃　　隋鑫

福建师范大学社会历史学院

摘要：南岛语族档案开发有利于文化传承、记忆构建与民族团结，叙事化开发是南岛语族档案开发的重要路径。文章从叙事视角、叙事结构、叙事主体、叙事方式四个方面具体分析南岛语族叙事化开发的维度，明确了要以核心价值规范叙事引导、全面立体讲好南岛语族故事、利用多元媒体宣传叙事成果、收集用户反馈与优化叙事策略的开发路径。

关键词：南岛语族档案；南岛语族；档案开发；档案叙事

0 引言

党的二十大报告指出，"要坚守中华文化立场，提炼展示中华文明的精神标识和文化精髓，加快构建中国话语和中国叙事体系，讲好中国故事、传播好中国声音，展现可信、可爱、可敬的中国形象"。[1]南岛语族档案资源是中华民族历史文化遗产资源体系的重要组成部分，为中国叙事提供素材。

叙事学，也称叙述学，是受结构主义影响而产生的研究叙事的理论。[2]20世纪80年代以来，档案学界逐渐关注叙事理论，并将叙事理论引入档案工作中，为档案的开发利用提供全新视角。将南岛语族档案资源的开发与叙事结合，有利于发挥南岛语族档案在记忆构建、文化传承、民族团结方面的作用。

目前，档案学界对于南岛语族档案的研究尚处于初级阶段。以中国知网为检索工具，截至2024年6月2日，以"南岛语族档案"进行篇名检索未获得相关文献，但以"南岛语族"进行主题检索获得205篇文献，现有研究集中在考古学、语言学、遗传学等领域，相关文献主要研究了南岛语族的起源与扩散等内容。例如，张遂新与张珂通过分析台湾海峡古环境变迁推测南岛民扩散的途径[3]；郭健新、邓晓华、王传超提出南岛语族并非东南亚群岛起源，而是同一共同体在东亚大区域考古文化时空演变中的人群演化与文化变迁。[4] 总体来看，虽然档案学界对南岛语族的研究较少，但越来越多的学者开始关注南岛语族档案的收集、开发利用工作，意识到其重要价值。

1 南岛语族档案概况

1.1 南岛语族与南岛语族档案

南岛语族是世界上分布范围最广的民族，也是主要分布于海岛上的海洋民族，范围跨越亚洲的中国台湾、东南亚群岛以及大洋洲的美拉尼西亚、密克罗尼西亚、波利尼西亚等三大群岛，从语言学角度被称为"南岛语族"，现有 1000 至 1200 种语（方）言，覆盖 4 亿多人口。[5]

南岛语族档案是指南岛语民或国家机构、社会组织和个人在社会发展中直接形成的反映南岛语族起源与扩散、语言、习俗等方面的，对国家和社会具有一定保存价值的历史记录，包括语言记录、各学科在研究过程中形成的一系列有价值的材料、文献、口述史料等，是研究南岛语族的一手资料，具有丰富的历史文化价值与现实价值。

1.2 开发现状

南岛语族档案分散保存于各南岛语系国家、我国相关研究中心、档案馆、博物馆与民间机构等，开发主体呈现出多元化的特点。近年来，部分考古研究机构与高校已经开始对南岛文化资源进行调查与认定，并建立起相关数据库，相关学者与研究人员也在积极推动南岛语族起源与扩散问题的研究。

1.3 开发问题

1.3.1 开发资源分散

档案资源是档案开发的基础，丰富的档案资源能为开发工作创造有利条件。南岛语族档案资源分散，尚未实现统一管理，具体体现在地域、学科等方面。资源的分散性使得档案的内在联系受损，不利于档案资源体系的构建和档案资源的充分开发。开发主体难以利用碎片化资源呈现完整故事，记忆构建受限，开发效果不佳。

1.3.2 开发形式单一

档案开发形式多样在一定程度上可以提升资源利用效率和扩大资源受众范围。[6] 开发形式多样化要求不局限于传统的档案编研、陈列形式，引入数字技术积极创新开发形式。我国现有的南岛语族档案开发以举办展览、出版相关著作为主。档案原件的汇编出版是档案开发的主要方式和途径[7]，从现状来看，南岛语族档案的开发形式单一，编研等开发工作仍亟需加强。

1.3.3 宣传效果有限

新媒体环境下，档案开发的宣传方式不断丰富。有效的档案宣传能够为档案开发创作良好的外部舆论环境。[8] 从现有宣传来看，南岛语族档案宣传方式老旧，吸引力弱，传播有限。现代展览利用 3D、VR 提升体验，但南岛语族展览缺乏互动和趣味。同时，宣传过程中对新媒体利用不足，公众号、微博、网站上相关信息稀少，导致南岛文化难以普及，宣传效果受限。

2 南岛语族档案资源叙事化开发的价值阐释

2.1 传承南岛文化，增强文化自信

档案是历史的真实记录，蕴含着丰富的历史文化价值。南岛语族档案记录了南岛语族的起源与扩散、社会生活、宗教信仰等，是追溯历史与传承文化的重要途径。叙事不是对历史事实的简单陈述，而是对档案资源的一种重组。[9] 灵活利用档案资源叙事，推广南岛语族文化，让更多人了解其历史、考古成果和文化内涵。在提升文化认知的同时，激发自豪感，强化对中华民族多元一体文明的认同与自信。

2.2 构建南岛语族记忆，增强身份认同

南岛语族档案客观地记录了族群的历史文化，成为联结族群个体与集体、过去与未来的桥梁，是构建南岛语族记忆的重要素材。而集体记忆是档案发挥身份认同价值的中介，作为一种与认同相互作用的重要参与变量[10]，成为族群保有共同体意识的黏合剂[11]。通过讲述历史故事与相关人物传记，丰富族群成员回顾历史的方式，有助于个体理解自身的起源，感知民族身份，形成民族归属感，进而建立身份认同。

2.3 促进民族团结，筑牢中华民族共同体意识

叙事化开发南岛语族档案不仅为特定族群成员形成身份认同建立基础，也增进了公众对南岛文化的了解，激发公众探索欲，确认其源自福建并作为中华民族的一部分，从而建立起对于南岛文化的认同感与民族感情。族群成员被接纳与理解的心理得到满足，强化了个体价值，促进民族团结，形成强大的凝聚力与向心力，筑牢中华民族共同体意识。

3 南岛语族档案资源叙事化开发维度分析

叙事学分为经典叙事学与后经典叙事学，经典叙事学旨在建构叙事语法或诗学，后经典叙事学注重跨学科研究，关注作者、文本、读者与社会历史语境的交互作用。[12] 笔者结合热奈特叙事语法，将南岛语族档案资源的叙事化开发分为叙事视角、叙事结构、叙事主题、叙事方式四个维度。

3.1 叙事视角：内外聚焦叙事转换

从叙事视角来看，热奈特提出了聚焦的概念，即叙事者观察和叙述故事的角度，并将聚焦分为三类：无聚焦或零聚焦叙事，即"无所不知"的视角；内聚焦叙事，即个体"内心独白"的视角；外聚焦叙事，即对事件客观描述的视角。南岛语族档案的叙事化开发可以结合外聚焦与多重式内聚焦，通过视角的转换展现历史全貌，以便受述者从宏观层面上了解南岛语族。同时辅以内聚焦视角，利用族群成员个人档案或口述史料，以个人视角弥补单一外聚焦叙事过于客观而难以激发情感共鸣的不足。

3.2 叙事结构：重视叙事层次感

在叙事结构的构建中，可以借鉴热奈特所提出的"时序""时距"和"频率"等叙事要素，构建出富有层次感与动态感的叙事结构。例如，通过调整时序，按照南岛语族的历史演进顺序，从起源到现状，用完整的叙事线索展现历史概况。但南岛语族历史悠久，可叙内容丰富，在构建叙事结构时可以根据"时长"与"频率"的变化，突出在南岛语族历史演进与文化传播过程中的关键事件，形成叙事的转折与高潮。此外，还能以其历史源流为叙述主线，设计暗线与之交织，增强故事的层次感。

3.3 叙事主题：挖掘档案价值，明确叙事主题

叙事主题是构成叙事的核心要素，主题在故事架构中发挥灵魂统率作用，它直接与叙事的核心概念与主旨思想相关联。[13] 叙事主题要明确集中，立意深刻且新颖。南岛语族档案的开发对于证实中华文化起源、增强文化自信、强化身份认同、促进民族团结具有不可替代的价值。开发过程中，应深入挖掘档案价值，选取充分发挥档案价值的主题，弘扬社会主义核心价值观，服务于党和国家的中心大局，发挥档案"存史资政育人"的作用。

3.4 叙事方式：故事化叙事与情景化叙事结合

多样化的叙事方式能够推动叙事内容与主旨更好地传达给受众，将档案内容以简单易懂的方式向大众传播。[14] 在南岛语族档案叙事中，应采用故事化叙事与情景化叙事相结合的方式。故事化叙事涉及对档案文本的分析和对关联叙事材料的逻辑联结，体现了情感交互的叙事规则。[15] 通过深入挖掘南岛语族档案内容，以故事化的形式将零碎分散的内容有序地组织起来，运用多种语言和修辞来丰富叙事表达。叙事的开展源于人们在各种情景中的"记忆"需求。[16] 南岛语族档案产生于特定的环境与场域中，是开展情景化叙事资源支撑，通过还原和构建特色场景，结合优质叙事，满足受众追忆和唤醒记忆的需求，触发情感共鸣。

4 南岛语族档案资源叙事化开发路径探析

4.1 以核心价值规范叙事引导

当前叙事环境逐渐从线下向线上线下相结合转变，叙事话语权由单一的档案工作人员转移至互联网环境中的任一主体。[17] 这意味着叙事主体扩大，同时能相对自由地发布内容，一定程度上能为叙事注入活力，但也可能因价值观错误传播不良言论，误导缺乏思辨力、价值观未成熟的群体。因此，档案部门必须把握新环境下的主流话语权，宣扬正确的国家观、政治观与历史观。[18]

4.2 全面立体讲好南岛语族故事

全面立体地呈现故事是叙事化开发的核心。从四个开发维度来看，讲

好南岛语族故事，首先需要利用外聚焦视角展现历史全貌，再结合内聚焦视角阐述故事细节。其次，构建多层次叙事，总体采用线性叙事，利用"频率""时距"等叙事要素突出关键事件，让南岛语族故事更加生动。再次，深入挖掘档案内在价值，选择立意深刻的主题。最后，将叙事内容按照逻辑联结，将故事化叙事与情景化叙事相结合，在故事的讲述与场景的构建中引发情感共鸣。

4.3 利用多元媒体宣传叙事成果

叙事过程包含内容加工与成果传播。[19] 叙事化开发南岛语族档案后，还需要借助多元媒体宣传叙事成果。一方面，利用传统媒体传播叙事成果。即使在跨媒体叙事的视角下，档案馆仍应坚持传统平台的话语输出和传播。[20] 对档案进行整理与编研，组织丰富的档案资源与翔实的历史资料。另一方面，档案馆应充分利用新媒体，利用微信公众号对南岛语族故事进行深度解读，利用微博热点话题引导用户进行讨论，以各种形式为南岛语族故事增加热度。

4.4 收集用户反馈，优化叙事策略

档案管理的根本目的是便于社会各方面的利用，人民群众是社会历史的主体，是历史的创造者，档案信息资源开发也应当将人民群众的需求放在首位。[21] 为了解用户需求，档案部门要重视收集用户反馈，在叙事化成果传播后及时收集用户感受与体验，客观评估叙事开发效果。通过建立起用户反馈机制，能够直接获取用户体验、个性化需求和建议，从而据此不断优化现有叙事策略，力求最大化叙事成果传播效果。

5 结语

南岛语族档案承载着珍贵的历史记忆，蕴含着独特的文化基因和精神特质，是传承南岛文化的宝贵资源。将叙事理论融入其开发研究，对于增强文化自信与身份认同，促进民族团结与中华民族共同体建设，推动祖国和平统一事业具有不可替代的价值。

注释及参考文献

[1] 编者按 [J]. 现代语文 ,2023(2):4.

[2] 苏娜 . 意识流小说《爱》中的身体叙事 [J]. 长治学院学报 ,2014(3):63–66.

[3] 张遂新 ,张珂 . 台湾海峡古环境变迁与南岛语族起源新探 [J/OL]. 人类学学报 .https://doi.org/10.16359/j.1000–3193/AAS.2024.0024.

[4] [5] 郭健新 ,邓晓华 ,王传超 . 南岛语族起源与扩散的考古学和古基因组学观察 [J]. 台湾研究集刊 ,2023(5):31–47.

[6] 陈艳红 ,陈晶晶 . 数字人文视域下档案馆红色档案资源开发的时代价值与路径选择 [J]. 档案学研究 ,2022(3):68–75.

[7] 张伟 . 南洋华侨机工档案开发研究 [J]. 浙江档案 ,2020(4):52–55.

[8] 何莉 . 档案信息资源开发利用方法及途径的探讨 [J]. 档案管理 ,2020(1):110,112.

[9] [19] 赵彦昌 ,吉日格勒 . 抗美援朝档案资源叙事化开发研究——纪念抗美援朝战争胜利 70 周年 [J]. 档案与建设 ,2023(12):8–11.

[10] 艾娟 ,汪新建 . 集体记忆 : 研究群体认同的新路径 [J]. 新疆社会科学 ,2011(2):121–126,148.

[11] 周林兴 ,周晴 . 族群档案的身份认同价值及其启示——以《只有河南 · 戏剧幻城》为对象 [J]. 档案管理 ,2023(3):43–47.

[12] [13] 冯渊 . 叙事学视域下的中学文言文教学策略 [J]. 阜阳师范学院学报 (社会科学版),2013(6):134–136.

[14] 刘坤锋 ,陆朦朦 ,王智 . "档"说党史 : 档案见证建党百年辉煌历程典型叙事评述 [J]. 档案管理 ,2021(5):14–16.

[15] 向晓旭 . 档案参与国家叙事 : 逻辑、维度与策略 [J]. 档案与建设 ,2023(9):44–48.

[16] 龙迪勇 . 叙事学研究的空间转向 [J]. 江西社会科学 ,2006(10):61–72.

[17] [18] 周林兴 ,姜璐 . 红色档案资源开发中的叙事表达研究 [J]. 档案学研究 ,2022(4):4–9.

[20] 何玲 ,马晓玥 ,档案研究僧 . 跨媒体叙事理论观照下的档案叙事优化策略——以红色档案为例的分析 [J]. 档案学通讯 ,2021(5):14–21.

[21] 马仁杰 ,殳圣薇 . 论档案信息资源开发中叙事要素的构成及其优化路径 [J]. 山西档案 ,2023(5):5–11.

数智化驱动：档案文化服务的创新应用研究

李红晓

北京联合大学应用文理学院

摘要：本研究旨在探索数智技术在档案文化服务中的创新应用模式，为档案文化服务机构的数智化转型提供理论指导和实践参考。通过分析大数据、人工智能等数智技术在档案资源管理、智能检索、个性化服务等方面的具体应用，展示了数智技术驱动档案文化服务创新的实践成果和经验。研究还探讨了档案文化服务机构在数智化转型中可能面临的挑战，并提出了相应的建议和未来研究方向。本研究的创新之处在于系统性地研究了数智技术驱动下的档案文化服务创新，并提供了可操作性的发展路径，为档案文化服务机构的数智化转型提供了具体、具有指导意义的建议。

关键词：数智技术；档案文化服务；创新驱动；数智化转型

0 引言

在信息化的时代背景下，人工智能、区块链、5G 等新兴技术的突破性进展，推动了社会进入了数智时代(数字化与智能化技术的融合)。数智技术的迅猛发展不仅对人类社会的进步产生了深远影响，也为各行各业带来了颠覆性的变革 [1]。作为人类文明保存、传承和弘扬的重要途径，档案文化建设同样面临着前所未有的变革机遇。根据《"十四五"全国档案事业发展规划》，为了解决档案工作当前存在的发展短板，应有针对性地推动落实档案高质量发展 [2]。档案工作的高质量发展与档案文化的建设密切相关，而人民利用需求和当前数字化、信息化、智能化的时代背景对档案文化建设具有重要意义。因此，基于用户需求、信息技术发展等因素，进行档案文化建设创新发展至关重要。

数智技术为档案事业的发展带来了丰富的数据资源和先进的分析工具。传统的档案管理方式往往受限于信息的存储和检索能力，而数智技术的发展使得海量档案信息的深度挖掘和利用成为可能。通过应用大数据分析、机器学习等技术手段，可以实现对档案信息的智能化管理、精准化检索和个性化推荐，从而提高档案文化服务的效率和质量。

随着社会公众对档案文化服务的需求日益多元化和个性化，数智技术的发展为满足这种需求提供了可能性。在信息爆炸的时代，人们不再满足于被动地接受标准化的服务，而是希望能够根据自己的兴趣和需求获取定制化的文化体验。通过分析用户的行为数据、偏好数据等，可以实现对用户需求的精准把握，从而提供更加个性化、智能化的档案文化服务[3]。

本研究的目的是探索数智技术在档案文化服务中的创新应用模式，为档案文化服务机构的数智化转型提供理论支持和实践指导，从而推动档案文化服务行业的创新发展，更好地满足社会公众对档案文化服务的需求。

1 理论框架：数智技术与档案文化服务的融合

1.1 数智技术的概念与内涵

数智技术作为近年来兴起的热点概念，其定义在学术界尚未形成统一定论。然而，综合现有研究，可以将其理解为数字化与智能化技术的有机融合，旨在通过数据的深度挖掘和智能算法的应用，实现信息的高效处理与智慧应用。具体而言，数智技术的核心要素包括数据要素、算法要素、算力要素以及应用场景要素。

数据要素是数智技术的基础，涵盖了结构化、非结构化和半结构化数据等多种形式。通过海量数据的采集、存储和分析，数智技术能够提取有价值的信息和知识。算法要素是数智技术的关键，涉及机器学习、深度学习、优化算法等多个领域[4]。这些算法的训练和优化使得数智技术能够从数据中发现隐藏的模式和规律，从而支持预测和决策。算力要素是数智技术的保障，包括计算能力、存储能力和网络传输能力等。强大的算力资源能够确保数智技术在处理大规模数据和复杂任务时的效率和性能。应用场景要素是数智技术发挥价值的重要依托，涵盖了智能制造、智慧城市、智能交通等多个领域。

1.2 档案文化服务的特征与需求

档案文化服务作为公共文化服务的重要组成部分，具有资源性、公益性、专业性和多样性等显著特征。档案文化服务以丰富的档案资源为基石，包括纸质档案、电子档案、声像档案等不同形式。档案文化服务的公益属性决定了它旨在满足社会公众对档案信息的获取需求，确保信息的普惠和平等利用。档案文化服务需要专业的档案管理知识和技能，包括档案的鉴定、分类、编目等环节。同时，档案文化服务的内容和形式多样，除了传统的档案展览、档案出版等服务形式外，还可以通过档案咨询、档案教育等方式，为社会公众提供更加个性化、定制化的服务。随着信息技术的发展，档案文化服务也可以借助网络平台、移动终端等渠道，实现服务的在线化、智能化，提高服务的便捷性和效率。

随着信息技术的快速发展和用户需求的不断变化，档案文化服务面临着一系列挑战。首先，资源数字化成为当前档案文化服务的重要任务，传统纸质档案的数字化转型需求迫切；其次，服务智能化成为提升档案文化服务水平的关键，用户对个性化、精准化的档案检索和推送服务需求增加；最后，体验多样化成为档案文化服务的发展方向，用户期待沉浸式、交互式的档案文化体验[5]。

1.3 数智技术对档案文化服务的潜在影响

数智技术对档案文化服务的潜在影响主要体现在资源管理、服务模式和用户体验三个方面。首先，在资源管理方面，数智技术能够实现档案资源的数字化存储和智能管理，提高资源的利用效率和共享水平。其次，在服务模式方面，数智技术能够推动传统服务模式的创新和升级，例如通过个性化定制服务满足用户的多元化需求，通过知识图谱服务提供更全面的档案信息。最后，在用户体验方面，数智技术能够提升用户的档案文化体验，例如利用虚拟现实技术提供沉浸式档案展览体验，利用增强现实技术实现交互式档案解读。

1.4 数智技术驱动档案文化服务创新的理论基础

数智技术驱动档案文化服务创新的理论基础主要涉及信息资源管理理论、服务科学管理理论和用户体验设计理论。信息资源管理理论强调对信息资源的规划、组织、利用和管理，为数智技术在档案资源管理中的应用提供了理论指导。服务科学管理理论关注服务系统的构建和管理，为数智技术在档案文化服务模式创新中的应用提供了理论支持。用户体验设计理论强调以用户为中心的设计理念，为数智技术在提升档案文化用户体验中的应用提供了理论依据。

通过上述理论框架的构建，本研究为后续探讨数智技术在档案文化服务中的具体应用和创新路径奠定了坚实基础。

2 数智技术在档案文化服务中的应用探索

2.1 大数据分析与档案资源的深度挖掘

随着数智化时代的演进，档案文化建设的内涵和变现方式得到显著的拓展，展现出更鲜明的个性化特点。与传统档案工作形式相比，大数据分析技术在数据采集、存储和分析等环节的应用，显著提升了档案文化建设科学性和全面性 [6]。大数据技术的应用使得海量档案数据的高效采集成为可能。传统的数据采集技术在面临庞大的数据量时往往显得力不从心，而大数据技术能够有效处理结构化和非结构化数据，从而实现高效的采集数据 [7]，为档案文化建设提供了全面准确的数据基础。其次，大数据的存储技术，如分布式存储和云存储，能够解决传统存储方式在容量和性能上的瓶颈，为档案数据的长期保存和快速检索提供支持。最后，大数据分析技术，如数据挖掘和机器学习算法，可以对档案数据进行深度分析和挖掘，发现隐藏在数据背后的关联关系和潜在价值，为档案资源的开发利用提供决策支持。

2.2 人工智能与档案服务的智能化提升

在档案文化建设中，通过信息化技术，将原始档案进行电子化存储，使档案的查阅或变更更方便，也更有利于资源共享。具体来说，人工智能技术在档案服务中的运用主要体现在智能检索、智能咨询和智能管理等方面。智能检索技术可以利用自然语言处理和信息检索技术，提高用户查询的准确性和效率，实现从传统的关键词检索向语义检索的转变。通过构建知识图谱和智能问答系统等智能咨询技术的运用，可以为用户提供个性化的档案咨询服务，解答用户在档案利用过程中的疑问。另外，智能管理技术可以应用于档案的分类、编目和鉴定等环节，在档案保管方面不仅节约了人力成本，方便了工作人员检索，提高了档案管理的自动化水平和工作效率，也能大幅度减少文档的丢失和疏漏。

2.3 虚拟现实与档案文化的沉浸式体验

数智化技术推动了虚拟现实技术在档案文化服务方面的应用，主要体现在虚拟展览和场景重建两个方面。一方面，通过虚拟展览，用户能够获得沉浸式、交互式的体验，近距离感受档案所蕴含的历史与文化。另一方面，虚拟场景重建技术能够还原历史情境，使用户直观地了解事件的背景和演变过程，从而深化对档案文化的认知与认同。这些应用不仅丰富了档案文化服务的形式，也提升了用户的参与感和体验度。

2.4 数智技术在档案文化服务流程再造中的应用

数智技术在档案文化服务流程优化中的应用主要体现在业务流程自动化和服务渠道多元化等方面。首先，业务流程自动化可以利用数智技术实现档案接收、整理、鉴定等业务流程的自动化处理，提高工作效率和服务质量。其次，服务渠道多元化可以利用数智技术拓展档案文化服务的渠道，如通过移动应用和社交媒体提供在线展览和远程咨询服务，方便用户随时随地获取档案文化服务。

数智技术使档案文化建设更具多样性，尤其是在档案文化服务中的应用前景广阔。随着数智技术的不断发展和成熟，其在档案文化服务中的应用将更加广泛和深入，为档案建设事业的发展注入新的活力。

3 结论与展望

3.1 主要研究发现与结论

综上所述，得出以下结论：第一，数智技术在档案文化服务中的应用展现了显著的创新效应[8]。大数据分析、人工智能和虚拟现实等技术的应用有效提高了档案资源的管理和利用效率，推动了服务模式的变革和用户体验的优化。第二，数智技术的应用使档案文化服务更加智能化和个性化。智能检索和知识图谱等技术帮助用户更快速地获取所需信息，而用户画像和精准推送等手段则更好地满足了用户的个性化需求[9]。最后，尽管数智技术的应用面临技术与业务融合、数据安全与隐私保护等挑战，但这些挑战也为未来的研究和实践提供了明确的方向。

3.2 数智技术驱动档案文化服务创新的挑战与对策

为了确保中国档案文化建设的健康发展，我们必须正视并有效应对当前所面临的挑战。首先，随着数字化技术的迅猛发展，档案工作者亟需提升其数智技术的应用能力。这可以通过加强技术培训和组织相关研讨会来实现，以促进知识和经验的共享。其次，档案数据的安全与隐私保护问题日益突出。建立健全的法律规范和数据安全保障体系至关重要，具体包括制定数据安全管理规范，加强数据加密和访问控制等安全措施，以确保档案数据的机密性和完整性。此外，专业人才的缺乏也是一大挑战。为了满足数字化时代的需求，必须培养具备跨学科知识和技能的复合型人才。通过加强与高校和研究机构的合作，鼓励开设相关专业或课程可以实现这一目标。

综上所述，为了推动中国档案文化建设的积极发展，需要采取一系列综合措施。通过积极应对挑战，抓住机遇，发挥数智化技术的驱动作用，实现档案文化服务的创新发展。

注释及参考文献

[1] 严亮 . 大数据时代档案文化建设的内涵、特征与实现路径 [J]. 兰台内外 ,2024(13): 19-21.

[2] 任越 , 袁蕾涵 . 新发展格局下数智赋能档案资源开发利用的实践方向探析 [J]. 北京档案 ,2023(12):6-10.

[3] 苏碧莹 . "新的文化使命"视阈下档案文化建设的时代内涵与实践理路 [J/OL]. 档案与建设 .http://kns.cnki.net/kcms/detail/32.1085.G2.20240313.1041.002.html.

[4] 麦郁珊 . 信息时代档案文化建设现状及其发展探析 [J]. 兰台内外 ,2023(36): 22-23,26.

[5] 屈强 . 数智时代数字化文化档案资源开发的时代价值与建设路径 [J]. 兰台内外 , 2024(11):25-27.

[6] 潘敏晨 . 档案文化建设路径研究 [J]. 作家天地 ,2023(34):26-28.

[7] 张建梅 , 高瑜 . 新时期档案文化建设的反思与路径优化 [J]. 兰台内外 ,2023(24): 43-44,47.

[8] 高彩娇 , 李秀霞 . 我国智慧图书馆研究热点与演进路径可视化分析 [J]. 图书馆工作与研究 ,2020(9):5-12,19.

[9] 杨文刚 . 大数据背景下档案馆的建设研究 [J]. 山西档案 ,2016(4):67-68.

国内外档案文献遗产价值相关研究综述

李姗姗　张笑星

西北大学公共管理学院

摘要：随着档案文献遗产保护及其文化基因发掘逐渐成为文化自信的内在要求，档案文献遗产保护与开发的价值导向问题备受关注。本文在系统梳理国内外文化遗产、档案文献遗产价值相关研究成果的基础上，指出档案文献遗产多元价值已成为学界共识，但是仍然存在着价值类型研究多为主观定性分析，全面、综合的价值体系尚未建立，定性与定量相结合的价值评估及以价值为导向的分级保护研究欠缺等问题与挑战。

关键词：档案文献遗产；多维；价值；分级保护

0 引言

文化遗产包含各时代的重要实物艺术品、文献、手稿等可移动文物，作为文化遗产的一部分，档案文献遗产凝聚了人类情感与集体认同，是极具价值与归属感的载体。近几年，随着保护档案文献遗产、发掘其文化基因成为文化自信的内在要求，党和国家不断加大对档案文献遗产的保护力度。但随着时间流逝，经历自然、人为等各种原因，档案文献遗产正面临着濒危、散失等厄运。为了保护濒危档案文献遗产，政府从 2000 年起启动了中国档案遗产项目，迄今收录五批共 197 项，这一卓有成效的抢救工程已经显现了分级保护意识。2021 年《世界记忆项目总方针》最新修订重点强调文献遗产保护"以价值为导向"，其中关于"世界意义"的价值陈述是申报评审专家阐释文献入选资格的要点。[1] 与此同时，由于档案文献遗产具有不可再生性，决定了对其采取的任何不恰当措施具有不可逆性，其保护开发更需关注价值属性。由此，本文以国内外文化遗产、档案文献遗产价值相关研究成果为对象，进行系统整理评述，以期对档案文献遗产价值导向的分级保护有所助益。

1 国外研究现状

在对国外相关文献进行整理后发现，研究主要聚焦文化遗产价值，档案文献遗产方面较多涉及其风险评估及保护。

1.1 文化遗产价值研究

1.1.1 文化遗产的价值来源

1903 年，奥地利艺术史学家 Alois Riegl 最早提出文物价值体系，认为其具有纪念价值和当代价值。随着文化遗产保护工作的深入，1972 年联合国教科文组织颁布《世界遗产公约》，将遗产定义为拥有"突出的普遍价值"——指文化或自然价值之罕见超越了国家界限。而文化遗产本质上是多元的，涵盖了艺术价值、历史价值、经济价值等几个具有突出意义的方面，这种观点延续至今。

1.1.2 文化遗产的价值类型

价值类型及多元性具体研究方面，学者们分别提及了文化遗产的艺术价值、凭证价值、历史价值以及经济价值，接着在此基础上提出了文化遗产具有多重价值的观点。首先，艺术价值方面，Oh Je-ho 认为要在文化遗产互动艺术作品的制作中促进艺术体验和艺术价值。[2] 凭证价值方面，Michela Ricca 认为水下文化遗产的记录和保护是一种有形证据，对于保存人类的历史和传统、保护过去人类生活至关重要。[3] 历史价值方面，Irina Matijošaitiené 认为道路及其景观具有的历史价值可以获得整个国家、不同地区或社区以及各个历史时期技术和道路建设的全面信息。[4] 多维价值方面，Slunjski, Robert 认为文化遗产具有社会、政治、科学、教育和经济意义。[5]

1.1.3 文化遗产价值评估方法

学者们主要是通过条件估值法对经济价值进行评估，此外还有不少学者采用层次分析法等进行价值评估并进行了实例验证。条件估值法方面，Bertacchini Enrico 和 Andrea Báez Montenegro 分别评估了毛里求斯路易港市中心历史建筑[6] 和利瓦尔迪维亚城市文化遗产的经济效益。[7] 层次分析法方面，Hang Ma 对土楼进行了价值评估并以福建省平和县为例进行了验证。[8] 此外，Eirini Gallou 使用社会影响评估原则来评估文化遗产对社会可持续性的贡献。[9] Liu Xinyu 基于 BP 神经网络的价值评估方法建立资源价值评价指标，提高产业价值水平。[10] Florentina Cristina M 采用权变方法评价了一个罗马尼亚小镇文化遗产建筑的价值。[11]

1.2 档案文献遗产研究

当前学者们主要关注风险评估保护，其中重点关注生物细菌引发的风险，并采用多种方法进行风险评估。此外，还探讨了档案文献遗产应如何保护，具体有对保护技术、平台利用以及公众参与等具体措施的研究。

1.2.1 档案文献遗产风险评估

档案文献遗产风险评估方面，Lavin P 研究了文献库中环境因素对档案文献遗产生物降解的影响。[12] Lavin Paola 采用微气圈法对文献遗产中牛至和百里香两种精油的杀菌活性进行评价。[13] Saada Nagah S. 基于羊皮纸为载体的文献遗产，首次评估正常形式和纳米形式的香茅油对四种微生物菌株的抗微生物活性，并对其抗菌活性进行了定性和定量评价。[14]

1.2.2 档案文献遗产保护

保护方法方面，Raimondi Valentina 介绍了一种从遥感激光雷达成像到历史档案的数据文化遗产保护和记录的综合多媒体方法。[15] 平台利用方面，Günter Mühlberger 提出档案文件识别和丰富项目致力于建设的服务平台能改善对文献遗产的获取，推进人文研究。[16] 此外，Zeynep Yazıcıoğlu Halu 提到公众参与（尤其是年轻人）是发展中国家历史城市建筑遗产保护的有效工具。[17]

2 国内研究现状

在对国内相关文献进行整理后，可知其研究除文化遗产价值外，还涉及档案价值及档案文献遗产价值研究。

2.1 文化遗产价值研究

2.1.1 文化遗产的价值类型与多元性

学者们大多将文化遗产价值区分为存在价值与使用价值，并细分其多元价值。余佳根据文化遗产的独特性和不可再生性将存在价值细分为历史价直、文化审美价值、科研教育价值和情感价值，使用价值细分为直接使用价值和间接使用价值。[18] 孙华将历史价值、科学价值和艺术价值以及可以定量的经济价值纳入文化遗产的外在使用价值，而其存在价值则包括时间价值、空间价值和其他最基本的遗产生成的要素。[19]

2.1.2 文化遗产价值评估对象及内容

价值评估对象主要聚焦农业遗产、工业遗产及传统村落等；价值评估内容上均进行了相对成熟的价值分析，个别研究建立了价值体系及价值评估指标体系。

首先在农业遗产方面，李国栋对西藏农业文化遗产进行价值分析与实践研究，指出其保护需要从内生价值提升等多角度共同推动。[20]工业遗产方面，张健提出工业遗产应基于价值分析进行分级保护，采用适宜的保护再利用模式。[21]传统村落方面，刘志宏建立了中国传统村落世界文化遗产价值评估体系。[22]文物方面，周坤朋指出价值分析是木塔遗产保护的首要工作，并基于历史、科学及艺术等多价值视角，分析了应县木塔价值的构成与来源。[23]非物质文化遗产方面，姚莉从非遗的品质评估、价值评估、濒危度评估、保护评估四个维度构建了非遗资源价值评估指标体系，通过评价结论分析各类非遗资源的申遗价值与重要级别。[24]

2.1.3 文化遗产价值评估方法与进展

大多评估研究采用德尔菲法与层次分析法结合来进行，并结合实例进行了指标模型验证。康晨晨确定了传统村落文化遗产价值评价指标权重，并设定详细的赋分方法与分级分类标准对陕西省 113 个国家级传统村落进行了测评。[25]周丽萍基于前人研究，采用模糊层次分析法构建了文化期玉器价值评估模型，以 20 件文化期玉器为实例验证了模型的科学性。[26]此外，刘洪丽尝试采用 AHP 法建立文物价值评估指标体系，利用 Matlab 编程进行文物价值定量评估。[27]

2.2 档案价值研究

2.2.1 档案价值鉴定内容

提及档案价值无法回避档案价值鉴定。梳理中发现，学者们在传统价值认知的基础上不断延伸档案价值内涵。

王宝安提出传统档案鉴定方法标准单一、漏洞多、难于掌握且不易操作，认为需要开展分级管理、实施遗产工程，根据档案内在证据和情报价值，在其价值作用范围大小上划定客观等级，同时根据各级确定为同级别"档案文献遗产"。[28]接着，孙武提出档案内容价值延伸到实体价值，是以档案价值鉴定为先导开展档案工作，其中体现了档案价值认识与价值大小区分。[29]档案鉴定概念演变中蕴含着档案价值内涵的变化，覃兆刿提到档案蕴含着多层面的旅游文化价值。[30]赵生辉提出人工智能时代档案领域本体数据集衍生出证据价值。[31]颜涵分析了档案在国家建构中从"政治认同""文化认同""国族认同"三个维度展现出的多元价值意蕴。[32]

2.2.2 档案价值评估进展研究

在对档案价值评估研究的梳理中发现，有学者已经以科技档案、城建档案为对象，开展了定量与定性相结合的科学价值评估研究。

科技档案方面，范俊娥应用模糊数学原理和综合评价体系层次结构图、评价指标、等级划分标准，建立了科技档案价值综合评价的数学模型。[33]傅荣校在前人的研究方法上加之德尔菲法构建城建档案价值体系，结合城建档案状态对城建档案价值进行定量化评价，揭示了不同项目的城建档案的不同价值。[34]

2.3 档案文献遗产价值研究

2.3.1 档案文献遗产价值评估

当前档案文献遗产价值评估相对较少，其中少有学者开始对档案文献遗产价值计量评估及标准进行探讨，大多数研究主要是对档案文献遗产价值构成的定性分析以及对具体文献遗产内容的价值分析。

在价值计量评估及标准研究方面，长期以来档案文献价值的判定标准本身存在一定主观性和随意性，缺乏科学的评估体系，且档案价值评估需要定量分析与定性分析相结合。基于此，刘新良指出应根据档案的本质属性和现实作用来思考和利用其本身的价值及其规律，从而推动有用价值深度挖掘。[35]陈志远提出要建立省、市、县（区）三级档案文献价值评估体系，但涉及体系建设和制度建设重大问题，需要实践考证和理论探索。[36]晏琼从《名录》评选细则中的主题内容、时间、地区、民族与人物、形式与风格、系统性、稀有性七个方面明确了判定档案文献价值的相对标准。[37]

在价值类型定性分析方面，学者们针对不同时期或不同主题档案文献做出相应的价值判断与描述，由此揭示了档案文献遗产在不同领域和层面上的多维价值，不仅限于历史和学术研究，还包括教育、文化传承、生态文明治理、族群认同和审美等多个方面，见表1。

表 1　档案文献遗产价值类型描述梳理

学者	文献	描述
朱兰兰[38]	金文档案文献遗产	史料证据、学术研究
熊志灵[39]	非官方收藏的华侨档案文献	爱国教育、文化传承等多元价值
刘璞[40]	宗教类档案文献遗产	文献价值、艺术价值
华林[41]	云南少数民族伦理档案文献遗产	生态文明治理价值
吴江华[42]	广东侨批文献遗产	族群或精神价值及审美价值
丁海斌[43]	少林寺档案文献	历史文化价值

2.3.2 档案文献遗产价值评估应对

提及档案文献遗产价值评估应对则对应价值分级保护。当前，分级保护的理论与方法在文化遗产保护中获得了较为广泛的应用，而档案文献遗产分级保护方面的研究相对较少，且已有研究大多为意义探讨，虽有学者提出相关分级标准，但鲜少有量化分级标准。此外，有学者进行了分级保护模式以及策略的研究。

在档案文献遗产当前快速老化、损毁的严峻形势下，吴瑞香提到档案文献遗产的分级保护既是贯彻落实《档案实施办法》的客观要求，也是合理使用和配置优先保护各项资源的内在需要。[44]随后，不少学者提出分级保护，但大多都在定性层面对其进行研究。方美林和黄玉婧基于少数民族档案文献遗产现状提出从其价值分级、破损分级和流失分级三方面进行分级管理。[45]此外，田蔚蔚认为还应按照制成材料以及信息等级对档案文献遗产进行等级划分，相应进行预防性保护、抢救性保护。[46]周耀林提出当前实践中档案分级标准界定不清，认为对档案文献遗产的研究关键是要摸清家底全面普查。[47]

3 研究现状分析

对国内外相关研究进行分析可以了解到：

国内外都高度重视文化遗产价值评估研究且取得了一定进展。在具体研究对象上差异性较小，涉猎均较为广泛，涉及工业遗产、农业遗产、历史建筑等。此外，国内外均认为文化遗产具有文化价值、历史价值、艺术价值及经济价值等多元价值，不同的是，国外偏重经济价值研究而国内重视历史文化价值研究。研究方法与进展层面，国内外均结合实例验证了评估指标模型的科学可行性，不同的是国外因偏重经济价值研究而更多用成本分析法等经济学方法进行价值评估，国内则多采用层次分析法。

国内外对档案文献遗产价值评估研究均有待深入。梳理中发现国外更加注重其风险评估，特别是生物细菌引发的风险，价值评估研究相对欠缺。国内价值评估相对较少，但有学者开始对档案文献遗产价值计量评估及标准进行探讨，大多数研究主要是对档案文献遗产价值构成的主观定性分析，尚未建立起全面、综合的价值体系，缺乏相对科学的定性定量相结合的价值评估体系。在档案文献遗产保护层面，国外积极探讨如何保护，具体有对保护技术、平台利用以及公众参与等具体措施的研究。国内相应虽有学者提出相关分级标准，但鲜少有量化分级标准，价值量化分级更是欠缺。此外，有学者进行了分级保护模式以及策略的研究，但非价值导向的分级保护。

总而言之，档案文献遗产具有多元价值已成为学界共识，但当前价值类型研究多为主观定性分析且尚未建立全面、综合的价值体系，定性与定量相结合的价值评估及以价值为导向的分级保护研究则相对欠缺。而保护和利用档案文献遗产的关键在于厘清和表达其多元价值并建立全面、综合的价值体系，在此基础上以价值大小为导向制定具有特色的档案文献遗产保护策略。因而，构建档案文献遗产的价值体系、价值评估指标体系及模型成为当前亟待研究的重要课题。

注释及参考文献

[1] 王玉珏,朱娅,辛子倩."世界意义"标准视角下的中国文献遗产申遗策略研究[J].档案学研究,2023(4):124-134.

[2] Ho J O ,Kon C S .A framework for interactive artwork based on cultural heritage: Focused on the evaluation of artistic value in the artwork "deBallution" prototypes[J].Digital Creativity,2021(4):275-292.

[3] Ricca M ,Alexandrakis G ,Bonazza A , et al.A sustainable approach for the management and valorization of underwater cultural heritage: New perspectives from the Tectonic Project[J]. Sustainability,2020(12):5000.

[4] Matijošaitienė I ,Gražulevičiūtė-Vileniškė I .Guidelines for cultural value assessment of heritage of automobile roads and their landscape[J].Mokslas: Lietuvos Ateitis,2011(2):35-38.

[5] Slunjski ,Robert.Touristic and geographic approach to the valorisation of cultural heritage[J].Podravina : časopis za multidisciplinarna istraživanja,2017(31):163-172.

[6] Enrico B ,Riad S .Valuing urban cultural heritage in African countries: A contingent valuation study of historic buildings in Port Louis, Mauritius[J].Journal of African Economies,2020(2):192-213.

[7] Montenegro B A ,Bedate M A ,Herrero C L , et al.Inhabitants' willingness to pay for cultural heritage: A case study in Valdivia, Chile, using contingent valuation[J].Journal of Applied Economics,2019(2):235-258.

[8] Ma H ,Li S ,Chan C .Analytic hierarchy process (AHP)-based assessment of the value of non-World Heritage Tulou: A case study of Pinghe County, Fujian Province[J].Tourism Management Perspectives,2018(26):67-77.

[9] Gallou E ,Fouseki K .Applying social impact assessment (SIA) principles in assessing contribution of cultural heritage to social sustainability in rural landscapes[J].Journal of Cultural Heritage Management and Sustainable Development,2019(3):352-375.

[10] Xinyu L ,Yujie L ,Zihao Z , et al.Cultural heritage resource development and industrial transformation resource value assessment based on BP neural network[J].Computational Intelligence and Neuroscience,2022(1): 2288358.

[11] Florentina Cristina M ,Cornel P ,Martin O , et al.Contingent valuation of built cultural heritage in a small town: Oravița (Romania)[J].International conference KNOWLEDGE-BASED ORGANIZATION,2022(2):197-202.

[12] P L ,G S S D G ,S P G .An environmental assessment of biodeterioration in document repositories.[J].Biofouling,2014(5):561-569.

[13] Paola L ,Gómez S S D ,Patricia G .Scopulariopsis sp. and Fusarium sp. in the documentary heritage: Evaluation of their biodeterioration ability and antifungal effect of two essential oils.[J].Microbial ecology,2016(3):628-633.

[14] S. N S ,G. A ,M.S. E A , et al.Evaluation and utilization of lemongrass oil nanoemulsion for disinfection of documentary heritage based on parchment[J].Biocatalysis and Agricultural Biotechnology,2020(29):101839.

[15] Raimondi V, Palombi L, Morelli A, et al. An integrated multi-medial approach to cultural heritage conservation and documentation: from remotely-sensed lidar imaging to historical archive data[C]//Earth Resources and Environmental Remote Sensing/GIS Applications VI. SPIE,

2015(9644): 45–53.

[16] M ü hlberger G. Research Infrastructures, or How Document Engineering, Cultural Heritage, and Digital Humanities can Go Together[C]//Proceedings of the 2016 ACM Symposium on Document Engineering. 2016: 9.

[17] Halu Y Z ,Küçükkaya G A .Public Participation of Young People for Architectural Heritage Conservation[J].Procedia – Social and Behavioral Sciences,2016.

[18] 余佳 . 文化遗产价值探讨 [J]. 科协论坛（下半月),2011(3):185–186.

[19] 孙华 . 文化遗产概论（上）——文化遗产的类型与价值 [J]. 自然与文化遗产研究，2020(1):8–17.

[20] 李国栋 , 张建伟 . 西藏重要农业文化遗产保护的价值与实践研究 [J]. 西藏研究，2023(1):120–126,159.

[21] 张健，隋倩婧 , 吕元 . 工业遗产价值标准及适宜性再利用模式初探 [J]. 建筑学报 ,2011(S1):88–92.

[22] 刘志宏 . 中国传统村落世界文化遗产价值评估研究 [J]. 西南民族大学学报（人文社会科学版),2021(11):52–58.

[23] 周坤朋，李爱群，邓扬 . 基于多价值视角的应县木塔遗产价值再认知 [J]. 工业建筑 ,2024(1):156–164.

[24] 姚莉 . "申遗"视域下非物质文化遗产资源价值评估指标体系的构建——以贵州省从江县侗族非遗资源评估为例 [J]. 贵州师范大学学报（社会科学版),2022(1):99–110.

[25] 康晨晨，黄晓燕，夏伊凡 . 传统村落文化遗产价值分级分类评价体系构建及实证——以陕西省国家级传统村落为例 [J]. 陕西师范大学学报（自然科学版),2023(2):84–96.

[26] 周丽萍 . 基于模糊层次分析的文化期玉器价值评估模型研究 [D]. 上海 : 上海应用技术大学 ,2023.

[27] 刘洪丽，张正模，郭青林 . 文物价值定量评估方法研究——以榆林窟为例 [J]. 敦煌研究 ,2011(6):13–17.

[28] 王宝安 . 开展分级管理实施遗产工程——关于档案鉴定方式改革的几点浅见 [J]. 兰台世界 ,2002(1):25–26.

[29] 孙武 . 档案价值鉴定的拓展与延伸 [J]. 浙江档案 ,2006(2):26–27.

[30] 覃兆刿 . 论档案的旅游文化价值 [J]. 档案学研究 ,1997(1):23–25.

[31] 赵生辉，胡莹 . 档案领域本体数据集衍生证据价值实现机理探析 [J]. 浙江档案，2021(1):19–21.

[32] 颜涵，于英香 . 国家认同建构视域下档案的多元价值及其实现路径 [J]. 山西档案 ,2023(3):63–71.

[33] 范俊娥 . 科技档案价值综合评价的数学模型及应用 [J]. 山西农业大学学报 (自然科学版),2003(1):80-85.

[34] 傅荣校 , 李丽燕 , 刘菁 . 等 . 基于德尔菲法和层次分析法的城建档案价值评估体系研究 [J]. 浙江档案 ,2009(1):40-43.

[35] 刘新良 . 历史档案文献遗产价值刍议 [J]. 山西档案 ,2008(1):47-48.

[36] 陈志远 , 林越陵 . 谈珍贵档案文献评选对档案价值认定的影响和作用 [J]. 档案与建设 ,2011(1):41-42.

[37] 晏琼 . 中国档案文献遗产评选标准试析 [J]. 中国档案 ,2003(10):12-14.

[38] 朱兰兰 . 试论金文档案文献遗产的文化价值 [J]. 档案学通讯 ,2008(5):91-95.

[39] 熊志灵 . 非官方收藏的华侨档案文献价值分析 [J]. 山西档案 ,2017(4):137-139.

[40] 刘璞 . 浅析宗教类档案文献遗产的价值 [J]. 中国宗教 ,2023(3):78-79.

[41] 华林 , 宋梦青 , 杜其蓁 . 基于生态文明治理的云南少数民族伦理档案文献遗产发掘研究 [J]. 档案学研究 ,2020(2):51-57.

[42] 吴江华 . 社会记忆视角下文献遗产的保护研究——基于广东侨批的个案分析 [J]. 档案学通讯 ,2009(4):35-38.

[43] 丁海斌 , 唐密 , 赵锦涛 , 等 . 谈少林寺档案的组成及其历史文化地位 (下)[J]. 档案管理 ,2021(3):39-42.

[44] 吴瑞香 . 构建濒危档案文献遗产保护分级保护模式的意义 [J]. 黑龙江档案 ,2012(3):33.

[45] 方美林 , 黄玉婧 . 云南民族档案文献遗产分级保护研究 [J]. 兰台世界 ,2017(15):18-21.

[46] 田蔚蔚 . 档案文献遗产分级保护模型的构建 [J]. 兰台世界 ,2009(6):41-42.

[47] 周耀林 , 刘晗 , 陈晋雯 , 等 . 民族记忆视域下少数民族档案文献遗产保护现状与推进策略——基于云贵地区的调查 [J]. 档案学研究 ,2020(5):101-109.

数智赋能的档案文化沉浸式传播路径探析

傅少容　梁建昌　徐成芳

珠海市技师学院

摘要：在数智赋能的时代背景下，如何让档案文化以更加生动、直观的方式呈现在公众面前，成了档案界重点关注的问题。本文从传播对象、传播逻辑、传播场域和传播效能四个方面分析了数智赋能对档案文化传播带来的范式变革，然后从形象还原、在场参与和感官共振三方面提出档案文化沉浸式的传播路径，并详细阐述了每条路径的具体策略和方法。

关键词：数智赋能；档案文化；沉浸式传播；路径探析

0 引言

在信息技术迅猛发展的今天，档案文化作为历史与记忆的承载体，其传播方式正经历着一场深刻的变革。传统的档案文化传播面临着诸多挑战，如受众范围的局限性、传播手段的单一性以及互动体验的缺失等。然而，随着数字技术的不断进步，特别是数智赋能的兴起，为档案文化的传播提供了新的机遇和可能性。

1 数智赋能与档案文化沉浸式传播的关联

数智赋能作为一种融合了数字化和智能化技术的现代赋能手段，在档案文化沉浸式传播领域中扮演着至关重要的角色。它通过提供先进的技术支持，使得档案文化的展示和传播方式发生了革命性的变化。具体而言，数智赋能为档案文化的沉浸式传播提供了数据驱动的内容挖掘、交互技术的融入、虚拟与现实的结合、个性化与定制化服务等方式，极大地丰富了档案文化沉浸式传播的手段和形式，也为公众提供了更加便捷、直观和全面的档案文化体验，是实现档案文化价值最大化的重要推动力。

2 数智赋能的档案文化传播的范式变革

2.1 传播对象：从传统档案走向数字档案、档案数据

档案文化传播对象从传统档案走向数字档案、档案数据的过程中，体现了信息技术对传统文化传播方式的深刻影响。传统档案通常以纸质形式存在，而数字档案则是通过扫描、摄影等手段将纸质档案转换为电子文件。这些电子文件可以被存储在计算机硬盘、云端服务器或其他数字存储介质中，极大地节省了存储空间，并且数字档案可以通过网络轻松共享，使得更多人能够远程访问和利用档案资源，促进了档案文化的广泛传播，增加档案文化的吸引力。[1]

2.2 传播逻辑：从事后走向事前

传统上，档案文化传播往往是基于已经发生的事件或已经形成的历史资料进行的，即"事后"传播。这种方式侧重于对历史记录的整理、保存和解读。随着信息技术的发展和社会需求的变迁，档案文化传播开始强调"事前"的参与和预防性管理，反映了档案管理从被动应对转向主动规划的趋势。这意味着在档案形成之前，就要考虑其未来的传播和应用，以及如何更好地服务于公众和文化教育，确保档案文化的有效传播和长远发展。在事前逻辑下，档案管理不再仅仅是对已有档案的收集和保管，而是需要前瞻性地规划档案的生成、分类和利用策略。档案文化的事前传播逻辑鼓励公众在档案形成阶段就参与其中，不仅能够丰富档案内容，还能够增强公众对档案文化的兴趣和认同感。

2.3 传播场域：从稳定单一走向动态复杂

档案文化传播场域从稳定单一走向动态复杂，这一转变反映了当代社会的发展趋势，体现了当代社会、技术及文化环境的深刻变化。一是社会多元化。传统的档案文化传播通常发生在图书馆、档案馆等固定的物理场所，服务对象和传播内容相对稳定。随着社会的多元化，不同群体对档案文化的需求日益多样化，促进了传播场域的扩展和多样化。二是数字技术的融合。数字化技术的发展使得档案文化可以跨越物理界限，通过互联网、移动设备等数

字平台进行传播。这些技术不仅改变了传播的方式，也拓展了传播的场域，使得档案文化的传播不再局限于专业机构，而是涉及教育、旅游、娱乐等多个领域，使之更加动态和复杂，为档案文化的传播带来了新的机遇和挑战。

2.4 传播效能：从粗放普适走向高效精准

传统的档案文化传播往往采用一种"一刀切"的粗放普适方式，即统一的模式向所有受众传播信息。随着社会的发展，这种方式逐渐被更加精细化的目标定位所取代，以便更精准地满足不同群体的需求。在高效精准的传播模式下，档案内容不再是一成不变的，而是利用大数据分析和用户行为研究，档案机构能够更好地理解用户需求，可以根据不同用户的兴趣和背景进行定制，提供更加个性化和有针对性的服务。档案文化传播效能从粗放普适走向高效精准，这不仅可以提高档案文化的传播效果，也可以更好地满足公众的需求，增强档案文化的吸引力和影响力。

3 数智赋能的档案文化沉浸式传播路径

在分析数智赋能的档案文化传播的范式变革的基础上，本节从形象还原、在场参与和感官共振三个方面梳理数智赋能的档案文化沉浸式传播路径（如图 1 所示）

图 1 数智赋能的档案文化沉浸式传播路径

3.1 形象还原：媒介叙事与传播场域的回归与重构

3.1.1 从口语到融媒体：传播媒介叙事风格的转换

传统的档案文化传播主要依赖于口头语言和书面文字，这种叙事方式在一定程度上限制了档案信息的传播范围和效果。然而，随着融媒体技术的发展，图像、声音、视频等多媒体元素逐渐融入档案文化传播中，为叙事风格的转换提供了新的可能性。使得档案文化的传播更为多元化、立体化。[2]

通过积极探索口语到融媒体的转换策略，使档案文化传播通过媒介叙事风格的转换，提升其传播效果和影响力。一是创新叙事方式。借鉴故事化、情节化的叙事手法，将档案内容转化为生动、有趣的故事，提高受众的阅读兴趣和参与度。二是融合多种媒介元素。充分利用图像、声音、视频等多媒体元素，对档案内容进行多维度的呈现，让用户从多个角度感受档案文化的魅力，增强信息的直观性和感染力。三是强化互动体验。通过设置互动环节，如在线问答、投票、讨论等，让受众在参与过程中更加深入地理解和感受档案文化。四是拓展传播渠道。利用社交媒体、网络平台等新兴媒介，扩大档案文化的传播范围，提高其社会影响力。

3.1.2 从真实到虚拟：传播场域边界的解构与还原

在数智时代的背景下，为了更有效地促进档案文化的沉浸式传播，我们需要采取一系列创新的方法来解构原有的传播模式，并在虚拟空间中进行还原和重构。

首先，利用数字技术打破物理空间的限制是解构传统传播场域的关键。通过建立在线档案数据库和虚拟展览馆，我们可以将档案文化从真实的物理空间转移到虚拟的数字世界，让公众不受地理位置的限制，随时随地访问和沉浸式地体验档案文化。这种数字化的存储和展示方式，不仅提高了档案的可访问性，也为公众提供了一个更加灵活和互动的学习环境。

其次，社交媒体和网络平台的运用也是解构传统传播场域的有效手段。通过将社交媒体与虚拟展厅相结合，我们可以构建一个覆盖更广泛受众的传播网络。用户不仅可以在社交媒体上分享自己的参观经历和感受，还可以参与到档案话题的讨论中来，与不同地域的人进行思想碰撞。这种跨界合作不仅扩大了档案文化的传播范围，也使其更加贴近现代人的生活和思维方式。

3.2 在场参与：在沉浸式传播中聚焦大众价值

3.2.1 身体在场："技术—身体"的双向赋权

身体在场和数智技术的结合，为档案文化的传播提供了一种双向赋权的新路径。这种路径不仅强调技术对档案文化传播的赋能作用，也突出了个体身体感知在档案文化体验中的重要性。

首先，通过技术赋能，构建沉浸式体验环境。通过高度逼真的虚拟现实（VR）和增强现实（AR）技术模拟出历史场景，让用户能够在虚拟环境中亲身体验历史事件，从而产生身临其境的感觉。例如，法国巴黎的加莱博物馆就运用 VR 技术，让观众沉浸在百年战争的历史场景中，极大地增强了参观的吸引力和教育意义。[3]

其次，通过身体赋权，提升互动性和参与感。身体在场的沉浸式体验不仅依赖于技术的支持，更需要关注用户体验的设计。通过档案文化与身体的互动，用户可以更加主动地参与到档案的传播和理解中来。设计者可以通过构建互动式展览、设置参与式活动等方式，鼓励用户通过身体动作来进行探索和学习。例如，通过模拟考古挖掘、古文书写作等体验活动，用户不仅能够获得知识，还能够通过身体实践来加深对档案内容的理解和记忆。这种参与式的学习方式，让档案文化的传播更加生动和直观，同时也激发了用户的探索欲和创造力。[4]

3.2.2 交流在场：打破时空界限的壁垒

档案文化传播已逐步从传统的物理界限中解放出来，向着更为开放和互动的方向发展，"交流在场"这一概念逐渐受到关注。它不仅改变了个体参与档案文化传播的方式，还消解了时空界限，为档案文化沉浸式传播提供了新的视角和方法。

首先，推动线上线下的深度融合。虽然虚拟空间为档案文化传播提供了新的可能，但线下实体空间依然具有其独特的价值和意义。因此，在场交流的新策略也需要注重线上线下的深度融合。一方面，我们可以通过线上活动为线下参观预热或延伸，如发布线上预告片、开展线上讲座等；另一方面，我们也可以将线下参观的体验反馈到线上平台，如设置在线问答、征集参观感想等。这种双向融合的方式不仅让档案文化传播更加立体和多元，也让用户的参与体验更加丰富和完整。

其次，注重个性化定制与智能推荐。在信息爆炸的时代，用户的注意力和兴趣点日益分散。因此，关键点在于如何在海量信息中准确捕捉用户需求，提供个性化的档案文化推荐。通过运用大数据分析和人工智能技术，我们可以对用户的浏览历史、互动记录等数据进行分析，从而挖掘出用户的兴趣偏好和需求特征。基于这些分析结果，我们可以为用户提供个性化的展览推荐和内容定制，让他们在庞大的档案资源中快速找到自己感兴趣的内容。

3.3 感官共振：生理、心理与环境互塑的具身体验

3.3.1 沉浸传感技术：感官的外在延伸与内在匹配

沉浸传感技术，这一前沿科技在档案文化传播领域的应用，正逐渐改变着我们与历史对话的方式。它不仅仅是一种技术的革新，更是一种全新的感官体验和知识传递方式的探索。

首先，沉浸传感技术的核心在于感官的外在延伸。通过虚拟现实（VR）、增强现实（AR）等手段，用户的感官得以超越物理界限，进入一个由数字构建的历史世界。这个世界不再是静态的文字描述或平面的图片展示，而是一个立体、动态、互动的环境。用户可以通过 VR 眼镜"走进"古代的街道，感受那个时代的气息；可以通过 AR 技术将历史人物"召唤"到眼前，与之对话。这种外在延伸，打破了时间和空间的限制，让历史变得触手可及。

其次，沉浸传感技术强调的是内在匹配的传播。这意味着除了视觉的延伸，还包括听觉、触觉等其他感官的模拟。当用户在虚拟环境中他们可以通过手势、语音等方式与环境中的对象进行交互，比如打开一个古老的箱子、阅读一封尘封的信件。这种互动性不仅增强了用户的参与感和体验感，使得档案文化的传播不再是单向的输出，而是双向的互动和体验。不仅让档案文化的传播更加生动和有趣，而且扩大了档案文化的覆盖范围，使得更多的人能够享受到档案文化的魅力。

3.3.2 心理观念流："直观之感"向"感官体验"转化

心理观念流作为一种抽象的内在体验，是个体在接触和理解外部信息时形成的一系列连续的心理状态和认知过程。它强调将历史的抽象概念、文化的精神内涵通过感官媒介具体化、形象化。

首先，心理观念流向感官体验的转化，要求档案文化传播者深入挖掘档案材料背后的文化意义和历史价值。这不仅仅是对文字记录的简单展示，而是要通过故事化的叙述、情境化的再现，将枯燥的历史事实转化为生动的故事情节，让用户在情感上产生共鸣。例如，通过重现历史事件中的人物对话、场景氛围，使得用户仿佛置身于那个时代，感受到历史人物的喜怒哀乐。[5]

其次，感官体验的传播方式也更加注重用户的参与性和互动性。在这种传播模式下，用户不再是被动接受信息的容器，而是积极参与到档案文化的

探索和体验过程中。通过互动式的展览设计、游戏化的学习活动，用户可以通过自己的行动和选择来影响体验的内容和结果，从而获得更加深刻和持久的记忆。

注释及参考文献

[1] 肖迪 . 全媒体时代档案文化传播力提升路径研究 [J]. 兰台内外 ,2024(11):79-81.

[2] 常大伟 , 程芊慧 . 国家文化数字化战略下红色档案文化传播体系建设研究 [J]. 档案与建设 ,2024(1):17-23.

[3] 付正刚 , 项敏刚 . 基于 VR/AR 的新时代档案文化传播展示方式研究 [J]. 中国档案 ,2024(2):64-65.

[4] 王向女 , 葛帅敏 . 基于 CAPS 理论的档案文化传播中受众身份认同建构研究——以哔哩哔哩网站《档案》节目为例 [J]. 档案学研究 ,2024(1):93-101.

[5] 曹宇 , 杨斐越 . 全媒体生态助力综合档案馆红色文化传播的实践路径探析 [J]. 档案与建设 ,2023(10):32-35.

5W 传播模式下小型档案展览的
困境及优化提升策略研究
——以"广州大学城建设 20 周年档案文献展"为例

柏德有

广州市档案发展中心（广州市音像资料馆）

摘要：文章梳理总结小型档案展览的定义、特点，借助 5W 传播模式，从传播主体、传播内容、传播渠道、传播受众、传播效果五个方面，厘清小型档案展览面临的困境，并以实践案例为基础，提出相应的优化提升策略，旨在为档案部门开展相关实践和研究提供参考。

关键词：5W 传播模式；档案；档案展览；文化传播

0 引言

档案展览是以档案实物、图表、照片等进行宣传的一种复合型的档案信息传播形式[1]。相对于策展周期长、资金花费多、内容丰富且场地面积大的大型档案展览，小型档案展览是许多面临资金和场地面积紧张的档案部门在日常策展工作中的优选。如何利用有限的资金和场地面积条件，策划具有"档案味"的小型精品展览，是档案部门时常面临的难题。

基于此，本文以美国学者哈罗德·拉斯韦尔提出的 5W 传播模式为切入点，从传播主体（Who）、传播内容（Says What）、传播渠道（In Which Channel）、传播受众（To Whom）、传播效果（With What Effect）五方面着手[2]，通过梳理总结我国档案部门策划小型档案展览的现状，深入剖析其面临的困境及产生的根源，并以广州市档案馆 2023 年 12 月于 250 平方米的展厅中推出的"蝶变中的小谷围——广州大学城建设 20 周年档案文献展"（以下简称"大学城建设展"）为案例，提出优化提升策略，为档案部门提升小型档案展览的策展能力，优化档案文化的传播效果提供有益的参考。

1 小型档案展览的定义及特点

当前，举办档案展览已成为档案部门主动服务党和国家工作大局、服务人民群众，将档案"利用好"的重要举措之一，也是档案部门向公众宣传档案工作、增强公众档案意识、发挥社会教育功能的重要手段。对于档案展览分类，通常分为"基本陈列""专题展览""特藏展""流动展览"和"网上展览"等类型[3]，其中关注较多的是"基本陈列""专题展览"和"网上展览"等，较少有关注小型档案展览。小型档案展览目前学术界没有统一的定义，其相对大型档案展览而言，展览主题单一、占地面积小、展线短、成本较低，适合资金且场地面积紧张的档案部门策划举办。推动小型档案展览走向高质量发展之路，打造"小而精"的展览，将有利于传播档案文化，把"死档案"变成"活信息"，让档案从"幕后"走到"台前"，真正让档案"动"起来、"活"起来，充分彰显档案的价值。

2 5W 传播模式下小型档案展览面临的困境

2.1 传播主体（Who）单一薄弱，专业性不足

传播主体在传播活动中负责传播内容的收集、加工和传递等，从档案展览传播的出发点来看，档案展览的策划主办单位构成传播的主体，并控制着传播的内容、渠道和受众，影响传播的效果。在工作实践中，档案部门往往有"重大轻小"的偏好，即相对大型档案展览，档案部门普遍轻视小型展览，存在"应付了事"的情况，突出表现为一方面较少寻求合作单位共同策展，使得策划实施主体单一。另一方面档案部门只是将展览列为开发利用部门的一项工作职能之一，对于小型档案展览，没有从便于展览工作策划开展的角度进行"选优配强"，未能组建专业策展团队，使得小型档案展览存在传播主体单一、力量薄弱，专业性不足的缺陷，进而影响后续的诸多传播流程。

2.2 传播内容（Says what）缺乏深度，吸引力不足

传播内容是传播活动的核心，由传播主体流向传播受众，要实现良好的信息传播需要传播主体对传播内容进行有效把控。在档案展览策划中，传播内容即向受众呈现的展览内容。目前，档案部门大多以所藏档案为基础结合

当下热点主题进行内容开发展示。对比大型档案展览，小型档案展览由于档案部门投入的策展力量不足，其展示的内容往往也缺乏深度、缺乏吸引力。如档案部门在策划小型展览的时候热衷以宣传城市记忆和爱国主义为主题，多采用书画艺术展或照片展的形式进行呈现，展品单一、易于布展，成本可控，但单一且未经深度挖掘的展品会造成其展示的内容缺乏生动性、故事性，对受众的吸引力不足，使得大量的小型档案展览流于形式，影响力不足，进而影响档案文化的传播。

2.3 传播渠道（In Which Channel）狭窄，融合度不足

传播渠道是信息传播所需要的媒介或载体。在小型档案展览的传播过程中，档案部门常用的做法是将展览的信息以简讯的形式通过档案网站、微信公众平台或联系本地的报刊、电视等媒体进行宣传报道，向受众传递信息。但这种窄渠道、低层次信息传播，往往会淹没于互联网时代的爆炸信息中，同时各宣传渠道融合度不足，难以形成宣传合力，社会公众难以接收到档案展览的信息，难以激发受众观展的欲望，加之对档案部门存在"森严""难以进入"的刻板印象，使得小型档案展览"门可罗雀"。据统计，2022 年度，全国各级综合档案馆举办档案展览 3115 个，接待 431.3 万人次参观展览[4]，展览平均接待量为 1385 人 / 个，这数据远落后于博物馆、图书馆、纪念馆等文化事业机构，档案展览的影响力远远不足，未能充分担起传播档案文化，满足公众文化需求的作用。

2.4 传播受众（To Whom）不够精确，针对性不足

传播受众是信息传播活动的对象和目的地，是传播内容的接收者。在档案展览中，满足受众的档案文化需求是档案展览举办的前提，也是档案展览文化信息传播的最终目的。由于档案部门在策划小型展览时常根据自身可收集展示的档案展品结合时政热点进行策划选题和展览设计，较少会从受众的需求视角出发，策展过程中未精准预设传播受众群体，因而在展览叙事、文字表达、氛围营造上通常过于庄严、肃穆，与受众群体的需求错位。同时，小型档案展览由于资金不足，在展览形式上平铺直叙，缺乏将现代信息技术如虚拟现实（VR）、增强现实技术（AR）等新技术协调运用的条件及能力，造成受众大都是被动式、灌输式观展，受众对展览内容"浅尝辄止"，信息传播效率低，最终影响档案文化信息传播的效果。

2.5 传播效果（With What Effect）关注度低，缺乏反馈

传播效果是传播内容给传播受众带来的认知、情感、行为等方面的影响，据此衡量传播活动是否有效。档案展览的传播效果可从档案部门策展传播的目的是否实现和受众对于档案展览文化信息的需求是否满足两个方面进行衡量评价。在档案展览中做好传播效果的反馈收集，可让档案部门充分了解展览内容、形式和宣传等方面存在的不足，了解展览是否满足受众的需求，进而为今后的展览策划提供有益借鉴和参考。档案部门若要做好展览传播效果的收集，则需设置专门的渠道来收集受众的反馈信息，但在小型展览的策展过程中，档案部门往往忽视了这一点，或受限于人手，无法专门去收集和分析受众的反馈意见，由于忽视对反馈的收集，使得档案部门在进行展览效果评价时缺少相应的评价指标，在进行展览优化时也缺乏相应参照，使得展览效果停滞不前，无法形成"反馈—优化—反馈"的良性循环。

3 5W 传播模式下小型档案展览优化提升策略

3.1 协同策展，提高专业性

小型档案展览虽规模小，成本低，但仅靠单一档案部门的力量，确难达到"小而精"的效果。这需要档案部门积极打破"孤岛效应"，强化与外界的开放合作。新修订《档案法》第七条规定"国家鼓励社会力量参与和支持档案事业的发展。"[5]《"十四五"全国档案事业发展规划》提出"加强部门协同、区域协同、行业协同，鼓励、引导、规范社会力量参与档案事务"[6]，这为档案展览工作走向协同开放提供了有力支撑。在策展过程中，档案部门应加强同行间的交流和与系统外单位的协同配合，在策展团队上"选优配强"，形成强大且多元化传播主体，为后续一系列工作奠定基础。广州市档案馆策划小型展览时会根据展览主题选择合适的对象进行协同合作，在策划"大学城建设展"时，联合了广州市重点公共建设项目管理中心（原广州大学城建设单位）、广东省高校档案工作协会及广州大学城内十家高校档案馆共同举办，形成了多元主体协同策展的格局，充分发挥各组织机构的优势特长。同时在策展团队上，除了本馆的策展团队，还吸纳了合作单位的力量一同策展，大大提高了传播主体的力量和专业性。

3.2 巧妙选题，深度挖掘

展览选题是对一个展览所要展示内容的集中概括，是一个展览的"头脑"和"骨架"，展览内容则是展览的"肌肉"，只有丰富的"肌肉"才能填充好"骨架"[7]。相较于主题宏大、政治化色彩较为浓厚的大型档案展览，策划小型档案展览时可发挥"船小好掉头"的优势，选择接地气、贴近受众群体的选题，与大型档案展览形成互补。广州市档案馆为让大学城内 20 多万高校师生了解大学城的前世今生，在大学城建设 20 周年之际，推出了"大学城建设展"。在内容设计上，全面梳理有关广州大学城所在地——小谷围岛以及广州大学城立项、选址和建设等相关的档案，并向联合办展单位和社会公众发出征集相关展品的公告。丰富的展品保障了展览的"可看性""可读性"，并透过几组展品重点挖掘讲述了大学城的前身小谷围岛名称的由来以及论证大学城最终选址小谷围过程的生动故事。

3.3 拓宽渠道，融合宣传

面对当前"酒香也怕巷子深"的时代，档案部门若不积极拓宽宣传渠道，提升宣传水平，其推出的小型档案展览会淹没在海量文化产品中。对此，档案部门需摒弃传统宣传理念，一方面树立全方位宣传展览的理念，把展览宣传分为预热期、曝光期和推广期，即在展前做好预热宣传，在开展前后进行集中曝光式宣传，在运营稳定后针对受众群体进行深度推广。广州市档案馆利用合作方的资金，在开展前将"大学城建设展"部分内容制作成流动展板送至广东省高校档案工作协会年会和广州市档案学会年会会场中，向观众展示展览的部分"亮点"，激发观众对展览的好奇心。另一方面，在宣传工作中积极推动宣传渠道融合发展，形成宣传合力。广州市档案馆建立了"馆内＋馆外，线上＋线下"的全方位、立体式的展览宣传模式，将展览的简讯以及亮点及时发布在官网和微信公众平台上，吸引档案馆的"忠实粉丝"前来观展；同时，积极策划活动进行重点宣传，展览开展后，广州市档案馆组织数十家展览合作单位共同前来观展，及时邀请联系本地各大电视、报刊及网络大 V 媒体进行重点宣传，并将展览送至岛内各大高校，形成"走进蝶变中的小谷围，看广州大学城巨变"的宣传合力，提高了展览宣传的广度和深度。

3.4 精准定位，重视需求

有别于大型档案展览多围绕"服务党和国家工作大局"的视角出发，档案部门在策划小型档案展览时可充分从"服务人民群众"的角度，精准定位受众群体，从受众群体的需求出发进行策展。广州市档案馆在策划"大学城建设展"时所定位的受众为大学城 20 多万高校师生，因此策展团队在展览设计时充分考虑受众的需求，如在展览的主题颜色上，一改过去策划周年展时所常用的庄严肃穆的红色，而采用代表青春活力的浅蓝色，让展览显得轻快、活泼。在展品选择上，透过丰富的照片、影像、地图新旧对比以及考古挖掘报告、特色民俗实物和谚语等，系统介绍了广州大学城所在地小谷围岛延绵千年的厚重历史以及岛上岭南水乡文化、宗族文化、中原农耕文化等多元文化交织并存的特色，以及大学城 20 多年来的发展巨变，让受众在观展中了解小谷围、读懂大学城、热爱大学城。

3.5 强化互动，加强反馈

展览的传播效果是否达到预期，需要档案部门积极收集受众的反馈意见，来完成传播效果的评估工作，可采用问卷调查、访谈、留言评论等途径获取受众对展览的主题、内容、形式、讲解及宣传等多方面的反馈意见。对收集到的反馈意见档案部门应加强研究，合理采纳，进而优化提升档案展览工作。这既是档案部门与受众进行互动交流的一座桥梁，拉近与受众之间的距离，同时也将激励受众的主人翁意识，激发受众观展的动力和热情。广州市档案馆在"大学城建设展"有限的展示空间中专门设置了留言与评论的专区，观众在参展后，积极留言反馈，有对展览的肯定及优化意见，也有对未来人生的畅想以及对大学时光的怀念，这些各具特色且精彩的反馈留言用便签纸贴在留言墙上，吸引观众长时间在此驻足观看，给展览增添了不一样的特色。

注释及参考文献

[1] 冯惠玲，张辑哲. 档案学概论 [M]. 北京：中国人民大学出版社, 2006:74.

[2] 薛可，余明阳. 人际传播学概论 [M]. 上海：复旦大学出版社, 2021:87-88.

[3] DA/T 34-2019, 国家档案馆爱国主义教育基地工作规范 [S].

[4] 中华人民共和国国家档案局. 2022 年度全国档案主管部门和档案馆基本情况摘要（三）[EB/OL]. [2024-06-06]. http://www.saac.gov.cn/daj/zhdt/202308/e135948610cf40139ed61c6d9a45c6f7.shtml.

[5]《中华人民共和国档案法》已由中华人民共和国第十三届全国人民代表大会常务委员会第十九次会议于 2020 年 6 月 20 日修订通过 [J]. 中国档案 ,2020(7):20-23.

[6] 本刊讯 . 中办国办印发《"十四五"全国档案事业发展规划》[J]. 中国档案 ,2021(6):18-23.

[7] 张晔 . 用档案展览讲好中国故事——青岛市档案馆赴外举办展览的启示 [J]. 山东档案 ,2020(5):71-73.